불평등과
민주주의

불평등과
민주주의

이신화 · 권혁용 · 문우진
이양호 · 지은주 · 에릭 창

고려대학교출판부
KOREA UNIVERSITY PRESS

이 책은 2011년 정부(교육과학기술부)의 재원으로 한국연구재단의 지원을 받아 수행된 연구임(NRF-2011-330-B00026).

서문

불평등과 민주주의 비교연구

이 책은 불평등과 민주주의의 관계를 연구해 온 '불평등과 민주주의' 연구팀의 연구결과들을 모아 엮은 것이다. 불평등이 갖는 정치적, 사회적 파급효과가 심각하다는 현실적 문제의식을 공유하면서 증가하는 경제적 불평등이 정치적 불평등과 어떻게 연결되어 나타나는지를 분석한 연구들로 이루어져 있다. 경제적 불평등의 증가는 "1원 1표"의 자본주의 사회에서 형평성의 왜곡이 심화되는 결과로 이어진다. 정치적 불평등의 증가는 "1인 1표"의 민주주의 원리가 왜곡되고 침해된다는 점을 의미한다. 불평등과 민주주의의 관계에 대한 연구가 필요한 규범적, 현실적 이유가 여기에 있다.

우리 연구팀의 불평등과 민주주의 연구는 정치적, 제도적 맥락과 경제적 불평등—소득불평등과 기회의 불평등—의 상호관계를 연구함으로써 한국에서 정치적으로 지속 가능한 민주주의를 모색하는 과학적 분석을 제시하는 것을 목적으로 한다. 최근 우리 사회에서 화두처럼 제시되는 불평등, 양극화, 친서민 정책 등의 언술 및 논쟁들은 서구 선진 민주주의 국가의 경험에 대한 사실적 왜곡뿐만 아니라 이념적 편향을 드러내며 정치적 목적을 담고 진행되는 경향이 있다. 나아가서 주요 정당들의 논의가 여실히 보여 주는 바는 불평등 문제에 대한 협애한 이해를 바탕으로 개별 정책 아이템의 단순한 나열과 그것의 조합에 머물고 있다는 점이다. 더욱이 불평등 문제에 관한 논의가 수요자인 시민의 선호에 관한 고려나 체계적 이해가 배제된 채로 진행되고 있다는 점에서 우려할 만하다. 우리 사회에서 정치적으로 지속 가능하며 유권자들이 수용할 수 있는 불평등 문제의 해소 방안을 마련하기 위해서는, 사회과학적 이론의 통합적 이해와 실증적 자료에 대한 체계적 분석을 통해 서구 선진 민주주의 및 신생 민주주의 국가들의 역사적 경험이 주는 교훈을 도출하고 우리 사회의 맥락에 조응하는 과학적 분석을 제시하는 것이 필요하다.

우리 연구팀은 정치사회의 두 주요 행위자—수요자로서의 유권자와 공급자로서의 정당 및 정부—의 정책선호와 정치적 결정(투표, 정책결정)을 고찰하는 미시적 분석틀을 중심으로 연구를 진행한다. 그런데 이러한 미시적, 이론적 접근은 정부의 재분배 및 사회정책이라는 거시적 정책결과와 결합된다. 따라서 우리의 연구는 한편으로는 미시적-거시적 분석틀, 다른 한편으로는 행위자의 선택-정치제도적 접근의 연계를 바탕으로 진행된다. 불평등과 민주주의에 대한 연구는 분석적 접근방법 외에도 분배정의(distributive justice)와 기회의 평등과 결과의 공정성이라는 규범적이며 철학적인 문제에 대한 논의를 필요로 한다.

불평등과 민주주의에 관한 연구는 한국 사회의 거시적 어젠다를 다루는 것이다. 첫째, 한국에서 정치참여의 계층적 편향과 정치적 대표의 불평등에 따른 정치불평등과 소득불평등의 현황을 파악하고, 이러한 문제점을 유발하는 요인이 무엇인가를 분석하며, 이를 해소하기 위한 정치제도 설계 및 정책적 대안을 제시하는 것은 매우 중요한 학문적·정책적·사회적 장기 연구 과제라고 할 수 있다. 둘째, 우리 연구가 다루고 있는 정치적·경제적 불평등 문제는 한국에서 민주주의의 원활한 작동 문제라는 더 넓은 주제의 일부분이다. 한국 민주주의의 원활한 작동 문제를 학문적으로 고민하는 것은 민주주의의 원리를 성취하기 위한 정치제도는 무엇인가라는 더 근본적인 주제와 맞닿아 있다.

이 책에서 우리 연구자들이 제기하는 질문들은 다음의 세 가지로 모아진다. 첫째, 비교의 시각에서 볼 때 경제적 불평등과 정치적 불평등의 경향과 추이는 어떠한가? 둘째, 경제적 불평등의 심화를 추동하는 정치적, 제도적 요인들은 무엇인가? 셋째, 경제적 불평등이 신뢰, 행복, 정체성 등 개인과 사회의 중요한 삶의 영역에 미치는 영향은 무엇인가? 이 책은 이러한 질문들을 중심으로 구성되었다.

민주화 이후의 불평등과 민주주의

1부는 신생 민주주의 국가들의 불평등의 추이와 민주주의와의 관계를 비교 분석하는 글들로 구성되어 있다. 지은주와 권혁용(1장)은 동아시아의 두 신생 민주주의 국가인 한국과 대만에서 발견되는 불평등의 심화라는 공통된 추이와 그럼에도 불구하고 존재하는 두 국가 간 불평등 및 정부의 재분배 노력의 차이를 고찰한다. 시장이 창출하는 소득불평등과 정부의 재분배 노력의 두 국가 간 차이를 경제적, 사회적, 그리고 정치적 이론을 적용하여 분석하고 있다. 이양호, 지은주, 권혁용(2장)은 라티노바로미터(Latinobarometer) 등의 자료를 활용하여 라틴아메리카의 신생 민주주의 국가들이 왜 민주화 이후에도 높은 수준의 불평등이 개선되지 않고 있는지, 그리고 비례대표제 등 포괄적인 정치제도를 갖추고 있고 좌파 정부의 집권이 일정 기간 이루어졌음에도 불구하고 불평등의 감소로 이어지지 않았는지를 분석한다.

1장과 2장이 동아시아와 라틴아메리카의 신생 민주주의 국가들의 불평등과 민주주의에 대한 연구인 반면에, 3장과 4장은 단일 사례에 대한 심층연구로 이루어져 있다. 지은주와 이신화(3장)는 대만의 소득불평등을 초래하는 경제적, 정치적 그리고 사회적 원인과 상관관계를 살펴본다. 경제적인 측면에서는 대만의 세계화와 자유화의 현황, 그리고 소득불평등의 심화를 검토하고, 외국인 직접투자와 해외 직접투자의 증가가 실질적으로 소득불평등과 어떠한 관련성을 지니는지를 분석한다. 정치적인 측면에서는 대만의 선거제도의 변화와 그 효과를 살펴보고, 실질적으로 정당경쟁이 소득불평등 완화와 관련성이 있는지를 검토한다. 또한 노조조직률과 투표율의 증가가 정부의 불평등 감소를 위한 노력과 연계되어 있다는 점을 사례연구를 통해 밝히고 있다. 이양호(4장)는 인도의 불평등과 빈곤의 추이를 살펴보고 그 발생 요인이 무엇인지를 분석한다. 특히 그는 카스트제도가 불평등과 빈곤과 갖는 연관성, 그리고 인도의 배제적 문화가 미치는 영향을 고찰하고 있다. 나아가서 왜 인도에서 불평등과 빈곤이 만연함에도 불구하고 사회정치적으로 갈등을 크게 유발하지 않는가라는 흥미로운 경험적 관찰을 분석하고 있다.

불평등, 정치제도, 그리고 선거정치의 동학

2부에 모은 글들은 정치과정에서 나타나는 불평등의 문제가 정치제도적 배열에 따라 어떠한 차이를 보이는지에 초점을 둔다는 공통점을 갖는다. 문우진은 5장에서 정치경쟁을 행위자, 제도적 배열 및 규범적 원리의 통합적 체계로 이해하는 정치거래 이론을 제시한다. 그는 정치가 개인들의 의사결정이 규범적 원리 및 제도적 환경과 얽혀 있는 통합된 체계라는 통찰을 반영하는 공간모형(spatial model)을 통해 후보들의 비대칭적인 수렴동기를 설명한다. 5장의 분석결과가 제시하는 중요한 함의 중의 하나는 외생적 자원이 지배적인 환경에서 유인가치(valence)의 이점이 있는 후보가 더 온건한 정책을 취한다는 것이다. 따라서 정당들이 서로 "적대"적일 정도로 양극화된 정당체제에서는 외생적 자원을 장려하는 제도적 개혁—다른 부정적인 요소들이 있지만—이 정당체제를 온건화시킬 수도 있다는 점을 제시하고 있다.

6장에서 문우진은 인물투표(personal vote)를 촉진시키는 선거제도가 소득불평등을 심화시키는 이론적 작동원리를 제시한다. 그에 따르면 인물투표는, 첫째, 유권자들로 하여금 자신의 이해를 대변하지 않는 정당 후보에게 투표할 가능성을 높이며, 후보들의 정책입장에 대한 정확한 정치정보를 습득하기 어려운 저소득층은 이러한 잘못된 투표결정을 할 가능성이 높다. 둘째, 저소득층의 정보부재에 따른 잘못된 투표결정은 우파후보에게 유리하게 작동한다. 셋째, 인물투표를 촉진시키는 선거제도는 후보와 소수의 특정 지지자들 간의 후원관계를 통한 자원분배 가능성을 높인다. 넷째, 후보중심의 선거경쟁은 좌파 정당 정치인들이 공공정책 수립에 참가할 동기를 억제시켜, 소득불평등을 해소할 공공정책을 산출하기 어렵게 하는 죄수의 번민 게임에 봉착할 가능성을 높인다. 그는 이러한 주장의 타당성을 선진 민주주의 국가들의 자료에 대한 통계적 분석을 통해 경험적 증거로 뒷받침하고 있다. 6장에 제시된 분석결과의 정책적 함의는 정당투표를 촉진시키는 선거제도가 소득불평등을 줄이는 효과가 있다는 것이다.

문우진(7장)은 불평등한 투표(unequal voting)가 불평등한 정치적 영향력으로 귀결된다면 민주주의에 심각한 문제를 야기할 수 있다는 레이파트(Arend Lijphart)의 언술을 연구의 동기로 삼아 한국 유권자들의 투표참여의 불평등을 가져오는 요인을 분석한다. 그의 분석은 고학력·고소득 유권자들이 다른 유권자에 비해서 정치지식이 많고 정당 간의 입장 차이를 더 분명하게 인식하기 때문에 투표참여에 더 적극적이라는 사실을 발견하였다. 유권자의 정치의식을 통제하면 유권자의 학력과 소득은 투표참여와 무관한 것으로 밝히고 있다. 이러한 발견은 한국에서 관찰되는 불평등한 투표참여에 중요한 정책적 함의를 제공한다. 즉 저학력·저소득 유권자들에게 저비용의 정치정보를 제공하거나 정당 간의 입장 차이를 분명하게 인식할 수 있도록 하는 정책적·제도적 처방이 불평등한 투표참여를 해소할 수 있는 방안이 될 수 있다는 것이다.

이양호, 문우진, 권혁용(8장)은 한국에서 소득불평등과 유권자의 정책선호, 그리고 정당의 재분배정책이 어떤 관계에 있는지를 분석한다. 불평등의 문제를 단순히 경제학적 또는 사회학적 차원에서 노동의 공급이나 사회학적 임금격차 등을 다루는 것은 정치적 결정 메커니즘을 고려하지 않아 부분적 설명에 그칠 수 있다. 복지국가 논쟁에서 중요한 것은 조세재정 등

공급의 측면과 동시에 실업, 노령, 질병, 육아 및 교육 등 다양한 사회적 위험에 처해 있거나 처할 확률이 높은 시민들의 수요의 측면이다. 이는 또한 재분배정책을 추진하는 정당에 유권자들이 투표를 통해 지지를 보일 것인가의 문제이기도 하다. 이러한 맥락에서 8장은 한국 정당의 재분배정책과 정당에 대한 유권자의 지지를 분석하면서 한국의 불평등 문제를 고찰하고 있다.

불평등한 사회, 불평등한 민주주의

3부는 국제관계에서 나타나는 불평등의 문제와 불평등의 사회적 함의를 다루는 글들을 모은 것이다. 이신화(9장)는 유엔(UN) 평화유지활동(PKO)과 비유엔 평화유지활동에 대한 정책결정자, 국회, 국민여론의 불평등한 인식 분포와 그로 인한 법적·제도적 양분화를 고찰한다. 즉, 'PKO 격차'(PKO divide) 현상을 분석하고 있다. 9장은 급변하는 국제정세와 분쟁양상에 따라 국제평화유지활동의 개념과 역할 및 개별 국가들의 참여경향이 어떻게 변화·확대되어 왔는가를 살펴본다. 또한 한국의 국제평화활동의 성과와 한계점을 분석하고 국내적 인식분포의 양분화 현상이 국제적 활동 참여에 어떠한 영향을 미치는가를 고찰함으로써 참여와 효율성 제고를 위한 PKO 격차의 개선방향을 제시하고 있다.

에릭 창(Eric C. C. Chang, 10장)은 아시안 바로미터(Asian Barometer) 자료를 활용하여 아시아 민주주의 국가들에서 부패(corruption)가 어떻게 제도에 대한 신뢰를 약화시키는지에 대한 비교분석을 제시하고 있다. 10장은 부패가 정치신뢰를 약화시킨다는 기존 연구결과들에 대한 새로운 시각을 제시하고 있는데, 부패네트워크(corruption network)가 구조화되고 예측 가능한 국가에서는 부패가 제도적 신뢰의 감소에 큰 영향을 미치지 않는다는 분석결과를 보고하고 있다. 창은 라티노바로미터와 아프로바로미터 등 두 다른 자료에 대한 분석을 수행하였을 때에도 동일한 분석결과가 나타났다는 점을 언급하면서 분석결과가 외적 타당성이 있음을 밝히고 있다.

11장과 12장은 한국 시민들의 불평등에 대한 인식이 정치신뢰와 행복에 어떠한 영향을 미치는지를 각각 분석하는 글이다. 지은주, 이양호, 권혁용(11장)은 시민들의 불평등에 대한 인식이 정치제도에 대한 신뢰를 잠식하는 효과(trust-eroding effect)가 있다고 주장한다. 시민들이 정부와 정치엘리트들이 그들의 "공정한 분배"에 대한 요구에 반응하고 있다고 인지할 때, 시민들의 정치적 효능감이 증가하며, 높은 수준의 정치적 효능감이 정치제도에 대한 신뢰를 이끄는 것이다. '한국종합사회조사' 자료에 대한 분석 결과는 이러한 주장을 뒷받침하고 있다. 또한 소득불평등에 대한 인식뿐만 아니라 교육기회의 불평등과 취업기회의 불평등에 대한 인식도 정치제도 신뢰에 부정적 효과를 갖는다는 점을 발견하였다. 즉, 결과적 불평등과 기회의 불평등 모두 정치신뢰의 감소에 영향을 미친다는 점을 제시하고 있다.

12장에서 이양호, 지은주, 권혁용은 한국에서 소득불평등과 기회불평등에 대한 인식이 전반적인 삶에 대한 만족도(life satisfaction), 즉 행복에 미치는 영향을 분석한다. 이 장은 행복과 삶의 만족도, 그리고 주관적 안녕감이 어떻게 소득불평등과 기회불평등과 연결되는지를 제시하고, 한국종합사회조사에 대한 분석을 통해 기회의 불평등 인식이 행복의 정도를 감소시킨다는 경험적 결과를 보고하고 있다. 이러한 분석의 결과는 한국인의 삶의 질을 높이고 행복 지수를 높이기 위해서는 기회의 불평등을 개선하기 위한 법적, 제도적 정비를 강구해야 한다는 정책적 함의를 제시하고 있다.

*
**

이 책은 한국연구재단의 '한국 사회과학연구(SSK)' 지원사업의 지원을 받은 〈불평등한 민주주의—비교연구〉(NRF-2011-330-B00026) 연구진이 소형 단계 중 2년 3개월 동안 단독 혹은 공동연구로 발표해 온 연구결과들과 미출간 연구결과들의 일부를 모아 수정, 보완해 편집한 것이다. 책의 1장은 *Asian Survey*, vol. 52, No. 5(2012), 2장은 《라틴아메리카연구》 27권 2

호(2014), 3장은 《평화연구》 22권 1호(2014), 5장은 《국가전략》 19권 1호(2013), 6장은 《한국정치학회보》 45집 2호(2011), 7장은 《국가전략》 17권 3호(2011), 9장은 《아세아연구》 56권 3호(2013), 10장은 *Taiwan Journal of Democracy*, vol. 9, No. 1(2013), 11장은 *Korea Observer*, vol. 44, No. 2(2013), 그리고 12장은 《한국정치학회보》 47집 2호(2013)에 게재된 글을 수정 보완한 것임을 밝힌다. 연구진은 지난 2년 3개월의 소형 연구단계에서 연구작업의 결과들을 한국정치학회 학술회의와 미국중서부정치학회 연례학술회의, 미국정치학회 연례학술회의, 유럽정치학회 연례학술회의, 그리고 SASE(The Society for the Advancement of Socio-Economics) 연례학술회의 등에서 발표해 왔다. 또한 국제연구협력의 일환으로 대만정치대학과의 '불평등과 민주주의—동아시아의 시각' 공동워크숍, 한국복지국가연구회와 공동으로 개최한 '서구 복지국가의 변화와 기로에 선 한국 복지국가' 국제학술회의, 그리고 프랑스 시앙스포(Sciences Po)와의 '불평등과 민주주의—글로벌 시각' 공동워크숍 등에서 연구결과들을 발표한 바 있다. 이러한 학문적 토론의 장에서 날카로운 논평과 제안을 해 준 많은 국내외 학자들의 도움이 이 책에 포함된 연구결과들을 더 발전시켰다. 영어로 발표되었던 논문들을 우리말로 초벌 번역하는 수고를 해 준 고려대학교 대학원 정치외교학과의 정종우 군과 한강욱 군에게 깊은 고마움을 전한다. 또 책의 편집을 담당해 주신 고려대학교출판부 편집실 여러 분께도 감사드린다.

2014년 6월

이신화·권혁용

차례

1부

불평등의 경향과 추이

1장

동아시아의 불평등한 민주주의

한국과 대만에서 불평등의 심화와 정부의 대응

I. 서론

이 논문은 동아시아의 신생 민주주의 국가인 한국과 대만에서 소득불평등(income inequality)을 초래하는 정치적, 경제적 원인을 탐색하기 위한 것이다. 개발도상국(less developed countries)의 정치경제에 관한 기존 연구들은 두 국가가 평등한 소득 분배와 결합된 빠른 경제성장을 이룩해 왔다고 지적해 왔다(Fei et al. 1979; Haggard and Kaufman 2008). 그러나 1990년대 이후 두 국가의 소득불평등 수준은 증가해 왔다. 예를 들어, 상위 20%와 하위 80% 간의 세전 임금 비율(pre-tax and pre-transfer wage ratio)을 나타내는 80 : 20 비율(80 : 20 ratio)에 따르면 한국의 경우 1989년에는 4.61이었으나 2010년에는 5.06으로 증가하였다. 다시 말해, 2010년에 상위 20%가 받은 임금은 하위 20%의 임금의 5배에 달한다는 것이다. 대만 또한 80 : 20 비율이 빠르게 증가하여 왔다. 1989년 80 : 20 비율은 5.18이었으나 2010년에는 7.72로 증가하였다. 이는 대만의 소득불평등 수준이 약 20년 동안 50%가량 증가하였다는 점을 보여 준다.

불평등의 증가는 동아시아 신생 민주주의에만 국한된 것이 아니다. 오히려 전 세계적인 현상이라 할 수 있다. 지난 20년 동안 경제협력개발기구

(OECD, Organization for Economic Cooperation and Development)에 속한 대부분의 국가에서 소득불평등이 증가해 왔다(Kenworthy and Pontusson 2005). 그러나 이와 같은 시장불평등의 증가에 국가가 반응하는 방식은 다양하다. 기존 연구자들은 국가 간 비교 연구를 통해 정부 재분배뿐만 아니라 시장불평등의 결정 요인에 대해서 분석해 왔다. 연구자들은 시장불평등에 있어 국가 간의 차이가 경제발전, 경제성장, 그리고 경제 개방도와 같은 경제적 요인에 기인한다고 주장해 왔다(Kutznets 1955; Reuveny and Li 2003; Haggard and Kaufman 2008). 그러나 또 다른 연구자들은 시장불평등의 결정 요인으로 노동시장제도(Rueda and Pontusson 2000; Wallerstein 1999)나 노동권력(Korpi 1993)에 주목한다. 정부당파성(Bradley et al. 2003; Rueda 2008)이나 선거제도(Iversen and Soskice 2006, 165-182)가 시장에 대한 정부 반응성의 차이를 가져온다는 일련의 연구 또한 존재한다.

많은 연구자들은 신생 민주주의의 불평등의 정치(politics of inequality)는 선진 민주주의(advanced democracies)와는 다르다는 사실에 동의한다(Echeverri-Gent 2009; Gallagher and Hanson 2009). 예를 들어, 민주주의의 경험 기간은 정치 공간 내의 경쟁이 얼마나 제도화되었는가에 영향을 줄 수 있다. 민주주의의 경험 기간이 긴 선진 민주주의 국가에서는 이념적 정책 프로그램(ideological program)에 기반을 둔 당파성 정치(partisan politics)가 정치의 규범인 데 반해, 민주주의 경험 기간이 짧은 신생 민주주의 국가에서는 후견주의적 정치(clientelistic politics)가 지배적이기 때문이다(Yap 2010). 게다가, 서로 다른 경제 구조적 맥락은 개발도상국과 선진산업국가에 서로 다른 영향을 미친다.

불평등의 정치에 관한 기존 문헌에 기반하여 이 논문은 한국과 대만의 소득불평등 경향을 탐색한다. 이는 경제적, 사회적, 그리고 정치적 요인이 어떻게 불평등의 패턴을 만들어 내는지 분석하는 것이다. 한국과 대만의 비교 연구가 흥미로운 이유는 두 가지이다. 첫째, 두 국가는 1970년대 이후, 경제발전 초창기에는 높은 경제성장과 비교적 평등한 소득 분배를 함께 성취해 왔다. 빠른 성장과 평등의 결합을 촉진시키기 위해, 동아시아 국가들은 물가상승률을 억제하기 위한 정책보다는 투자 친화적 거시경제정책(pro-investment macroeconomic policy), 외국인 직접투자에 대한 엄격한 통제(FDI, foreign direct investment), 유치 산업(infant industry) 보호, 수출 촉진 등의 정책을 추구해 왔다. 그러나 1990년대 이후, 두 국가는 빠른 소득불평등의 증가를 경험해 오고 있다. 따라서 동아시아 신생 민주주의에서 불평등의 정치경제의 서로 다른 경향을 살펴보는 것은 매우 유용하다. 둘째, 교차국가적(cross-national)으로 살펴보았을 때 두 국가 간에는 뚜렷한 차이가 존재한다. 이후에 논의되는 내용처럼, 대만의 시장불평등은 한국보다 높지만 시장에 의한 불평등을 줄이려는 정부의 노력 또한 한국 정부보다 더 높게 나타났다.

불평등의 이슈는 매우 중요하다. 기존의 연구들은 불평등이 사회적 불안(social unrest)과 민주주의의 불안정성(Acemoglu and Robinson 2006; Boix 2003), 정치적 부패(political corruption)를 확대하고 사회적 신뢰를 낮춘다고 지적해 왔다(Rothstein and Uslaner 2005). 불평등이 사회에 미치는 이러한 영향들을 고려해 볼 때, 무엇이 불평등 수준에 영향을 미치며, 어떤 요인이 국가간 불평등에 있어 차이를 추동하는가를 연구하는 것은 매우 중요하다. 이 논문은 동아시아의 두 신생 민주주의 국가에서 불평등 경향을 추동하는 정치적, 경제적, 그리고 제도적 요인 간의 연관성을 보여 줄 것이다. 이 연구는 체계적(systematic)이기보다는 탐색적(exploratory)이기는 하지만, 불평등의 심화와 관련된 사회적, 정치적, 경제적 요인을 밝혀낸다는 점에서 시사점이 있다. 또한, 이는 한국과 대만의 불평등의 정치경제에 대한 첫 번째 비교 연구(comparative study)라는 점에서도 가치를 지닌다.

이 논문은 다음과 같이 구성된다. 다음 절에서는 한국과 대만의 불평등 경향을 제시한다. 그리고 경제적 요인에 기반을 둔 설명들의 적실성을 알아보기 위해 세계화와 경제 상황과 같은 경제적 요인과 소득불평등 간의 상관관계에 대해 살펴본다. 다음으로, 불평등의 패턴에 있어 노동의 힘(labor power)과 같은 사회적 요인과 선거정치(electoral politics)와 같은 정치적 요인 간의 상관관계에 대해 알아볼 것이다. 이후에는 정부의 재분배 노력에 대한 비교 평가가 뒤따르고, 마지막 절에서는 본 논문의 함의를 제시하며 결론을 지을 것이다.

II. 한국과 대만의 소득불평등 경향

민주주의로의 이행[1] 이전, 권위주의 체제하의 한국과 대만 정부에서 불평등 수준은 비교적 낮았고 높은 경제성장은 불평등을 상쇄시켰다. 성장과 평등의 결합은 발전과 복지 이념으로서의 유교(Confucianism)에 초점이 맞춰져서 설명되어 왔다. 유교적 사회에서 국가는 가족의 확장이자 구성원들을 돌보고 보호하는 의무를 가지고 있는 것으로 간주된다(Jones 1990). '발전국가(developmental state)' 논의를 사용하는 학자들은 이러한 국가들에서 경제발전이 최우선적인 정책이었으며 사회정책은 거시경제정책에 종속되어 있었다는 점을 지적한다(Deyo 1992; Midgley 1986). 그러나 동시에 이러한 정책은 경제발전이 결과적으로 전체 인구에게 이익을 가져다준다는 낙수효과(trickle-down effect)를 기대한다. 발전국가에 관한 기존 논의들에 따르면, 동아시아의 사회정책은 경제발전, 정치적 안정, 사회적 평화, 그리고 인적 자본(human-capital)의 발전을 창출해 내는 한 지지받아 왔다.

데이터는 한국과 대만에서 소득불평등에 대해 어떠한 경향을 나타내고 있는가? 불평등에 대한 대부분의 연구들은 전일제 임금노동자(full-time wage earner)들 간의 임금 및 급여 분배와 가계 지니계수(household Gini coefficient)의 두 가지 지표를 활용해 왔다. 전자는 시장 소득이 전일제 임금노동자들 사이에서 어떻게 분배되어 있는가를 보여 준다. 그리고 세전(pre-

1 한국의 민주화는 노태우 전 대통령이 새로운 민주 헌법과 대통령 직접 선거를 약속하였던 1987년을 기점으로 한다. 반면, 대만의 민주화는 민진당(民進黨)이 정식으로 승인된 1986년 또는 민주 헌법을 위한 개헌이 국회를 통과하고 동원감란시기임시조관(動員戡亂時期臨時條款)이 폐지된 1991년을 기점으로 본다.

tax and pre-transfer) 분배 지표를 사용하는 것은 시장이 창출해 내는 소득불평등 수준을 반영한다. 반면, 세후(post-tax and post-transfer) 분배 지표의 사용은 소득과 임금의 분배를 형성하는 조세정책과 사회정책 또는 프로그램의 역할을 설명할 수 있다. 따라서 세전 분배 지표와 세후 분배 지표 간의 차이는 사회의 서로 다른 계층들 사이의 소득 격차를 줄이려는 정부의 노력으로 해석될 수 있다. 유의해야 할 점은, 80 : 20 비율(ratios) 또는 90 : 10 비율은 상위 20%(10%)와 하위 20%(10%) 소득에 위치한 전일제 임금노동자들만 설명할 수 있다는 점이다. 시간제(part-time) 노동자나 비정규직 고용 노동자들을 고려할 경우, 소득과 임금의 분배는 80 : 20 비율 지표가 보여 주는 것보다 더 불평등하다는 점은 자명하다. 반면 지니계수는 가구들 간에 (소득 및 임금뿐만 아니라 이자, 배당 그리고 소득의 다른 원천들도 포함하는) 소득 배분 상태를 나타낸다. 여기서 0은 완전한 평등을 의미하고 1은 완전한 불평등을 의미한다. 사회에서 경제 활동의 기본 단위가 가구이기 때문에 지니계수는 개인 소득의 분포를 측정하는 것보다 더 유용할 수 있다.

아시아의 두 신생 민주주의 국가의 불평등 경향은 어떠한가? 〈그림 1〉은 1989년에서 2010년까지 한국과 대만의 세전 80 : 20 비율과 세후 80 : 20 비율에 의해 측정된 불평등의 경향을 보여 준다. 약간의 변동이 있기는 하지만 〈그림 1〉에서 나타나는 것처럼 두 국가 모두 소득불평등의 증가 경향을 보여 주고 있다. 그림의 왼쪽은 한국의 소득불평등을 보여 주고 있는데 세전 80 : 20 비율이 가장 낮은 해는 4.12를 기록한 1993년이다. 이후 80 : 20 비율은 증가해 왔는데 2010년에는 5.06을 기록하였다. 특히 아시아 경제 위기(Asian financial crisis)의 영향이 지대하였다. 1989년과 2010년 사이 80 : 20 비율은 10% 증가하였다.

불평등 증가 경향은 한국보다 대만에서 더 뚜렷하게 나타난다. 대만의 자료는 80 : 20 비율이 1989년 5.18을 기록한 이래로 2010년 7.72에 이르기까지 지속적으로 증가하여 왔음을 보여 준다. 이는 20여 년 동안 약 50% 정도 증가하였다. 특히, 2001년은 소득불평등의 급격한 증가를 기록한 해

그림 1. 한국과 대만의 소득불평등 추이(80 : 20 비율)

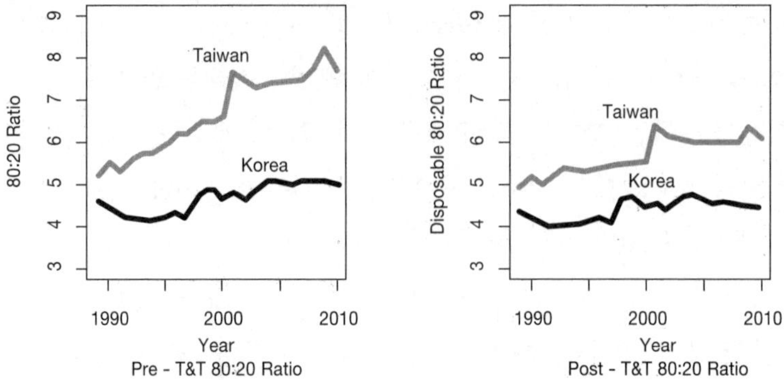

출처: 한국통계청(http://kostat.go.kr, 2012년 1월 25일 검색); 중화민국 행정부, 〈가구소득과 지출 조사 보고서〉, 2011.
주: T&T는 조세와 이전지출(tax and transfer)를 가리킴.

이다. 2001년의 80 : 20 비율은 7.67이었는데 이는 직전 해에 기록한 6.57에 비해 17%가 증가한 수치이다. 이는 2001년에 아시아 경제위기의 여파가 대만 사회의 소득불평등을 악화시킨 결과일 수 있다. 한 가지 주목해야 할 점은, 1991년 대만 민주화 이후, 80 : 20 비율이 1992년 5.57에서 2008년 7.72로 거의 40%가량 증가하였다는 점이다. 〈그림 1〉의 왼쪽 부분은 두 가지 점을 제시한다. 첫째, 시장불평등이 두 국가 모두에서 지속적으로 증가해 왔다. 둘째, 최소 1989년부터 대만은 한국에 비해 소득 및 임금에 있어 높은 불평등 수준을 보여 왔다.

〈그림 1〉의 오른쪽 그래프는 세후 80 : 20 비율을 나타낸 것이다. 이 지표는 정부 이전 지출(government transfer)과 과세 이후의 가처분 소득 및 임금의 배분을 보여 준다. 한국과 대만은 유사한 경향성을 보인다. 특히, 대만은 한국과 비교했을 때 세전 80 : 20 비율과 가처분 소득의 80 : 20 비율 간의 차이가 크게 나타난다. 예를 들어, 민주화 이후(1992-2010) 대만의 세전 80 : 20 비율은 39%가량 증가한 반면, 가처분 소득의 80 : 20 비율은 15% 증가한 것으로 나타났다. 이것은 3분의 2가량의 소득불평등의 증가가 정부에 의한 조세 및 이전 지출 정책에 의해 억제되었음을 나타낸다. 이와는

그림 2. 한국과 대만의 소득불평등 추이(지니계수)

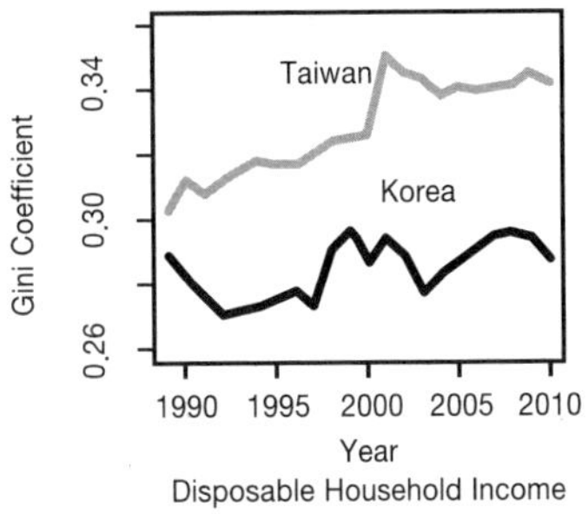

출처: 〈그림 1〉 출처 참조.

대조적으로 한국의 자료는 정부의 재분배 노력이 대만에 비해 낮다는 것을 보여 준다. 민주화 이후의 시기(통계 데이터가 처음으로 작성된 1989년에서 2010년까지) 동안 세전 80 : 20 비율은 10% 증가한 반면, 가처분 소득의 80 : 20 비율은 4% 증가했다.

〈그림 2〉는 가처분 소득(세후)의 지니계수로 측정된 소득불평등의 경향을 보여 주는데 〈그림 1〉이 나타내는 결과와 매우 비슷한 양상을 보인다. 지니계수로 측정된 소득불평등은 두 국가 모두에서 증가했고 대만의 지니계수가 한국의 지표에 비해 더욱 높게, 즉 더 불평등하게 나타난다.

〈그림 3〉은 2005년의 소득불평등 지표의 전 세계적 비교를 보여 주고 있다. 가처분 소득의 80 : 20 비율과 가처분 소득의 지니계수로 살펴보았을 때, 동아시아 신생 민주주의 국가인 한국과 대만은 상대적으로 평등한 분배 결과를 보인다. 두 국가는 콜롬비아, 브라질, 멕시코와 같은 라틴 아메리카 국가, 싱가포르, 필리핀, 중국, 태국, 말레이시아, 인도네시아와 같은 아시아 국가, 이탈리아, 영국, 미국과 같은 여러 선진 민주주의 국가에 비해 소득 분배에 있어서 더 평등하다. 오직 북유럽 국가들(Nordic countries), 독일, 불가리아만 한국과 대만에 비해 더 평등한 소득 분배를 보일 뿐이다. 〈그림 3〉은 동아시아의 두 신생 민주주의 국가의 소득 배분이 예상했던 것처럼 나쁘지는 않다는 점을 보여 준다. 그보다는, 지금까지는 비교적 평등했던 두

그림 3. 세계의 소득불평등(2005년경)

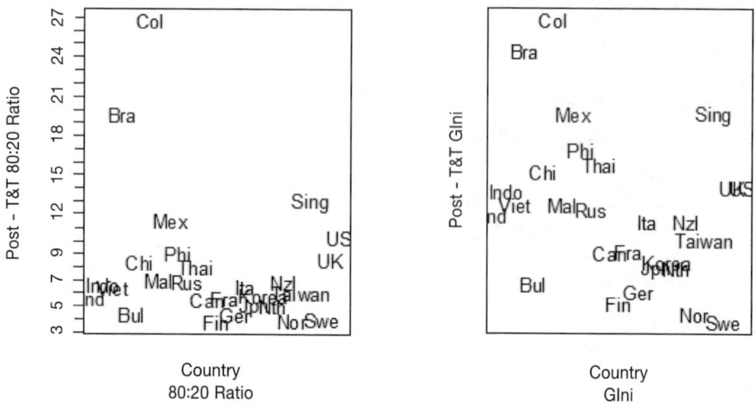

출처: 〈중화민국 가구소득과 지출 자료 보고서〉, 2008.

국가에서 불평등 증가율, 즉 불평등 증가의 가속화가 더욱 우려되는 부분이다. 이러한 경향과 패턴을 어떻게 설명할 수 있을 것인가?

III. 경제 개방, 성장, 그리고 소득불평등

이 절에서는 한국과 대만에서 어떠한 경제적 요인이 소득불평등과 상관관계를 지니는지 살펴볼 것이다. 첫째로, 세계화(globalization), 특히 무역 개방(trade openness)과 금융 자유화(financial liberalization)가 소득불평등에 어떠한 영향을 미치는지 분석할 것이다. 두 번째로, 경제 상황, 그중 경제성장과 실업률이 소득불평등의 경향에 어떠한 영향을 미치는지 살펴볼 것이다. 많은 경제학자들이 무역 개방과 금융 자유화가 소득 분배에 미치는 영향에 대해 논의해 왔다. 스톨퍼-새뮤얼슨 명제(Stolper-Samuelson theorem)에 따르면, 자유 무역은 생산을 위한 다양한 요소들을 향상시키기 때문에 선진산업국가(advanced industrial countries)의 자본가(capital owner)와 숙련 노동자(skilled worker), 저개발국가(less developed countries)의 저숙련 노동자(unskilled worker)에게 이득을 가져다준다(Leamer 1993). 따라서 무역 개방은 저개발 국가에서 소득불평등을 감소시키나 선진 산업국가에서는 소득불평등을 증가시킬 것으로 예상할 수 있다. 왜냐하면 무역 개방은 선진 산업국가의 자본가와 숙련 노동자, 저개발 국가에서 저숙련 노동자들의 소득을 증가시킬 것이기 때문이다. 비슷한 이유로, 금융 자유화 또한 자본유출(capital outflow)을 야기하기 때문에 선진 산업국가에서 소득불평등을 증가시킬 것으로 예상할 수 있다. 게다가 금융 자유화와 자본의 이동성은 정부의 팽창적인 재정정책(expansive fiscal policy)을 추진하려 할 때 제약으로 작용할 수 있다. 따라서 세계화는 정부가 조세정책이나 재분배정책을 통해 소득불평등을 감소시키기 위해 움직일 수 있는 공간을 축소시킨다(Huber and Stephens 2001).

그러나 경험적 분석 결과는 연구마다 다르게 나타난다. 경제 개방이 저개발 국가에서 소득불평등을 감소시킬 것이라는 예상은 경험적 분석에 의해 도전받고 있다. 경제 개방이 저개발 국가에서 소득불평등을 악화시킨다는 연구결과(Lundberg and Squire 2003)와 그 반대의 연구결과(Reuveny and Li 2003)는 혼재되어 나타난다. 저개발 국가에서 외국인 직접투자(FDI, Foreign Direct Investment)가 소득불평등에 미치는 영향 또한 여전히 결론이 나지 않은 상태다(Dreher and Gaston 2006).

한국과 대만 모두 무역 개방과 자본 이동의 수준에 있어, 특히 외국인 직접투자가 증가하는 패턴을 보이고 있다. 1980년대까지 대만은 수출을 장려하는 한편, 외국과의 경쟁으로부터 국내 시장을 보호하는 이중적인 무역체제(dual-track trade regime)를 채택하여 왔다. 무역자유화는 통상적으로 수출 부문에 국한되어 있었으며, 국내 시장에 대한 보호정책은 그대로 유지하여 왔다. 1980년대 중반, 대만 무역정책에 중요한 변화가 시작되었다. 당시 대만은 미국과 무역마찰을 겪고 있었고, 이 과정에서 화폐개혁을 감행하였다. 1984년 대만은 "자유화, 국제화, 제도화(Liberalization, Internationalization, and Institutionalization)"라는 기치하에 관세와 비관세 장벽을 과감히 철폐하면서 경제자유화 정책을 촉진하였다(Tsai and Huang 2006).

자유화는 외국인 직접투자의 유입과 해외 직접투자의 유출 모두에 영향을 주었다. 대만은 1950년대 초반부터 수출지향적 산업화, 외화 획득, 선진 기술의 이전을 위해 외국인 직접투자에 대해 환영하는 입장을 보여 왔다. 반면, 해외 직접투자(Outward FDI)에 대해서는 엄격히 통제해 왔는데 자본유출에 대한 우려와 외화 유지를 위해서였다. 대만으로의 외국인 직접투자 유입은 1980년대 중반까지 정부에 의해 규제되었다. 그러나 1985년에서 1986년 사이에 이루어진 자유화는 외국인 직접투자의 급격한 상승을 불러왔다. 1987년에 14억 달러였던 외국인 직접투자 유입액은 2008년에는 82억 달러에 이르렀다. 2007년에는 154억 달러로 가장 높은 수치를 기록하였다. 자유화는 해외 직접투자에도 영향을 미쳤다. 1970년에서 1980년까지 해외 직접투자는 1천만 달러에서 5천만 달러 사이를 유지하였지만, 1987년에는 급격히 상승하여 1억 달러를 기록하였고, 1990년에는 16억 달러에 이르렀다. 해외 직접투자는 지속적으로 증가해서 2008년에는 45억 달러를 기록하였다. 2007년의 해외 직접투자액은 65억 달러를 기록하였는데 이는 가장 높은 수치이다(Tsai and Huang 2006).

한국 자료도 이와 유사한 경향을 보인다. 한국의 외국인 직접투자의 순유입액은 1997년까지 꾸준히 증가 추세를 보여 왔지만, 1997년 아시아 금융위기에 이어 전개된 금융 자유화 이후에 급격히 상승하였다. 금융위기 이후 정부는 외환과 외자 유치를 위해 외국인 직접투자를 장려해 왔다. 국내총생산(GDP, gross domestic product) 대비 외국인 직접투자 비율은 1974년에서 1996년까지 1% 이하였는데 1998년에서 2001년에는 2% 이상으로 크게 증가하였다. 외국인 직접투자에 대한 규제와 정책에 큰 변화를 보여 주는 일례로, 1970년에서 1997년까지 외국인 직접투자액이 250억 달러에 머물렀는데, 1998년에서 2008년까지 11년간의 외국인 직접투자액은 1,240억 달러에 이르렀다는 사실을 들 수 있다(Park and Mah 2011). 자본의 이동 측면, 특히 외국인 직접투자는 국내 소득불평등에 악영향을 끼친다. 따라서 외국인 직접투자의 증가와 소득불평등의 증가 사이에 연관 관계가 있을 것임을 예상할 수 있다.

경제 상황과 소득불평등 간의 관계는 어떠한가? 동아시아의 신생 민주주의 국가에서 경제성장과 경제발전의 낙수효과로 인한 소득불평등의 개선을 관찰할 수 있을 것인가? 경제성장과 소득불평등 간의 상관관계에 대한 여러 연구들이 있다. '쿠츠네츠 커브(Kutznets' curve)'에 따르면 경제발전과 소득불평등 사이에 뒤집어진 U자형(inverted U-shaped curve)의 관계가 있다(Kutznets 1955). 그리고 단기적인 경제성장이 불평등을 증가시키는가 또는 감소시키는가에 대한 논쟁 또한 존재한다(Dollar and Kraay 2004; Ravallion and Chen 1997). 자료를 분석해 보면, 한국과 대만에서 경제 침체는 불평등의 급속한 증가를 불러온다. 먼저, 한국의 자료는 아시아 금융위기 이후 경제 침체가 분배 결과에 큰 차이를 불러왔다는 점을 보여 준다(Kim 2004). 대만의 경우 2000년, 2001년, 그리고 2009년의 저조한 경제성과가 불평등의 급격한 증가를 불러왔다. 한편, 경제성장 또는 급격한 경제발전의 낙수효과 또한 발견되는데, 경제성장은 모든 사회 부문에서 소득의 증가, 특히 저소득 계층에서 큰 폭의 소득 증가를 불러왔고 소득불평등의 개선을 가져왔다.

〈그림 4〉는 한국과 대만에서 경제성장과 세전 80 : 20 비율 간의 관계를 나타낸 것이다. 이 그래프는 두 국가에서 경제성장과 시장불평등 간에 반비례 관계가 있다는 사실을 명백히 보여 준다. 다시 말해, 경제성과가 좋을 때 시장불평등은 감소하는 경향이 있다. 반대로, 경제 침체는 시장 소득의 불평등한 배분과 상관관계를 지닌다. 민주화 이후 대만에서 경제성장률은 1990년대에는 대략 5.5%에서 8.5%를 기록했으나 2001년에는 -2.2%를 기록하였다. 그 해에, 세전 80 : 20 비율은 7.67을 기록하였다. 참고로, 2008년의 세전 80 : 20 비율은 7.73이었다. 이는, 2001년에 상위 20% 계층의 임금 소득이 하위 20% 계층의 임금 소득에 비해 7.7배 높다는 것을 의미한다.

〈그림 4〉는 두 변수 간의 상관관계가 한국보다 대만에서 더 크게 나타난다는 점을 제시한다. 〈그림 4〉에서 나타나는 경제성장과 소득불평등 간

그림 4. 경제성장과 소득불평등

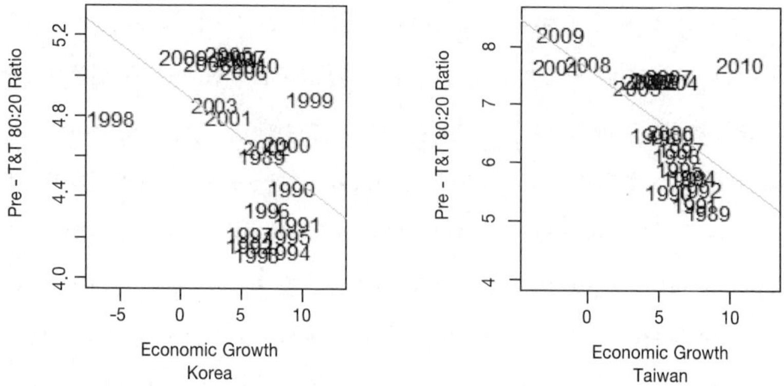

자료: 〈그림 1〉 자료출처 참조.

의 관계는 경제성과가 시장에 의해 형성된 분배 결과와 높은 상관관계를 가진다는 점을 보여 준다. 이는 한국과 대만에서 사회지출 또는 새로운 정책 입안을 위한 정부의 능력이 경제성과에 크게 의존하고 있음을 증명한다(Haggard and Kaufman 2008). 좋은 거시경제적 성과는 정부로 하여금 재분배정책을 확장할 공간을 제공해 주는 반면, 나쁜 경제성과는 재분배정책의 확대를 제한한다.

경기 침체는 실업률의 증가를 이끈다. 그리고 실업률의 증가는 시장불평등을 증가시킨다. 결과적으로, 재분배정책과 복지정책에 있어 정부의 노력이 증가할 것이다. 한국과 대만에서 실업률과 정부 재분배 노력 간에는 어떠한 관계가 있을까? 우리는 비교정치경제의 기존 문헌들로부터 시장불평등과 고용률(혹은 실업률)이 가구소득불평등(household income inequality)을 설명할 수 있다는 사실을 알고 있다(Kenworthy and Pontusson 2005). 한국과 대만 모두 1960년대에 경제발전을 이룩하는 동안 완전 고용의 목표를 달성했다. 대만의 실업률은 3% 이하로 유지되었다. 그러나 심각한 수출 경기의 침체와 경제성장률 감퇴로 인해 실업률은 1999년 말부터 증가하기 시작하였다. 실업률은 빠르게 증가하여 2002년 8월에는 5.23%를 기록하였다

(Lue 2010).

한국 또한 같은 경향이 발견된다. 한국의 1997년 금융위기 이전까지 실업률은 3% 이하였다. 그러나 금융위기 직후, 7%로 급상승하여 사상 최대치를 기록한다. 1999년에 실업률이 다시 감소하였고 그 이후로는 3%에서 3.5% 수준을 유지하고 있다. 한국 자료는 선진산업국가에서 나타나는 경험적 패턴을 증명하고 있는데, 그것은 실업률이 직전 해에 비해 증가했을 때, 가구소득의 불평등 또한 증가한다는 점이다(Kwon 2007).

실업률이 상승할 때 정부가 불평등을 감소시키기 위해 어떻게 반응하는가를 연구하는 것은 흥미로운 일이다. 일련의 조세 및 이전 지출 정책 프로그램을 통해 정부는 불균등한 분배 결과가 더욱 악화되는 것을 막기 위해 개입하고 노력한다. 세전과 세후 80 : 20 비율 간의 차이로 측정할 경우, 양수는 정부가 조세 및 이전 지출 정책으로 시장불평등을 감소시키는 데 노력을 하고 있다는 것을 의미한다. 음수의 경우, 정부가 조세 및 이전 지출 정책으로 시장불평등을 더욱 악화시키고 있다는 것을 나타낸다.

〈그림 5〉는 한국과 대만의 정부가 어떻게 실업에 대응하고 소득불평등을 감소시키기 위한 노력을 하였는지를 보여 준다. 왼쪽과 오른쪽 그래프 모두 높은 실업률이 정부의 재분배 노력과 연관되어 있다는 점을 제시한다.

그림 5. 실업률과 정부의 재분배 노력

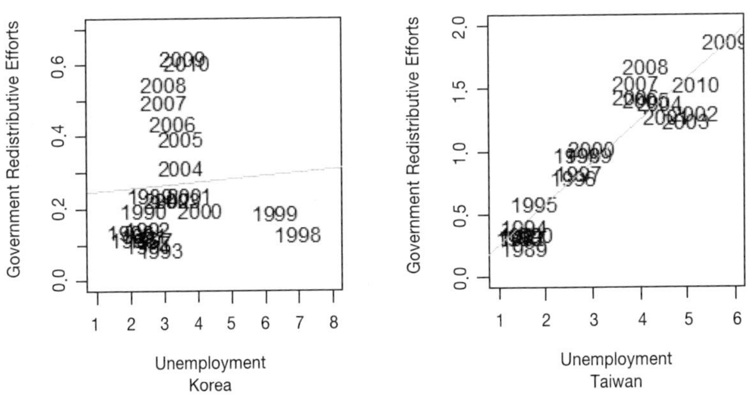

자료: 〈그림 1〉 자료출처 참조.

주목할 만한 것은, 실업률과 정부 재분배 노력 간의 연관성이 한국보다는 대만에서 더 명확하다는 점이다. 대만 정부는 세금 부담을 감소시키거나 정부 이전을 증가시키거나, 또는 두 가지 방식을 모두 활용하여 실업률에 대응해 왔다.

IV. 노동의 힘과 소득불평등

비교정치경제에 관한 기존 연구에서 임금협상체계(wage bargaining system)의 중앙집중화는 시장불평등의 가장 중요한 결정 요인으로 여겨져 왔다. 임금협상이 전국 수준에서 일어나는 국가들은 임금격차의 축소(wage compression)를 경험하고 이는 보다 균등한 소득 분배를 이끈다(Wallerstein 1999). 경험적으로, 코포라티즘적(corporatist) 제도적 장치를 가진 국가가 분절된 임금협상체계(fragmented wage bargaining system)를 가진 국가보다 소득 배분에 있어 더욱 평등한 분배를 보여 준다. 같은 맥락에서, 많은 국가들에서 코포라티즘(corporatism)의 퇴조, 노조조직률의 감소, 공공 노조의 증가는 선진 민주주의 국가의 불평등 증가의 원인으로 간주되고 있다(Kenworthy and Pontusson 2005).

이 절에서는 분배 결과에 노동권력이 어떠한 역할을 하는지 살펴볼 것이다. 동아시아 모델을 규정하는 독특한 특징 중 하나는 유럽의 경험과 달리, 조직노동(organized labor)이 정치적으로 배제되어 있다는 점이다. 권력자원이론(power resource theory)은 노동권력이 정부에 의한 높은 수준의 재분배 노력과 상관관계를 지닐 뿐 아니라, 시장 소득에 있어 더욱 평등한 분배와도 연관성이 있음을 주장해 왔다(Korpi 2006). 권력자원이론에 따르면 노동과 좌파 정당의 정치적 동원능력이 복지정책과 재분배 성과를 결정짓는 매우 중요한 요소이다.

동아시아 신생 민주주의 국가에서 노동권력과 불평등은 어떠한 관계를 지니는가? 우리는 노동권력을 측정하기 위해 비교정치경제의 기존 연구에서 폭넓게 사용되는 지표인 노조조직률(union density)과 투표율(voter turnout)을 이용할 것이다. 노조조직률은 노동이 정치 영역에서뿐만 아니라 시장에서 발언권을 가지기 위해 얼마나 폭넓게 조직되어 있는가를 보여 준다. 투표율은 저소득층의 투표 참여 정도를 평가할 수 있는데 이는 부자들이 가난한 사람에 비해 더 많이 투표한다는 사실에 근거한 것이다. 따라서 투표율의 증가는 저소득층이 이전 선거보다 투표에 더 많이 참여하고 있음을 보여 준다.

〈그림 6〉은 노조조직률로 측정된 노동권력과 세전 80 : 20 비율과의 상관관계를 보여 준다. 한국에서 노조조직률은 1989년에 19.8%였지만 2010년에는 9.8%로 감소하였다. 대만 자료 또한 비슷한 경향을 보여 주는데 1989년에 30.6%였던 것이 2010년에서는 14.6%로 감소하였다. 〈그림 6〉은 노조조직률과 시장불평등 간에 역의 관계가 있음을 보여 준다. 이것은 권력자원이론에서 예상할 수 있는 결과와 같다. 노조조직률로 측정되는 노동권력의 퇴조는 두 국가 내의 시장불평등 증가와 관련이 있음을 예상해 볼 수 있다. 한국의 노동권력은 1990년대 중반 이후 점차 분열되고 약화되었다. 세계화의 도래로 인해 재벌이라고 불리는 거대 복합 기업체 내의 노조와 중소기업의 노조는 경제적 이득을 놓고 서로 반목해 왔다. 거기에 더하

그림 6. 노동의 힘과 소득불평등

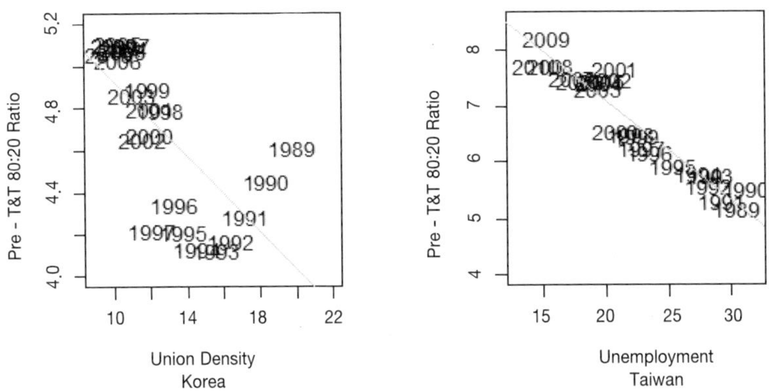

자료: 한국노동연구원 〈노동통계(2011)〉; 중화민국 노동위원회 〈노동통계(2011)〉.

여, 정치적 이념을 기반으로 한 분열은 노-노 갈등을 악화시켰다.

대만은 전통적으로 노조가 시민사회 내에서 국가의 하부조직과 같이 기능하는 독특한 국가 코포라티즘적 구조를 가지고 있다. 노조의 임무는 노동자의 불만족을 완화시키고 빠른 산업화 과정에서 점증하는 사회적 압력을 제어하는 것이었다. 그러나 이러한 국가 코포라티즘적 구조는 2000년 이후 근본적인 변화를 경험하였다. 대만의 민주화와 다당제(multi-party system)의 등장으로 인해 노조에게 새로운 역할에 대한 기대가 생겨났다. 그러나 노조는 조직원들의 요구에 더 잘 반응할 것이라고 기대되었지만 결과적으로 노동자들의 이익을 대변하는 데에 실패하고 말았다(Huang 2003). 서로 다른 산업 부문들(industrial sectors) 간의 상이성과 이해관계를 둘러싼 분열 양상이 주된 이유였다. 세계화는 이러한 분열을 더욱 강화시켰다(Lue 2010). 그러나 주목해야 할 것은 노조조직률이 노동권력을 완벽히 측정할 수 없다는 것이다. 대만의 노조조직률은 한국에 비해 높지만 노동의 투쟁성과 노조 간의 교섭 능력을 살펴볼 경우, 노동권력의 양상은 달라진다. 권위주의 시대와 비교했을 때 노동권력은 증가하였으나, 대만의 노조조직률은 민주화 이행 이후 급속히 감소하였다. 이는 대만이 한국에 비해 시장 불평등을 감소시키려는 정부 노력의 수준이 더 높다는 것으로 설명 가능하다.

그렇다면 투표율은 이러한 상황과 어떠한 연관성을 지니는가? 한국과 대만에서 투표율의 감소는 불평등의 증가와 상관관계가 있을 수 있다. 왜냐하면 가난한 사람들은 부자에 비해 투표를 더 적게 하고, 따라서 정부는 가난한 사람들의 이해관계나 요구에 관심을 기울일 강한 유인 요인이 없기 때문이다(Anderson and Beramendi 2008). 한국 대통령 선거에서 투표율은 89.2%(1987년)에서 82%(1992년), 81%(1997년), 71%(2002년)로 떨어졌고, 2007년에는 63%까지 떨어졌다.[2] 대만 총통 선거 투표율 또한 82.7%(2000

2 한국 중앙선거관리위원회, http://www.nec.go.kr/nec_new2009(검색일: 2012년 1월 25일)

그림 7. 불평등과 정부의 재분배 노력

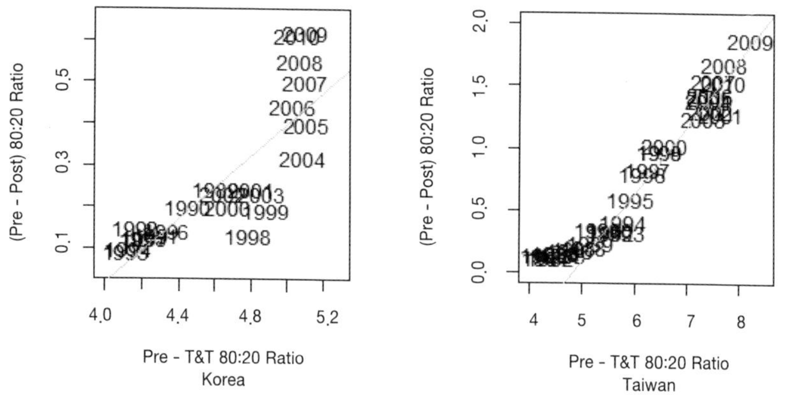

자료: 〈그림 1〉 자료출처 참조.

년), 80.3%(2004년), 76.3%(2008년)으로 지속적으로 감소하였다.[3] 비록 두 국가에서 민주적 선거가 비교적 최근에 시작된 일이기 때문에 자료가 다루는 시기가 한정되어 있지만, 권력자원이론의 예측처럼 투표율 감소가 점증하는 불평등과 상관관계가 있을 것임을 예상해 볼 수 있다. 그러나 이러한 주장은 투표율의 증가 혹은 감소가 각 소득 계층에 따라 고르게 일어나는 것인지에 대한 엄밀한 분석 없이는 불완전할 수밖에 없다는 것을 염두에 두어야 한다.

〈그림 7〉은 시장에 의해 만들어지는 불평등, 다시 말해 시장불평등과 그것을 감소시키기 위한 정부 노력과의 상관관계를 보여 준다. 두 국가의 정부는 증가하는 불평등에 대응하고 있고, 대응 수준은 한국보다 대만에서 높게 나타난다.

〈그림 8〉은 시간의 흐름에 따른 정부의 재분배 노력을 보여 준다. 왼쪽 그래프는 세전과 세후 이전 소득의 80 : 20 비율의 차이를 통해 측정된 정부의 재분배 노력을 보여 주고 있고, 오른쪽 그래프는 세전과 세후 이전 소득의 지니계수를 통해 측정된 정부의 재분배 노력을 나타낸다. 대만의 세전

3 대만 중앙선거관리위원회, http://db.cec.gov.tw(검색일: 2012년 1월 25일)

그림 8. 한국과 대만 정부의 재분배 노력

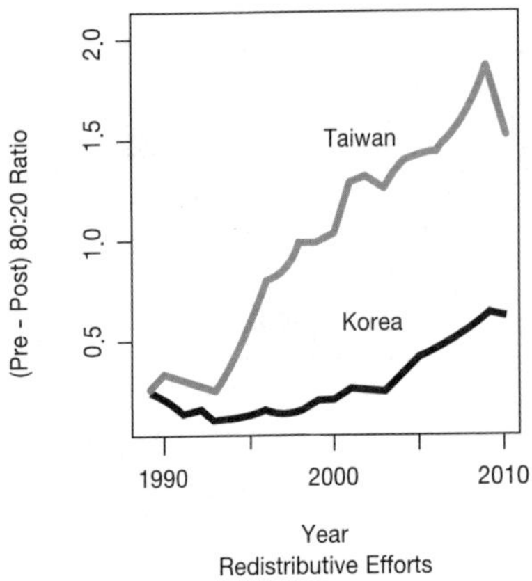

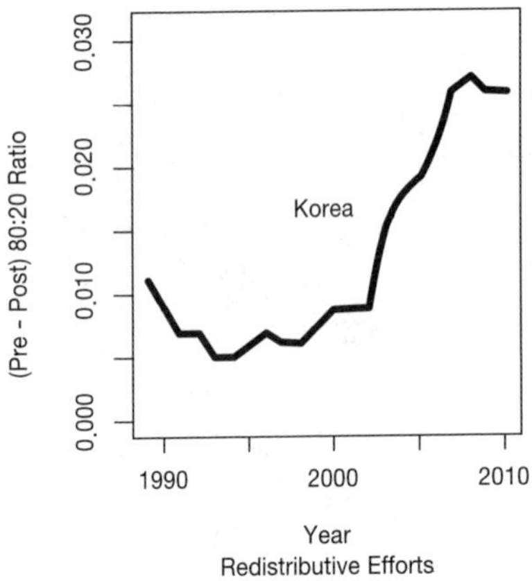

자료: 〈그림 1〉 자료출처 참조.

지니계수를 찾을 수가 없었기에 부득이하게 오른쪽 그래프는 한국 정부의 노력만을 보여 주고 있다. 왼쪽 그래프는 대만 정부가 한국 정부에 비해 불평등의 증가에 대해 더욱 적극적으로 대응하고 있음을 명백하게 보여 준다.

대만이 높은 경제성장을 달성하는 동안, 대만 국민들은 치솟는 생활비에도 불구하고 정체되어 있는 소득 때문에 큰 어려움을 겪어 왔다. 1993년 1인당 국민총생산이 10,000달러(US $)의 문턱을 넘어선 이후에도 대만 국민들의 평균 소득은 여전히 10,000달러에서 15,000달러에 머물러 있다.[4] 생활비의 증가에도 불구하고 소득이 정체되어 있는 상황은 시민들로 하여금 정부에게 해결책을 제시하도록 압력을 가했다. 이러한 요구에 부응하고자 국민당(國民黨)과 민진당 행정부는 다양한 사회복지정책을 제시해 왔다. 정부가 시민의 요구에 반응해야 한다는 자연적 메커니즘을 염두에 두고 있을지라도, 대만의 더 높은 시장불평등은 정책 결정자로 하여금 소득 격차 감소를 위한 더 큰 노력을 경주하게끔 만들었다. 〈그림 8〉의 왼쪽 그래프는 두 국가가 조세 및 이전 지출 정책으로 시장불평등에 대응하고 있다는 것을 제시한다.

4 2009년 대만 선거데이터북, http://www.cepd.gov.tw/enconten(검색일: 2012년 1월 25일)

V. 선거경쟁과 재분배 정치

정치는 동아시아의 두 신생 민주주의 국가에서 소득불평등 경향을 형성하는 데 어떠한 역할을 하였나? 각 국가들에서 시장불평등 감소를 위한 정부 노력의 편차를 설명하는 기존 문헌들은 정치적 요인이 중요한 역할을 한다고 지적해 왔다. 이 절에서는 기존 연구에서 제시하고 있는 정부의 재분배 노력과 관련된 네 가지 정치적 요인인 정부당파성, 선거제도, 선거 시기, 그리고 선거 경합도가 대만과 한국에서 얼마만큼 중요성을 지니는지 살펴볼 것이다.

권력자원이론은 정부의 이념적 당파성이 소득불평등을 감소시키는 정부 노력의 차이의 많은 부분을 설명할 수 있다고 주장한다(Bradley et al. 1977). 좌파 정부는 우파 정부에 비해 다양한 정책을 통해 소득을 재분배하기 위해 더 많은 노력을 기울이는 경향이 있다. 이유는 두 가지이다. 첫째, 좌파 정부는 그들의 핵심 지지층의 요구에 반응해야 할 선거정치적 인센티브가 존재하고 따라서 재분배와 복지정책을 추구한다. 둘째, 정당은 공직 추구(office-seeking)를 위한 집단이기도 하지만 정책 추구(policy-seeking)를 위한 집단이기도 하다. 좌파 정당은 재분배 및 사회정책을 포함하는 특정 정책에 대한 집단적이며 이념적인 헌신을 가지고 있다. 그러나 주목해야 할 점은 선진 민주주의 국가와 신생 민주주의 국가의 정당 정치는 다른 양상을 보인다는 것이다. 초기 단계의 민주주의 국가에서 정당은 정책 프로그램보다는 유권자와 후원-수혜 관계(patron-client relationship)를 통해 여타 정당과 경쟁하는 경향이 있다(Hagopian 2009). 정당과 후보자들은 그들의 지역구에 초점을 맞춘 선심성 지역개발사업(pork-barrel project)을 제공함으로써 득표율을 높이려 노력한다. 이것은 사회경제적 유권자와 정당 정치 간의 연결 고리를 느슨하게 하고 정당을 낮은 수준의 정책 프로그램적 정당(programmatic party)으로 만든다. 동아시아의 정당 정치는 정책 프로그램 간의 경쟁에 기반을 둔 것이 아니라 지역, 에스니시티(ethnicity), 종교와 같은 사회적 요인과 관련된 정체성 정치(identity politics)에 기반을 두고 있는 경우가 많다. 최근 들어, 정책 프로그램에 따른 정당 간 경쟁 양상이 발견되고 있기는 하나, 여전히 한국과 대만 모두 앞서 언급한 특징을 다소 지니고 있다.

둘째, 몇몇 기존 연구들은 왜 특정 국가가 여타 국가에 비해 더 많이 재분배를 하는가를 설명하기 위해 정치제도, 특히 선거제도를 이유로 들었다(Iversen and Soskice 2006). 비례대표제(proportional representation, PR)는 중도좌파 정부를 가질 확률이 높고, 그 결과 선거제도는 재분배정책의 성과에 있어서 차이를 만들어 낸다(Iversen and Soskice 2006). 또한 서로 다른 선거제도는 사회지출의 구성에서 차이를 보이고 이를 통해 선거제도는 재분배에 영향을 미친다(Persson and Tabellini 2000). 비례대표제하에서 정부 정책은 더 폭넓고 보편적인 재분배 프로그램에 집중되어 있고, 이는 넓은 범위의 사회 경제적 집단을 대상으로 한다. 이와는 대조적으로, 다수제(majoritarian system)에서 정부는 지역개발사업을 통해 보다 한정된 집단에게 혜택을 제공한다. 따라서 정치경제에 관한 기존 문헌은 비례대표제가 다수대표제에 비해 더 많은 재분배정책을 이끌어 낼 것으로 보았다.

멜처-리처드 모델(Meltzer-Richard model)에 따르면 단순다수제의 규칙(plurality rule)과 양당 간의 경쟁이 존재한다는 가정하에 불평등이 증가할수록 중위 투표자(median voter)의 재분배에 대한 지지가 더 커진다(Meltzer and Richard 1981). 그러므로, 공직 추구적인 정부는 재분배정책을 추구하는데 더 많은 노력을 기울일 것이다. 경험적 분석에서 살펴볼 때 모순되는 점은 선진 민주주의 국가 중에서 더 평등한 분배 상태를 가진 국가가 그렇지 않은 국가에 비해 사회복지정책과 재분배정책에 더 많은 지출을 한다는 것이다. 예를 들어, 시장 소득이 비교적 평등하게 분배되어 있는 노르웨이와 스웨덴은 사회복지와 재분배 프로그램에 더 많은 지출을 하지만 선진국이지만 더 불평등한 분배구조를 가진 미국은 더 적은 지출을 한다. 기존 연구자들은 최근에 이러한 '로빈후드 패러독스(Robin Hood paradox)'에 대해 다양한 설명들을 내놓고 있다. 그들은 선거제도가 재분배정책에 영향을 미친다고 주장한다(Iversen and Soskice 2006). 이는 비례대표제하에서 소득 격차를 줄이는 데 더 많은 노력을 기울이는 중도-좌파 정부가 정권을 잡을 확률이 높기 때문이다.

선거제도 개혁에 관한 연구들에 따르면, 현재 세계 각국은 더 비례적인 선거제도로 나아가는 경향이 있다(Colomer 2004). 그러나 선거 정치에 있어 '아시아 모델(Asian Model)'은 집합적 선거 정치(aggregative electoral politics), 중도적 정치경쟁(centrist political competition), 그리고 때때로 미발전된 양당 체제(nascent two-party system)로 규정되는 특수성을 지니고 있다(Reilly 2007). 최근 필리핀, 태국과 같은 동남아시아 국가뿐만 아니라 한국과 대만도 비비례적인 혼합형 다수대표제(MMM, mixed-member majoritarian system)를 채택하고 있다. 비비례적인 이유는 대부분의 대표들이 지역 선거구에서 선출되며, 상대적으로 적은 수의 비례대표가 정당 명부로부터 선출된다. 따라서 비비례성이 더해진 한국과 대만의 선거제도가 불평등 증가의 이유일 수 있다.

셋째, 정치적 경기순환이론(political business cycle)은 집권당이 선거가 열리는 해에 좋은 경제성과, 높은 수준의 복지 지출, 유권자에 대한 현금 지급을 해야 할 유인 요인이 있다고 주장한다(Alesina and Roubini 1997; Keech 1995). 이러한 관점에 따르면, 선거 일정은 재분배 결과에 영향을 미칠 수 있다. 본 논문에서 분석하고 있는 동아시아의 두 신생 민주주의 국가는 대통령제이면서 혼합된 선거 일정을 가지고 있다. 소득 격차를 줄이는 정부의 노력에 선거 일정이 영향을 미치는지 분석하기 위해여 우리는 두 국가의 데이터를 활용하여 t-검정(t-test)을 실시하였다. 한국의 데이터를 살펴볼 경우, 대통령 선거가 없는 해의 세전 80 : 20 비율과 세후 80 : 20 비율의 차이는 0.23(표준오차: 0.03)이었으나 대통령 선거가 있는 해의 80 : 20 비율과 세후 80 : 20 비율과의 차이는 0.25(표준오차: 0.09)였다. 그러나 대통령 선거가 있는 해와 대통령 선거가 없는 해의 차이는 통계적으로 유의미하지 않았다(p-value: 0.86). 대만은 총통 선거가 있는 해의 세전 80 : 20 비율과 세후 80 : 20 비율 간의 차이가 1.224인 반면, 총통 선거가 있는 해의 세전 80 : 20 비율과 세후 80 : 20 비율 간의 차이는 1.218(표준오차: 0.20)로 나타났다. 한국과 마찬가지로 이 두 지표 간의 차이는 통계적으로 유의미하지 않았다(p-value: 0.98). 선거 일정이 재분배 노력에 미치는 영향을 측정하기 위해 실시한 간단한 통계 분석은 한국과 대만 정부의 선거가 있는 해와 선거가 없는 해 사이의 재분배 노력에 있어서 차이가 없는 것으로 나타났다.

마지막으로, 선거경쟁 또한 재분배정책에 영향을 미친다. 선거에서 승리하기 위하여 정부 여당은 재분배 지출을 늘릴 유인요인을 가진다. 이는 다가오는 선거가 승패를 가리기 힘든 아슬아슬한 접전일 것으로 예상될 경우를 의미한다. 선거경쟁이 치열하고 선거 결과가 불확실할 때 집권당은 재분배 지출을 늘릴 것이다. 그러나 다수제보다는 비례대표제에서 이러한 유인 요인이 분명하게 나타난다. 왜냐하면 비례대표제는 보편적인 재분배 지출과 연관을 갖지만 다수대표제는 지역개발사업 위주의 지출을 유인하는 경향이 있기 때문이다(Persson and Tabellini 2000). 한국과 대만 모두 비례대표제가 아니고, 최근에 두 국가는 혼합형 다수제로 전환하였다. 한국은 단순다수제에 기반을 둔 소선거구제(SMD, single-member district)를 2002년까지 채택하였고, 대만은 2005년까지 단기비이양식선거제도(SNTV, single non-transferable vote system)를 운영해 왔다. 주목할 만한 점은, 선거 규정상 한국에 비해 대만의 단기비이양식 선거제도가 더 큰 선거구의 크기(district magnitude)를 가진다는 것이다. 이것은 선거제도에 기반을 두어 최소한 2005년까지 대만 정부의 재분배 노력이 한국에 비해 큰 이유를 설명할 수 있을 것이다. 이러한 점에서, 선거경쟁과 재분배 결과와의 상관관계는 동아시아 신생 민주주의의 선거제도하에서 뚜렷하지 않다는 것을 알 수 있다(Yap 2010, 613-634). 그럼에도 불구하고 선거경쟁이 치열할 때 재분배 결과가 나아진다는 사실은 설득력이 있다.

선거경쟁이 정부에 의한 재분배 노력에 영향을 미치는지 여부를 판단

표 1. 선거경쟁과 정부의 재분배 노력

	한국	대만
변수	추정계수(표준오차)	추정계수(표준오차)
정부의 재분배 노력 (*t-1*)	1.18** (0.08)	0.64** (0.17)
선거경쟁(득표율 차이)	-0.003 (0.002)	-0.007* (0.003)
상수	-0.01 (0.02)	0.58** (0.22)
Adjusted R^2	0.91	0.91
N	22	22

주: OLS 추정계수와 표준오차 *p < 0.05. **p < 0.01(two-tailed).

하기 위해 직전 대통령 선거에서 득표 차이와 이전 시기(t-1) 정부의 재분배 노력(세전, 세후 80 : 20 비율의 차이)을 설명변수로 하여 회귀분석을 실시하였다. 민주적 전환 이후 선거 역사가 짧기 때문에 관측 수가 적다는 것은 유의해야 할 점이다. 종속변수가 전 해의 노력과 강한 상관관계가 있을 것으로 예상되므로, 종속변수의 지체변수를 추가하였다. 거의 틀림없이, 직전 선거에서 득표 차이는 선거에서 예상되는 경쟁 수준을 판단하는 기준이 될 수 있다. 분석의 결과는 〈표 1〉에 제시된 것과 같다. 분석 결과는 예상대로 전 해의 정부 노력이 당해의 재분배 노력에 강한 영향을 준다는 사실을 알려준다. 한국에서 득표율의 차이와 정부 재분배 노력 간에는 상관관계가 없었다. 그러나 대만에서는 다소 미약하게나마 득표 차이와 정부 재분배 노력 간에는 상관관계가 있었다. 달리 말하자면, 득표 차이가 적을수록, 대만 정부는 소득 격차를 줄이기 위해 더 큰 노력을 하는 경향이 있다는 것이다.

VI. 결론

지금까지 동아시아의 두 신생 민주주의 국가인 한국과 대만에서 소득불평등의 경향을 분석하였다. 소득불평등은 두 국가에서 계속해서 증가하고 있으며 한국에 비해 대만의 소득불평등 증가 속도가 더 빠르다. 이 연구는 경제성과와 소득불평등 간에는 반비례 관계가 있음을 보여 주었다. 그것은 경제성장이 시장불평등의 증가를 억제하기 때문이다. 경제성과가 세계 또는 지역 내 경제상황뿐만 아니라 국내 경제정책에 의해 영향을 받으며 이는 시장 소득의 분배에 영향을 미친다는 것이다.

그럼에도 불구하고, 정부의 역할은 가처분 소득의 분배에 직접적인 영향을 준다. 조세 및 이전 지출 정책을 통하여 정부는 고소득층과 저소득층 간의 소득 격차를 줄일 수 있다. 따라서 민주화 이행 이후, 두 국가의 정부는 시장에서 만들어지는 불평등을 억제하는 노력을 해 왔다. 특히, 이 설명은 대만에 더 적합하다. 한국과 대만에서 노조조직률의 감소가 시장불평등의 증가와 상관관계를 지닌다는 것을 연구를 통해 발견할 수 있었다. 이 사실은 권력자원이론의 경험적 타당성을 보여 주는 결과이다. 선거 일정은 정부의 재분배 노력에 영향을 주지 않는다. 게다가, 대만의 총통 선거에서 득표 차이는 정부의 재분배 노력과 부(-)의 관계를 가지는 것으로 나타났으나 한국의 대통령 선거에서 경쟁은 정부의 재분배 노력과 관련이 없는 것으로 나타났다.

두 국가 간 비교 가능한 데이터의 부재로 인해 경험적으로 분석하지는 못하였으나, 세계화와 경제 개방은 두 동아시아 국가들의 분배 결과에 영향을 미칠 것임을 추측할 수 있다. 한국은 1990년 중반 이후 세계 시장과 국제 자본에 대한 개방 정도가 점차 증가하고 있다. 최근, 한국 정부는 다양한 국가들과 여러 자유무역협정(FTA, Free Trade Agreement)을 맺고 있다. 대만에게 세계화에 직면했다는 사실은 중국과의 경제교역이 확대된다는 것을 의미한다. 중국의 저렴한 노동력을 활용하기 위해 대만의 해외 직접투자 중 대부분이 중국으로 흘러 들어가고 있다. 이것은 노동시장 및 시장 경쟁력에 대한 대만인들의 우려를 증폭시키고 있다. 이러한 우려는 1999년 이후 뚜렷하게 나타난다. 실업률은 역사상 최고치를 기록하였고 생산성 및 생산량의 둔화가 명백히 발견되고, 빈곤율 또한 증가하고 있다(Lue 2010). 2010년 대만은 중국과 경제협력을 위한 기본협정(ECFA, Economic Cooperation Framework Agreement)을 체결하였다. 이것은 '중국적 특징

(Chinese characteristics)'을 가진 자유무역협정이다. 이 협정은 대만에 더 많은 경제적 기회 및 이득을 가져다줄 것임을 예상할 수 있지만 소득 격차를 확대시키는 또 다른 원인이 될 것인지에 대한 논쟁 또한 벌어지고 있다.

이 연구는 체계적이라기보다는 탐색적인 연구이므로 분석 결과를 조심스럽게 해석할 필요가 있다. 우리는 두 국가에서 활용 가능한 데이터들이 짧은 시기에 국한되어 있기 때문에 더욱 체계적인 경험적 분석을 하는 것을 삼가하였다. 예를 들어, 동아시아의 두 신생 민주주의 국가에서 노동권력이 시장불평등에 주는 영향을 분석하기 위해 정치적 요인과 제도적 요인뿐만 아니라 경제적 요인도 설명할 필요가 있다. 권위주의 시기 동안 대만의 시장불평등은 한국에 비해 낮았다. 한국의 경제성장은 물가안정 정책을 훼손시키면서 이루어졌고 한국 경제성장 전략의 핵심은 재벌 위주의 산업화였다. 이와는 대조적으로, 대만은 1970년대에 물가안정을 정책의 최우선 목표로 삼았고, 중소기업 육성을 경제성장의 동력원으로 활용하였다(Cheng 1990). 하지만 이 논문에서 보여 주듯이, 1980년대 후반이 되자 이러한 패턴은 뒤집어졌다. 게다가 민주화 이후 대만 정부는 한국에 비해 적극적인 재분배정책을 실시했다. 두 동아시아 국가에서 경로의 전이를 설명하는 것은 매우 중요하다. 이것은 향후 연구 과제이기도 하다.

"불평등한 민주주의(unequal democracy)"는 소득불평등 증가의 중대한 결과 중 하나로 제시되어 왔다(Bartels 2008). 응답성(responsiveness)과 대표성(representativeness)은 민주정부를 평가하는 데 가장 중요한 척도이다. 한국과 대만의 민주 정부는 증가하는 불평등에 반응해 왔는가? 민주화 이후, 양국의 불평등이 증가했을 뿐 아니라 민주 정부 또한 증가하는 불평등에 조세 정책 및 이전 지출 정책을 통해 반응해 왔다. 그러나 누가 정부의 정책을 통해 이득을 얻는가를 확증하기 위한 엄밀한 추후 연구가 필요하다. 더욱이, 정치, 즉 선거 공학(electioneering), 분배 정치, 정부의 이념적 지향 등이 한국과 대만에서 어떠한 방식으로 불평등의 패턴을 만들어 내는지를 탐색하는 체계적 연구는 풍부한 연구의 장이 될 수 있을 것이다. ■**지은주·권혁용**

참고문헌

권혁용. 2007. 〈한국 소득불평등의 정치경제〉. 《아세아연구》. 50(1): 209-232.

대만중앙선거관리위원회. http://db.cec.gov.tw. 검색일: 2012년 1월 25일.

대만통계데이터북 2009. http://www.cepd.gov.tw/enconten. 검색일: 2012년 1월 25일.

중앙선거관리위원회. http://www.nec.go.kr/nec_new2009. 검색일: 2012년 1월 25일.

Acemoglu, Daren and James Robinson. 2006. *Economic Origins of Democracy and Dictatorship*. New York: Cambridge University Press.

Alesina, Alberto, and Nouriel Roubini. 1997. *Political Cycles and Macroeconomy*. Cambridge: MIT Press.

Anderson, Christopher, and Pablo Beramendi. 2008. "Income Inequality and Electoral Participation." P. Beramendi and C. Anderson, eds. *Democracy, Inequality, and Representation*, 278-311. New York: Russell Sage Foundation.

Bartels, Larry. 2008. Unequal Democracy: *The Political Economy of the New Gilded Age*. New York: Russell Sage Foundation.

Boix, Carles. 2003. *Democracy and Redistribution*. New York: Cambridge University Press.

Bradley, David, Evelyne E. Huber, Stephanie Moller, F. Nielson, and John D. Stephens. 2003. "Distribution and Redistribution in Postindustrial Democracies." *World Politics*. 55(2): 193–228.

Cheng, Tun-jen. 1990. "Political Regimes and Development Strategies: South Korea and Taiwan." Gary Gereffi and Donald L. Wyman, eds. *Manufacturing Miracles: Path of Industrialization in Latin America and East Asia*, 139-178. Princeton: Princeton University Press.

Colomer, Joseph M. 2004. "The Strategy and History of Electoral System Choice." Joseph M. Colomer, eds. *Handbook of Electoral System Choice*, 3–80. New York: Palgrave Macmillan.

Deyo, Frederic. 1992. "The Political Economy of Social Policy Formation: East Asia's Newly Industrialising Countries." R. Applebaum and J. Hendersen, eds. *States and Development in the Asia Pacific Rim*, 289–306. London: Sage.

Dollar, David, and Aart Kraay. 2004. "Trade, Growth, and Poverty." *Economic Journal*. 114: 22-49.

Dreher, Axel, and Noel Gaston. 2006. "Has Globalization Increased Inequality?" *Working*

Papers 06–140. KOF Swiss Economic Institute, ETH Zürich.

Echeverri-Gent, John. 2009. "Persistent High Inequality as the Endogenous Political Process." *PS: Political Science and Politics*. 42(4): 633–639.

Fei, John C.H., Gustav Ranis, and Shirley W. Y. Kuo. 1979. *Growth with Equity: The Taiwan Case*. New York: Oxford University Press.

Gallagher, Mary and Jon Hanson. 2009. "Coalitions, Carrots, and Sticks: Economic Inequality and Authoritarian States." *PS: Political Science and Politics*. 42(4): 667–672.

Haggard, Stephan, and Robert Kaufman. 2008. *Development, Democracy, and Welfare States*. Princeton: Princeton University Press.

Hagopian, Francis. "Parties and Voters in Emerging Democracies." Carles Boix and Susan C. Stokes, eds. *The Oxford Handbook of Comparative Politics*, 582-602. Oxford: Oxford University Press.

Hibbs, Douglas A. Hibbs. 1977. "Political Parties and Macroeconomic Policy." *American Political Science Review*. 71: 467–87.

Huang, Chang-Ling. 2003. "Zhongxinguanzhi de Zhengzhi: Gungqiuhua yu Minzhuhua xia de Taiwan Laogong Yundong" [The politics of reregulation: Taiwan's labor movement between globalization and democratization]. Mau-kuei Chang and Yongnian Zheng, eds. *Liang'an Shehui Yundong Fenxi [The analysis of social movements in China and Taiwan]*. 69-94. Taipei: Xin Ziranzhuyi Chubanshe.

Huber, Evelyne E., and John D. Stephens. 2001. *Development and Crisis of the Welfare State*. Chicago: University of Chicago Press.

Iversen, Torben, and David Soskice. 2006. "Electoral Institutions and the Politics of Coalitions: Why Some Democracies Redistribute More Than Others." *American Political Science Review*. 100(2): 165–182.

Jones, Catherine. 1990. "Hong Kong, Singapore, South Korea, and Taiwan: Oikonomic Welfare States." *Government and Opposition*. 25(4): 447–462.

Keech, William. 1995. *Economic Politics*. Cambridge: Cambridge University Press.

Kenworthy, Lane, and Jonas Pontusson. 2005. "Rising Inequality and the Politics of Redistribution in Affluent Countries." *Perspectives on Politics*. 3(3): 449-472.

Kim, Andrew. 2004. "The Social Perils of the Korean Financial Crisis." *Journal of Contemporary Asia*. 34(2): 221–237.

Korpi, Walter. 1993. *The Democratic Class Struggle*. London: Routledge and Kegan Paul.

Korpi, Walter. 2006. "Power Resources and Employer-centered Approaches in Explanations of Welfare States and Varieties of Capitalism: Protagonists, Consenters, and Antagonists." *World Politics*. 58(2): 167–206.

Kutznets, Simon. 1955. "Economic Growth and Income Inequality." *American Economic Review*. 83(2): 436-439.

Leamer, Edward E. 1993. "Factor-Supply Differences as a Source of Comparative Advantage." *American Economic Review*. 83(2): 436–439.

Lue, Jen-Der. 2010. "Globalization and the Internal Segregation of Labor/Welfare Regimes: The Analysis of Taiwan and China's Experience." International Conference on Inequality. Department of Economics, Korea University. Seoul. Korea. May.

Lundberg, Mattias, and Lyn Squire. 2003. "The Simultaneous Evolution of Growth and Inequality." *Economic Journal*. 113: 326–344.

Meltzer, Alan, and Scott Richard. 1981. "A Rational Theory of the Size of Government." *Journal of Political Economy*. 89(5): 914–927.

Midgley, James. 1986. "Industrialization and Welfare: The Case of the Four Little Tigers." *Social Policy and Administration*. 20(7): 225–238.

Park, Juyoung. and Jai S. Mah. 2011. "Neo-liberal Reform and Bipolarization of Income in Korea." *Journal of Contemporary Asia*. 41(2): 249–265.

Persson, Torsten, and Guido Tabellini. 2000. *Political Economics*. Cambridge: MIT Press.

Pontusson, Jonas. 2005. *Inequality and Prosperity: Social Europe vs. Liberal America*. Ithaca: Cornell University Press.

Ravallion, Martin and Shaohua Chen. 1997. "What Can New Survey Data Tell Us about Recent Changes in Distribution and Poverty?" *World Bank Economic Review*. 11(2): 357–382.

Reilly, Benjamin. 2007. "Democratization and Electoral Reform in the Asia-Pacific Region: Is There an 'Asian Model' of Democracy?" *Comparative Political Studies*. 40(6): 1350–1371.

Rothstein, Bo, and Eric Uslaner. 2005. "All for All: Equality, Corruption, and Social Trust." *World Politics*. 58(1): 41–72.

Reuveny, Raphael, and Quan Li. 2003. "Economic Openness, Democracy, and Income Inequality: An Empirical Analysis." *Comparative Political Studies*. 36(5): 575-601.

Rueda, David. 2008. "Left Government, Policy, and Corporatism: Explaining the Influence of Partisanship on Inequality." *World Politics*. 60(2): 349–389.

Rueda, David and Jonas Pontusson. 2000. "Wage Inequality and Varieties of Capitalism." *World Politics*. 52(3): 350–383.

Tsai, Pan-long, and Chao-Hsi Huang. 2006. "Openness, Growth, and Poverty: The Case of Taiwan." *World Development*. 35(11): 1858–1871.

Wallerstein, Michael. 1999. "Wage-setting Institutions and Pay Inequality in Advanced Industrial Societies." *American Journal of Political Science*. 43(3): 649–680.

Yap, O. Fiona. 2010. "Strategic Government Spending in South Korea and Taiwan: Lessons for Emergent Democracies." *Social Science Quarterly*. 91(3): 613–634.

2장

라틴아메리카의 불평등과 민주주의, 그리고 정부당파성

I. 서론

불평등과 민주주의의 관계는 무엇인가? 라틴아메리카에서 군부독재가 종식되고 민주주의가 공고화되기 시작한 지도 이미 한 세대 이상이 지났지만 여전히 불평등과 빈곤은 개선되지 않았다고 평가된다. 1970-2000년 기간 평균 지니계수는 0(완전평등)에서 100(완전불평등)의 척도로 볼 때 OECD 33.0, 아시아 40.6, 동유럽 30.1인 데 반해 라틴아메리카는 50.5이다(UNDP 2010, 26). 라틴아메리카에서 "과잉불평등(excess inequality)"이 다소 사라지고는 있지만(Gasparini and Cruces 2013, 54), 세계 다른 지역에 비해 여전히 높은 불평등은 문제가 되고 있다.

일반적으로 라틴아메리카의 불평등은 식민지 시대나 산업화 시기 등에서 비롯된 불평등이 지금까지 고착되어 온 것에서 그 기원을 찾는다(Wibbels and Alquist 2011). 역사는 오랜 기간 지속되는 연속성을 가지는 반면 역사의 흐름은 순식간에 바뀔 수도 있는 단절성을 가지고 있다. 따라서 세계은행 등의 보고서에는 라틴아메리카에 대해 분석할 때 "역사와의 단절(breaking with history)"이라는 용어를 자주 사용한다. 세계은행 보고서 〈역사와의 단절: 라틴아메리카에서의 15년간의 불평등 감소〉(A Break with History: Fifteen

Years of Inequality Reduction in Latin America)는 1995년에서 2009년까지 15년 동안 라틴아메리카에서 소득불평등이 개선되지 않았다고 진단한다. 라틴아메리카의 지니계수와 테일지수(Theil index)는 각각 7%, 13.8% 감소했지만 가계소득불평등은 여전히 높다. 또한 라틴아메리카에서 가장 평등하다는 우루과이는 OECD 국가에서 가장 불평등한 포르투갈보다 더 불평등하다(World Bank 2011, 1). 또한 라틴아메리카에서 민주주의가 도입된 이후에도 사회적 불평등이 개선되지 않았다는 것이 대부분 라틴아메리카인들의 인식이다. 18개국 18,679명을 대상으로 한 라티노바로메트로(Latinobarómetro) 2009년 조사에 의하면 '민주주의가 도입된 이후 사회적 불평등이 변함이 없다'에 대한 응답이 48.1%, '감소했다'는 응답이 23.8%, '증가했다'는 응답이 28.2%였다. 민주주의가 불평등을 감소시킨다는 일반적 통념과는 달리 라틴아메리카의 경우 대부분의 사람들은 민주주의가 도입된 이후에도 불평등이 증가하거나 혹은 감소되지 않았다고 보고 있다.

경제적 불평등과 민주주의에 대한 정치경제학적 연구들이 최근 들어 활발하게 진행되고 있다. 경제적으로 불평등한 사회에서 분배를 둘러싼 갈등(distributive conflicts)이 인과 메커니즘이 되어 민주주의로 이행하거나 또는 권위주의로 회귀하는 체제전환(regime change)이 발생한다는 연구들이 논쟁적으로 진행되고 있다(Haggard and Kaufman 2012 참조). 동시에 정치체제의 형태가 불평등에 미치는 영향에 대한 연구들이 축적되어 왔다. 민주적 체제하에서는 경제적으로 불평등이 감소하지만 비민주적 체제하에서는 불평등이 증가한다는 주장이다. 정치적으로 포용적인(inclusive) 제도는 경제적으로도 포용적인 제도를 만들어 내지만 정치적으로 배제적인(exclusive) 제도는 경제적으로도 배제적인 제도를 만들어 낸다(Acemoglu and Robinson 2012). 즉 정치권력이 몇 사람의 엘리트들에게 집중되어 있으면 정치체제는 불평등한 세력들을 만들어 내고 정치권력이 폭넓게 배분되어 있으면 평등한 결과를 가져온다는 것이다(Robinson 2010, 39). 이론적으로는 민주주의 국가에서 부자들은 재분배를 추구하는 정당에 반대하는 데 반해 가난한 사람들은 재분배를 추구하는 정당을 지지하는 경향이 있다. 권위주의체제에서는 권력을 가진 통치자가 재분배 압력에 구애받을 필요가 없지만 민주주의 국가에서는 숫자가 많은 가난한 사람들이 재분배를 추구하는 정당을 지지한다(Savoia et al. 2010, 147). 멜처-리처드 모델(Meltzer and Richard 1981, 924)이 제시하듯이, 민주주의 사회에서는 평균소득(mean income)보다 낮은 소득의 투표자는 재분배정책을 선호하는 경향을 보이고, 양당 경쟁에서 결정적인 중위투표자(median voter)를 포함하여 더 많은 수의 유권자들의 선호가 재분배정책으로 이어지면서 불평등이 감소된다. 불평등한 사회에서 소외받은 집단이 재분배정책을 선호하는 정치인들을 지지하는 것은 어쩌면 당연하다(Blanco and Grier 2013, 72).

이 논문은 라틴아메리카를 대상으로 한 서베이 자료인 라티노바로메트로(Latinobarómetro)뿐만 아니라 국가수준의 통계자료인 세팔(CEPAL, Comisión Económica para América Latina y el Caribe), 세드락(SEDLAC, Socioeconomic Database for Latin America and the Caribbean) 등의 자료들을 이용하여 왜 라틴아메리카에서는 높은 불평등이 지속되는가, 그리고 민주주의가 어느 정도 공고화되고 있는 상황에서도 불평등이 해소되지 못하는 이유는 무엇인가라는 기본적인 문제의식을 가지고 민주주의와 불평등의 문제를 살펴본다. 비례대표제 등을 채택하여 포용적인 제도가 정착되고 있고, 좌파 정권이 집권해 온 기간도 상당히 지났음에도 불구하고 아직도 왜 불평등이 크게 개선되지 못하는가에 대한 해답을 찾으려 한다. 이 논문은 라틴아메리카의 불평등과 민주주의에 대한 탐색적 분석이다. 이 논문은 라틴아메리카에서 불평등의 지속과 연관되어 있는 정치적 요인에 초점을 둔다. 따라서 라틴아메리카에서 민주화 체제전환 시기와 중첩되어 나타난 경제위기와 이후 거시경제상황이 불평등의 지속에 어떠한 영향을 미쳤는가 하는 점에 초점을 두지 않는다. 또한 이 논문이 이론적 설명을 제시하고 검증 가능한 가설을 도출하며 이에 대한 체계적인 통계적 검증이나 심도 있는 비교사례연구를 수행하는 것이 아니라는 점을 명확히 밝힐 필요가 있다. 그보다는 라틴아메리카에서의 불평등과 민주주의의 관계의 경향과 추이를 탐색적으로 분석하는 것을 목적으로 한다.

이 논문은 다음과 같이 구성된다. 다음 절은 민주주의가 정착되었는데도 불구하고 불평등이 고착되고 있는 라틴아메리카의 현황을 분석한다. 3절에서 민주주의와 불평등에 관련된 라틴아메리카 국가의 시민들의 인식과 평가를 분석한다. 4절에서는 제도적으로 비례대표제 등을 상당히 오래 전부터 시행해 왔는데도 불구하고 왜 불평등이 지속되는지를 분석한다. 5절은 좌파 정권이 일정 기간 집권하고 있는데도 불구하고 왜 불평등이 크게 감소하지 않는지를 분석한다. 6절은 결론이다.

II. 민주주의로의 이행과 불평등

민주화의 제3의 물결 속에서 라틴아메리카는 1970년대 말 군부가 정치에서 물러나고 이어서 1980년대에는 대통령 선거를 통해 민간 정부가 들어서기 시작했다(Huntington 1991, 23).[1] 이후부터 2005년의 시점을 기준으로 볼 때 라틴아메리카 국가들은 민주주의를 최소 14년에서 최대 26년간 경험했다.[2] OECD의 라틴아메리카에 대한 보고서 〈라틴아메리카 경제 개관 2011〉(Latin American Economic Outlook 2011)에 의하면, 정기적인 선거와 정

1 에콰도르는 1979년, 페루 1979년, 볼리비아 1982년, 아르헨티나 1983년, 우루과이 1984년, 온두라스 1982년, 그리고 엘살바도르가 1984년에 정초선거(founding election)를 통해 대통령을 선출했다.

2 라틴아메리카의 민주주의로의 전환 시점은 볼리비아 1982년, 브라질 1985년, 칠레 1990년, 코스타리카 1958년, 도미니카공화국 1996년, 엘살바도르 1994년, 과테말라 2000년, 온두라스 1999년, 멕시코 2000년, 파나마 1994년, 페루 2001년, 우루과이 1985년, 베네수엘라 2000년 등이다. 따라서 2005년을 기점으로 이 국가들이 민주주의를 시행한 연수는 아르헨티나 21년, 볼리비아 22년, 브라질 19년, 칠레 14년, 콜롬비아 26년, 코스타리카 26년, 도미니카공화국 26년, 에콰도르 25년, 엘살바도르 20년, 과테말라 19년, 온두라스 22년, 니카라과 14년, 파나마 15년, 페루 24년, 베네수엘라 25년이다(Payne et al. 2007, xi). 2005년도 기준으로 라틴아메리카 민주주의는 최소 14년, 최대 26년을 유지해 왔는데 이를 다시 2013년으로 확장하면 최소 22년, 최대 34년 동안 민주주의 체제를 유지해 오고 있다고 할 수 있다.

당경쟁, 그리고 법치주의 등 최소주의적인 절차적 기준으로 측정했을 때, 1980년에는 7개의 민주주의 국가와 8개의 권위주의 국가가 있던 것에 비교하면, 2008년에는 18개국이 민주주의로 규정되고 7개국이 권위주의 체제로 분류되었다(OECD 2011, 148). 점차 민주적 제도를 갖추어 나가는 민주화 과정이 일어나고 군부독재 체제에서 민주정부로 전환되면서 민주적 개혁이 이루어졌다. 민주화와 민주주의의 공고화는 정책 결정에서 소외되었던 인구의 일부가 시민권을 행사하고자 함에 따라 사회지출에 대한 수요가 증가하는 것과 관계가 있다(OECD 2011, 149).

근대화론에 의하면 민주화 과정은 경제적 요인과 관계가 깊다. 라틴아메리카에서 민주화가 정착되기 시작한 여러 요인 중 하나는 이 지역의 1인당 GDP의 증가와 관련이 있다. 소득증가는 비민주적인 제도가 자리를 잡기 어려운 상황을 만들어 낸다. 벤하비브와 셰보르스키(Benhabib and Przeworski 2006)에 의하면, 1950-1999년 시기 자료를 분석한 결과, 민주주의가 사멸할 가능성은 1인당 소득이 증가하면서 감소한다. 1인당 소득이 1,000달러(1985 PPP달러)인 국가에서 사멸 가능성은 0.0845%로 12개 국가 중 1개 국가가 사멸했다. 1,001-3,000달러인 국가에서는 사멸 가능성이 0.0362%로 28개 국가 중 1개 국가, 3,001-6,055달러 국가에서는 사멸 가능성이 0.0163%으로 61개 국가 중 1개 국가가 사멸했다(p. 273). 다른 연구에서 셰보르스키의 분석에 따르면, 1951년과 1988년 사이 1인당 소득이 5,000달러인 국가에서 경제성장률이 증가하는 민주주의가 붕괴될 확률이 4.2%인 데 반해, 경제성장률이 하락하는 민주주의는 붕괴될 확률이 9%였다. 1,000달러 이하인 국가에서는 경제적으로 성장하는 민주주의가 96.7%의 생존 가능성을 가지고 있는 데 반해 그렇지 못한 국가는 81%의 생존 가능성만 가지고 있었다. 민주주의의 지속과 소득의 관계를 보면, 대략 1인당 GDP 3,000달러를 기점으로 민주주의가 수명이 길어지기 시작하여 5,000달러 내지 7,000달러가 되면 민주주의는 거의 대부분 지속된다(Przeworski et al. 1995, 11).

소득수준의 측면에서 보면 2000년대 라틴아메리카 국가들에서 안정적인 민주주의를 위한 필요조건은 충족되었다고 할 수 있다. 라틴아메리카와 카리브 국가들의 평균 1인당 GDP는 1990년대 4,432달러, 2000-2007년 5,329달러, 2008-2012년 6,040달러였다(CEPAL 2013a, 74). 1960-2000년 사이 라틴아메리카의 평균 1인당 소득은 1996년 국제가격으로 3,419달러에서 6,865달러로 두 배 증가하였다(Perry et al. 2006, 28). 따라서 라틴아메리카의 1인당 GDP는 거의 7,000달러에 육박하기 때문에 셰보르스키의 연구결과에 따른다면 이제는 라틴아메리카에서 권위주의 체제가 자리잡기 어려운 상황이 되었다고 할 수 있다. 아울러 경제성장률 1% 증가는 불평등을 일정 정도 감소시키는 것으로 분석되어 왔다. 불평등 1% 포인트를 감소시키기 위해서는 이를 보상할 수 있는 보상성장률(compensatory growth rate)이 필요하다. 아르헨티나 등 경제 여건이 좋은 국가는 2%대의 보상성장률이 필요하고 그렇지 않은 국가들의 경우에는 1%대의 보상성장률로 불평등을 감소시킬 수 있다고 평가된다(Perry et al. 2006, 4). 남미에서의 GDP 성장률은 2010년 5.7%, 2011년 4.4%, 2012년 3.0%로 불평등 증가를 충분히 억제할 수 있는 성장률이다(CEPAL 2013a). 따라서 라틴아메리카에서는 민주주의가 정착되고 공고화될 가능성이 높다. 민주주의가 발전할수록 경제성장은 감소하게 된다는 평가도 있는데 이는 보상성장률과 관계가 있는 것으로 민주주의가 재분배의 요구에 부응하다 보면 성장은 감소할 수밖에 없다.

그러나 민주주의가 정착되어 감에도 불구하고 라틴아메리카에서 불평등은 크게 줄어들지 않고 있다. 빈곤감소 현상은 경제성장과 재분배정책의 효과로서 가스파리니와 크루세스는 경제성장이 빈곤을 6%, 재분배정책이 4% 감소시킨다고 보았다(Gasparini and Cruces 2013, 55). 빈곤문제가 어느 정도 완화되었다는 평가가 일반적이지만 여전히 라틴아메리카의 빈곤문제는 심각하다. CEPAL에 의하면 1950년대 51%가 빈곤선(línea de pobreza) 이하 인구였다. 빈곤인구는 1960년 51%, 1970년 40%, 1980년 33%, 1990년 46%였다(Calvento 2007, 19). 〈그림 1〉은 라틴아메리카 국가들의 평균 빈

그림 1. 라틴아메리카의 빈곤·극빈인구 비율의 추이

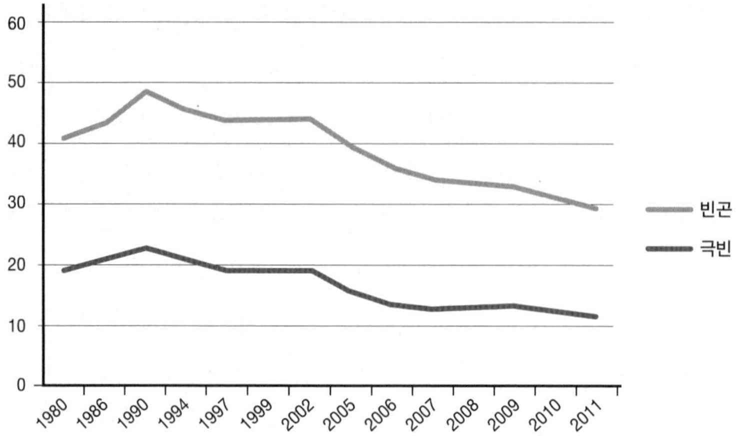

출처: CEPAL(2013a).

곤인구와 극빈인구 비율의 시계열적 추이를 보여 준다. 〈그림 1〉에서 볼 수 있듯이, 1980년대 후반부터 1990년대 초반에 빈곤인구와 극빈인구 비율이 높은 수치를 기록한 이후부터 완만하나마 감소하는 추이를 나타낸다. 라틴아메리카에서 빈곤인구[3]는 1999년 43.8%에서 2011년 29.4%로 상당히 감소하였다. 극빈층[4]에 속하는 인구의 비율도 18.6%에서 11.5%로 줄어들었다(CEPAL 2012, 65).

그러나 라틴아메리카 국가들의 소득불평등 수준은 여전히 높다. 라틴아메리카의 상위소득자 10%가 전체 소득의 32%를 점하는 반면에 하위소득자 40%가 전체 소득의 15%를 점하고 있다(CEPAL 2013c, 77). 〈그림 2〉는 라틴아메리카 국가들의 소득 5분위 비율(즉, 상위소득 20%와 하위소득 20%의 비율)과 가구소득을 고려한 지니계수를 나타낸다. 소득 5분위 비율을 보면, 가장 불평등하지 않은 우루과이는 상위 20% 소득자가 하위 20% 소득

3 빈곤인구는 소득이 음식 기본량의 두 배에 해당하는 비용 이하인 인구의 비율로 극빈 상황에 사는 사람을 포함한다(CEPAL 2013a).

4 극빈층이란 소득이 음식 기본량 비용 이하인 인구의 비율을 말한다(CEPAL 2013a).

그림 2. 소득 5분위 비율과 지니계수

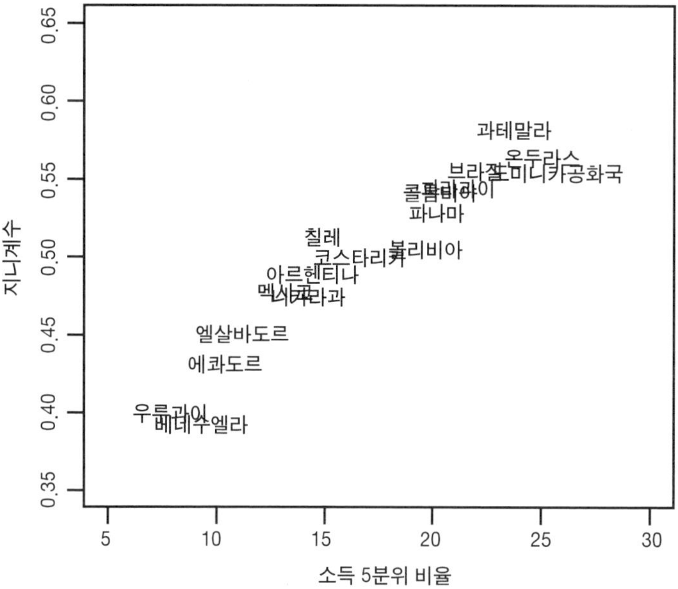

출처: CEPAL(2012).

자보다 8배 많은 소득을 버는 반면에, 가장 불평등한 도미니카 공화국은 그 지표가 무려 25.7에 이른다. 지니계수의 경우, 라틴아메리카 국가 중에 가장 상대적으로 불평등 정도가 낮은 베네수엘라(0.397)와 우루과이(0.402)로부터 가장 불평등한 과테말라(0.585)와 브라질(0.559)에 이르는 분포를 보여준다. 국제적으로 비교했을 때, 대부분 0.25~0.33 수준의 지니계수를 나타내는 선진 민주주의 국가는 물론이고 아시아나 아프리카의 국가들보다도 라틴아메리카 국가들의 불평등 정도가 더 높다. 시계열적으로 볼 때, 라틴아메리카에서의 소득지니계수는 0-100의 척도로 측정하였을 때 1950년대 50.7, 1960년대 50.3, 1970년대 47.3, 1980년대 50.1, 1990년대 52.6, 2000-2002년 53.2였다(Frankema 2009, 3). 라틴아메리카에서 불평등이 일정한 높은 수준을 유지하면서 감소되지 않았다는 것을 보여 준다.

III. 불평등과 민주주의에 대한 시민의 의식

라틴아메리카의 높은 소득불평등에 대하여 시민들은 어떻게 인식하고 있으며 평가하는가? 이 문제에 대한 고찰은 중요하다. 왜냐하면, 소득불평등이 정치적으로 현저한(salient) 이슈가 되고 정당과 정부가 다양한 정책을 통해 불평등을 완화시키려 노력하기 위해서는 우선 시민들이 불평등 문제가 중요하고 심각하다는 인지와 인식을 갖고 있어야 하기 때문이다. 또한 시민들이 불평등의 문제와 민주주의에 대한 평가를 연결하여 인식하는지의 문제도 중요하다. 민주주의에 대한 대중의 지지가 지속 가능한 민주주의의 중요한 요소이기 때문이다. 이러한 점을 살펴보기 위해 이 절에서는 라티노바로메트로 2009년과 2010년 자료를 이용하여 시민들이 소득불평등에 대해 어떻게 인식하는지, 소득불평등과 민주주의에 대한 평가를 어떠한 방식으로 연결하는지 분석한다.

민주주의에 대한 의구심은 주로 공정성 또는 형평성 문제와 직결된다. 소득분배가 공정한지 불공정한지에 대한 인식도 이와 연관되어 있다. 2010년 라티노바로메트로에 의하면 그 나라의 소득분배가 공정하다고 생각하는지에 대한 설문에 대해 불공정하다(unfair and very unfair)는 응답이 78.1%였다. 소득분배가 불공정하다는 응답의 비율은 1997-2007년에도 크게 다르지 않았다. 1997년에는 80%, 2002년에는 87%가 불공정하다고 생각했는데 당시에는 아시아 경제위기에 따라 나타난 현상이다. 이후 2007년에 78%로 떨어졌지만 여전히 약 80%를 유지하고 있다.

〈그림 3〉은 각 국가의 지니계수와 '소득분배가 불공정하다'('불공정하다'와 '매우 불공정하다' 응답을 합한 수치)는 응답의 비율을 산점도(scatter plot)로 나타낸 것이다. 라틴아메리카 시민들은 객관적인 소득불평등 정도에 대체로 비례하여 소득분배가 불공정하다는 인식을 형성하는 것으로 나타난다. 〈그림 3〉에서는 불평등의 정도가 높은 나라일수록 '소득분배가 불공정하다'고 응답한 시민의 비율이 높은 것으로 나타났다. 시민의 주관적 인식과

그림 3. 불평등지표와 불평등에 대한 인식

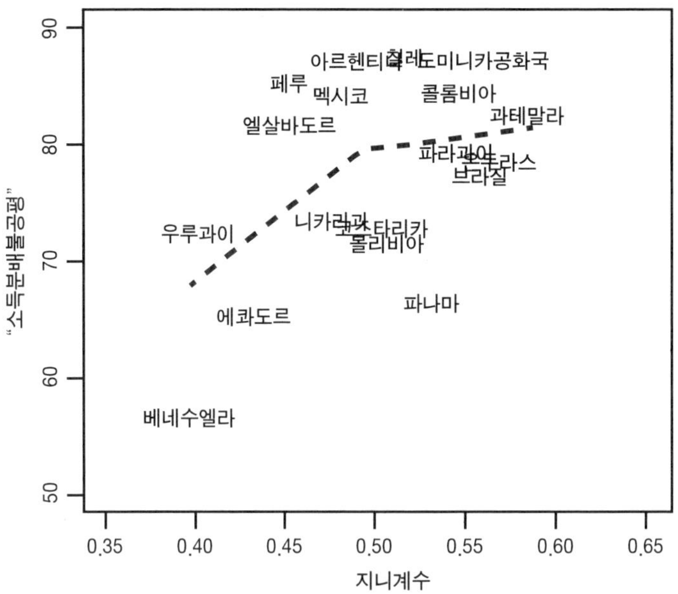

출처: Latinobarómetro 2010.
주: 파란색 점선은 x축과 y축 변수의 관계를 선형성(linearity)에 대한 가정을 하지 않고 추정한 로위스 선(lowess)임.

평가가 객관적인 사회경제적 상황과 조응하는 것이다. 칠레(87.9%), 도미니카공화국(87.7%), 그리고 아르헨티나(87.6%)의 시민들이 소득분배가 불공평하거나 매우 불공평하다고 응답하여 높은 비율을 나타냈다. 비교적 불평등의 정도가 낮은 베네수엘라(57%)와 에콰도르(65.6%)에서는 소득분배가 불공평하다는 응답이 낮은 비율을 기록했다. 여기에서 중요한 점은, 객관적 불평등 정도와 시민의 주관적인 불평등 인식, 그리고 그에 대한 평가가 조응한다는 것이다.

다음으로 민주주의가 불평등 해소에 도움이 되는가에 대한 시민들의 인식 문제를 살펴본다. 라틴아메리카 시민들은 민주주의가 과연 불평등을 해소하는 데 도움이 될 수 있느냐에 대해 대체로 회의를 갖는 것으로 나타났다. '당신은 민주주의가 도래한 이후 사회적 불평등이 증가되었다, 변화가 없다 아니면 감소되었다고 생각하십니까?'라는 설문에 거의 절반에 가까운 48%의 사람들은 아무런 변화가 없다고 보았고, 증가했다는 견해와 감소했다는 견해가 약 25-30%였다. 이것은 민주주의가 사회불평등을 해결해 줄 수 있느냐에 대한 대답이기도 하다. 아르헨티나의 경우는 민주주의 도래 이후 사회적 불평등이 증가했다는 비율이 56.6%로 높았다. 대부분의 남미 국가들의 경우 변화가 없다는 것이 가장 높은 비율을 차지하였다. 엘살바도르의 경우 변하지 않았다는 응답이 72.6%였다. 변하지 않았다는 응답이 가장 많지만 증가했다는 응답도 비교적 많은 국가는 파라과이와 에콰도르였다. 증가했다는 응답이 파라과이 40.1%, 에콰도르 31.%였다. 이에 반해 칠레, 온두라스, 우루과이의 경우 변하지 않았다는 응답이 많았지만 감소했다는 응답도 각각 31.3%, 31.2%, 36.0%로 많았다. 이것은 민주주의가 경제적으로도 평등한 사회를 구축하는 데 역할을 할 수 있느냐의 문제와 직결되는 것으로 민주주의 정치체제와 불평등 해결의 연관성이 별로 없다는 생각이 주류를 이루고 있다고 평가할 수 있다. 이러한 점은, 〈그림 4〉를 통해서도 볼 수 있다. 〈그림 4〉는 지니계수와 민주화 이후 불평등이 증가했다는 응답의 비율을 산점도로 나타낸 것이다. 객관적 불평등의 정도와 민주주의-불평등 증가의 연계에 대한 시민의 인식 사이에는 아무런 상관관계가 존재하지 않는 것으로 보인다.

라틴아메리카의 시민들은 불평등에 대한 인식에 따라 민주주의 정치체제에 대한 지지가 다르게 나타나는가? 이 질문을 탐구하는 것은 중요하다. 소득분배가 불공평하다는 주관적 평가에 따라 민주주의 지지에 대한 정도가 달라진다면, 지속가능한 민주주의의 수립을 위해서 시민들로 하여금 소득분배가 지나치게 불공평하다는 인식을 갖지 않도록 이에 부합하는 재분배정책 및 복지정책을 통하여 사회구성원들이 '공정한 몫'(fair share)을 분배받는다는 인식을 형성하도록 하는 것이 필요할 것이다. 〈그림 5〉는 소득분배가 불공평하다는 응답의 비율을 한 축으로 하고 권위주의 등 다른 형태의 정치체제가 아니라 민주주의 정치체제를 지지하는가에 대한 응답의 비

그림 4. 민주화 이후의 불평등 증가에 대한 인식

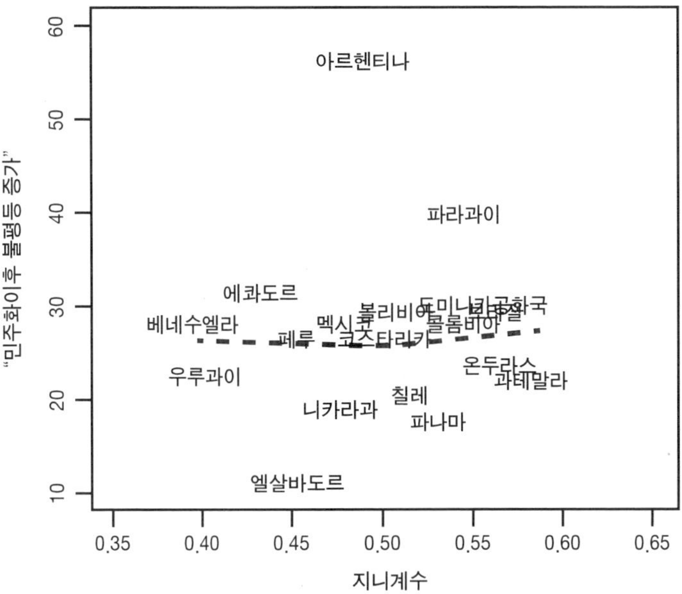

출처: Latinobarómetro 2009. '당신은 민주주의가 도래한 이후 사회적 불평등이 증가되었다, 변화가 없다 아니면 감소되었다고 생각하십니까?'라는 설문에 대한 응답으로 라티노바로메트로는 이 설문의 제목을 '불평등의 해결책으로의 민주주의(Democracy as a solution to social inequalities)'로 달았음.

율을 다른 한 축으로 한 산점도이다. 〈그림 5〉가 제시하는 바는 주목할 만하다. 소득분배가 불공평하다고 인식하는 시민들의 비율이 높은 나라일수록 시민들의 민주주의 정치체제에 대한 지지는 낮다. 베네수엘라의 경우 가장 낮은 비율로 시민들이 소득분배가 불공평하다고 평가하고 있고 가장 높은 비율로 시민들이 민주주의 정치체제를 지지하고 있다. 반대로, 멕시코, 파라과이, 과테말라의 시민들은 상대적으로 높은 비율로 소득분배가 불공평하다는 평가를 하고 가장 낮은 수준의 민주주의 지지 비율을 나타내고 있다. 이 세 나라에서는 민주주의 정치체제를 지지하는 시민의 비율이 과반수를 겨우 넘기고 있다. 다시 말해서, 과반수에 가까운 시민들이 민주주의가 아닌 다른 형태의 정치체제를 지지한다는 사실을 보여 준다.

그림 5. 소득불평등에 대한 인식과 민주주의 지지

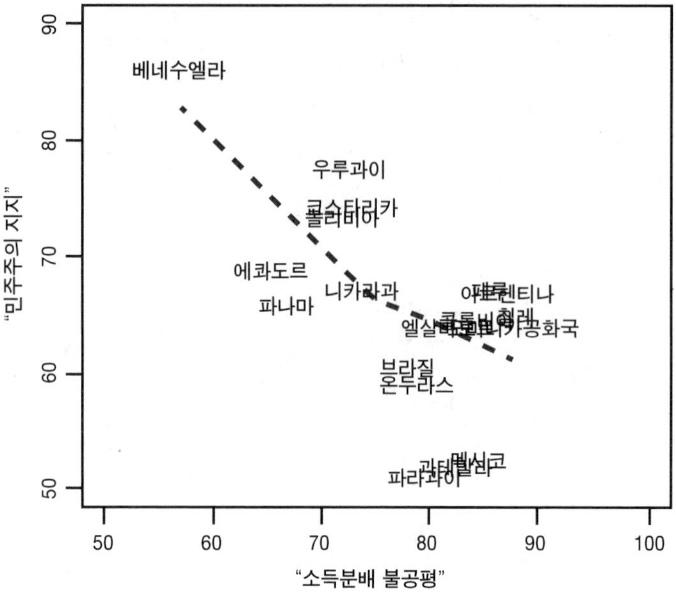

자료: Latinobarómetro 2010.

이 절에서는 시민들의 인식 및 정치 행태에 초점을 두고 불평등과 민주주의의 관계를 살펴보았다. 객관적 불평등 지표가 높은 나라의 시민일수록 소득분배가 불공평하다는 응답의 비율이 높게 나타나는 객관적 불평등-주관적 불평등 인식의 조응현상을 보여 준다. 라틴아메리카의 시민들은 평균적으로 다양한 정보의 경로를 통해 비교적 '계몽된 인지'(enlightened perceptions)를 갖고 있는 것으로 나타났다. 더욱 중요한 것은, 소득분배가 불공평하다는 응답의 비율이 높은 나라일수록 그 나라 시민들의 평균 민주주의 지지 정도가 낮게 나타난다는 점이다. 이는 최근의 불평등과 민주주의의 전복(democratic reversal)에 대한 연구들의 결과와 일맥상통하는 발견이다(Haggard and Kaufman 2012 참조).

IV. 정치제도와 불평등

라틴아메리카의 정치제도와 불평등은 어떠한 관계를 갖는가? 이 절은 정치제도가 불평등에 미치는 영향에 초점을 두고 제도와 불평등의 관계를 분석한다. 선거제도적 요인으로 보면 라틴아메리카 국가들은 대부분이 비례대표제를 채택하고 있어 다른 선거제도를 갖는 국가들에 비해 불평등의 정도가 낮을 것으로 기대할 수 있다. 폰투손과 루에다(Pontusson and Rueda 2010), 아이버슨과 소스키스(Iversen and Soskice 2006)는 비례대표제 선거제도와 보편적 복지국가의 연관성을 지적한 바 있다. 전 세계의 선거제도와 지니계수의 상관성을 보면, 다수제를 시행하는 국가들의 평균 지니계수가 0.423인 데 반해 비례대표제를 시행하는 국가들의 평균 지니계수는 0.391로 비례대표제를 갖는 나라가 다수제 나라보다 불평등의 정도가 낮다(Rhee 2013, 164). 이론적으로 볼 때, 비례대표제에서는 다수제보다 정치인들이 폭넓은 유권자의 지지를 확대하기 위해 더 많은 공공재를 제공하게 된다(Robinson 2010, 36). 관대한 복지국가나 재분배정책은 이러한 보편적 공공재의 한 형태로 이해할 수 있다.

라틴아메리카에서 비례대표제를 채택하게 된 이유는 유권자들의 수가 늘어나고 유권자의 선호가 주요 정당에서 이탈하고 있는 점, 그리고 새로운 야당이 민주화 이후 중산층이나 하층민들로부터 지지를 얻고 있는 점 등이 작용하였다. 비례대표제를 시행하지 않으면 집권당의 완전한 패배를 가져올 상황이었다(Wills-Otero 2009, 33). 이러한 해석은 보슈(Boix)의 20세기 초 유럽에서 비례대표제의 선택에 대한 설명과 동일하다(Boix 1999). 20세기 초까지는 라틴아메리카의 어느 국가도 비례대표제를 채택하지 않았으나 쿠바가 1908년, 코스타리카가 1913년, 우루과이가 1918년에 채택하였고 1950년에는 거의 절반의 라틴아메리카 국가들이 비례대표제를 채택하였고 2000년에는 20개 중 17개 국가가 채택하여 도미노 현상을 보였다(Wills-Otero 2009, 39). 따라서 많은 국가들이 제3의 물결이라는 민주화 이전에 오

래전부터 비례대표제를 시행한 국가가 많았다.[5]

그러나 우리는 라틴아메리카 국가들이 대부분 비례대표제를 갖고 있음에도 불구하고 불평등의 정도가 높다는 것을 알고 있다. 여기에는 대부분의 라틴아메리카 국가들이 대통령제의 권력구조와 비례대표제로 선출되는 의회, 그리고 분권화(decentralization)에 따른 지방 토호들의 권력이 결합되어 있는 정치제도 형태라는 점을 주목할 필요가 있다. 또한 대통령의 권력이 의회에 비해 강력하고 대통령 선거와 의회 선거를 동시에 실시하는 국가들이 많기 때문에 이러한 요인들이 비례대표제의 불평등 감소 효과를 반감시키는 작용을 한다고 평가할 수도 있을 것이다.

〈그림 6〉은 정당체제 제도화와 소득불평등의 관계를 나타낸다.[6] 우루과이는 정당체제 제도화의 수준이 높고 불평등이 낮은 사례를 보여 주는 반면에 과테말라는 낮은 정당체제 제도화의 수준과 높은 불평등 정도를 나타내고 있다. 페루, 에콰도르, 그리고 특히 베네수엘라의 사례를 예외로 하면, 정당체제 제도화와 불평등 사이에 부(negative)의 관계가 존재한다고 볼 수 있다. 즉, 높은 정당체제 제도화가 낮은 불평등과 연계되어 있다는 해석이다. 정당체제 제도화가 이루어진 곳에서는 특정 정치적 리더십에 따라 정책이 좌우될 가능성이 적고 정당의 정책 프로그램이 수립되고 집권했을 경

---

5 2004년을 기준으로 보면 아르헨티나 1963-2004, 볼리비아 1956-1966(1997-2004 혼합 비례대표제), 브라질(1945-2004), 칠레 1925-2004, 콜롬비아 1945-1957과 1978-2004, 코스타리카 1913-2004, 쿠바 1908-1957(1976-2004는 다수결주의), 도미니카공화국 1924-2004, 에콰도르 1946-2004, 엘살바도르 1962-2004, 과테말라 1945-2004, 온두라스 1957-2004, 니카라과 1985-2004, 파나마 1928-2004, 파라과이 1993-2004, 페루 1963-2004, 우루과이 1918-2004, 베네수엘라 1946-1992(1993-2004는 혼합 비례대표제)에서 비례대표제를 시행하였고 멕시코는 1964-2004 반(Semi)비례대표제, 아이티는 1918-2004 다수결주의를 시행하였다. 베네수엘라와 볼리비아는 비례대표제를 혼합 비례대표제로 바꾸었다(Wills-Otero 2009, 38-39).

6 정당체제 제도화 지수(party system institutionalization index)는 첫 번째 기준 선거변동성(electoral volatility), 두 번째 기준 정당제도 안정성(party system stability)과 정당 동일시(party identification), 세 번째 기준 정당 신뢰(confidence in parties), 선거과정 정통성(legitimacy of electoral process), 국가발전에 필수적인 정당(parties indispensable to country's progress)을 통합하여 수치화한 지수이다.

그림 6. 정당제도화와 소득불평등

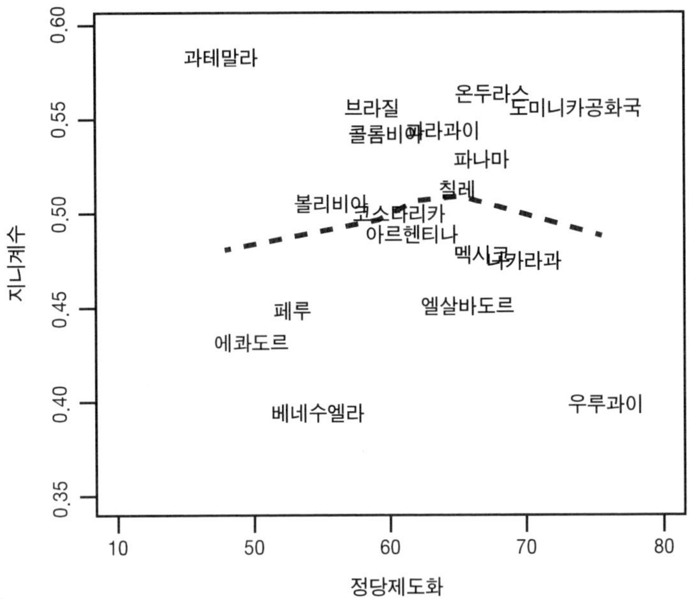

자료: Payne et al.(2007); CEPAL(2012).

우 수행될 것으로 간주할 수 있다. 반면에 정당체제 제도화의 수준이 낮은 경우 매 선거 국면에 따라 인기 영합적 정책이 추진되거나 특정 리더십에 의존하며 개별 의원들의 선거 정치적 이해관계에 따라 입법 활동이 진행되기 쉽다. 이러한 점에서 정당체제 제도화의 수준과 소득불평등의 연계성을 발견할 수 있다.

소득불평등과 정치적 양극화는 어떠한 관계를 갖는가? 〈그림 7〉은 1996년-2004년 기간 동안 라틴아메리카 대중 및 정치엘리트들의 좌우 이념의 편차를 고려하여 측정한 정치적 양극화와 2000년대 후반에 측정된 소득불평등 정도를 산점도로 나타낸 것이다. 두 변수 사이의 선형성을 가정하지 않은 추정선은 뒤집어진 U-형 곡선을 보여 주고 있다. 낮은 수준의 정치적 양극화와 높은 수준의 정치적 양극화에서 소득불평등의 정도가 상대적으로 낮은 반면에 중간 수준의 정치적 양극화를 나타내는 국가에서 소

그림 7. 정치적 양극화와 소득불평등

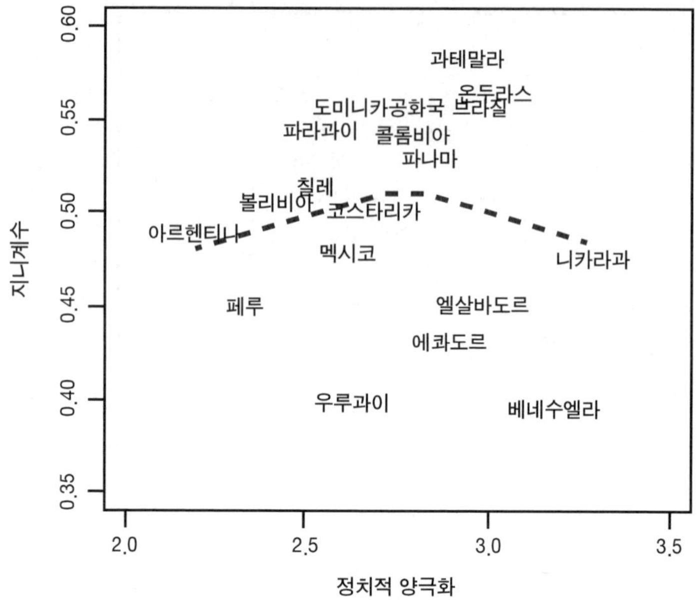

자료: Payne et al.(2007); CEPAL(2012).

득불평등의 정도가 상대적으로 높은 것으로 나타났다. 물론 이 발견은 이론적 세련화의 작업이 없이 도출된 경험적 경향이다. 우리는 아직 왜 중간 정도의 정치적 양극화 수준에서 높은 불평등 정도를 보이는지에 대한 이론적 설명을 갖고 있지 못하다. 다른 한편으로, 베네수엘라를 예외적 사례(outlier)로 간주한다면, 대체로 정치적 양극화의 정도가 높을수록, 즉 대중 및 정치엘리트들의 좌우 이념적 거리가 멀수록 소득불평등의 수준이 높다는 경향을 관찰할 수도 있다.

V. 정부당파성과 불평등: 좌파 집권의 정책 효과

이 절에서는 정부당파성과 불평등의 문제를 분석한다. 민주화 이후 라틴아메리카의 많은 국가에서 좌파가 집권하였음에도 불구하고 불평등 해소에 크게 기여하지 못한 이유는 무엇인가? 라틴아메리카에서 좌파가 집권하게 된 이유는 여러 가지가 있겠지만, 그중의 하나는 불평등하고 가난하기 때문에 재분배정책을 선호하는 좌파 정당에 유권자들이 투표했기 때문이다. 집권한 좌파가 유권자들의 기대에 부응하여 재분배정책을 추진하게 되면 불평등이 감소할 것이라는 것을 추정할 수 있으나 그 기대에는 미치지 못했던 것으로 보인다.

1990년대에 라틴아메리카 대통령의 64%가 우파 정당 소속이었으나 그 비율은 2005-2008년 33%로 떨어졌다. 2009년 초에는 21개 라틴아메리카 국가 중 15개 국가가 좌파나 중도좌파 대통령을 가졌다(Blanco and Grier 2013, 68). 라틴아메리카에서 좌파가 등장한 원인에 대한 기존 논의들은 첫째, 라틴아메리카의 고질적인 빈부격차, 둘째, 민주화와 그에 따른 선거정치의 제도화, 셋째, 신자유주의에 대한 피로와 실망, 넷째, 국제자원가격 상승에 따른 자원민족주의 세력의 영향력 확대로 요약되기도 한다(Yi 2012, 72-74). 라틴아메리카 좌파 정부는 집권 이후 불평등을 완화시키기 위한 다양한 조치를 취했는데 대표적으로 토지개혁, 세제개혁, 조건부현금이전(CCT, Conditional Cash Transfer) 등이 있다. 아래에서는 이 세 가지 정책들을 살펴본다.

첫째, 라틴아메리카 좌파 정부들의 토지정책은 유연성을 특징으로 하였다. 라틴아메리카에서 집권한 좌파 정부들이 온건한 노선을 추구했기 때문이다. 역사적 요인으로 토지소유가 일부 엘리트들에 의해 소유됨으로써 불평등이 지속되어 왔다는 것이 일반적인 견해이다. 프란케마(Frankema 2009, 40)는 라틴아메리카에서 식민지 시대의 불평등이 공식적, 비공식적 사회질서에 깊게 뿌리박혀 있다는 차원에서 "불평등의 제도화(institutioalization of inequality)"라는 용어를 제시하기도 했다. 라틴아메리카에서 보통선거가 베네수엘라 1945년, 과테말라 1952년, 칠레 1958년에 실시되고 토지에 대한 재분배 요구가 급격하게 많아지자 이에 위협받은 사람들이 쿠데타를 동조하게 만들었다(Robinson 2010, 51). 결국 포용적 제도가 나타나기보다는 배제적 제도가 나타나게 된 것이다. 라티푼디오(latifundio)에 대비되는 미니푼디오(minifundio)가 라틴아메리카 농민들의 대부분이었다. 1970년의 경우 미니푼디오(minifundios)는 아르헨티나에서 43.2%의 농가를 차지하는데 반해 토지소유는 3.4%였다. 이에 반해 라티푼디오는 농가는 0.8%에 불과하지만 36.9%의 토지를 소유했다. 페루의 경우 미니푼디오가 농가의 88.0%를 차지하는데 토지소유는 7.4%에 불과했다. 라티푼디오는 농가는 1.1%인데 토지소유는 82.4%였다(Vanden and Prevost 2002, 11). 이렇듯 대부분의 라틴아메리카 국가에서 토지소유의 심각한 불균형이 존재했다. 따라서 라틴아메리카에서 불평등을 이야기할 때 "역사와의 단절(breaking with history)"이라는 용어를 사용하기도 한다. 그런데 온건한 좌파 정권의 경우 토지개혁을 제시하지 않았다. 칠레에서 토지개혁은 정치현안이 되지 못했다. 1970년대 아옌데 정권의 악몽이 있는 데다가 카르도소 대통령 집권기에 어느 정도 성공적이었기 때문이다. 노동당(PT) 정부는 토지몰수를 선택하지 않고 국가가 소유하고 있던 토지를 재분배하는 방법을 택했다(Madrid et al. 2010, 160-161). 무토지농촌노동자운동(MST, Movement of Landless Rural Workers)이 PT에 연계되어 있어 갈등을 피할 수 있었다. 베네수엘라의 경우에도 좌파 집권 이후 토지개혁의 경우 온건한 정책을 추진하여 토지를 몰수하는 일은 없었고 토지수용의 경우에도 토지소유자들에게 정당한 보상을 해주었다. 차베스정권의 경우 토지개혁이 정치적 갈등을 야기했다. 그러나 베네수엘라는 이미 도시화된 국가로서 토지개혁이 전체적인 재산분배에 큰 비중을 차지하지 못했다. 볼리비아 모랄레스 대통령의 경우에도 입법을 통해 토지개혁에 박차를 가하지만 실행에는 거의 노력을 하지 않았다(Madrid et al. 2010, 161).

둘째, 라틴아메리카 좌파 정부들은 세제개혁에도 미온적이었다. 라틴아메리카에서 세수가 GDP에서 차지하는 비율은 2000-2011년 사이 15.4%에서 19.1%로 증가하였다. 사회보장기여금(social security contributions)을 제외하면 조세부담은 GDP의 12.7%에서 15.7%로 증가한 셈이 된다(CEPAL

2013b, 11-12). 2005년의 경우 전체 GDP에서 차지하는 세금의 비율을 보면 OECD 36.4%, 미국 26.8%인 데 반해 라틴아메리카는 17.0%이다. 직접세 총계는 GDP 대비 OECD 14.9%, 미국 15.5%인 데 반해 라틴아메리카는 4.8%에 불과하다(UNDP 2010, 94). CEPAL 보고서에 의하면, 사회적, 경제적 불평등의 심화는 상대적 세금부담을 최소화하려는 엘리트 집단들이 있다는 것을 의미한다. 엘리트 집단들이 입법과정에 개입하여 세금부담을 회피하는 것이다(CEPAL 2013b, 37). 라틴아메리카의 세제는 역진적이라 평가할 수 있다. 버드살 외(Birdsall et al. 2008, 59-61)의 설명에 의하면, 부가가치세와 소비세의 경우 유럽은 총 세수의 약 30%인 데 반해 라틴아메리카는 60%에 달한다. 이것은 부자들보다 가난한 사람들로부터 더 많은 비율의 세금을 거두어들이는 것이다. 소득세는 서류상으로 고소득자에게만 적용되는데 제도적으로 고소득자로 분류되는 가구는 전체 가구의 3-5%밖에 되지 않는 경우가 많다. 대부분의 국가에서 평균소득 이상의 대부분 가구들이 개인소득세에서 면제된다(Birdsall et al. 2008, 59-61). 아르헨티나, 칠레, 과테말라에서 1990년대 중반 가장 부유한 10%에게 부과하는 세율은 소득의 8%에 불과하다. 이것은 미국의 40%에 비하면 아주 낮은 세율이다.

라틴아메리카의 좌파 정부들은 조세정책에서 높은 세율을 내걸지 않았다. 어느 좌파 정권도 직접세 세율 증가를 추진하지 않았다. 직접적인 재분배를 피했던 것이다(Madrid et al. 2010, 160). 〈표 1〉에 제시되어 있는 CEPAL의 자료를 보면 라틴아메리카에서 세전 지니계수와 세후 지니계수가 별로 차이가 나지 않는다. 도미니카 공화국에서 0.035, 칠레 0.021, 아르헨티나 0.011, 우루과이 0.012의 차이가 났고 다른 국가들은 0.01 미만이었다. 이는 정부의 조세정책 및 재분배정책으로 인한 불평등 완화의 효과가 거의 나타나지 않았다는 것을 의미한다(CEPAL 2013b, 43).

라틴아메리카 좌파 정부들의 세 번째 정책적 특징은 사회이전(social transfer)이다. 이는 어느 정도 불평등 해소에 기여했다고 평가받는다. 사회공공지출이 GDP에서 차지하는 비율을 보면 1990년 9.0%, 1996년 10.9%,

표 1. 라틴아메리카 15개국에서의 조세정책의 재분배 효과

국가	연도	세전 지니 (Gini pre-tax)	세후 지니 (Gini post-tax)	재분배 효과
아르헨티나	2006	0.513	0.502	0.011
브라질	2003	0.618	0.612	0.006
칠레	2006	0.579	0.558	0.021
콜롬비아	2004	0.537	0.459	0.078
코스타리카	2004	0.577	0.569	0.008
도미니카공화국	2004	0.511	0.476	0.035
에콰도르	2004	0.408	0.404	0.004
엘살바도르	2006	0.503	0.495	0.008
과테말라	2000	0.596	0.595	0.001
온두라스	2005	0.570	0.565	0.005
니카라과	2001	0.596	0.591	0.005
파나마	2003	0.636	0.631	0.005
페루	2004	0.535	0.534	0.001
우루과이	2006	0.500	0.488	0.012
베네수엘라	2004	0.423	0.421	0.002

출처: CEPAL(2013b).

2003년 12.8%, 2006년경 13.3%였는데 2003-2006년 기간 동안 좌파 정부의 사회공공지출 증가는 1.33% 포인트였던 데 반해 우파 정부의 공공지출 증가는 0.48% 포인트에 불과하였다(Cornia and Martorano 2011, 188). 따라서 좌파 정부가 우파 정부보다 사회지출을 많이 했다는 것을 의미한다. 라틴아메리카 국가들은 사회보장프로그램을 통해 무조건부 소득이전(unconditional income transfer)과 조건부 소득이전, 그리고 빈곤퇴치 프로그램을 시행했다. 대부분의 국가에서는 GDP의 0.5-1%를 지원하여 많은 인구에게 혜택이 돌아가도록 했다(Cornia and Martorano 2011, 188).

2011년 시점에서 라틴아메리카 18개국에서 조건부 소득이전 프로그램(CCT)이 진행 중이고 이로부터 2,500만 가구가 혜택을 보고 있으며, 이는 인구의 19%를 차지하고, 비용은 전체 라틴아메리카 지역 GDP의 0.4%를 차지한다(Cecchini and Madariaga 2011, 7). 이러한 프로그램들이 빈곤층에게 효과가 있었다는 것은 CEPAL의 평가에서도 나타난다. 이러한 현금이전의 60%-75%가 전체 인구 중 가장 가난한 40%에게 돌아갔다(Cecchini and

표 2. 현금이전 프로그램의 수혜자 비율과 투자비용

국가	현금이전 프로그램 수혜인구비율(%)	GDP에서 차지하는 투자(비용)비율(%)
아르헨티나	8.3	0.20
볼리비아	17.5	0.33
브라질	26.4	0.47
칠레	6.8	0.11
콜롬비아	25.2	0.39
코스타리카	3.3	0.39
도미니카공화국	21.2	0.51
에콰도르	44.3	1.17
엘살바도르	8.2	0.02
과테말라	22.6	0.32
온두라스	8.7	0.24
자메이카	11.3	0.40
멕시코	24.6	0.51
니카라과	0.0	0.00
파나마	10.9	0.21
파라과이	8.6	0.36
페루	7.6	0.14
트리니다드토바고	2.4	0.19
우루과이	11.6	0.45

출처: Cecchini and Madariaga(2011).

Madariaga 2011, 34).

〈표 2〉가 보여 주듯이, 이러한 프로그램들은 적은 비용으로 빈곤퇴치 효과를 가져온다. 에콰도르가 44.3%에 달하는 가장 많은 인구가 수혜를 받고 있는데 GDP에서 차지하는 비용은 1.17%에 불과했다. 대략 GDP의 0.1%-1.2%의 비용으로 인구의 약 14%가 혜택을 보는 것이다. 가장 많은 수혜인구를 가진 프로그램은 브라질의 볼사파밀리아로 1,260만 명, 멕시코의 오포르투니다데스 560만 명, 콜롬비아의 파밀리아엔악시온 260만 명, 그리고 에콰도르의 인적자원지원금 120만 명이다(Cecchini and Madariaga 2011, 106). 따라서 라틴아메리카의 좌파 정권은 토지개혁과 세제개혁 등 사회의 기득권 계층의 이해관계와 직접적으로 충돌하게 되는 정책에 대해서는 온건한 입장을 취하는 대신에 조건부 현금이전 프로그램 등을 통하여 빈곤 문제의 해결에 노력하였음을 알 수 있다.

VI. 결론

이 논문은 라틴아메리카의 불평등과 민주주의의 문제를 탐색적 분석을 통해 살펴보았다. 민주화 이후의 불평등 추이, 시민들의 불평등에 대한 인식과 민주주의에 대한 지지, 정치제도와 불평등의 관계에 대하여 서베이 자료와 국가 수준의 통계자료를 분석하였다. 라틴아메리카는 민주적 전환 이후 거의 한 세대가 지났음에도 불구하고 세계 다른 지역에 비해 불평등이 높은 지역이다. 2000년대 들어 이 지역에서는 '핑크혁명'이라고 하는 좌파의 집권이 대부분의 국가에서 이루어졌다. 레드(red)가 아니고 핑크(pink)라고 불렸던 데에서도 볼 수 있듯이 급진적 정책보다는 시장경제를 인정하면서 온건한 정책을 펴는 조류라고 할 수 있다. 그럼에도 불구하고 좌파는 재분배를 선호하는 정책을 추진하는 경향이 있기 때문에 불평등의 정도는 완화되어야 한다. 그러나 라틴아메리카에서 지난 15년간 불평등의 감소를 '역사의 단절'이라고 주장하지만 여전히 감소 추세는 단절이라 표현하기에는 너무나 미약한 편이다.

이러한 점은 많은 학자들이 주장해 온 경로의존성(path-dependency) 논제를 떠올리게 한다. 라틴아메리카에서는 역사적으로 불평등이 고착될 수 밖에 없는 경로에 들어섰다는 주장이다. 구체적으로 식민지 시기 토지소유 구조부터 비롯된 불평등의 구조가 수입대체산업화 전략을 채택하면서 노동시장 분절화가 고착화되어 왔고 1980년대 경제위기를 거치면서 현재까지 이어져 오고 있다고 주장한다(Wibbels and Ahlquist 2011). 실제로 라틴아메리카 국가들의 경제실적과 경제위기, 그리고 사회구조적 요인이 민주화 이후에도 지속되는 높은 불평등과 연관되어 있다. 그러나 이 논문은 거시경제상황의 변동과 위기가 어떻게 불평등의 심화로 이어져 있는지에 대한 분석을 포함하지 않았다. 로빈슨(Robinson 2010, 39)이 지적하듯이, 어떤 시장체제이든 시장의 영향력과 관계없이 정치체제가 자산이나 소득의 불평등을 야기하거나 감소시키는 영향력은 그 체제의 법, 제도, 그리고 공공정책에 달려 있다(칠레 사례로는 Cho 2006, Jeong 2013, 볼리비아 사례로는 Yi 2010 참조). 결국 법, 제도, 정책과 관련된 정치적 영역의 의사결정이 빈곤, 불평등, 그리고 사회의 불공정성에 대한 인식 등에 미치는 영향력은 크다고 볼 수 있다.

사보이아 외(Savoia et al. 2010, 142-143)가 지적하듯이, 정치적 민주화를 통해 시민들에게 공정한 기회의 평등을 보장하는 제도의 수립이 중요하다. 라틴아메리카 국가들이 제3의 물결 속에서 민주적 전환을 경험하고 이후 민주주의를 '우리 마을의 유일한 게임'(only game in town)으로 자리 잡게 하는 과정에서 지속되는 부와 소득분배의 왜곡은 민주적 제도에 대한 신뢰도를 떨어뜨릴 수 있다. 과거 권위주의 정권에 대한 불신의 근원이 정치적, 경제적 부패에 있었다면 민주화 이후의 지속되는 불평등의 문제는 민주주의에 대한 불신의 근원이 될 수 있다. 여기에 불평등한 민주주의의 위험성이 있다. 이 점은 사회적, 경제적 불평등이 심화되고, 기회의 평등을 보장하는 사회경제적 제도가 제도화되어 있지 않은 우리 사회에 제기하는 함의이기도 하다. **■이양호·지은주·권혁용**

참고문헌

Benhabib, Jess, and Adam Przeworski (2006), "The Political Economy of Redistribution under Democracy," *Economic Theory*, Vol. 29, pp. 271-290.

Blanco, Luisa, and Robin Grier (2013), "Explaining the Rise of the Left in Latin America," *Latin American Research Review*, Vol. 48, No. 1, pp. 68-90.

Boix, Carles (1999), "Setting the Rules of the Game: The Choice of Electoral Systems in Advanced Democracies," *American Political Science Review*, Vol. 93, No. 3, pp. 609-624.

Calvento, Mariana (2007). Profundización de la Pobreza en América Latina: el Caso de Argentina 1995-1999. Edición electronica en www.eumed.net/libros/2007a/252.

Cameron, Maxwell A. (2009), "Latin America's Left Turns: Beyond Good and Bad," *Third*

World Quarterly, Vol. 30, No. 2, pp. 331–348.

Cecchini, Simone and Aldo Madariaga (2011), CEPAL(Comisión Económica para América Latina y el Caribe). 2011. *Conditional Cash Transfer Programmes: The Recent Experience in Latin America and the Caribbean*. LC/G.2497-P. Santiago: UN Publication.

CEPAL(Comisión Económica para América Latina y el Caribe). (2012), *Anuario Estadístico de América Latina y el Caribe 2012*. Santiago: Publicacion de las Naciones Unidas.

CEPAL (2013a), *Economic Survey of Latin America and the Caribbean: Three Decades of Uneven and Unstable Growth*. Santiago: UN Publication.

CEPAL (2013b), *Fiscal Panorama of Latin America and the Caribbean: Tax reform and renewal of the fiscal covenant*. LC/L.3580, Santiago: UN Publication.

CEPAL (2013c), Economic Survey of Latin America and the Caribbean 2013. Santiago: UN Publication.

Cho, Don-Moon (2006), "Chilean Labor-Capital Relations and Labor's Choice during the Democratic Regime: Leftist Government and Labor's Dilemma under the Neoliberal Globalization," *Asian Journal of Latin American Studies*, Vol. 19, No. 3, pp. 5-42.

Cornia, Giovanni Andrea, and Bruno Martorano (2011), "Democracy, the New Left and Income Distribution: Latin America over the Last Decade," In *Overcoming the Persistence of Inequality and Poverty*, ed. Valpy FitzGerald, Judith Heyer and Rosemary Thorp, New York: Palgrave.

Frankema, Ewout (2009), *Has Latin America always been Unequal?* Leiden: Brill.

Garretón, Manuel A. (2003), *Incomplete Democracy: Political Democratization in Chile and Latin America*, London: University of North Carolina Press.

Gasparini, Leonardo, and Guillermo Cruces (2013), "Poverty and Inequality in Latin America: a Story of Two Decades," *Journal of International Affairs*, Vol. 66, No. 2, pp. 51-63.

Gasparini, Leonardo, Walter Sosa-Escudero, Mariana Marchionni and Sergio Olivieri (2013), "Multidimensional poverty in Latin America and the Caribbean: new evidence from the Gallup World Poll," *The Journal of Economic Inequality*, Vol. 11, No. 2, pp. 195-214.

Gonzalez, Ivonne, and Ricardo Martner (2012), "Overcoming the "empty ox syndrome", Determinants of Income Distribution in Latin America," *CEPAL Review*, Vol. 108, pp. 7-25.

Haggard, Stephen, and Robert Kaufman (2012), "Inequality and Regime Change: Democratic Transitions and the Stability of Democratic Rule," *American Political Science Review*, Vol. 106, No. 3, pp. 495-516.

Huntington, Samuel P. (1991), *The Third Wave: Democratization in the Late Twentieth Century*, London: University of Oklahoma Press.

Iversen, Torben, and David Soskice (2006), "Electoral Institutions and the Politics of Coalitions: Why Some Democracies Redistribute More Than Others," *American Political Science Review*, Vol. 100, No. 2, pp. 165-181.

Jeong, Hanbeom (2013), "The Chilean Welfare State before and after Democratization," *Asian Journal of Latin American Studies*, Vol. 26, No. 3, pp. 75-102.

Latinobarómetro(2009), http://www.latinobarometro.org/latino/LATAnalizeQuestion.jsp(accessed October 4, 2013).

Latinobarómetro(2010), http://www.latinobarometro.org/latino/LATAnalizeQuestion.jsp(accessed October 4, 2013).

Madrid, Raul L., Wendy Hunter and Kurt Weyland (2010), "The Politics and Performances of the Contestatory and Moderate Left," In *Leftist Governments in Latin America: Successes and Shortcomings*, ed. Madrid et al., Cambridge: Cambridge University Press, pp. 140-180.

Meltzer, Allen, and Scott Richard (1981), "Rational Theory of the Size of Government," *Journal of Political Economy*, Vol. 89, No. 5, pp. 914-927.

OECD (2010), Latin American Economic Outlook 2011: How Middle-Class is Latin America?, OECD Publishing.

Payne, J. Mark, Daniel Zovatto G. and Mercedes Mateo Diaz (2007), *Democracies in Development: Politics and Reform in Latin America*, Washington: Inter-American Development Bank.

Perry, Guillermo, Omar S. Arias, J. Humberto Lopez, William F. Maloney and Luis Serven (2006), *Poverty Reduction and Growth: Virtuous and Vicious Circles*. Washington: The World Bank.

Pontusson, Jonas, and David Rueda (2010), "The Politics of Inequality: Voter

Mobilization and Left Parties in Advanced Industrial States," *Comparative Political Studies*, Vol. 43, No. 6, pp. 675-705.

Przeworski, Adam, and Fernando Limongi (1993), "Political Regimes and Economic Growth" *Journal of Economic Perspectives*, Vol. 7, No. 3, pp. 51-69.

Przeworski, Adam et al. (1995), *Sustainable Democracy*, Cambridge: Cambridge University Press.

Rhee, Yangho (2013), *Inequality and Poverty*. Seoul: Yosong-Sinmun-Sa

Robinson, James A. (2010), "The Political Economy of Redistributive Policies," In *Declining Inequality in Latin America: A Decade of Progress?*, eds., Lopez-Calva, Luis F. and Nora Lustig, New York: Brookings Institution Press, pp. 39-71.

Savoia, Antonio, Joshy Easaw and Andrew McKay. (2010), "Inequality, Democracy, and Institutions: A Critical Review of Recent Research," *World Development*, Vol. 38, No. 2, pp. 142–154.

UNDP (2010), Regional Human Development Report for Latin America and the Caribbean 2010, New York: UNDP.

Vanden, Harry E. and Gary Prevost (2002), *Politics of Latin America: The Power Game*, Oxford: Oxford University Press.

Wibbels, Eric, and John Alquist (2011), "Development, Trade, and Social Insurance," *International Studies Quarterly*, Vol. 55, pp. 125-149.

Wills-Otero, Laura (2009), "Electoral Systems in Latin America: Explaining the Adoption of Proportional Representation Systems during the Twentieth Century," *Latin American Politics and Society*, Vol. 51, No. 3, pp. 33-58.

World Bank (2011), A Break with History: Fifteen Years of Inequality Reduction in Latin America. LAC Poverty and Labor Brief, no. 61294, www.worldbank.org/lac.

Yi, Sang-Hyun (2010), "Social Movements and Political Party: The Case of MAS(Movimiento al Socialismo) of Bolivia," *Asian Journal of Latin American Studies*, Vol. 23, No. 4, pp. 147-168.

______ (2013), "The Rise of Radical Left and Party Systems in Latin America," *Ibero America*, Vol. 14, No. 2, pp.65-92.

3장

대만 소득불평등 심화의 경제적·정치적·사회적 원인

I. 서론

정치인은 정치적 권력을 가진 만큼 경제적 권력을 확장시키고, 또한 이러한 경제적 권력은 다시 정치적 권력을 확장시키는 데 이용된다. 레인(Lane)은 이를 권력수익체증 현상으로 보고 권력은 직접적으로는 현직이 이점을 제공하는 만큼, 그리고 간접적으로는 정치적 권력이 경제적 권력을 얻는 데 이용될 수 있고, 경제적 권력이 정치적 권력을 얻는 데 이용될 수 있는 만큼 규모수익체증이 나타난다고 보았다(Lane 1979). 따라서 이러한 체증 현상이 적용된다면 정치적 불평등이 심화된 곳에서는 경제적 불평등도 심화되고, 그 역의 관계, 즉 경제적 불평등이 심화된 곳에서는 정치적 불평등 또한 심화된다고 볼 수 있다. 특히 세계화·자유화로 대변되는 국제질서 속에서 경제이슈로까지 안보를 확장시키는 탈냉전 시대가 도래하면서 전 세계적으로 이러한 불평등의 악순환 문제가 가시화되었다(이신화 2007). 그러나 동아시아 발전국가(developmental states)의 경우에는 권력수익체증의 법칙이 적용되지 않았다. 발전국가는 민주화 이전 시기에 정치적 불평등이 심화되었지만 경제적 불평등은 심화되지 않았고, 민주화 이후에는 정치적 불평등이 완화되는 가운데 경제적 불평등이 심화되는 독특한 특징을 보인다(Chi and

Kwon 2012; Haggard and Kaufman 2008). 발전국가로서 이후 민주화를 경험한 대만 역시 이와 같은 패턴을 따르고 있다.

민주화 이전의 대만은 정치권력을 장악했던 외성인(外省人)과 다수의 민중을 구성했던 본성인(本省人) 간의 정치적 차별이 존재했다. 외성인은 1949년 장제스(蔣介石)가 국공내전(國共內戰)에서 실패한 이후 본토에서 이주해 올 때 함께 건너온 한족(漢族)들을 말한다. 반면 본성인은 오랫동안 대만에 거주해 온 주민들로서, 다수가 한족이지만 다른 언어를 사용하고, 일부는 다른 민족인 원주민들로 구성된다. 외성인들이 통치를 장악한 가운데 본성인들의 정치적 참여는 제한되었다. 그러나 시간이 경과하면서 정치적 불평등은 상당 부분 해소되었다. 여기에는 세 가지 변화가 있었다. 첫째, 1980년대 후반 가속화되기 시작한 민주화는 두 집단 간의 정치적 차별을 완화시켰다. 둘째, 대만이 주도하는 대만 중심의 통일이 현실적으로 불가능해지자 국민당(國民黨)은 강압적인 통치의 정당성을 상실하게 되었다. 셋째, 민주화가 진전되면서 대만인 정체성(Taiwanese identity)이 확산되었고, 그 결과 대만 사회에서 본성인과 외성인의 구별이 점차 무의미해졌다.

한편 민주화 이전의 대만은 경제적 불평등이 상당히 낮은 편이었다. 통치를 장악했던 외성인은 국영기업을 장악했지만 경제의 대부분을 차지하고 있는 중소기업은 본성인이 운영하였다. 대만은 우수한 인적 자원과 높은 저축률, 그리고 국가의 성공적인 발전 전략으로 인해 1970년대와 80년대 고도성장을 이루었는데, 이러한 과정에서도 부의 편중이 심화되지 않은 평등한 사회였다(Haggard and Kaufman 2008). 그러나 민주적 전환과 더불어 진행된 세계화와 자유화는 대만 경제에 새로운 변화를 가져왔다. 자본의 해외 유출과 외국인 노동력의 유입은 대만 사회의 소득불평등을 심화시키기 시작했다. 대만의 소득불평등은 점차 악화되어, 소득불평등 지표인 5분위배율은 2001년 6.39로 급작스럽게 상승하였고, 이후 2007년 일시적으로 하락하였으나, 2009년에는 다시 6.34로 상승하였다. 또한 전체 가구에서 저소득층이 차지하는 비율은 1996년에는 0.82%였으나, 2010년에는 1.41%

로 크게 증가하였다(Statistical Yearbook of the Republic of China 2012).

그렇다면 민주화 이후 대만에서는 정치적 불평등이 상당 부분 완화되고 있음에도 불구하고, 경제적 불평등은 왜 심화되고 있는가? 앞서 지은주와 권혁용(Chi and Kwon 2012)의 소득불평등의 추이와 정부의 대응에 대한 한국과 대만의 비교 연구에서는 민주화 이후 한국과 대만의 경제적, 정치적 그리고 사회적 조건이 어떠한 불평등의 패턴을 가져오는가를 통계 분석을 통해 객관적으로 보여 준 바 있다. 본 논문은 앞의 연구의 연장선에서 두 국가 중 대만의 사례만을 선택하여 분석의 결과를 가져오게 된 원인의 맥락적인 특징을 설명하고자 한다.

앞서 비교 연구의 결과에서 검증된 것은 다음과 같다. 첫째, 세계화라는 경제적 조건하에서 대만의 소득불평등은 외국인 직접투자의 유입과 해외 직접투자의 유출의 면에서 모두 영향을 받았다. 또한 민주화 이후 대만의 경제성장은 불평등의 심화와 연결된다. 따라서 세계화와 민주화 이후의 경제성장은 대만의 소득불평등을 악화시킨 것으로 볼 수 있다. 둘째, 노동권력과 소득불평등과의 상관관계를 노조조직률과 투표율을 통해서 검증한 결과, 대만에서는 노조조직률과 소득불평등은 역의 상관관계를 가지며, 투표율과 소득불평등과의 관계는 대만이 불평등을 감소시키기 위한 노력을 한국보다 높게 한다는 것을 보여 준다. 셋째, 정치적 조건하에서 정부당파성, 선거제도, 선거 시기, 선거경쟁이 불평등에 미치는 영향을 검토한 결과 정부당파성은 대만의 정당 운영을 설명하는 데에 부적절하며, 단순다수제가 적용되는 선거제도는 불평등 완화에 부정적인 효과를 가져올 것으로 판단되었다. 또한 선거주기는 대만의 소득불평등과 상관관계가 거의 없으며, 선거경쟁의 경우는 민주적 선거가 시행된 지 얼마 되지 않았지만 상관관계가 있음이 밝혀졌다. 대만 정부는 선거에서 득표의 차이가 적을수록 소득격차를 줄이기 위해 노력하는 것으로 나타났다.

본 연구는 기존 연구에서의 발견을 바탕으로 하여 대만의 사례에 대한 맥락적인 증거를 제시하고자 한다. 세계화, 자유화라는 변환기 국제질서 속에서 정치불평등과 경제불평등이 밀접한 상관관계를 보이는 세계적 추세와는 달리, 대만을 비롯한 동아시아 발전국가에서는 왜 역의 상관관계를 나타내는가? 이에 대한 연구를 위해 대만의 소득불평등을 초래하는 대만의 경제적, 정치적 그리고 사회적 측면에서 그 원인과 역학관계를 구체적으로 검토한다. 경제적인 측면에서는 대만의 세계화와 자유화의 현황, 그리고 소득불평등의 심화를 검토하고, 외국인 직접투자와 해외 직접투자의 증가가 실질적으로 소득불평등과 어떠한 관련성을 지니는지를 분석한다. 이어서 정치적인 측면에서는 대만의 선거제도의 변화와 그 효과를 살펴보고, 실질적으로 정당경쟁이 소득불평등 완화와 관련성이 있는지를 검토한다. 마지막으로 노동권력과 소득불평등과의 관계에서는 이전 연구에서 유의미하다고 판단된 노조조직률의 효과와 투표율이 정부의 불평등 감소를 위한 노력과 연계되어 있다는 점을 실질적인 사례를 통해 검토해 볼 것이다.

II. 세계화, 자유화, 그리고 대만 소득불평등의 심화[1]

1. 변환하는 국제질서와 대만의 세계화 · 자유화

동서 갈등으로 대변되던 냉전시대 종식 이후 자유주의가 전 세계로 확산되기 시작했다. 이에 더해 정보통신의 혁명은 세계화/지구화 현상을 가속화하였고, 국가 간 상호의존도가 심화되었다. 이러한 세계화, 통합화는 현 국제 무대에서 구성원들 간 상호교류가 강화되고 확대되는 과정을 의미한다. 세계 각지의 구성원들 사이 온·오프라인상의 네트워크가 확대 강화되면서 시공간을 넘나들며 개인이나 그룹, 그리고 사회가 생각과 행동을 공유하거나 서로 밀접한 영향을 주게 된 것이다. 특히 국가를 중심으로 이루어졌던 국제관계에 국제기구, 지역연합체, 비정부기구(NGO) 등이 주요 행위자로

1 이 절은 다음의 논문의 내용을 바탕으로 하였으며, 최근의 통계자료로 보완하였음. 지은주, 2012, 〈대만 경제개방의 확대와 소득불평등 개선을 위한 정부의 지원〉《국제정치논총》 제53집 3호, 447-71.

등장했을 뿐 아니라 국가 간 정치군사안보를 중심으로 논의되던 안보이슈도 무역, 금융, 환경과 같은 이슈를 아우르며 '포괄적으로' 확대되었다. 더욱이 냉전기 체제나 이념이 다른 국가들끼리는 정치외교뿐 아니라 무역이나 여타 이슈들에 있어서도 대립적인 관계를 유지했었지만, 이제는 상황과 이슈별로 '친구국가'와 '경쟁국가'가 바뀌기도 하는 매우 복합적인 양상을 띠게 된 것이다(이신화 2010).

이와 같은 양상은 특히 1980년대 이래 국가 간 무역자유화를 촉진시켜 자본의 국경을 넘은 이동을 가능하게 하였고, 양자뿐 아니라 다자간 자유무역협정(Free Trade Agreement, FTA)과 같은 경제통합화 현상이 두드러지게 되었다. 1980년대 자유주의가 전 세계로 확산될 무렵 대만 역시 이에 동참하였다. 대만은 1984년 '자유화, 국제화 그리고 제도화(Liberalization, Internationalization, and Institutionalization)'라는 구호를 걸고 관세 장벽을 낮추기 시작했다(Tsai and Huang 2006). 2001년 11월 대만은 세계무역기구(WTO, World Trade Organization)에 가입하였고, 이후 타 국가와의 자유무역협정(FTA)을 추진해 나가기 시작했다. 2001년 11월 대만은 미국, 싱가포르, 일본, 뉴질랜드를 FTA 협상 후보국으로 공표하였다. 그러나 이러한 시도는 대만이 국제사회에서 독립적인 경제 주체로 활동하는 것에 반대하는 중국의 개입으로 인해 진전을 보지 못했다. 결과적으로 세계화 초기 단계의 대만은 일부 중남미 국가들과 FTA를 체결하였을 뿐 핵심 무역 상대국인 미국이나 일본과는 FTA를 성사시키지 못했다(윤상우 2010, 117-8; Cai 2005, 591).

이러한 가운데 대만의 세계경제 참여가 한 단계 진전된 계기는 2010년 중국과 FTA에 준하는 경제협력기본협정(ECFA, Economic Cooperation Framework Agreement)를 체결하면서부터이다. 대만은 2001년 이래 성장이 둔화되고, 실업이 증가하는 등 경제침체가 지속되고 있었다. 그러나 경제성장을 위한 자유화 조치는 중국의 개입으로 인해 진전이 없었다. 대만은 차선책으로 중국과 교역 확대를 추진했고, 2008년 친중국적 성향을 지닌 국민당의 마잉지우(馬英九) 후보가 총통에 당선되면서 진전을 보기 시작했다.

표 1. 대만의 국가별 대외 직접투자 통계(백만 US$, %)

	1991-2008	2009	2010	2011	2012	2013 (1-10월)	누계 (1991-2013.10)
중국	75,560 (57.1)	7,143 (70.4)	14,618 (83.8)	14,377 (79.6)	12,792 (61.2)	7,454 (64.9)	131,944 (62.7)
영국령	21,715 (16.4)	544 (5.4)	568 (3.3)	801 (4.43)	176 (0.8)	176 (1.5)	23,978 (11.4)
미국	9,375 (7.1)	1,114 (11.0)	491 (2.8)	730 (4.0)	144 (0.7)	206 (1.8)	12,060 (5.7)
싱가포르	5,369 (4.1)	6 (0.4)	33 (0.2)	449 (2.48)	4,499 (21.5)	158 (1.4)	10,544 (5.0)
홍콩	3,010 (2.3)	241 (2.4)	244 (1.4)	254 (1.4)	292 (1.4)	296 (2.6)	4,337 (2.1)

출처: 行政院大陸委員會 http://www.mac.gov.tw(검색일: 2014. 1. 13)(Cross-Strait Economic Statistics Monthly)
주: 괄호 안의 수는 열(column)의 %를 의미함.

마잉지우 총통은 중국과의 '대삼통(大三通)'을 선언하고, 일부 지역에만 실시되던 통상(通商), 통항(通航), 통우(通郵)를 대만 전역으로 확대하였다. 또한 중국과의 대표회담을 통해 경제교류를 위한 12개 협정을 체결하였다. 2010년 대만과 중국은 ECFA에 서명함으로써 상호 관세인하, 관세장벽 폐지, 자금 노무 상품의 자유 무역화, 투자개방, 이중과세 방지 등을 약속하였다.

경제개방의 주요 지표인 외국인 직접투자와 해외 직접투자는 경제개방 추이를 잘 설명해 준다. 1980년대 중반의 자유화는 외국인 직접투자를 증가시키는 계기가 되었다. 이로 인해 1986년 미화 7억 달러 규모였던 외국인 직접투자는 1987년 12억 달러를 넘었고, 2007년에는 153억 달러로 급격히 증가하였다. 이후 외국인 직접투자는 2011년 49억 달러를 기록하며 감소하기도 하였으나 세계화 초기 단계에 비해 상당히 증가했으며, 투자의 수는 지속적으로 증가하고 있다. 또한 해외 직접투자도 증가하여 1980년대까지 많아야 미화 5천만 달러에 그치던 총액이 1987년에는 미화 1억 달러로 증가하였고, 2007년에는 미화 65억 달러로 급격히 팽창하였고, 2011년에는 37억 달러를 기록하였다(Taiwan Statistical Data Book 2012).

해외 직접투자에서 주목할 부분은 대중국 투자가 급증했다는 점이다. 〈표 1〉에서 볼 수 있듯이 1991년부터 2008년까지 대만의 해외 직접투자는 중국이 57.1%를 차지함으로써 1위이기는 하지만 영국령 국가가 16.4%를 차지하고 있고, 미국 또한 7.1%를 차지하고 있었다. 그러나 ECFA 협상이 본격적으로 진행되기 시작한 2009년과 2010년에는 중국에 대한 직접투자가 눈에 띄게 증가하였다. 대만의 대중국 투자는 2009년 70.4%, 2010년 83.8%를 기록하였고, 이후 조금씩 하락하였지만 다른 국가들에 대한 투자보다 절대적으로 높은 비중을 차지하고 있다. 반면 1991년부터 2008년의 기간 중 16.4%를 차지한 영국령에 대한 투자는 2012년에는 0.8%로 급속히 하락하였고, 미국에 대한 투자 역시 1991년부터 2008년의 기간 중 7.1%였던 것이 2012년에는 0.7%로 하락하였다. 홍콩의 경우 〈표 1〉에서는 중국과 구분하여 제시하고 있지만, 2007년 홍콩이 중국에 반환된 점을 고려할 때 홍콩에 대한 투자를 대중국 투자로 간주해도 무방할 것이다. 그럴 경우 대중국 투자액은 더욱 상승한다.

외국인 직접투자의 확대와 해외 직접투자의 확대 이후 대만 내의 소득불평등은 심화되고 있다(Chi and Kwon 2012, 907-9). 그중에서도 해외 직접투자 규모의 확대는 대만 내 하위 20% 소득자의 임금에 부정적인 영향을 미친 것으로 보인다. 다수의 연구에 의하면 1980년대 이후 확대되기 시작한 해외 직접투자는 대만의 실업을 증가시키고 임금을 동결시킴으로써 소득불평등의 심화에 영향을 미쳤다(Lue 2010, 9; Tsai and Huang 2007, 1864-8). 한편 경제자유화 이후 동남아시아 등에서 외국인 노동자들이 유입되면서 대만 내 실업이 증가했다고 주장하기도 한다.[2] 그러나 대만 내의 실업의 증가는 외국인 노동자의 유입보다는 해외로 빠져나간 해외 직접투자의 확대가 더 영향력이 큰 것으로 보인다.

2 중국과 대만의 특수한 관계로 인해 대만에는 중국인의 입국이 제한되어 있다. 자유화 조치 이후 대만 내의 외국인 노동자의 수는 꾸준히 증가하고 있는데 대부분 동남아시아에서 유입되었다. 1994년에는 외국인 미숙련 노동자의 수가 10만 명을 넘었고, 2000년에는 30만 명을 넘었으며, 2012년에는 36만 명에 이른다. 內政部入出國及移民署編, "內政部入出國及移民署99年年報(2011)," http://www.immigration.gov.tw(검색일: 2014. 1. 13).

2. 세계화와 자유화 이후 소득불평등의 심화

대만의 소득불평등은 어떠한 추이를 보이는가? 〈그림 1〉은 소득불평등 정도를 보여 주는 대만의 5분위 배율(80 : 20 ratio)과 지니계수(Gini coefficient)를 나타낸다. 〈그림 1〉의 두 지표의 추이를 살펴보면 지니계수는 1981년 이래 변화가 거의 없다. 대만의 지니계수는 0.3을 넘은 적이 없었으며, 이는 대만사회가 상당히 평등한 사회임을 말해 준다. 따라서 지니계수에만 의존한다면 대만의 소득불평등은 심화되지 않았다고 판단할 수 있다. 그러나 5분위 배율의 변화는 지니계수와 차이를 보인다. 1981년 3.68이었던 배율은 2002년에는 4.32로 증가하였고, 이후 2006년(3.98)을 제외하고는 이후 모두 4가 넘은 것을 볼 수 있다. 즉 그 변화의 폭이 크지 않다고 하여도 대만의 소득불평등이 과거에 비해 심화되고 있다는 것을 보여 준다.

그러나, 세계화 이후 대만 경제에 중요한 문제로 부각된 것은 소득불평등 문제보다는 실업의 증가였다. 〈그림 2〉는 1952년 이래 대만의 실업률 추이를 보여 주고 있다. 대만의 실업률은 1960년대와 70년대의 경제성장기에는 초기의 4%대에서 지속적으로 하락하였고, 1980년대 중반에는 1%대의

그림 1. 대만의 소득불평등(1981-2012)

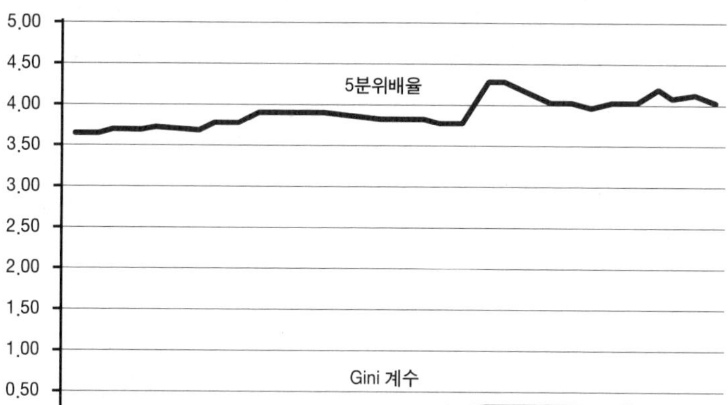

출처: 中華民國統計資訊網 http://www.stat.gov.tw(검색일: 2014. 1. 20.)(Table 5. 人數五等分位組之所得差距)

그림 2. 대만 실업률 추이(1952-2012)(%)

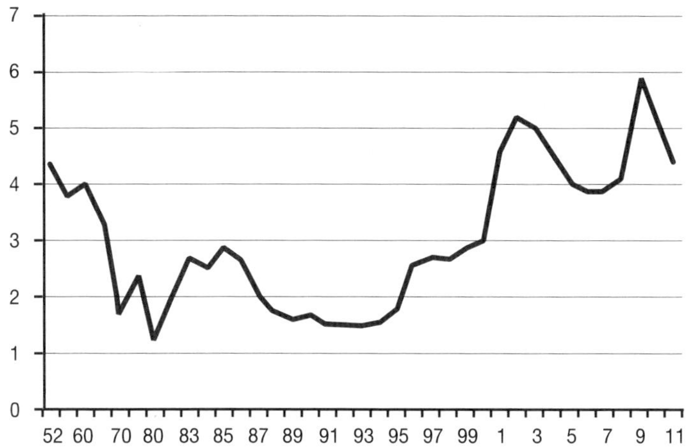

출처: 行政院經濟建設委員會 http://www.cepd.gov.tw(검색일: 2014. 1. 13)(Taiwan Statistical Data Book 2012)

완전고용 수준을 유지했다. 그러나 경제자유화 정책을 추진한 이후인 1990년대부터는 실업이 완만하게 증가하다가, 2001년에 이르면서 급격하게 상승하여 4.51%를 기록하였고, 2002년에는 5.17%를, 2009년에는 사상 최고인 5.85%를 기록하였다. 이후 2012년까지 4%대로 하락하였지만 전반적으로 대만의 실업률이 세계화 이후 증가하고 있다는 것을 보여 준다.

실업의 증가는 일반적으로 소득불평등의 증가와 상관관계를 갖는다(Kenworthy and Pontusson 2005). 그러나 앞서 지적했듯이 대만에서는 외국인 노동자의 증가가 대만 저소득층의 일자리를 빼앗기보다는 해외 직접투자의 증가가 대만 실업률의 상승의 주요인으로 지목되고 있다. 즉 중국을 비롯한 해외로의 공장 이전과 자본의 유출은 대만 노동자들의 일자리를 위협하고 있다. 이러한 조건하에서 대만의 경제성장은 침체되고, 실업률이 증가하고 있다.

한편 대만의 저소득 가구 증가는 소득불평등의 심화를 일부 확인해 준다. 〈표 2〉의 대만 정부의 통계에 의하면 소득이 낮은 가구와 인구는 지속적으로 증가해 오고 있다. 2002년 저소득 가구가 전체 가구에서 차지하는

표 2. 대만의 저소득 가구와 인구(1998-2012)

연도	저소득 가구		저소득 인구	
	전체(가구수)	전체 가구에서 차지하는 비율(%)	전체 (저소득인구수)	전체 인구에서 차지하는 비율(%)
1998	54,951	0.86	125,426	0.57
2000	66,467	0.99	156,134	0.70
2002	70,417	1.02	171,200	0.76
2004	82,783	1.15	204,216	0.90
2006	89,900	1.22	218,166	0.95
2008	93,032	1.22	223,697	0.97
2010	112,200	1.41	273,361	1.18
2012	145,613	1.78	357,446	1.53

출처: 行政院主計總處. "Statistical Yearbook of the Republic of China 2010." http://www.dgbas.gov.tw(검색일: 2014. 1. 29).

비율이 1%를 넘었고, 10년이 지난 2012년에는 1.78%로서 증가를 보이고 있다. 인구의 면에서도 1998년 저소득 인구가 전체 인구에서 차지하는 비율이 0.57%였다면 2012년에는 1.53%로 증가하였다.

따라서 대만의 세계화는 일반적으로 세계화가 가져오는 국내의 소득불평등의 심화를 수반하며, 이는 중국에 대한 경제적 의존의 심화를 특징으로 한다고 볼 수 있다. 대만의 사례에서는 외국인 노동자 유입의 영향은 상대적으로 적으며, 중국을 비롯한 세계시장으로의 자본유출이 소득불평등의 심화의 주원인으로 간주되고 있다. 대만의 소득불평등 수준은 다른 미국이나 다른 OECD 국가들보다는 낮지만 세계화가 소득불평등을 수반한다는 점에서는 동일하다.

III. 정부의 대응과 정치제도의 효과

1. 정부의 적극적 대응과 소득불평등 완화[4]

세계화와 자유화가 가져올 파행에 대해 정부가 적극적으로 대처할 때 소득불평등은 심화되지 않거나 혹은 완화될 수 있다(Garrett 1998; Katzenstein 1985; Rodrik 1998). 〈그림 1〉과 〈그림 2〉에 의하면 경제성장기인 1970년대와 80년대의 대만은 실업률이 하락했으며, 5분위 배율이나 지니계수를 고려할 때 대만은 상당히 평등한 사회였다. 일반적으로 경제성장이 소득불평등을 가져온다는 점을 고려할 때 대만은 상당히 예외적인 사례로 여겨진다(Lee 2008, 362-3). 경제성장기에 이러한 결과를 가져온 이유 중 하나는 소득불평등이 완화되는 것을 막기 위해 당시 정부가 자국 산업과 경제를 보호하기 위한 적극적인 개입을 했기 때문이다.

1985년 세계화와 자유화 이후 대만의 소득불평등이 심화되고 있지만 그 심화의 정도는 다른 국가와 비교해 볼 때 작은 편이다(Chi and Kwon 2012, 903-7). 이는 대만 정부가 세계화를 추진하는 과정에서, 그 손실을 최소화하기 위해 노력하였다는 데서 일부 그 원인을 찾을 수 있다. 특히 2010년 중국과 체결한 ECFA는 양안교역에 대한 규제를 대폭적으로 완화하였고, 중국에 대한 직접투자의 규모를 상당한 폭으로 증가시켰는데, 이로 인해 대만의 소득불평등이 심화될 것이 예상되었다. 이를 최소화하기 위해 대만 정부는 ECFA 협정 발효 이후 대만의 취약 산업과 중소기업, 그리고 미숙련 노동자들을 보호하기 위한 조치를 취하였다.

중국과 ECFA가 전면적으로 시행될 경우, 가장 타격을 받는 산업 분야는 농업이었다. 농산물 교역에 있어서 중국은 2009년을 기준으로 하였을 때 대만의 네 번째 수출국이자 다섯 번째 수입국이다. 대만 농업시장에서 차지하는 중국의 비중이 낮음에도 불구하고 농업 분야의 피해에 대한 우려가 제기된 이유는 그 잠재력 때문이다. 중국이 대만의 농산물 수출입에서 낮은 순위에 머물고 있는 이유는 중국의 저렴한 농산물이 대만으로 수입되는 것을 대만 정부가 초기부터 막았기 때문이다. 중국과 대만의 농산물 거래는 1993년부터 시작되었는데 그 품목과 규모는 매우 제한되어 있다. 왜냐하면 2000년 대만은 중국에서 수입해 올 수 있는 농산물 총 2,287개의 항목 중에서 480개에 대해서만 수입을 허용하였다. 따라서 이로 인해 농업 분

3 이 절은 다음의 논문의 내용을 바탕으로 하였으며, 최근의 통계자료로 보완하였음. 지은주, 2012, 〈대만 경제개방의 확대와 소득불평등 개선을 위한 정부의 지원〉《국제정치논총》 제53집 3호, 447-71.

표 3. 농가와 비농가 가구의 소득비교(1985-2012)

연도	호당 평균 구성원 수	농가 소득(대만달러)			비농가 소득과의 비교(%)	
		총소득	농업소득	비농업소득	가구별	일인당
1985	5.37	302,001	74,765	227,236	82.96	73.23
1990	4.66	503,830	101,265	402,564	80.29	72.19
1995	4.39	871,082	172,083	698,999	84.65	75.97
2000	4.06	917,623	161,121	756,502	80.54	71.81
2002	3.97	860,771	176,398	684,373	77.44	71.20
2004	3.89	893,124	187,758	705,366	79.53	71.56
2006	3.82	941,160	195,137	746,023	81.74	72.97
2008	3.71	917,705	196,919	720,786	79.74	72.00
2010	3.56	884,547	182,160	702,387	78.71	71.86
2012	3.55	995,645	215,795	749,837	84.60	76.97

출처: 行政院農業委員會 http://www.coa.gov.tw(검색일: 2014. 2. 1)(農業統計年報 2012)

야에서 중국의 순위는 상대적으로 낮은 순위에 머무를 수 있었다.

ECFA 협상과정에서도 이러한 원칙이 적용되었다. 대만은 중국 농산물 865개 항목의 수입을 금지하고, 37.8%의 농작물만 수입할 것을 허용하였다. 대만은 중국의 저렴한 농산물이 대만 시장으로 유입되는 것을 최소화하여 대만 농산물시장을 보호하고자 하였다(지만수 외 2010; Ling 2011, 186-9). 또한 대만은 중국과 인적 교류 과정에서 대만 내 미숙련 노동자들을 보호하기 위한 조치도 취하였다. 대만 정부는 ECFA 체결을 위한 협상과정에서 중국에서 유입되는 노동인구에 제한을 두어 대만 노동시장을 위협하지 못하도록 하였다. 동남아시아와 같이 다른 지역 출신 노동자와는 달리 중국으로부터 이주해 오는 노동인구는 대만인과 같은 중국어를 사용하고, 문화적으로도 동질적이어서 저임금 일자리를 상당 부분 대체할 것으로 보았기 때문이다.

대만이 중국과 합의한 농산물 수입의 제한과 노동인구 유입의 제한은 자유무역의 기본원칙에 위반되는 조치이다. ECFA는 중국과 대만 간의 양자 간 타협이기 때문에 원칙에 대한 위반 여부는 양자 간의 합의에 의해 조정될 수 있는 사안이다. 이와 같이 한쪽에 일방적으로 이익을 주는 불균등 교역이 성립될 수 있는 것은 중국의 전략적 계산이 반영되었기 때문이다.

표 4. 정부의 사회복지를 위한 순지출(1985-2012)

연도	총합(백만 NT$)	전체 정부 순지출에서 차지하는 비율(%)	GNP에서 차지하는 비율(%)
1985	34,279	6.3	1.4
1990	96,207	8.8	2.2
1995	231,765	12.1	3.3
2000	531,808	16.9	3.5
2005	357,762	15.6	3.0
2010	415,433	16.2	3.0
2012	540,416	20.2	3.7

출처: 行政院主計總處. "Statistical Yearbook of the Republic of China 2012." http://www.dgbas.gov.tw(검색일: 2014. 1. 29).

중국은 대만과의 경제교역이 확대될수록 대만의 대중국 의존도가 확대되어 궁극적으로는 양안통일에 이를 것이라고 희망하고 있다(Lee 2003; Kahler and Kastner 2006). 이러한 중국의 전략적 계산이 대만에 대한 대대적인 양보로 나타났고, 이러한 결과가 세계화와 자유화 이후에도 대만의 국내 소득불평등 개선에 기여한 것으로 보인다. 세계화 이후 대만이 농산물에 대한 관세를 낮추었음에도 불구하고 농가의 소득수준은 비농가 소득수준과 비교해 볼 때 큰 변화가 없었을 뿐만 아니라 2012년의 조사에 의하면 농가의 농업소득은 오히려 상승하였다(〈표 3〉). 이는 중국으로부터 수입되는 농산품에 대해 엄격한 제한을 하고 있기 때문이다.

농업시장의 보호와 외국인 노동자의 유입에 대한 제한이 세계화가 초래하는 외적 도전에 대한 정부의 대응이라고 한다면, 저소득 계층에 대한 정부 지원은 소득불평등을 완화하기 위한 내적 조치라고 볼 수 있다. 사회적 약자를 보호하기 위한 대만 정부의 지출은 세계화가 도입되기 시작한 1985년 이래로 지속적으로 확대되고 있다. 〈표 4〉에 의하면 정부의 사회복지를 위한 순지출이 전체 정부 순지출에서 차지하는 비율은 1985년 6.3%에서 1995년에는 12.1%로 증가하였고, 2010년에는 16.2%, 2012년에는 무려 20.2%로 증가하였다. 이를 GNP에서 차지하는 비율로 볼 때 1985년에는 1.4%에서 1990년에는 2.2%, 2010년에는 3.0%, 2012년에는 3.7%로 증가하였다. 세계화 초기의 1985년 1.4%에서 2012년에는 3.7%로 두 배 이상의 증가를 보였다.

이와 더불어 대만 정부는 사회적 약자를 보호하기 위해 사회보장 또한 적극적으로 제공하였다. 대만 정부는 일찍이 1950년 정부 주도로 노동고용보험을 실시하였고, 1960년대에는 군인, 공무원, 교사들의 연금과 사회보장 혜택을 보장하였다(Aspalter 2002). 대만의 노동자들이 노동조합에 가입하는 이유가 사회적 보장을 받기 위한 것이었기에(정이환 2006, 128) 대만 정부의 사회적 약자를 보호하기 위한 조치는 해당 집단의 호응을 얻었다. 이러한 조치는 세계화 이후 더욱 확대되었다. 대만 정부는 1995년 전 국민을 대상으로 하는 국민건강보험을 도입했고, 1999년에는 고용보험을 도입하여 그 보장의 범위와 규모를 확대하였다.

세계화 이후 취약 산업의 보호와 미숙련 노동자를 보호하기 위한 중국과의 협상이 소득불평등을 심화시킬 수 있는 대외적인 공격을 방어하기 위한 것이라면, 사회적 약자를 보호하기 위한 정부의 지출 증대와 사회적 보장의 확대는 소득불평등이 심화될 경우 이를 완화하기 위한 내적인 조치라고 볼 수 있다. 그러나 대만 정부의 이러한 조치는 다음과 같은 부분에서 한계를 지닌다.

첫째, 대만에서는 농가소득에서 농업소득이 차지하는 비중은 높지 않다(〈표 3〉 참조). 이는 대만의 산업구조가 점차 서비스업 중심으로 이동하기 때문이기도 하다. 따라서 정부의 농업 분야의 보호를 위한 조치는 실질적으로 소득불평등을 완화시키는 데 큰 역할을 한다고 볼 수는 없다.

둘째, 대만의 소득불평등의 심화가 외국인 노동력의 유입보다는 해외로 유출되는 대만 자본의 영향이 더 큰 것을 고려할 때 중국으로부터 노동력의 유입을 제한하는 조치 또한 소득불평등 완화에 큰 영향을 미치지 않는다고 볼 수 있다. 따라서 정부의 농업보호와 해외 노동력 유입에 대한 제한은 대외적인 상징성을 가지지만 전체적인 소득불평등의 완화와 관련된 실효성은 크지 않다고 볼 수 있다.

셋째, 사회적 약자를 보호하기 위한 정부의 노력이 점차 확대되어 가고 있다는 점에서는 긍정적으로 평가할 수 있다. 그러나 다른 선진 국가와 비교해 볼 때 사회복지를 위한 순지출이 과연 충분한 것인가는 다시 평가해야 한다. 이와 관련해서는 이어지는 절에서 평가한다.

2. 정치제도와 소득불평등의 심화

정치제도는 소득불평등에 영향을 미친다. 즉 서로 다른 정치제도는 서로 다른 분배효과를 가져온다. 즉 정부당파성, 선거주기, 선거제도, 그리고 선거경쟁 등은 각 국가의 소득불평등에 차이를 가져온다고 알려져 있다. 앞선 연구에서 발견한 대만에서의 이 네 가지 변수와 소득불평등과의 관계(Chi and Kwon 2012, 917-21)를 기반으로 하여 각 변수의 맥락적인 효과를 검토해 보면 다음과 같다.

첫째, 정부당파성의 경우 오랜 정당의 역사를 가진 서구의 사례를 볼 때 좌파 정부가 집권할 경우 우파 정부에 비해 소득재분배를 위한 노력을 배가하는 경향이 있다(Bradley et al 1977). 대만에서는 민주적 전환 이후 노동세력을 대표하는 공당(工黨)(1987년)과 노동당(勞動黨)(1989년)이 창당되었으나 곧 소멸하였다. 한편 민주화 과정에서 성장한 민진당(民進黨)은 노동이익을 실질적으로 대변하지 못했다. 따라서 노동의 이익을 대변하는 정치집단이 존재한다고 보기 어렵다. 또한 정책 프로그램에 기반한 정당이 발달하지 않은 대만의 경우 정부당파성 모델은 적합하지 않다.

둘째, 선거주기의 경우 경험적인 결과에 의하면 대만은 선거주기가 소득재분배와 관련성이 거의 없으며, 단순다수제를 채택하고 있는 대만은 선거경쟁과 소득배분배 간의 상관관계가 거의 존재하지 않는다(Chi and Kown 2012, 919-21; Yap 2010, 613-34).

셋째, 선거제도의 경우 일반적으로 비례대표제는 중도좌파 정부를 탄생시키며, 그 결과 재분배정책을 실시하는 경향이 있다(Iversen and Soskice 2000). 경제적 불평등은 재분배의 복지에 의해서 완화되는데 일반적으로 중도좌파 정부의 경우 저소득층에 대한 사회적 보호를 제공하는 데 적극적이며, 이는 선거제도가 비례대표제일 때 좌파 정부가 집권할 가능성이 더 높아진다. 이는 실질적인 통계에서도 나타난다. 정치제도별로 정부의 사회복지를 위한 순지출이 GDP에서 차지하는 비율을 살펴보면, 비례대표제의 경우 10.7%, 다수제인 경우 4.7%, 혼합제인 경우 7.1%, 그리고 대통령제인 경우 4.8%로 나타난다(Persson and Tabelin 2003, 104: 강명세 2010, 177에서 재인용). 다수제인 경우 4.7%, 그리고 대통령제인 경우 4.8%로 비례대표제의 10.7%보다 정부의 사회복지를 위한 순지출이 상당히 낮을 것을 볼 수 있다. 〈표 4〉에 의하면 대만의 경우 정부의 사회복지를 위한 순지출은 상승하고 있지만 2010년 3.0%, 2012년 3.7%로서 다른 국가들 특히 비례대표제를 채택하고 있는 국가들의 10.7%와 비교하면 상당히 낮은 편이다.

대만의 선거제도는 단기명 중선거구제(single nontransferable vote and multi-member system)에서 2005년 단순다수제를 특징으로 하는 병립식 혼합선거제(two vote mixed majoritarian system)로 바뀌었다. 민주화 이후 이러한 선거제도의 변화는 제도의 진화 차원에서 볼 때에는 후퇴한 것으로 여겨진다. 현재 최근 많은 국가들이 혼합형 선거제도를 적용하고 있으나, 제도 진화의 방향은 다수결주의에서 비례대표제로의 이동이다. 그러나 대만의 경우 그 역의 방향, 즉 제도의 후퇴를 경험했다. 그리고 중선거구제에서 단순다수제의 변화는 분배정치의 확산에는 역으로 작용한다. 더욱이 이러한 제도의 변화는 의회에서의 의석 극대화(seat-maximization)를 추구했던 핵심 정당의 전략적 계산에 의한 것이었다(Chi 2014).

대만의 단순다수제 선거제도는 중도우파의 집권을 가져오고 이는 결과적으로 저소득층에 대한 사회적 보호에 있어서 다른 제도보다 상대적으로 취약한 결과를 가져온다. 정부의 사회복지를 위한 순지출이 비례대표제보다 낮은 것을 살펴볼 때 이러한 주장은 타당한 것으로 보인다. 또한 〈표 4〉에 의하면 GNP에서 정부의 사회복지를 위한 순지출이 1985년 이래 조금씩 증가해 오다가 제도개혁이 있던 2005년을 시점으로 하여 0.5% 낮아진

것을 볼 수 있다.

그러나 민주주의 국가의 경우 다수가 원할 때 소득불평등의 완화와 복지의 확대가 도입되기도 한다. 양당제하에서 불평등이 증가할수록 중위투표자들은 재분배를 요구하며, 양당은 중위로 수렴하는 경쟁을 하게 된다(Meltzer and Richard 1981). 이는 정치제도의 네 번째 변수인 선거경쟁의 측면이다. 국민당과 민진당의 양당제 특징을 지니고 있는 대만 역시 세계화가 양산하는 피해로부터 사회적 약자를 보호해야 하는 필요가 제기될 때 두 정당이 경쟁적으로 이를 적용하고자 하였다.

대만의 민진당은 민주화 이후 친노동자 정당임을 표방했고, 1990년대 사회보장의 확대를 통한 소득재분배 문제를 제기하면서 사회적 약자를 대변하는 정당임을 선언했다. 복지의 확대와 사회적 약자를 보호하기 위한 조치는 1990년대 중반 이후 국민당과 민진당의 두 정당이 이를 경쟁적으로 도입하면서 그 보장과 보호의 폭이 확대되었다. 하나의 사례로, 노동법을 최초로 현대적인 요구에 맞게 개정한 것은 국민당이었다. 이후 노동조건을 개선하기 위한 법안의 제정과 개정의 과정에서 두 정당은 경쟁적으로 노동에 유리한 법안을 제시하였다. 특히 노동시간 단축과 토요휴무제와 관련하여 이와 같은 경쟁이 뚜렷하게 나타났다(Huang 2002).

IV. 노동시장의 불균등성과 소득불평등[4]

노동시장의 임금협상 방식에 따라 소득불평등의 결과는 달라진다. 일반적으로 임금협상이 국가 수준의 중앙에서 이루어지는 경우 임금격차가 줄어들게 되지만, 임금협상이 시장에서 이루어지는 경우 임금격차는 상승한다. 또한 임금협상이 기업별로 이루어지는 경우에는 기업 내의 임금격차는 줄

4 이 절은 다음의 논문을 바탕으로 하여 구성되었음. 지은주, 2013, 〈동아시아 계급정당의 성공과 실패: 정당경쟁이론을 통해서 본 한국과 대만의 노동정당〉《한국정치학회보》 제47집 2호, 131-48.

표 5. 노동조합과 조합원 현황(1987-2012)

연도	노동조합	조합원	가입률
1987	2,510	2,099,813	34.2
1990	3,524	2,756,620	43.3
1995	3,704	3,135,875	46.6
2000	3,836	2,868,330	38.5
2005	4,335	2,992,469	37.0
2010	4,924	3,216,502	37.3
2012	5,225	3,387,524	34.9

출처: 行政院勞工委員會. "Labor Unions and Members." http://www.cla.gov.tw(검색일: 2014. 2. 4).

어드는 반면, 기업 간 임금격차가 발생할 수 있으며, 임금협상이 산업별로 이루어지는 경우에는 산업 내에서의 임금격차가 축소되지만 산업 간에 격차가 발생하게 된다(Wallerstein 1999). 실제로 소득불평등이 낮은 북유럽 국가의 경우 대부분의 임금협상이 중앙에서 이루어진다. 그렇다면 대만 노동시장의 임금협상 방식은 어떠하며, 이것이 대만이 소득불평등과는 어떠한 연관성이 있는가?

민주화 이후 대만의 노동조합 가입률과 노동운동은 급격하게 증가하였다. 민주화 이전 계엄령하에서는 노동운동이 철저히 억압되어 있었으나 민주화 이후 노동조합이 설립되기 시작했다. 1987년 대만노공진선(臺灣勞工陣線)이 설립되었고, 1988년에는 자주공연(自主工聯)이, 1989년에는 노동인권협회(勞動人權協會)가 결성되었다(Huang 2002, 308-9). 그러나 대만은 노사관계에서 노조와 단체교섭이 근로조건을 결정하는 데 별 영향을 미치지 못하는 시장형에 가깝다. 대만에도 산업별 노조가 존재하기는 하나 실질적으로는 기업별 노조의 특징을 지니고 있으며 임금이나 근조조건을 개선하기 위한 협약은 실질적으로 이루어지지 않는다(정이환 2006, 127-8).

민주화 이후 대만의 노동쟁의의 수는 급격하게 증가하였고, 노조가입률 또한 증가하였다. 대만의 노동조합 조직률은 민주화 초기인 1987년에 34.2%에 이르렀으며, 1995년에는 46.6%까지 증가하였다. 그리고 2000년 이후에는 35%를 전후하여 형성되고 있다(〈표 5〉 참조). 또한 제조업의 성장으로 수가 급격히 증가한 노동자들은 쟁의, 파업 등을 통해 임금상승과 노동환경을 개선을 주장했다. 대만에서는 1981년에서 1986년의 기간 동안 평균 매년 1,258회의 노동쟁의가 있었다(김준 1991, 164).

일반적으로 노동조합 조직률과 쟁의의 증가는 소득불평등의 완화를 가져온다고 알려져 있다. 그러나 대만의 경우는 그 상관관계가 역으로 나타난다(Chi and Kwon 2012), 이는 다음과 같은 원인에 기인하다고 볼 수 있다. 첫째, 당시 노동쟁의는 1건당 평균 참여인원 수가 10-30여 명에 불과했고, 대부분은 청원의 형태였기 때문에 정권에 실질적인 위협이 되지 못했다(김준 1991, 164). 둘째, 노동조합과 노동운동이 존재하기는 하나 이는 단체교섭을 위한 것이라기보다는 사용자들로 하여금 근로기준법을 지키도록 하기 위함이었다(정이환 2006, 128). 셋째, 대만의 노조가입은 단체교섭을 위한 노동조합이 아니라, 주로 근로자들이 건강보험을 이용하기 위한 것이다. 따라서 높은 노조가입률이 큰 의미를 갖지 못한다(정이환 2006, 128). 넷째, 노동쟁의와 파업의 주된 목적은 해고, 부당해직, 임금체불, 재해보상 등과 같은 내용으로 전체적인 노사관계의 구조개선을 위한 것이 아니라 개별적인 노사관계와 관련된 법적 분쟁이었다(김준 1991, 164; Chu 1996, 501-4). 따라서 대만의 노조가입률의 증가와 노동쟁의의 증가는 그 특성상 소득불평등을 완화하기 위한 임금협상을 이끌지 못한다.

세계화 이후 대만의 실업률은 증가하고, 기업의 구조조정이 확산되기 시작했으며, 노동시장 유연성을 높이기 위한 다양한 조치가 도입되었다. 또한 세계화는 노동법을 개정하는 계기가 되었다. 세계화 당시 1980년대 대만의 노동법은 1920년대 제정된 것으로서 세계화 이후의 현실 노사관계를 반영하지 못했다. 따라서 대만 정부는 현실의 노사관계를 반영할 수 있는 노동법이 필요했다. 이를 위해 국민당 정부는 1984년 새로운 노동기준법(勞動基準法)을 통과시켰는데 이는 현실에 맞는 노동자, 고용인, 임금 그리고 계약에 관련된 사항을 포함했다. 그리고 이어서 노동문제를 총괄적으로 관장할 기관으로 행정원(行政院) 산하에 노공위원회(勞工委員會)를 설립했다. 국민당은 세계화의 필요성과 단순한 임금의 상승만으로는 노동자들을 더 이

표 6. 연도별 대만의 최저임금 인상추이(1991-2012)

연도	월급		시급	
	금액	인상률(%)	금액	인상률(%)
1991	11,040	-	-	-
1992	12,365	12	51.5	-
1993	13,350	8	55.5	7
1994	14,010	5	58.5	5
1995	14,880	6	62.0	6
1996	15,360	3	64.0	3
1997	15,840	3	66.0	3
2007	17,280	9	95.0	44
2011	17,880	3	98.0	3
2012	18,780	5	103.0	5

출처: 行政院勞工委員會. "Major Labor and Economic Indicators" http://www.cla.gov.tw(검색일: 2014. 2. 6).

상 만족시킬 수 없다고 판단하여 노동법의 개정을 주도했다(Lee 2007, 16).

그러나 대만의 노동세력이 약자를 보호하기 위한 노력을 하지 않은 것은 아니다. 노동세력은 개별적이고 독립적인 기관이나 활동을 통해서 이를 실현시키기보다는 기존에 존재하는 방식과 통로를 통해서 이를 실현시키고자 했다. 앞서 언급한 1996년 노동법 개정 당시 국민당과 민진당 두 양당 간의 타협이 법 개정으로 이어지게 되었지만 그 이면에는 노동세력의 오랜 설득의 과정이 있었다. 대만의 노동세력은 거리의 투쟁보다는 기존 정당에 직간접적으로 참여함으로써 노동의 이익을 확대하고자 했다. 구체적으로, 민주화 이전에는 노조 지도자들이 국민당에 참여함으로써 노동 복지를 확대하고자 하였고, 민주화 이후에는 노조 지도자들이 국민당 외에도 민진당에 직간접적으로 참여하면서 노동과 관련된 정부와 정당의 주요 법안과 정책에 영향을 미쳐 왔다.

한 예로, 1996년 노동법 개정 과정에서 금융노동자들은 국영은행의 민영화가 노동자의 복지를 악화시킬 것이라고 판단하고 노동보호법이 보호하는 범위를 금융 분야로 확대시켜 줄 것을 요구했다. 이러한 요구가 관철되지 않자 노동계는 입법원에 대한 로비를 시작했다. 국민당과 민진당에 대한 로비가 소기의 성과를 거두었고, 국민당과 민진당 내의 노조 지도자 출신의 입법위원들의 노력에 의해 1996년 노동세력의 요구를 반영한 법 개정안이 만들어지게 되었다(Huang 2002, 319-20).

다른 사례로, 최저임금제의 인상과 관련된 부분 또한 유사한 패턴을 보인다. 최저임금의 결정은 노동위원회에서 이루어진다. 이는 기초임금책정위원회가 수립된 이후에는 위원회에서 매년 물가상승률을 반영하여 제안한다. 위원회는 학계, 노동계, 고용자 대표, 정부 위원으로 구성되어 있으며 매년 최저임금 사항을 검토한다. 〈표 6〉에 의하면 1997년부터 2007년까지는 최저임금에 변동이 없다. 이 시기는 소득불평등이 심화되던 시기와 맞물린다. 선거를 앞둔 2007년이 되어서야 월 소득이 9% 인상되었고, 시급이 44% 인상되었다. 이후에는 기초임금책정위원회의 활동에 의해 매년 인상안이 검토되었고, 2011년과 2012년에 월 소득은 각각 3%와 5%로 인상되었다. 최저임금의 결정 과정에서 노동계 대표는 매년 노동계의 입장을 대변한다. 2007년 이후 인상과정에서 시급이 월급을 앞서자 노동계는 사업자가 시급을 월급으로 전환하여 소득을 낮출 수 있다는 점을 경고했다.

V. 결론: 대만 소득불평등의 경제적·정치적 그리고 사회적 맥락

민주화 이후 대만은 정치적 불평등이 완화되고 있지만 경제적 불평등이 심화되고 있다. 물론 비교적인 관점에서 볼 때 대만의 경제적 불평등은 다른 선진산업국가들보다 낮은 편이다. 그러나 민주화 이전의 정치적 불평등이 존재하던 시기에 감소하던 경제적 불평등이 정치적 불평등이 완화되는 시기에 심화되고 있다는 것은 주목해야 한다. 현재로서는 낮은 경제적 불평등이지만 점차 심화될 경우 사회적 불안정으로 이어질 수 있으며, 레인이 지적했듯이 경제계급 간의 불평등이 경제권력을 바탕으로 한 정치권력으로 성장하여 새로운 형태의 정치적 불평등을 가져올 수 있기 때문이다.

경제적인 측면에서 세계화와 자유화는 소득불평등의 주된 원인이다. 세계화를 주도해 가는 소수의 사람들이나 국가들, 소위 '글로벌라이저'(globalizer)와 이 추세에 이끌려 가는 다수의 사람들이나 국가들, 소위 '글로벌라이지'(globalizee) 간의 '정보격차'(digital divide)나 '소득격차'(income divide)로 개별 수준뿐 아니라 국가 차원에서도 빈익빈 부익부 현상이 나타나고 있다. 더욱이 국제 경제질서의 변화는 새로운 차원, 즉 경제 분야의 정치안보이슈화라는 새로운 문제를 야기함으로써 경제불평등과 정치불평등이 더욱더 밀접한 상호 인과관계를 형상하는 것이다(이신화 2007). 이러한 맥락에서 볼 때 대만 정부가 세계화와 자유화가 가져올 부정적인 효과를 사전에 차단하고자 ECFA 협상과정에서 중국과 타협을 이끌어 내었다는 점은 주목할 만하다. 중국으로부터 수입되는 농산물을 제한하고, 중국의 미숙련 노동자들이 대만으로 유입되는 것을 제한한 것은 중국과의 특수한 관계 속에서 정부가 끌어낼 수 있는 최대의 결과였다. 대만은 중국 시장을 발판으로 하여 교역과정에서 차익을 실현함으로써 ECFA하에서 최대한의 경제적 수익을 챙길 수 있었다. 그러나 이러한 제한은 과거에도 이미 존재하였다는 점에서 소득불평등에 큰 영향을 미치지 못한다는 점을 간과해서는 안 된다. 문제는 향후 이러한 부분의 규제가 완화될 때 올 수 있는 파장을 대만 정부가 어떻게 관리하느냐이다.

또한 대만 정부의 노력에도 불구하고 해외로 유출되는 자본은 대만의 소득불평등에 부정적인 영향을 미친다. 리덩휘(李登輝) 정권 시기와 천쉐이볜(陳水扁) 정권 시기에 대만 정부는 해외투자, 특히 중국에 대한 자본의 유출을 제한하고, 그 위험성을 경고한 바 있다. 그러나 수익을 추구하는 자본은 규제철폐를 지속적으로 요구해 왔으며, 2008년 친중국적인 마잉지우(馬英九) 정부가 등장하면서 대중국 투자가 상당 부분 완화되었다. 대만의 대중국 의존도의 증가는 다른 중요한 정치적 함의를 가지고 있으나, 이를 차치하고서라도 대만 내의 소득불평등을 가져오는 주요한 원인으로 지목되고 있다. 높아지는 실업률이 중국으로 빠져나가는 자본 때문이라는 지적이 강한 설득력을 얻고 있다.

정치적인 측면에서 대만 정부의 국내 시장보호를 위한 노력은 사회적 약자와 저소득자들을 보호하기 위한 다양한 노력으로 나타난다. 대만 정부의 사회복지를 위한 순지출은 매년 증가하고 있다. 그러나 사회복지를 위한 순지출은 다른 국가와의 비교해볼 때 여전히 낮다. 즉 순지출은 증가하고 있되 절대적인 규모는 여전히 작다고 볼 수 있다. 더욱이 선거제도와 관련하여 대만은 기존의 비례대표성이 강했던 중선거구제를 단순다수결 혼합제로 전환하였다. 단순다수제는 양당제를 가져오고, 양당제는 전체 사회의 복지의 제공이나 소득불평등 개선을 위한 정책 개발에 불리하다는 점을 고려할 때 이는 제도적 후퇴라고 볼 수 있다.

사회적인 측면에서, 노동권력과 관련하여 대만은 건국 이후부터 현재에 이르기까지 이어져 온 노조통제방식에서 쉽게 벗어나지 못하고 있다. 이로 인해 노동조합 가입률이 증가하고 노동쟁의의 수가 증가한다고 해도 소득불평등의 개선으로 이어지지 않는다. 앞서 지적하였지만 대만의 노동조합 가입은 사회복지 혜택을 받기 위한 선택이며, 대만의 임금협상체계가 시장형이기는 하나 임금협상은 임금을 올리기 위한 수단이 아니라 체불된 임금을 받고 노동조건을 개선하는 데에 치중되어 있다. 따라서 실제로 노동조건의 개선이나 복지의 확대는 노동세력에 의해서가 아니라 정부 주도로 이루어지고 있다. 건강보험의 확대나 최저임금의 상승 등도 노동세력의 요구가 있기는 하였으나 주로 정부의 주도로 이루어졌다.

정부의 친노동, 친저소득층 선택이 과거 권위주의 정권 시기에 정부 주도로 이루어졌다면 민주화 이후에는 정당 간 선거경쟁 과정 속에서 그 명맥을 이어 가고 있다고 볼 수 있다. 대만의 경우 소득불평등이 심화되고 실업이 증가할수록 정치권에 대해 사회복지를 확대하고 불평등을 개선하라는 일반 대중의 목소리가 높아지고 있다. 이에 응답하여 주요 정당은 2008년 이후에는 소득불평등 개선을 공개적으로 천명하기 시작했다. 대만의 단순다수결 선거제도가 소득불평등 완화에 불리한 제도임에도 불구하고 정치권의 이러한 노력이 지속되고 있는 것은 양당제하의 치열한 정당경쟁의 결과로 볼 수 있다.

요약하면, 대만의 소득불평등이 상대적으로 심각한 수준은 아니더라도, 세계화 이후 심화되고 있다. 더욱이 대만 세계화의 큰 특징이 중국경제로의 편입이라는 점은 향후 소득불평등의 개선과정에서 새로운 정치적 문제가 제기될 수도 있는 위험성을 지니고 있다. 특히 아태지역 수준에서 볼 때, 중국과 아세안이 협력하여 추진하고 있는 역내 포괄적 경제동반자협정(RCEP)과 미국 주도의 환태평양경제동반자협정(TPP)의 경쟁관계가 심화될 경우, 무역자유화가 가져올 정치사회적 여파는 대만과 같이 상대적으로 경제 규모나 국가 역량이 크지 않은 나라에 있어서 심각할 수도 있다(이신화 2014). 대만 정부는 소득불평등을 개선하기 위한 노력을 지속하고 있으나 그 절대적인 순지출이 다른 국가에 비해 상당히 낮다는 점은 개선해야 할 것이며, 장기적으로 보았을 때 비례대표제의 도입과 같은 정치제도의 개혁이 소득불평등 완화에 필요할 것으로 보인다. ■**지은주·이신화**

참고문헌

강명세. 2010. 〈불평등한 민주주의와 평등한 민주주의〉. 《기억과 전망》 통권 23호, 172-233.

김준. 1991. 〈대만에 있어서 노동자계급의 형성과 노동운동(1945-87)〉. 《경제와 사회》 10, 126-70.

윤상우. 2010. 〈동아시아 지역경제통합에서의 대만의 대응과 딜레마〉. 《한국과 국제정치》 26(2), 103-133.

이신화. 2007. 〈21세기 글로벌이슈와 국제정치학〉. 《국제정치논총》 제48집 특별호, 197-226.

이신화. 2010. 〈한국 외교정책의 새 패러다임과 과제〉. 함택영, 남궁곤. 《한국 외교정책: 역사와 쟁점》. 서울: 사회평론.

이신화. 2014. 〈동북아 다자안보구상: 도전과 과제〉. JPI 정책포럼. 제주평화연구원. 2014-05. 5월(발간 예정).

정이환. 2006. 〈동아시아 노사관계와 임금불평등〉. 《한국 사회학》 제40집 2호, 118-48

지만수 외. 2010. 〈중국·대만 ECFA의 주요 내용과 시사점〉. 《오늘의 세계경제》 10(23),

지은주. 2012. 〈대만 경제개방의 확대와 소득불평등 개선을 위한 정부의 지원〉. 《국제정치논총》 제53집 3호, 447-71.

지은주. 2013. 〈동아시아 계급정당의 성공과 실패: 정당경쟁이론을 통해서 본 한국과 대만의 노동정당〉. 《한국정치학회보》 제47집 2호. 131-48.

Aspalter, Christian. 2002. *Democratization and Welfare State Development in Taiwan*. Aldershot: Ashgate,

Bradley, David, Evelyne Huber, Stephanie Moller, Francois Nielson and John D. Stephens. 2003. "Distribution and Redistribution in Postindustrial Democracies." *World Politics*, Vol. 55, No. 2, 193-228.

Cai, Kevin G. 2005. "The China-ASEAN Free Trade Agreement and Taiwan." *Journal of Contemporary China*, Vol.14, No.45, 585-97.

Cameron, David. 1978. "The Expansion of the Public Economy: A Comparative Analysis." *American Political Science Review* 72(4), 1243-61.

Chi, Eunju and Hyeok Yong Kwon. 2012. "Unequal New Democracies in East Asia." *Asian Survey*, Vol. 52, No. 5, 900-23.

Chi, Eunju. 2014. "Two-Party Contests and the Politics of Electoral Reforms: the Case of Taiwan," *Government & Opposition* (forthcoming)

Chu, Yin-wah. 1996. "Democracy and Organized Labor in Taiwan." *Asian Survey* Vol. 36, No. 5, 495-510.

Garrett, Geoffrey. 1998. *Partisan Politics in the Global Economy*. Cambridge: Cambridge University Press.

Haggard, Stephan and Robert Kaufman. 2008. *Development, Democracy, and Welfare States*, Princeton: Princeton University Press.

Hsieh, John Fuh-sheng. 2009. "The Origins and Consequences of Electoral Reforms in Taiwan." *Issues & Studies*, Vol. 45, No. 2, 1-22,

Huang, Chang-ling. 2002. "The Politics of Regulation: Globalization, Democratization, and the Taiwanese Labor Movement." *The Developing Economies* XL-3, 305-26.

Hung, Rundy. 1996. "The Great U-Turn in Taiwan." *Journal of Contemporary Asia*, Vol. 26, No. 2, 151-63.

Iversen, Torben and David Soskice. 2006. "Electoral Institutions and the Politics of Coalitions: Why Some Democracies Redistribute more than Others." *American*

Political Science Review, Vol. 100, No. 2, 165-82.

Kahler, Miles and Scott L. Kastner. 2006. "Strategic Uses of Economic Interdependence: Engagement Politics of the Korean Peninsula and Across the Taiwan Strait." *Journal of Peace Research*, Vol. 43, No. 5, 523-41.

Kenworthy, Lane and Jonas Pontusson. 2005. "Rising Inequality and the Politics of Redistribution in Affluent Countries." *Perspectives on Politics*, Vol.3, No.3, 449-72.

Lane. Frederic C. 1979. *Profits from Power: Readings in Protection Rent and Violence Controlling Enterprises*. Albany: State University of New York Press.

Lee, Wei-chin. 2003. "The Buck Starts Here: Cross-Strait Economic Transactions and Taiwan's Domestic Politics." *America Asian Review*, Vol. 21, No. 3, 107-52.

Lee, Joseph S. 2007. "Labor Market Flexibility and Employment: An Overview." In *The Labor Market and Economic Development of Taiwan*, ed. Joseph S. Lee, Massachusetts; Edward Elgar.

Lee, Yu-feng. 2008. "Economic Growth and Income Inequality: the Modern Taiwan Experience." *Journal of Contemporary China*, Vol. 17, No. 55, 361-74.

Ling, Shiang-nung. 2011. "The Impact of ECFA on Taiwan's Agricultural Development." *Taiwan Development Perspectives 2011*. Taipei: National Policy Foundation.

Lue, Jen-der. 2010. "Globalization and the Internal Segregation of Lavor/Welfare Regimes: The Analysis of Taiwan and China's Experience." Paper presented at the International Conference on 'Inequality.' Korea University, Seoul, May 28-29.

Rodrik, Dani. 1998. "Why Do More Open Economies have Bigger Governments?" *Journal of Political Economy*, 106(5).

Tsai, Pan-Long and Chao-Hsi Huang. 2007. "Openness, Growth and Poverty: The Case of Taiwan." *World Development*, Vol. 35, No. 11, 1858-72.

Yap, O. Fiona. 2010. "Strategic Government Spending in South Korea and Taiwan: Lessons for Emergent Democracies." *Social Science Quarterly*, Vol. 91, No. 3, 613-34.

Wallerstein, Michael. 1999. "Wage-setting Institutions and Pay Inequality in Advanced Industrial Societies." *American Journal of Political Science*, Vol. 43, No. 3, 649-80.

4장

인도의 불평등과 민주주의

I. 서론

인도는 세계에서 가장 큰 민주주의 국가라고 인식되고 있다. 민주주의가 확고히 자리 잡을수록 불평등과 빈곤은 감소하는 것이 일반적인 통념이다. 그러나 인도에서는 여전히 빈곤과 불평등이 지속되고 있다. 세계 기아 인구의 1/4이 인도에 살고 있을 만큼 심각하다. 국제적인 비정부기구인 인도 옥스팜(Oxfam)의 2011년 사례 연구에 의하면, 인도 인구의 40%가 영양실조(malnourished)에 처해 있으며 1991년 이후 인도의 GDP가 거의 두 배로 증가했음에도 불구하고 5,300만 명이 매일 허기진 채 집에서 잠이 든다고 지적하고 있다(Narayan 2011, 2). 슬럼 인구(Slum population)도 여전히 많아 사회문제를 야기하고 있다. 1980년대에 비해 2000년대에 2배로 증가했다. 2001년 인도센서스에 의하면 1981년 2,790만 명이던 것이 2001년 6,180만 명으로 늘어났다. 슬럼 인구가 전체 슬럼 인구 중에서 차지하는 비율은, 마하라슈트라의 경우 26.3%로 거의 1/4이 슬럼 인구였고 안드라프라데시 12.2%, 우타르프라데시 10.3%, 서벵골 9.7%였다.

인도에서의 불평등과 빈곤이 지속되는 이유는 카스트 등 비민주적인 제도적 요인들이 역사적이고 전통적인 뿌리를 가지고 있기 때문이다. 인도인들에게 빈곤은 "문화적으로 수용되는 사실(accepted cultural fact)"이며 본질적으로 사악한 것도 실패나 문명의 결점도 아니다(Cohen 2001, 4). 사실 인도는 카스트제도가 뿌리내리고 있음에도 불구하고 평평한(flat) 이미지를 주는 국가이다.《세계는 평평하다(*The World is Flat*)》의 저자 토머스 프리드만(Thomas Friedman)은 인도에서 위프로 회장 비벡 폴(Vivek Paul)을 만난 후 영감을 얻어 세계는 평평하다는 책을 출간한 바 있다(Friedman 2007, 278-279). 인도에서 마치 평등하고 평평한 사회가 만들어지고 있다는 주장을 하면서 세계도 글로벌화되면서 평평해질 것이라고 예견하였다. 그러나 인도에서 IT 분야를 제외한 다른 99.9%의 분야에서는 평평한 그림자를 찾아볼 수 없다는 반론도 만만치 않다.

실제 불평등과 빈곤 조사에서도 불평등과 빈곤이 감소했다는 논리와 그렇지 않다는 논리가 대립되고 있다. 인도는 1990년대부터 경제가 급속하게 성장하고 있지만 국가샘플조사(NSS, National Sample Survey)의 지출 데이터를 기초로 산출한 불평등은 국제적 기준에서 볼 때 그렇게 높지 않다. 아시아 국가 22개국을 비교하면 인도의 지니(Gini)계수는 중간 정도이다(Cain et al. 2010, 294). 그러나 정말 인도에서 불평등의 정도가 국제적 기준으로 볼 때 그렇게 심각하지 않은가라는 문제는 항상 제기된다.

빈곤의 경우 인도의 중위(median) 농촌인구는 하루 15루피(PPP로 환산할 경우 1.30달러)로 산다. 인도의 공식적 농촌 빈곤선의 사람보다 매일 3루피만 더 소비하는 것이다. 이렇게 농촌에서는 빈곤과 중산층이 차이가 거의 없을 뿐만 아니라 국제기준으로 봐도 인도의 빈곤선은 아주 낮은 편이다. 그러나 중위 발전도상국의 빈곤선인 22루피(PPP로 2달러) 이하로 사는 인도 인구는 80%가 된다(World Bank 2011, 3-4).

특히 논란이 되는 문제는 인도 정부가 기업국유화 등 사회주의 정책을 추진하던 1991년 이전 시기와 개혁을 본격적으로 추진하던 1991년 이후 시기에 불평등과 빈곤을 비교할 때 흔히들 불평등과 빈곤이 감소했다는 것이 일반적 견해이지만 그렇지 않다는 견해도 적지 않다. 지역 간 불평등과 격차에 대해 아직 합의가 되고 있지 않다는 점이다. 고쉬(Ghosh 2012, 191)는 인도에서의 지역 경제성장과 지역 간 격차를 많이 연구하지만 지역 간 소득이 수렴되는지 아닌지 동일한 결론을 얻어 내지 못하고 있다고 지적한다. 게다가 인도 주들 간의 격차에 대한 연구는 상대적으로 적다(Das et al. 2010, 1054). 아울러 인도가 카스트 등의 사회적 배제 시스템이 존속하고 있음에도 불구하고 기존의 대부분 연구들이 1980년대 말 이래 인도 정치의 시금석으로 등장한 카스트와 종교라는 정치경제적 측면을 도외시해 왔다(Bhaumik and Chakrabarty 2006).

이 연구는 인도의 불평등과 빈곤이 어느 정도이며 그 발생 요인은 무엇인가를 살펴보고 불평등이나 빈곤에도 불구하고 정치사회적으로 그렇게 심각한 갈등을 유발하지 않는가라는 문제를 분석한다. 첫째, 인도에서 불평등과 빈곤이 어느 정도인지를 분석한다. 둘째, 불평등과 빈곤에 비민주적인 카스트제도가 크게 작용하고 있다고 보아 카스트제도 차원에서 집단 간 불평등과 빈곤이 어느 정도 차이가 나는지를 분석한다. 셋째, 인도에서의 불평등과 빈곤은 인도의 배제적인 문화도 작용한다고 보아 이를 분석한다. 넷째, 왜 인도에서 불평등과 빈곤이 만연함에도 불구하고 사회정치적으로 갈등을 크게 유발하지 않는가라는 문제를 분석하고자 한다.

II. 지속되는 불평등과 빈곤

인도에서 불평등과 빈곤은 어떻게 산출되는가? 인도 정부가 소비지출을 기초로 불평등과 빈곤을 산출하기 때문에 소득을 기초로 산출한 것과는 차이가 나고 이럴 경우 불평등과 빈곤이 적게 나타날 수밖에 없다. 가계소비지출을 기초로 지니계수를 산출하는 것과 소득을 기초로 산출할 때 지니계수는 0.15의 차이가 난다고 지적되고 있다(IMF 2007, 114). 보통 후진국들의 경우 산업이나 농업부문에서 자영업을 하는 사람들이 많아 소득측정이 어렵기 때문에 소비를 기초로 지니계수를 산출한다. 소비지출에 의한 불평등 산출은 아시아, 사하라남부 아프리카, 중동부 유럽, 독립국가 연합에서 많이 사용된다. 반면에 소득으로 측정한 지니계수는 선진국과 라틴아메리카에서 널리 사용된다. 결국, 후진국은 소비를 기초로 하여 지니계수를 산출하기 때문에 불평등이 낮아 보이는 반면 선진국은 소득을 기초로 산출하기 때문에 불평등이 높아 보이게 된다. 인도에서 소득 데이타는 부적절하기 때문에 소득불평등의 대체적인 경향에 대해 논쟁이 계속되고 있고 인도의 경우 세 가지 방법이 주로 사용된다. 소비 추세를 보는 방법, GDP에서 세금이 차지하는 비율로 측정하는 방법, 저축의 비율을 가지고 측정하는 방법이 있다(Rajadhyaksha 2007, 155). 인도의 국가통계국(NSS)은 가계지출을 기초로 지니계수를 산출하고 있다.

게다가 NSS 조사에서처럼 소비지출을 기준으로 불평등을 산출한다 하더라도 보고시점(reporting period)에 따라 불평등에 차이가 난다. 소비지출의 경우에도 단일하게 30일 기준으로 산출하던 것을 55차 NSS 조사(1999-2000)[1]부터는 음식과 주류에 대해서는 7일과 30일, 의류, 교육, 의료, 내구재에 대해서는 365일 기준으로 바뀌었다. 2004-05년 단일준거시점(URP, Uniform Reference Period)으로 서베이하기 전 지난 30일 기준으로 단일하게 조사한 것과 복합준거시점(MRP, Mixed Reference Period), 즉 의류, 교육, 의료, 내구재 등에 대해서는 지난 365일, 다른 품목에 대해서는 지난 30일 기준으로 조사한 것을 두 가지로 발표하였다(NSSO 2012, 9). 이렇게 보고시점을 바꾸어 보고기간을 늘리게 되면 평균 지출을 감소시키게 되고 하위층의 소비지출은 상승하게 되어 불평등과 빈곤은 줄어들게 되어 있다. 이를 조정하기 위해 경제학자 텐둘카(Tendulkar) 등이 제안한 방법 등이 사용되고 있다(Pal and Ghosh 2007, 4). 그러나 텐둘카 방법론은 기존의 라크다왈라(Lakdawala) 방법론과는 차이가 나고 있다. 기존 라크다왈라 방법에 의하면 인도 빈곤인구가 1993-94년 36.0%에서 2004-05년 27.5%로 감소한 것으

1 1999-2000년과 같이 연도를 표기하는 이유는 인도의 회계연도가 4월부터 시작하여 다음 해 3월에 끝나기 때문이다.

그림 1. 인도의 지니계수

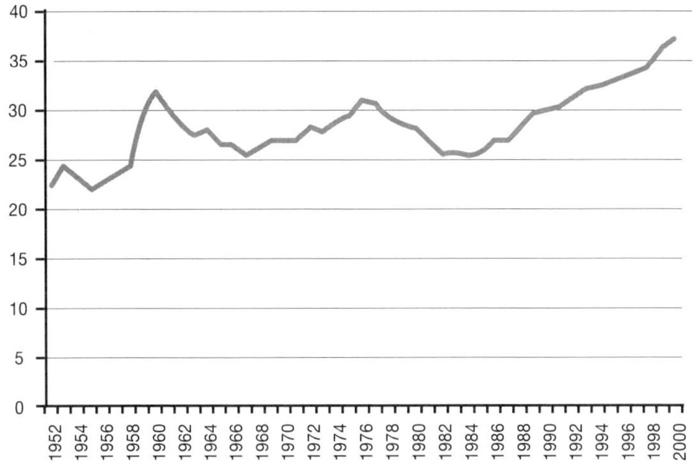

출처: Gajwani et al.(2006). 여기서 지니계수는 0-100임.

로 나타나는 데 반해 텐둘카 방법론에 의하면 45.3%에서 37.2%로 감소하였다(Planning Commission 2012, 46).

빈곤의 경우에도 인도의 공식적 빈곤선은 1인당 월지출(MPCE, Monthly per capita expenditure)로 1973-74년 전체 인도 가격으로 농촌 49루피, 도시 57루피였다. 칼로리로 치면 농촌 2,400칼로리, 도시 2,100칼로리였다. 1970년대 말부터 1990년대 중반까지 이 두 개의 빈곤선이 사용되었다. 1993년 전문가 집단의 권고로 빈곤선들이 주 간의 가격차이를 반영하기 시작하였다. 빈곤선이 주 차원에서 농촌, 도시가 다르게 규정되었다. 최근 인도의 빈곤선은 재조명을 받고 있다. 빈곤선의 도농 간의 비율이 2004-05년에 1.5였고 주 간에 차이가 나는 문제가 있기 때문이었다. 게다가 빈곤선이 빈곤을 낮게 평가하고 있다는 지적도 있다. 결국 계획위원회(Planning Commission)는 2009년 전문가 집단으로 하여금 빈곤 평가방법을 재점검하여 결국 도시와 농촌의 구매력(PPP)으로 평가하여 도시와 농촌 간의 생활비 차이를 줄여 빈곤을 산출하게 되었다(World Bank 2011, 47-48).

그러면 인도는 얼마나 불평등하고 빈곤한가? 인도의 지니계수는 1950

표 1. 전문가 집단 2009(Tendulkar methodology)에 의한 빈곤율과 빈곤수

연도	빈곤율(%)			빈곤수(백만명)		
	농촌	도시	합계	농촌	도시	합계
1993-94	50.1	31.8	45.3	328.60	74.50	403.70
2003-04	41.8	25.7	37.2	325.81	81.41	407.22
2008-09	33.8	20.9	29.8	278.21	76.47	354.68

출처: Planning Commission(2012).

년대에는 0.25 이하였고 1991년까지는 대체로 0.25에서 0.3 사이에서 증감을 계속하는 경향이 있었으나 1990년대부터 2000년까지 꾸준히 상승하고 있다. 1982년 0.256이었다가 1991년 0.303, 2000년에는 0.372를 보였다. 인도는 녹색혁명 시기인 1966년 이전, 1966-1990년, 1990년 이후를 구분할 수 있다(Gajwani et al. 2006, 9). 녹색혁명 시기에는 자민다리(zamindari) 체제가 붕괴되고 지니계수는 감소하고 빈곤도 크게 감소하였다. 1960년에서 1980년까지는 저성장의 시기로 힌두성장률 시기라고 할 수 있다. 이에 반해 1980년에서 1990년까지 상대적으로 성장률은 높았지만 개혁은 이루어지지 않은 시기라고 할 수 있다(Ghosh 2012, 192). 특히 주 간의 성장률 격차는 1980년대의 경제개혁으로 증가했으며 1990년대의 대규모 경제개혁으로 더욱 더 증가했다. 1980년대 시작된 시장지향적 경제개혁은 1990년대 가속화되지만 이러한 개혁의 수혜자들은 소득 분배에서 상위층에 속한 사람들이었다. 인도에서 가장 부유한 1%가 가진 소득이 1950년대 13%였다가 1980년대 5%로 감소하지만 1997년에는 다시 11%로 증가하였다(Chauvin et Lémoine 2005, 21-32). 이에 반해 인도 경제가 급성장하지만 저소득층은 성장의 혜택을 받지 못하고 있다(Cain et al. 2010, 282).

인도에서 빈곤은 크게 줄어들었다. 1990년대 초에 농촌 인구의 거의 반절이 빈곤에 처해 있었고 도시에서도 약 1/3이 빈곤에서 허덕였다. 그러던 것이 2000년대 후반에 들어 빈곤은 농촌에서 1/3, 도시에서 1/5로 줄어든다. 2008-09년의 경우 농촌 빈곤율 33.8%, 도시 빈곤율 20.9%로 전체 인구의 29.8%, 약 3억 5천만 명이 빈곤에 처해 있었다. 빈곤은 농촌지역의 비

표 2. 농촌과 도시의 지니계수

구분 \ 연도	1973-74	1977-78	1983-84	1993-94	1999-2000	2004-05 (URP)	2004-05 (MRP)
농촌	0.28	0.34	0.30	0.28	0.26	0.30	0.25
도시	0.30	0.34	0.33	0.34	0.34	0.37	0.35

출처: Planning Commission(2012).

율이 도시지역보다 높았다. 문제는 인도의 인구가 많아 빈곤율이 30% 정도이면 약 3억 5천만 명 정도가 빈곤에 처해 있다는 것이어서 문제의 심각성은 아직 진행형이다.

빈곤과 달리 불평등은 줄어들었다고 볼 수 없다. 지니계수는 소비분배의 지니계수로 환산할 경우 농촌의 경우 1973-74년 0.28, 1999-2000년 0.26에서 2004-05년 0.30(URP), 0.25(MRP)로 약간 줄어들었다. 도시의 경우에는 1973-74년 0.30, 1999-2000년 0.34에서 2005-05년 0.37(URP), 0.35(MRP)로 증가하였다. 앞서 지적했듯이 URP로 측정할 경우 MRP로 측정한 경우보다 더욱 지니계수가 높음을 알 수 있다.

그러면 주 간에는 불평등과 빈곤이 얼마나 심한가? 인도에서 빈곤한 지역을 일컫는 말로 비마루(bimaru)라는 말이 있다. 원래 비마르(bimar)는 몸이 아프다는 의미로 상태가 좋지 않은 것을 뜻한다. 비하르, 마디아프라데시, 라자스탄, 우타르프라데시의 앞 글자를 따서 만든 조어로 인구학자 보스(Ashish Bose)가 만들어 낸 말이다(Baru 2004, 385). 인도에서 빈곤한 인구가 대거 몰려 있는 지역을 말한다. 가장 빈곤인구가 많이 사는 주는 비하르, 차티스가르, 마니푸르 등이다. 빈곤인구가 10% 이하로 사는 주는 히마찰프라데시, 잠무카슈미르 등이다.

각 주들의 불평등을 URP로 측정한 지니계수를 보면 2004-05년 농촌의 경우 지니계수가 높은 주는 케랄라(0.34), 타밀나두(0.32), 하리아나(0.32)인 데 반해 낮은 주는 아삼(0.19)이다. 도시의 경우 차티스가르(0.43)가 가장 지니계수가 높은 데 반해 잠무카슈미르(0.24)가 가장 낮았다. 인도 전체 평균 지니계수 농촌 0.3, 도시 0.32에 비하면 농촌의 경우는 지니계

표 3. 각 주들의 빈곤율과 빈곤수(Tendulkar methodology, 2009-2010)

	합계(%)	수 합계(천명)
비하르	53.5	543.5
차티스가르	48.7	121.9
마니푸르	47.1	12.5
다드라나가르	39.1	1.3
자르칸드	39.1	126.2
아삼	37.9	116.4
우타르프라데시	37.7	737.9
오리사	37	153.2
마디아프라데시	36.7	261.8
다만디우	33.3	0.8
서벵골	26.7	240.3
아루나찰프라데시	25.9	3.5
라자스탄	24.8	167
마하라슈트라	24.5	270.8
카르나타카	23.6	142.3
구자라트	23	136.2
안드라프라데시	21.1	176.6
미조람	21.1	2.3
나갈란드	20.9	4.1
하리아나	20.1	50
우타르칸드	18	17.9
트리푸라	17.4	6.3
메가라야	17.1	4.9
타밀나두	17.1	121.8
펀자브	15.9	43.5
델리	14.2	23.3
시킴	13.1	0.8
케랄라	12	39.6
히마찰프라데시	9.5	6.4
잠무카슈미르	9.4	11.5
찬디가르	9.2	1
고아	8.7	1.3
락샤드위프	6.8	0
퐁디셰리	1.2	0.1
안디만코바르제도	0.4	0

출처: Planning Commission(2012).

수가 높은 주라 하더라도 크게 차이가 나지 않았으나 도시는 크게 차이가 났다.

몇 개 주를 대상으로 한 분석에 의하면 대부분 지니계수가 증가하고 있

표 4. 몇 개 주에서의 지니계수 변화 추이

	1993-1994년	2004-05년	2009-2010년	1993-94년에서 2009-2010년 사이의 추이
안드라프라데시	0.312	0.345	0.364	증가
아삼	0.216	0.24	0.283	증가
비하르	0.253	0.259	0.273	증가
구자라트	0.279	0.334	0.343	증가
하리아나	0.311	0.355	0.339	증가
히마찰프라데시	0.325	0.328	0.336	증가
잠무카슈미르	0.27	0.26	0.266	감소-증가
카르나타카	0.309	0.361	0.35	증가-감소
케랄라	0.316	0.393	0.473	증가
마디아프라데시	0.315	0.357	0.351	증가-감소
마하라슈트라	0.376	0.393	0.409	증가
오리사	0.282	0.324	0.326	증가
펀자브	0.285	0.351	0.339	증가-감소
라자스탄	0.28	0.303	0.3	증가-감소
타밀나두	0.344	0.379	0.342	감소-증가
우타르프라데시	0.302	0.327	0.322	증가-감소
서벵골	0.308	0.353	0.338	증가-감소
전체 인도	0.326	0.363	0.37	증가

출처: Motiram and Vakulabharanam(2011). 회색 부분의 주들은 지니계수가 감소하는 주들임.

거나 감소했다가 다시 증가하고 있다. 증가하다가 감소추세를 보인 주들은 카르나타카, 마디아프라데시, 펀자브, 라자스탄, 우타르프라데시, 서벵골이다. 전반적으로 인도의 주들에서 불평등은 증가하고 있다고 볼 수 있다.

III 불평등한 민주주의: 카스트제도

인도에서 종교사회적인 요인이 가장 중요한 불평등과 빈곤의 요인이다. 현대 인도에서도 권력, 경제불평등, 빈곤을 결정하는 요인은 수천 년간 지속되어온 카스트제도라고 볼 수 있다. 인도에서 카스트는 지정카스트(SC, Scheduled Castes), 지정부족(ST, Scheduled Tribes), 여타 후진카스트(OBC, Other Backward Class), 기타(Others)로 나누어진다. 흔히들 말하는 달리트(Dalit)는 헌법상으로 SC, 아디바시(Adivasi)는 헌법상으로 ST로 표현된다.

표 5. 인도 인구의 종교사회적 분류

종교/카스트	SC	ST	OBC	기타	전체
힌두교도	22.2	9.1	42.8	26	100
무슬림	0.8	0.5	39.2	59.5	100
기독교도	9	32.8	24.8	33.3	100
시크교도	30.7	0.9	22.4	46.1	100
자이나교도	0	2.6	3	94.3	100
불교도	89.5	7.4	0.4	2.7	100
조로아스터교도	0	15.9	13.7	70.4	100
기타	2.6	82.5	6.2	8.7	100
합계	19.7	8.5	41.1	30.8	100

출처: Prime Minister's High Level Committee(2006).

인도에서 카스트에 대한 우대정책은 마하트마 간디의 신의 아들(harijan) 운동에서부터 찾아볼 수 있을 것이다. 아울러 암베드카르의 달리트(dalit) 운동에서는 카스트제도 폐지 주장도 있었다. 1984년부터는 하위카스트를 대변하는 정당들이 나타나기 시작했다. 구체적으로 우대정책이 논의된 것은 1953년 칼레카(Kalka Kalekar) 주도로 후진위원회(Backward Commission)가 만들어지면서부터이다. 이어 1979년 만달(B.P. Mandal)이 주도하는 후진계급위원회(Backward Class Commission)가 만들어진다. 당시 만달위원회는 54%가 후진 카스트에 속한다고 추정하였다. 장롱 속에 있던 만달위원회 리포트(Mandal Commission Report)의 권고안을 1990년 채택하면서 인도 하위카스트의 정치적 권한 증가를 가져왔다. 정원할당제를 헌법 규정에 두어 기간을 연장하고 우대정책 차원에서 수혜대상자를 확대하는 방향으로 나아가고 있다(이지은 2010, 129). 그러나 하위카스트에 대한 우대정책은 실제 효과는 퇴색되어 가고 인도국민회의당의 일당지배가 와해되고 불가촉천민이 정치적으로 분열되면서 사회적으로 불가촉천민에 대한 무관심도 증가하였다(정채성 2011, 103).

자카리아스와 바쿠라바라남(Zacharias and Vakulabharanam 2011, 1831)에 의하면 카스트 집단 간 불평등은 전체적인 부의 불평등 중에서 8-13% 정도를 차지한다. 집단 간 불평등의 주요 결정요인은 SC/ST집단과 선진 카스트와의 부에서 차이가 나는 것이다. 델리에 있는 응용경제연구국가위원

표 6. 전체 인도의 월평균 소비지출의 사회집단 간 차이

	농촌			도시		
	1999-2000	2004-05	2009-10	1999-2000	2004-05	2009-10
ST	-20.4	-23.7	-17.2	-28.8	-18.5	-9.5
SC	-13.9	-15	-11.9	-19.2	-27.9	-27.2
OBC	-2.5	-0.4	-1.6	-14	-17.2	-15.4
기타	18.8	22.6	21.6	17.6	24.1	24.3
전체	0	0	0	0	0	0

출처: NSSO(2012).

회(NCAER, National Council of Applied Economic Research)가 2004-5년 실시한 인도인적자원개발조사(IHDS, Indian Human Development Survey)를 바탕으로 싱(Singh 2011, 2857)이 분해분석(decomposition analysis)을 시행한 결과 카스트에 기인한 불평등이 전체 농업소득불평등 중에서 3-13%를 차지한다고 분석하였다. SC/ST와 OBC 가구가 다른 카스트 범주와 비교하여 낮은 소득을 가지고 있다고 분석하였다. SC/ST와 OBC 중에서는 SC/ST가 더 소득이 낮다고 조사되었다. 케인 외(Cain et al. 2010, 288)는 2004년 농촌의 경우 불평등의 9%가 가구가 거주하는 지역, 8%가 가구주의 교육정도, 3-3.5%가 SC/ST 구성원이라는 것에 의해 설명될 수 있다고 분석하였다. 그러나 도시에서는 SC/ST가 1993년과 2004년의 경우 2% 미만이었다고 지적한다. 물론 도시의 경우 교육 등이 불평등과 빈곤에 많은 영향을 미치지만 카스트적인 요인으로 인하여 빈곤의 함정(poverty trap)에서 빠져나올 수 없기 때문에 교육 등에서도 열악한 처지에 있게 된다고 말할 수 있다.

사회집단으로 보면 SC와 ST가 힌두인과 무슬림보다 빈곤율이 더 높다. 계획위원회(Planning Commission)에 의하면 1983년 ST와 SC의 빈곤율은 각각 63.9%, 59.0%였으나 2004-05년에는 각각 44.7%, 37.1%로 줄어들었다. 이에 반해 힌두인들은 1983년 47%가 빈곤이었으나 2004-05년 38.0%로 감소하였고 무슬림은 51.2%에서 33.0%로 감소하였다(Planning Commission 2012, 46). 하위카스트들은 인도 전체 평균보다 상당히 높은 빈곤율을 보이고 있다고 평가할 수 있다. 농촌과 도시를 분리해서 보면 ST, SC의 월평균

그림 2. 카스트에 따른 빈곤선 이하 인구비율(단위: %)

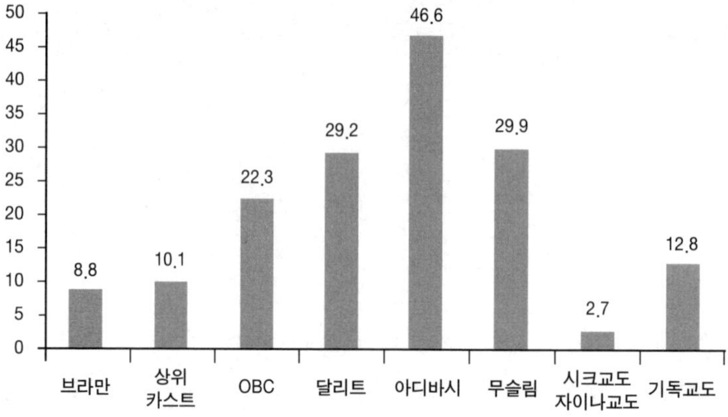

출처: India Human Development Survey data, 2005. 여기서 표본수(N)는 브라만 12,108명, 상위카스트 35,531명, OBC 72,900명, 달리트 43,270명, 아디바시 17,405명, 무슬림 27,661명, 시크 및 자이나교 3,672명, 기독교 3,207명으로 전체 215,754명이었다.

소비지출은 차이가 감소하고 있는 데 반해 다른 집단은 증가하거나 정체된 상태이다. ST와 ST는 월평균소비지출이 2009-10년의 경우 평균보다 각각 -17.2, -11.9로 훨씬 적은 데 반해 OBC는 농촌에서는 -1.6으로 평균과 거의 비슷하고 도시에서는 SC -27.2와 마찬가지로 -15.4로서 평균과의 차이가 컸다.

인도인적자원개발 데이터(India Human Development data, 2005)를 보면 빈곤율의 경우 아디바시 46.6%, 무슬림 29.9%, 달리트 29.2%로 상대적으로 빈곤율이 높았지만 브라만과 상위카스트는 각각 8.8%, 10.1%로 낮았다. 인도 평균 23.4%보다 아디바시가 훨씬 높았고 무슬림과 달리트도 비교적 높았다. ST, SC, OBC는 1인당 월평균소득 최하 10분위에 속한 가계의 숫자가 많은 반면 다른 부류는 최상 10분위에 속한 사람들이 훨씬 많았다.

지역 격차의 경우에도 카스트적이고 종교적인 이유가 불평등과 빈곤에 주요 요인이다. 빈곤인구가 높은 주들일수록 비힌두인들이 많이 거주하는 주들이다. 전반적으로 인도 북부는 힌두벨트로서 힌두교의 영향력이 많은 반면 남부는 덜하다고 할 수 있다. 북동부의 주들(아루나찰프라데시, 메가라

그림 3. 사회집단과 1인당 월평균소득 최하 10분위와 최상 10분위의 인구

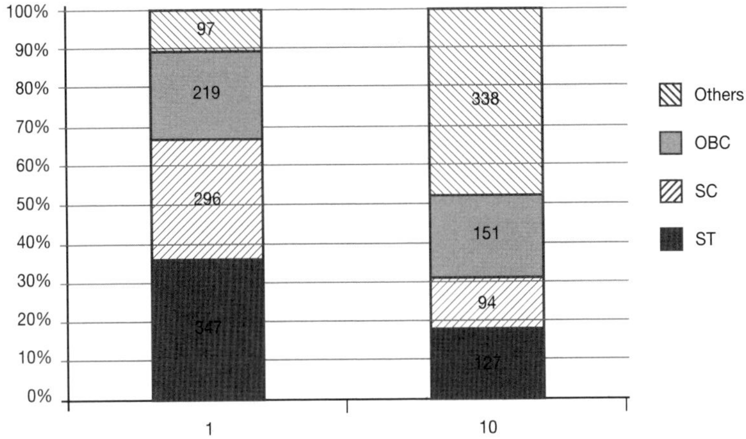

출처: NSSO(2012). 도시와 농촌을 합하여 각각 농촌 1,000명 도시 1,000명을 저자가 합한 수치임. 최하 10분위(decile)와 최고 10분위에 속한 각 카스트들의 인구수이며 세로축은 비율(%)을 나타냄.

야, 미조람, 나가란드)과 락샤드위프에서 ST가 인구 중에서 차지하는 비율이 50% 이상이었다. 이에 반해 비하르, 하리야나, 케랄라, 펀자브, 타밀나두, 우타르프라데시 주들은 농촌지역에서 차지하는 비율이 5% 이하였다. SC의 경우에는 도시나 농촌이나 50% 이상 되는 주는 없었다. OBC는 인도농촌에서는 타밀나두, 비하르, 케랄라, 우타르프라데시 등과 같은 주에서 인구의 다수를 차지하였다. 인도 도시에서는 타밀나두, 비하르, 케랄라에서 다수를 차지하였다(NSSO 2012, 14). 아루나찰프라데시와 비하르를 비교해 보면 아루나찰프라데시의 경우 ST 인구는 50%를 넘는 데 반해 SC, OBC는 5% 미만이다. 이에 반해 비하르는 ST의 인구는 5%미만인데 OBC의 경우 50%를 넘고 있다. 비하르의 농촌 ST의 1인당 월소비지출은 848루피로 ST의 농촌 평균 873루피에 미치지 못하며 ST가 50% 넘는 아루나찰프라데시의 소비지출에 훨씬 미치지 못한다. SC의 경우에도 비하르의 농촌 소비지출은 697루피로 SC 평균 929에 훨씬 미치지 못하며 아루나찰프라데시의 SC 평균 소비지출에도 미치지 못한다.

표 7. 사회집단 간 각 주별 평균 1인당 월별 소비지출(MPCE)

	농촌					도시				
	ST	SC	OBC	Others	All	ST	SC	OBC	Others	All
안드라프라데시	999	1155	1184	1571	1234	2114	1757	1999	2641	2238
아루나찰프라데시	1589	1330	951	1503	1546	1906	3562	1949	1875	1947
아삼	1032	992	1100	933	1003	2113	1208	1710	1901	1755
비하르	848	697	759	927	780	1684	980	1051	1733	1238
차티스가르	747	709	831	904	784	1497	1376	1491	1939	1647
델리	-	1417	2345	3060	2068	1878	1892	1964	3061	2654
고아	1854	-	1467	2296	2065	1637	2166	2544	2695	2644
구자라트	879	1088	1038	1590	1110	1624	1292	1457	2343	1909
하리아나	1401	1165	1375	1835	1510	1804	1429	1859	2934	2321
히마찰프라데시	1370	1350	1396	1679	1536	2239	1553	1906	3178	2654
잠무카슈미르	1223	1186	1266	1392	1344	1513	1781	1444	1769	1759
자르칸드	775	780	852	971	825	1144	1046	1304	2278	1584
카르나타카	901	934	1021	1121	1020	1216	1637	1955	2351	2053
케랄라	1208	1400	1706	2295	1835	1629	1709	2081	3421	2413
마디아프라데시	681	839	969	1269	903	1611	1193	1373	2238	1666
마하라슈트라	961	1031	1135	1309	1153	2063	1749	1983	2862	2437
마니푸르	1012	1196	1038	987	1027	1179	1167	1081	1335	1106
메가라야	1116	1632	765	1123	1110	1632	1987	1543	1606	1629
미조람	1266	963	997	1606	1262	1948	1275	2134	2055	1947
나가란드	1477	1198	1335	1522	1476	1900	1112	1757	1967	1862
오리사	629	757	862	1018	818	1049	1089	1464	1903	1548
펀자브	1510	1271	1723	2069	1649	1930	1462	1849	2528	2109
라자스탄	984	986	1289	1316	1179	2042	1229	1408	2139	1663
시킴	1249	1362	1311	1843	1321	2458	2475	2043	1856	2150
타밀나두	989	1003	1220	1350	1160	1672	1541	1915	3165	1948
트리푸라	1053	1179	1176	1376	1176	2309	1447	1851	2023	1871
우타르프라데시	873	804	880	1086	899	4621	1189	1243	2079	1574
우타르칸드	1016	1064	1410	2106	1747	1726	1371	1327	2082	1745
서벵골	875	897	951	992	952	1995	1296	1568	2170	1965
안디만코바르제도	1825	4162	2232	1870	1932	6453	-	3417	2809	2869
찬디가르	-	1724	3192	2392	2227	-	1757	2675	4541	3824
다드라나가르	854	2275	962	1418	915	1308	1766	1723	1951	1747
다만디우	885	2157	1564	2109	1586	967	2324	1506	2277	1742
락샤드위프	1793	2089	1621	-	1794	2362	2165	4115	5166	2387
퐁디셰리	-	1361	1698	2270	1636	2729	1524	2857	3019	2690
전체 인도	873	929	1036	1281	1054	1797	1444	1679	2467	1984

출처: NSSO(2012). 옅은 색은 각 집단들이 인구 중에서 차지하는 비율이 50% 이상인 주이고 옅은 색은 5% 이하인 주를 표시함.

Ⅳ. 불평등한 민주주의: 배제적인 문화

왜 이렇게 집단 간 불평등과 빈곤에서 차이가 나는 것인지를 살펴볼 필요가 있다. 배제시스템이 사회 전체적으로 작동한다. 배제시스템(systems of exclusion)은 물리적으로 담을 쌓거나 소통 등에서 배제시키는 것이다(Low 2011, 391). 애스모글루와 로빈슨(Acemoglu and Robinson 2012, 73)은 이러한 현상을 "추출적 제도(extractive institution)"라는 차원에서 설명한다. 이러한 현상들이 카스트적인 체제에서 나타나고 카스트와 경제적 지위가 강한 연계관계가 있는 이유는 토지, 교육과 같은 생산 자원에 대한 접근 배제뿐만 아니라 노동시장에서의 차별과 함수관계에 있기 때문이다(Desai and Dubey 2011, 41).

우선 들 수 있는 요인이 토지 소유의 문제와 관계가 깊다고 할 수 있다. 토지소유는 카스트제도와 밀접한 관계를 가지고 있기 때문이다. 카스트는 빈곤과 기근을 가져오는 역할을 하는 것으로 인식되기도 하는데 그 이유는 대다수의 달리트는 토지가 없기 때문이다(Narayan 2011, 4). 토지소유가 농촌 빈곤을 악화시키는 이유는 농업생산성을 저하시켜 농촌 인구에 분배할 농업생산량이 줄어들고 분배의 불평등을 가중시키기 때문이다(박종수 2001, 177). 농촌의 월평균 소비지출은 1헥타르 이상 토지소유에 따라 급격하게 증가한다. 토지 1헥타르 이상을 소유한 가계는 전체 인도에서 농촌 인구의 25%를 차지한다. 평균 월소비지출은 4헥타르 이상(1438루피)에서 가장 높다. 이것은 월소비지출과 소유토지와의 강한 관계를 말해준다(NSSO 2012, 24). 토지소유와 평균 월소비지출의 관계는 펀자브, 하리아나, 케랄라에서 강하게 나타난다. 토지소유규모가 커질수록 월소비지출의 증가는 0.01에서 4헥타르 범위로 매우 가파르게 나타난다. 서벵골, 구자라트, 타밀나두에서도 현저하게 높게 나타난다. 그러나 자르칸드, 차티스가르에서는 현저하게 낮게 나타난다(NSSO 2012, 25). 문제는 카스트에 따라 토지 소유가 다르게 나타난다는 점이다. 브로스(Bros 2010, 10)의 연구에 의하

표 8. 농촌에서의 소유 토지 규모와 카스트별 가구 수

	ST	SC	OBC	기타	전체
〈0.01	41912	124651	161575	70582	398842
0.01-0.40	45980	150440	241680	145809	584215
0.41-1.00	42213	50912	132141	68163	293450
1.01-2.00	30266	21021	85518	51618	188423
2.01-4.00	15367	11648	49270	34242	110528
4.01+	4428	3089	21629	21857	51003
모든 규모	180166	361759	691812	392271	1626461

출처: NSSO(2012).

면 대토지 소유자는 평균적으로 마을 토지의 31%를 소유하고 있다. 토지가 평등하게 분배된 마을에서는 0.40만 루피-90만 루피 정도이며 가장 불평등하게 분배된 마을에서는 5,800루피-1,400만 루피 정도이다. 개인 지니계수는 0.3-0.88로 평균은 9.54이고 표준편차는 0.11이었다. 대토지소유자는 샘플 45%의 마을에서 상위카스트, 31%에서 후진농업카스트(backward agricultural caste), 13%에서 무슬림, 8%에서 OBC, 3%에서 SC/ST였다. 데사이와 두비(Desai and Dubey 2011, 44)의 연구에 의하면 거주와 가족배경을 통제한 기회의 불평등에서 농촌가구의 토지소유에서 차이가 났다. 선진 카스트는 0.74인 데 반해 브라만 0.66, OBC 0.64, 달리트 0.44, 아디바시 0.63이었다. 66차 인구조사를 바탕으로 보면 ST와 SC의 가계가 소유한 토지 규모가 0.01헥타르 이하인 경우가 많았으며 OBC와 기타인 가계들의 경우 0.01-0.40가 많았다. 이것은 토지규모가 불평등에 영향을 미친다는 것을 말해준다.

카스트 간 불평등한 대우도 문제가 된다. 보로아(Borooah 2005, 411-412)의 연구에 의하면 힌두교인과 SC/ST 가계 간 소득불평등의 1/3은 SC/ST에 대한 불평등한 대우(unequal treatment) 때문이다. 마을에서 SC/ST 가족들은 힌두인의 우물(wells)에 접근할 수 없고 보통 쓰레기나 오물을 치우는 불가촉천민인 방기(bhangis)로 간주된다. 부인들은 굴욕을 당하고 폭행당하기도 한다. 그들의 집은 마을의 저지대에 위치하여 홍수에 취약하다. 11개 주의 555개 마을을 대상으로 2000년 실시된 지원(Action Aid) 프로그램의 전

표 9. 공식조직과 정치회합 참가 예측가능성

	시민조직 멤버십 숫자	12개월에 정치회합 참가
선진카스트	0.36	0.26
브라만	0.37	0.26
OBCs	0.36	0.25
달리트	0.47	0.28
아디바시	0.43	0.28

출처: Desai and Dubey(2011).

체 인도 연구에 의하면 전체 마을의 1/3 이상에서 SC/ST는 관개수로 접근, 공공 및 사적 서비스 접근에서 차별대우를 받고 있었다(Singh 2011, 2858). 아울러 문맹률이 하위카스트일수록 높게 나타난다.

물론 농촌 빈곤의 이유는 다른 측면이 있다. 전통적인 농촌 생활은 가족 구성원으로 하여금 선조로부터 물려받은 몇 에이커의 땅을 일구는 이상으로 직업을 찾는 것을 억제하는 효과를 가지고 있다. 가족 구성원이 늘어나면 각 구성원당 수확은 점점 적어져 나중에는 보잘것없이 된다(Nath 2008, 170). 이러한 전통적 기족 구조는 사회배제 제도를 배양시키는 결과를 가져온다. 여성은 맨 마지막으로 식사를 하고 가장 적게 먹을 뿐만 아니라 2/3의 소녀들은 십대에 결혼한다. 엄마가 가난하고 영양실조이면 세대 간 영양실조의 악순환은 계속된다. 30%의 인도 아이들이 저체중으로 태어나고 있는 것이다(Narayan 2011, 4). 빈곤의 함정에서 벗어나지 못하는 것이다.

아울러 데사이와 두비(Desai and Dubey)의 연구에 의하면 하위카스트일수록 참여하는 사회네트워크의 숫자가 적다. 선진카스트 1.08, 브라만 1.20, OBC 1.03인 데 반해 달리트 0.98, 아디바시 0.93이었다. 그러나 공식조직과 정치회합 참가 예측가능성은 하위카스트일수록 더 높았다. 시민조직 멤버십은 선진카스트 0.36, 브라만 0.37인 데 반해 OBC 0.37, 달리트 0.47, 아디바시 0.43이었다. 12개월간 정치회합 참가 횟수도 하위카스트가 높았다(Desai and Dubey 2011, 44). 이것을 하위카스트가 불평등 해소 등을 위해 정치적으로 참여하는 것으로 해석할 수 있는가라는 문제가 제기된다. 그러나 이들 조직들은 카스트 조직과 종교사회조직이 각각 인도 가계의 14%인 데

표 10. 빈곤선과 투표율 및 정당득표율

	2004-05 빈곤선 합계 (%)	2004년 투표율(%)	NIC득표율	BJP득표율	NIC-BJP 득표율 차이
안드라프라데시	29.6	70	41.56	8.41	33.15
아루나찰프라데시	31.4	56.4	9.96	53.85	-43.89
아삼	34.4	69.1	35.07	22.94	12.13
비하르	54.4	58	4.49	14.57	-10.08
차티스가르	49.4	52.1	40.16	47.78	-7.62
델리	13	47.1	54.81	40.67	14.14
고아	24.9	58.8	29.76	46.83	-17.07
구자라트	31.6	45.2	43.86	47.37	-3.51
하리아나	24.1	65.7	42.13	17.21	24.92
히마찰프라데시	22.9	59.7	51.89	44.24	7.65
잠무카슈미르	13.1	35.2	27.83	23.04	4.79
자르칸드	45.3	55.7	21.44	33.01	-11.57
카르나타카	33.3	65.1	36.82	34.77	2.05
게랄라	19.6	71.5	32.13	10.38	21.75
마디아프라데시	48.6	48.1	34.07	48.13	-14.06
마하라슈트타	38.2	54.4	23.77	22.61	1.16
마니푸르	37.9	67.4	14.88	20.65	-5.77
메가라야	16.1	52.7	45.55	8.63	36.92
미조람	15.4	63.6			0
나갈란드	8.8	91.8	25.78		25.78
오리사	57.2	66.1	40.43	19.3	21.13
퐁디셰리	14.2	76.1		35.65	-35.65
펀자브	20.9	61.6	34.17	10.48	23.69
라자스탄	34.4	50	41.42	49.01	-7.59
시킴	30.9	78	27.43		27.43
타밀나두	29.4	60.8	14.4	5.07	9.33
트리푸라	40	67.1	14.28	7.82	6.46
우타르프라데시	40.9	48.2	12.04	22.17	-10.13
우타르칸드	32.7	48.1	38.31	40.98	-2.67
서벵골	34.2	78	14.56	8.06	6.5
안디안니코바르제도	3	63.7	55.77	35.95	19.82
찬디가르	11.6	51.1	52.06	35.22	16.84
다드라나가르	49.3	69	25.7	15.56	10.14
디만디우	8.8	70.2	49.51	48.42	1.09
락샤드위프	6.4	81.5	48.79		48.79
전체 인도	37.2	58.1	26.53	22.16	4.37

출처: Election Commission of India; Planning commission. 짙은 회색부분은 빈곤율이 40% 이상인 주들을 표시한 것이고 옅은 회색부분은 투표율이 70% 이상인 주들을 표시한 것임.

반해 NGO와 발전에 관련된 집단은 단지 2%에 불과하다(Deasi et al. 2010, 172). 따라서 정치회합에의 참여는 하위카스트의 이익을 반영하기보다 상위카스트에 의한 동원일 가능성이 크다고 할 수 있다.

아울러 하위카스트들은 정치적으로도 배제되는 경향이 있다. 우선 빈곤선 비율과 2004년 선거에서의 정치참여를 보면 알 수 있다. 빈곤선 이하 인구가 많은 지역인 비하르의 경우 투표율은 58.0%, 오리사의 경우 투표율은 66.1%에 그쳤다. 그러나 투표율이 70%가 넘는 안드라프라데시, 케랄라, 나갈란드, 퐁디셰리의 경우에는 빈곤율이 거의 대부분 20%대이거나 10%대였다. 시킴의 경우에는 30.9%였다.

위의 도표를 이용하여 투표율이 인도 평균보다 높은 지역과 낮은 지역, 그리고 빈곤인구가 인도 평균보다 높은 지역과 낮은 지역의 차이를 그림으로 보면 빈곤인구가 적은 주일수록 투표참여율이 높았다. 그림에서 방향이 다르게 되어 있는 주는 24개 주였다. 방향이 같은 주는 11개주였다. 인도의 대부분의 주에서 빈곤인구가 많으면 투표율이 낮고 빈곤인구가 많으면 투표율이 높다고 말할 수 있다.

정치적 대표성에서 하위카스트들은 크게 증감이 없다. 자프르로(Christopher Jaffrelot)의 연구에 의하면 상위카스트는 선출된 하원의원 중 1980년 40.88%에서 2004년 33%로 줄어든 반면 중간 카스트는 5.33%에서 7.1%로 증가하였고 OBC의 경우에도 13.74%에서 25.3%로 증가하였다. 그러나 지정카스트는 17.78%에서 17.8%로, 지정부족은 7.56%에서 8.4%로 거의 변화가 없다. 무슬림의 경우에는 11.56%에서 7.1%로 크게 줄어들었다(Jaffrelot 2005, 384).

빈곤, 불평등과 정당 득표율과는 어떤 관계에 있는지를 살펴보자. 정당과 빈곤, 지니계수와의 상관관계를 보면 2004년 선거의 경우 인도국민회의(NIC)의 경우 피어슨 상관계수 -0.529로 빈곤율이 증가하면 국민회의당의 득표율은 감소하는 것으로 나타났다. 이에 반해 BJP의 득표율은 -0.118이었지만 유의미한 관계는 아니었다.

그림 4. 각 주들에서의 인도평균과 빈곤인구 차이, 투표율 차이

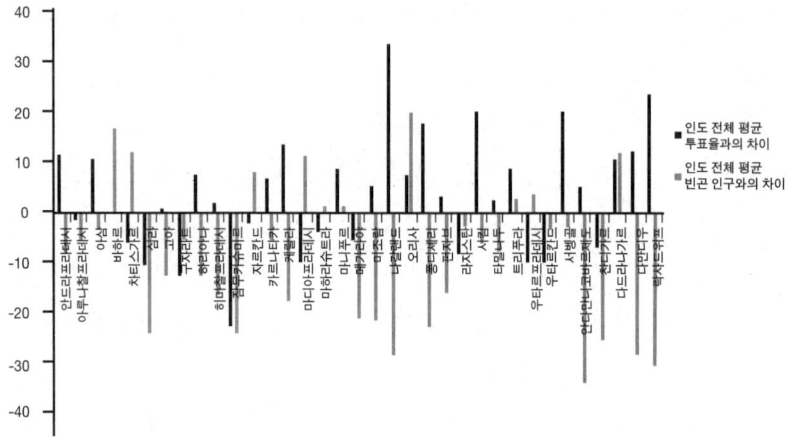

인도국민회의의 득표율이 50% 이상인 주는 델리, 히마찰프라데시, 안디안니코바르제도, 찬디가르였다. BJP의 득표율이 50%가 넘는 주는 아루나찰프라데시였다. 인도국민회의와 BJP의 득표율이 현저하게 많이 차이가 나는 주가 있었다. 인도국민회의가 30% 이상 더 득표를 한 주는 안드라프라데시, 메가라야였던 데 반해 BJP당이 인도국민회의보다 30% 이상 득표를 한 주는 아루나찰프라데시, 퐁디셰리였다.

V. 인도 사회에서 불평등과 빈곤에도 갈등이 적은 이유

불평등은 증가하고 있음에도 불구하고 갈등이 왜 크게 부각되지 않는가를 살펴볼 필요가 있다. 인도 사회는 평균주의적 경향이 강하게 나타나는 국가이다. 평등적인 경향과 관련하여 2006년의 세계가치조사(WVS, World Value Survey)에 의하면 40.2%가 "소득은 더 평등해야 한다"는 입장이고 "더 큰 소득격차를 인센티브로 활용해야 한다"는 응답이 26.8%를 차지하였다. 평등주의적 경향을 가지고 있다고 보아야 할 것이다.

이렇게 평등주의가 강한 이유는 역사적 차원에서 찾아볼 수 있다. 인

표 11. 정당과 빈곤 지니계수와의 상관관계

	피어슨 상관계수	Sig.(2-tailed)	N
2004-05년 빈곤비율과 국민회의당 득표율	-.529	.002	33
2004-05년 빈곤비율과 BJP 득표율	-.118	.526	31

출처: Election Commission of India.

도가 영국으로부터 독립한 이후 1991년 개혁을 시작하기 전까지 사회주의적 정책을 추진한 바 있다. 헌법상에서도 사회주의와 민주주의를 추구하고 있어 인도 사회는 평등주의적 경향이 강하고 시장주의적 경향은 약하다고 할 수 있다. 그러나 경쟁에 관해서는 경쟁이 해롭다는 견해가 아주 낮음을 볼 수 있다. 둘째, 많은 사람들이 정치적으로는 좌파적 경향을 가지고 있다고 볼 수 있다. 2006년의 WVS에 의하면 정치적인 자기 입장을 보면 좌파가 30.4%, 우파가 13.3%였다. 이것은 많은 사람들이 자신의 정치적 입장을 좌파적이라고 생각하기 때문일 것이다.

그러한 상황에서 불평등과 빈부격차를 둘러싼 갈등이 첨예하게 대립될 수밖에 없다. 카스트제도에 따른 우대정책을 추진한다 하더라도 갈등은 쉽게 가라앉지 않을 것이기 때문이다. 그러나 자티(jatis) 간의 갈등과 관련하여 인도인적자원재발 2005년 데이터를 분석하면 갈등이 아주 많다는 견해는 4.23%, 약간 있다 24.5%, 많지 않다 71.3%였다. 인도에서 자티 간 갈등이 적다는 것은 사회집단 간에 불평등이 존재함에도 불구하고 이것이 집단행동으로 나타나지는 않는다는 것이다. 물론 힌두교적인 사상에 의해 차별과 차이를 감수하고 있다고 볼 수 있다. 힌두교 경전인 〈바가바드 기타〉에서 크리쉬나가 "지배자의 성품은 본성에서 생긴 크샤트리야의 행위이며 농사, 목축, 상업은 본성에서 생긴 바이샤의 행위이며 봉사의 성격을 지닐 행위 또한 슈드라의 본성에서 생긴 것이다"라고 말하듯 힌두교에서는 업(karma)에 의해 태어난 계급적인 차이를 어겨서는 안 된다(박수종 1989, 76). 이러한 종교적 이유가 갈등이 적은 것을 설명하기에는 부족하다.

표 12. 인도의 평등주의적 경향 등에 대한 지표(2006)

	평등주의적 경향	경쟁이 해로운지 여부	정치적 입장
아주 높음	40.7	7.6	30.4
높음	7.8	6	10.9
중간	14.7	14.3	37.1
낮음	10.4	8.2	8.3
아주 낮음	26.8	63.9	13.3

출처: World Value Survey. 정치적 입장의 경우 높음은 좌경화, 낮음은 우경화를 표시함.

인도에서 불평등의 문제로 갈등이 첨예하게 나타나지 않는 이유는 간디의 비폭력적 방법이 폭력적 방법보다 우선시된 이유를 살펴보면 알 수 있을 것이다. 간디의 비폭력 방법이 성공하고 좌파나 우파의 폭력적 방법이 성공하지 못한 이유는 인도 사회구조가 양극화되어 있지 않았기 때문이다. 혁명적 이데올로기가 대중의 상상력을 사로잡을 수 없었다(Kohli 1980, 626).

이울러 이렇게 갈등이 적은 이유는 정치적 양극화가 다른 국가들에 비해 상대적으로 약해 갈등을 이용하여 정치적 영향력을 행사하려는 사회집단들의 경향이 적기 때문이다. 세계 81개국의 정치적 양극화와 종교적 양극화를 세계가치조사 2000-2001을 가지고 분석한 반디오파드야이 외(Bandyopadhyay et al. 2008)의 연구에서는 정치양극화가 약 0.149로서 81개국 중 76위를 기록하였다. 정치적 양극화의 정도는 상대적으로 미약하다고 볼 수 있다. 종교적 양극화도 약 0.154로서 39위를 기록하였다. 그러나 종교적 불평등 수준은 상대적으로 높아 9위를 기록하였다.

정치적으로는 클라이언텔리즘(clientelism)이 만연하고 있어 갈등이 적다고 할 수 있다. 클라이언텔리즘은 저발전 불평등 사회에서 만연한다. 일반 시민의 입장에서 보면 클라이언트-파트롱의 관계는 희소한 자원을 얻을 수 있는 수단이며 보험적 성격을 가지고 있다. 안드라프라데시, 카르나타카, 케랄라, 타밀나두에 대한 연구에서 마쿠센(Markussen 2011, 1721)은 정당에 기반을 둔 정치적 클라이언텔리즘이 현저하게 나타난다고 지적한다. 당원에 기반을 둔 차별은 종교, 카스트, 직업, 교육, 주거지에 따른 온정주의(favoritism) 이상으로 더 중요하고 지적한다. 주들 간에 그리고 정당들 간에

표 13. 양극화 수준

	정치		종교	
	양극화 수준	불평등 수준	양극화 수준	불평등 수준
인도	0.150	0.080	0.155	0.070
(81개국 중 인도 순위)	76	47	39	9
미국	0.140	0.075	0.162	0.112
(81개국 중 미국 순위)	42	29	55	59

출처: Bandyopadhyay et al.(2008).

큰 차이가 난다. 정치적 클라이언텔리즘은 불평등에 크게 영향을 받는다. 평등한 사회에서는 클라이언텔리즘이 중요하지 않지만 불평등한 사회에서는 중요하다. 반면에 정치적 클라이언텔리즘이 경제발전에 의해 영향을 받는다는 증거는 없다고 지적한다(Markussen 2011, 1735).

VI. 결론

인도에서의 불평등과 빈곤은 어느 정도인지 살펴보았다. 인도에서 불평등과 빈곤을 유지 확대 재상산하는 것은 전통적인 카스트제도라고 할 수 있다. 카스트제도는 직업상의 의미인 자티를 의미하여 굶지는 않게 하는 긍정적 요소가 있기는 하지만 불평등이 해소되지 않는 근본적인 이유이다. 인도가 8%의 경제성장을 지속하면서도 빈곤 인구가 아직도 많은 편이고 불평등은 더욱 증가해 왔다.

물론 불평등과 빈곤이 경제적인 문제나 사회안전망 부족의 문제에서 나타날 수 있다. 인도에서의 불평등은 마준다르(Dipak Mazundar) 교수가 지적하듯 인도 제조업에서의 이중성(dualism), 즉 고용이 소기업이나 대기업에 집중되어 있고 "중간이 결여(missing middle)"되어 있어 나타나는 현상임을 부정할 수 없다. 이렇게 중간이 결여되어 있는 것은 정부가 소규모 단위를 보호하는 정책 등 때문이다(OECD 2010, 176). OECD 보고서에서 사회복지에 대한 지출은 인도에서 상대적으로 높지만 파편화(fragmentation)되어 있다고 지적하고 있다. 이렇게 광범한 사회안전망이 없으면 가난한 사람들은 경제적 충격에 취약하고 가족이나 다른 네트워크에 의존할 수밖에 없다. 현재 공공분배프로그램(Public Distribution Scheme)을 통해 음식을 제공하고 있으며 통합농촌발전프로그램(NREGS, integrated Rural Development Programmes)을 통해 농촌인력에게 최소임금으로 100일간의 고용을 보장해주고 있다. 그러나 NREGS는 도시거주자들에게는 해당되지 않는 문제점이 있다(OECD 2011, 34). 이러한 경제적 문제가 불평등과 빈곤의 직접적인 요인이 될 수 있지만 사회적 정치적 문제도 불평등과 빈곤의 지속에 영향을 미친다. 사회적으로 배제되고 정치적으로 참여의 기회가 적어지면 불평등과 빈곤은 개선되기 어렵다고 할 수 있다. 인도에서는 배제적인 시스템이 자리 잡고 있다고 보아야 할 것이다.

비자프르카르는 빈곤효과(poverty effect)가 감소하고 있다고 지적한다. 경제학자들이 부의 효과(wealth effect), 즉 소득 감소에 대응하여 소비가 감소하기에는 시간이 걸린다는 효과에 대해 이야기하는데 이에 대한 대칭개념으로 후진국에서는 마찬가지로 소득증가에 따른 소비증가도 시간이 걸린다는 것이다(Bijapurkar 2008, 36). 그러나 이러한 빈곤효과도 인도에서 감소하고 있다는 것이다. 그나마 인도에서 기대혁명이라고 할 수 있을 정도로 소비 수준이 높아지고 있다. 이러한 상황에서 불평등의 증가는 사회불안을 야기시킬 요인임에 틀림없다. 그럼에도 불구하고 인도에서는 불평등 때문에 일어나는 갈등은 그렇게 심각하지 않다.

정치적으로 하위카스트의 정치참여가 제한받고 있고 정치의 양극화가 심각하지 않아 빈부격차가 사회운동으로 발전하지는 못하고 있다. 정부 차원에서도 하리잔 운동을 벌인 바 있고 암베드카르가 달리트운동을 벌인 바 있지만 불평등과 빈곤에 따른 갈등은 다른 국가에 비해 심하지 않다. 물론 종교적 차원에서 카르마(karma)를 강조하여 전생의 업이 현재의 고난을 만들기 때문에 이를 감수해야 한다는 종교적 가치와 믿음이 존재함에도 불구하고 정치사회적 차원의 배제시스템이 갈등으로 비화되지 않는 데 기여하고 있다고 보아야 할 것이다. 인도는 불평등한 민주주의가 정착되어 있다. **■이양호**

참고문헌

길희성. 1989. 《<바가바드 기타>에 나타난 힌두교의 사회윤리—불평등의 문제를 중심으로 하여》. 《인도철학》, 1: 61-82.

박종수. 2001. 〈인도의 빈곤 원인과 고용 구조〉. 《세계지역논총》, 16: 169-193.

이지은. 2010. 〈지정카스트와 지정부족을 대상으로 한 인도 정원할당제: 수혜집단 제한과 불균등 발전을 통해서 본 문제점과 그 개선안〉. 《인도연구》, 15(2): 109-137.

정채성. 2011. 〈인도 달리뜨 운동의 국제화와 '인권' 문제: 국내 운동과의 관계에서 드러난 한계에 대한 비판적 검토〉. 《인도연구》, 16(1): 99-140.

Acemoglu, Daron and James A. Robinson. 2012. *Why Nations Fail: The Origins of Power, Prosperity, and Poverty*. New York: Crown Business.

Baru, Sanjaya. 2004. "Enterprise and Development In India – An Interregional Perspective." *India Review*, 3(4): 385-404.

Bhaumik, Sumon Kumar and Manisha Chakrabarty. 2006. "Earnings inequality in India: has the rise of caste and religion based politics in India had an impact?" *IZA Discussion Papers*, No. 2008, http://hdl.handle.net/10419/33414.

Bijapurkar, Rama. 2008. *Winning in the Indian Market: Understanding the Transformation of Consumer India*. Singapore: John Wiley and Sons.

Borooah, Vani K. 2005. "Caste, Inequality, and Poverty in India." *Review of Development Economics*, 9(3), 399–414.

Bros, Catherine. 2010. "Social Fragmentation and Public Goods: Polarization, Inequality and Patronage in Uttar Pradesh and Bihar." *Documents de Travail du Centre d'Economie de la Sorbonne*. URL: http://ces.univ-paris1.fr/cesdp/CES-docs.htm.

Cain, J. Salcedo, Rana Hasan, Rhoda Magsombol and Ajay Tandon. 2010. "Accounting for Inequality in India: Evidence from Household Expenditures." *World Development*, 38(3): 282–297.

Chauvin, Sophie et Françoise Lémoine. 2005. "L'Economie Indienne: Changements Structurels et Perspectives à Long-terme." *N° CEPII, Document de travail* n°2005-04.

Cohen, Stephen P. 2001. *India, Emerging Power*. Washington: Brookings Institution Press.

Das, Samarjit, Gouranga Sinha and Tushar K. Mitra. 2010. "Regional convergence of growth, inequality and poverty in India—An empirical study." *Economic Modelling*,

27: 1054–1060.

Desai, Sonalde B., Amaresh Dubey, Brij Lal Joshi, Mitali Sen, Abusaleh Sharif and Reeve Vanneman. 2010. *Human Development in India: Challenges for a Society in Transition.* New York: Oxford.

Friedman, Thomas. 2007. *The World is Flat: A Brief History of the Twenty-first Century.* New York: Picador.

Gajwani, Kiran, Ravi Kanbur and Xiaobo Zhang. 2006. "Patterns of Spatial Convergence and Divergence in India and China." *Paper prepared for the Annual Bank Conference on Development Economics* (ABCDE) St. Petersburg, January 18-19, 2006.

Ghosh, Madhusudan. 2012. "Regional Economic Growth and Inequality in India during the Pre- and Post-reform Periods." *Oxford Development Studies*, 40(2): 190-212.

IMF(International Monetary Fund). 2007. *World Economic Outlook Globalization and Inequality*. Washington: IMF.

Jaffrelot, Christopher. 2005. *Inde: la Democratie par la Caste: Histoire d'une Mutation Socio-politique 1885-2005.* Paris: Fayard.

Jha, Raghbendra, Raghav Gaiha and Anurag Sharma. 2010. "Mean Consumption, Poverty and Inequality in Rural India in the 60th Round of the National Sample Survey." *Journal of Asian and African Studies*, 45: 485-503.

Kohli, Atul. 1980. "Democracy, Economic Growth, and Inequality in India's Development India's Political Economy, 1947-1977: The Gradual Revolution. by Francine Frankel." *World Politics*, 32(4): 623-636.

Low, Setha M. 2011. "Claiming Space for an Engaged Anthropology: Spatial Inequality and Social Exclusion." *American Anthropologist*, 113(3): 389-407.

Markussen, Thomas. 2011. "Inequality and Political Clientelism: Evidence from South India." *Journal of Development Studies*, 47(11): 1721–1738.

Narayan, Swati. 2011. "Why India is Losing its War on Hunger." Oxfam Case Study. www. oxfam.org.

Nath, Kemal. 2008. *India's Century*. New York: McGraw Hill.

Motiram, Sripad and Vamsi Vakulabharanam. 2011. "Indian Inequality: Patterns and Changes, 1993-2010." *Paper written when Sripad Motiram was visiting United Nations University, World Institute of Development Research*(UNU-WIDER).

NSSO(National Sample Survey Office). 2012. *Household Consumenr Expenditure Across*

Socio-Economic Groups. Report no. 544(66/1.0/5). Government of India.

OECD. 2011. *OECD Economic Surveys: India 2011*. OECD publishing.

OECD. 2010. *Tackling Inequalities in Brazil, China, India and South Africa: the Role of Labour Market and Social Policies*. OECD publishing.

Pal, Parthapratim and Jayati Ghosh. 2007. "Inequality in India: A Survey of Recent Trends." *DESA Working Paper* no. 45.

Planning Commission. 2012. *Data for use of Deputy Chairman, Planning Commission*. Government of India. http://planningcommission.gov.in.

Prime Minister's High Level Committee. 2006. *Social, Economic and Educational Status of the Muslim Community of India: a Report*. Prime Minister's High Level Committee Cabinet Secretariat, Government of India.

Rajadhyaksha, Niranjan. 2007. *The Rise of India: its Transformation from Poverty to Prosperity*. Singapore: John Wiley and Sons.

Singh, Ashish. 2011. "Farm Income Inequality and the Role of Caste: New Evidence from India." *Economic Bulletin*, 31(4): 2847-2862.

Zacharias, Azit and Vamsi Vakulabharanam. 2011. "Caste Stratification and Wealth Inequality in India." *World Development*, 39(10), 1820–1833.

2부

불평등, 정치제도 그리고 선거정치의 동학

5장

정치소비, 정치투자와 정책입장

정치거래이론과 제도적 함의

I. 서론

이 논문은 정치경쟁을 행위자(players), 제도적 배열(institutional arrangement) 및 규범적 원리(normative principles)의 통합적 체계(integrated system)로 이해하는 정치거래 이론을 제시한다. 이 이론에서 제기되는 주장은 다음과 같다. 정치경쟁의 본질적인 특징은 집합적 의사결정 및 순응비용을 필연적으로 초래하는 정치상품의 의무적인 소비이다. 정책 소비자들의 순응비용에 대한 우려는 정책결과에 영향을 미치기 위해 인적·재정적 자원을 제공할 동기를 부여한다. 순응비용에 대한 우려는 또한 정책소비 및 광고를 위한 제도 고안 및 유지를 위한 규범적 정당성을 제공한다. 이 논문은 이러한 주장들을 반영하는 공간모형을 통해 후보들의 비대칭적인 수렴동기를 설명한다.

호텔링(Hotelling 1929)의 소비자-판매자 분석틀을 차용한 기존의 선거모형들은 시민들을 수동적인 투표자로 가정하였다. 반면 본 논문의 모형에서는 시민들이 단순히 투표만 하는 것이 아니라 자신에게 부과되는 순응비용을 피하기 위해 적극적으로 정책에 영향을 미치려고 한다. 이처럼 시민들을 적극적인 투자자로 취급하는 본 논문의 모형에서는 정치활동(political activism)이 후보들의 정책입장 결정에 중요한 추진력으로 작동한다. 본 논문의 모형에 의하면, 정책결과에 영향을 미치려는 동기를 가진 정치활동가들은 인적·재정적 자원을 기부하고,[1] 후보들은 자신들의 비정책적 장점인 "유인가치"(valences)를 광고하기 위해 이 자원을 원한다. 따라서 후보들은 선거자원을 얻기 위해 정치활동가들이 선호하는 급진적인 정책을 채택해야 한다. 그러나 후보가 선거승리를 위해 공략해야 되는 중도유권자들은 온건한 정책을 원한다. 후보들은 이러한 딜레마에 봉착해서, 정치활동가와 중도유권자의 상충된 압력의 균형을 맞출 수 있는 정책입장을 채택한다.

정치활동가의 선거자원 제공과 후보의 유인가치 광고를 포함시킨 공간모형 분석은 기존 연구들과 차별적인 결과를 산출한다. 기존 연구들은 유인가치의 이점이 있는 후보가 더 온건한 정책을 채택하거나(Adams, Merrill, and Grofman 2005; Groseclose 2001; Moon 2004; Stone and Simmas 2010), 더 급진적인 정책을 채택한다는 결과를 산출하였다(Adams and Merrill 2009; Burden 2004). 반면, 본 논문의 모형은 유인가치의 이점이 후보가 자신의 유인가치를 광고하기 위해 사용하는 선거자원이 어떤 종류인가에 따라, 상대후보보다 더 온건한 정책을 취할 수도, 아니면 더 급진적인 정책을 취할 수도 있다는 사실을 발견하였다. 만약 유인가치의 이점이 있는 후보가 (자신의 정책과 상관없이 결정되는) 외생적 자원에 의존적인 경우, 자신의 유인가치가 증가할수록 이 후보는 중앙으로 수렴한다. 반면, 이 후보가 (자신의 정책에 따라 변하는) 내생적 자원에 의존하면, 유인가치가 증가할수록 이 후보는 중앙에서 멀어진다. 이러한 결과는 도전자가 현직자에 비해 더 급진적인 입장을 취하는 이유를 설명한다. 도전자는 보통 현직자에게 주어지는 외생적 자원을 얻기 어려우므로 정치활동가로부터 내생적 자원을 얻기 위해 급진

1 윌슨(Wilson 1962)은 정책수혜를 추구하는(patronage-seeking) 이익집단들을 직업적 전문가(professionals)라고 불렀다. 이러한 직업적 전문가들로부터 구분하기 위해 정책을 추구하는(policy-motivated) 정치활동가들을 윌슨은 아마추어(amateur)로 명명하였다. 페노(Fenno 1978)는 이러한 정치활동가들을 주요 지지층(primary constituency)이라 명명하였다. 페노에 의하면, 이들은 선거운동에 필요한 인적·재정적 지원을 주로 제공하기 때문에 후보들의 정책입장이 이들로부터 자유로울 수 없다.

적인 정책을 채택한다.

본 논문은 다음과 같이 구성되어 있다. II장에서는 기존의 공간이론들을 정리한다. III장에서는 정치거래 이론을 제시한다. IV장에서는 이론을 모형화한 공간모형을 제시하고 분석한다. V장에서는 분석결과들을 정리하고 결과의 제도적 함의에 대해 논의한다.

II. 선행연구

다운스(Downs 1957)는 자신의《민주주의 경제이론》(*An Economic Theory of Democracy*)에서 기념비적인 중위투표자 이론을 제시하였다. 이 이론은 유권자와 후보가 완전한 정보를 가지고 있다는 가정하에, 일차원적 공간에서 승리하기 위해 경쟁하는 두 정당은 중위투표자 입장으로 수렴한다는 사실을 발견하였다. 그러나 다운스의 수렴결과는 경험적인 현실에 의해 뒷받침되지 않았다. 많은 경험연구들은 양당 경쟁에서 후보들이 수렴하지 않는다는 사실을 보여 주었다(Sullivan and Minns 1976; Poole and Rosenthal 1984, 1997). 따라서 후속 공간이론들은 다운스 모형의 몇몇 가정들을 수정하여 비수렴 결과를 산출하였다. 이 연구들은 정책추구적 후보(Calvert 1985; Wittman 1983), 제3 정당의 출현가능성(Palfrey 1984), 공천제도의 역할(Aldrich 1995; Burden 2004), 정당활동가의 역할(Aldrich 2010; Moon 2004; Schofield 2003, 2006), 소외로 인한 유권자의 기권(Adams and Merrill 2003; Adams, Merrill, and Grofman 2005; Hinich and Ordeshook 1970), 정치제도의 역할(Cox 1990, 1997)과 같은 변수들로 비수렴 결과를 설명하였다.

경험연구들은 또한 선거경쟁이 정책만을 중심으로 전개된다는 다운스의 가정을 비판하였다. 스톡스(Stokes 1963: 373)는 정책뿐만 아니라 "유권자들이 긍정적 또는 부정적으로 평가하는 조건들"로 정의되는 비정책적인 유인가치(valence)들이 유권자의 투표결정에 영향을 미친다고 주장하였다. 이 주장에 의하면, 정치인들은 자신의 장점을 홍보하거나 상대 후보의 단점을 공격해서, 유권자의 이념적 투표결정을 흔들려고 한다. 이러한 유인가치들은 공간모형이 가정하는 좌-우의 공간에 배열시킬 수 없는 것들이다. 유인가치의 중요성을 인지한 학자들은 유인가치를 후보의 정책입장에 어떠한 영향을 미치는가를 분석하였다(Adams, Merrill, and Grofman 2005; Adams, Merrill, Simas, and Stone. 2011; Ansolabehere and Snyder 2000; Burden 2004; Dixit and Londregan 1996; Enelow and Hinich 1982; Groseclose 2001; Moon 2004; Macdonald and Rabinowitz 1998; Serra 2010).

이들은 후보의 유인가치가 정책입장에 비대칭적인 효과를 가지고 있다는 사실을 발견하였다. 이러한 연구들의 일부는 유인가치의 이점이 있는 후보는 지역구의 압력으로부터 자유롭기 때문에 급진적인 입장을 취할 수 있다고 주장하였다(Burden 2004). 반면, 다른 연구는 유인가치의 이점이 있는 후보는 자신의 유인가치를 더 효과적으로 홍보하기 위해 자신과 상대후보의 정책입장의 차이를 줄이려고 한다고 주장하였다(Adams, Merrill, and Grofman 2005; Ansolabehere and Snyder 2000; Groseclose 2001; Moon 2004).

대부분의 공간모형들이 후보에게 특별한(candidate-specific) 유인가치에 초점을 맞춘 반면, 아담스 등(Adams et al. 2005)은 유권자에게 특별한(voter-specific) 유인가치의 효과를 분석하였다. 유권자에게 특별한 유인가치는 성별, 인종과 같은 유권자의 인구통계학적 특성이 초래하는 후보에 대한 심리적 믿음(attachment), 당파성(partisanship) 등을 포함한다. 아담스 등이 인구통계학적 특성을 자신들의 공간모형에 접목했다는 사실은 공간모형의 확장 이상을 의미하는 것이다. 선거이론은 공간모형을 사용하는 실증이론 전통과 사회심리학적 모형을 사용하는 행태주의 전통으로 구분된다. 전자는 정책효용에 대한 유권자의 합리적 선택을 가정하고 후자는 당파성과 사회경제적·인구학적 변수의 장기적인 역할을 강조한다. 아담스 등의 모형은 그간 병립했던 이러한 두 전통을 통합하려고 시도했기 때문에, 이들은 자신들의 모형을 공간모형의 정책입장 분석과 사회경제적·인구학적 변수의 효과에 대한 분석을 접목한 "통합이론"(unified theory)으로 명명하였다.

그러나 전통적 공간이론뿐만 아니라 통합이론을 포함한 최근의 공간이론도 호텔링(Hotelling 1929)의 시각에 대해 근본적인 문제제기를 하지 않았다. 호텔링의 시각에서 유권자와 후보의 관계는 시장에서 소비자와 판매자(buyer-seller)의 관계와 유사하다. 소비자의 두 가게에 대한 선호는 이동비용 또는 소비자와 가게의 거리에 의해 영향을 받으며, 가게가 소비자를 유치하는 유일한 방법은 가게의 위치를 바꾸는 것이다. 마찬가지로, 호텔링의 분석틀을 차용한 공간이론에서 정당이 유권자의 표를 확보하는 유일한 방법은 정책입장을 변경하는 것이다. 이러한 시각에서 선거경쟁은 상품(정책)의 구매와 판매로 규정되며, 생산과정(정책 결정과정)에 대한 내용이 생략되어 있다.

그러나 유권자와 후보의 관계는 단순한 소비자와 판매자의 관계가 아니라 주인과 대리인(principal-agent) 관계이다. 유권자는 자신이 지지하는 정치인에게 자신의 이해를 대변하는 정책을 만들 권한을 위임한다(Lupia and McCubbins 2003). 선거는 주인이 대리인이 성공적인 대리업무를 하지 못했을 때, 대리인을 처벌하는 제도적 도구이다(Powell 2000). 주인은 정당을 조직하고, 정책결정 과정에 참여하고, 선거자원을 기부하는 등 다양한 방법으로 자신들의 대리인을 통제한다. 이러한 시각에서 유권자는 수동적인 소비자가 아니라 적극적 생산자이거나 투자자인 것이다.

정당활동가의 역할을 강조하는 소수의 연구가 제시되었지만(Schofield 2003; Moon 2004), 다운스의 모형을 따르는 전통적인 공간이론은 정치경쟁을 주인과 대리인의 관계로 보지 않는다. 뿐만 아니라, 일부 공간이론은 선거제도가 정책결과에 미치는 영향을 분석하였으나(Cox 1990, 1997), 정치경쟁을 행위자, 제도적 배열, 및 규범적 원리의 통합체계로 이론화시킨 공간이론은 제시되지 않았다. 다음 장에서는 정치경쟁을 이러한 통합체계로 설명하는 이론을 제시한다.

III. 정치거래 이론

정치거래에서는 시장거래에서와 마찬가지로 생산자(정당이나 후보)와 구매자(유권자), 상품(정책이나 지역구 사업), 시장(선거), 광고(선거운동), 거래매체(표)를 포함한다(문우진 2007). 뿐만 아니라, 시장거래가 구매제도와 광고제도에 의해서 규제를 받듯이 정치거래 역시 선거법과 정치자금법의 규제를 받는다. 이러한 유사성에도 불구하고, 시장거래와 정치거래의 본질적인 차이가 있다. 시장거래에서 소비자는 자신이 원치 않는 상품을 구매하지 않을 자유가 있다. 반면, 집합적인 의사결정인 정치거래에서 정치상품의 구매(투표)는 필연적으로 의무적인 정책소비를 요구한다. 일부 유권자는 다른 다수의 유권자가 선택한 상품(정책)을 원치 않아도 소비해야 한다. 즉, 정치거래는 자신이 원하는 정책을 얻는 데 실패한 유권자들이 원치 않는 정책을 따라야 하기 때문에 발생하는 순응비용을 이들에게 부과한다.

과거에는 사적인 영역으로 간주되었던 영역에 정부가 간여하게 되면서, 시민에게 순응비용을 부과하는 정치영역이 점차 확산되어 갔다. 피오리나에 의하면, 1950년대에는 "도롱뇽의 존재 때문에 개발업자가 습지를 메우지 못한다는 것은 터무니없는 생각이었다"(Fiorina et al. 2010: 192). 1950년대에는 정치가 "투표, 주택공급, 또는 고용과 같이 비중 있는 문제"를 중심으로 돌아갔다면, 지금의 시민들은 "공공장소에서 애완견을 훈련시키거나, 실외에서의 간접흡연으로부터 자유롭거나, 공공장소에서 모유를 수유할 권리들을 주장한다"(Fiorina et al. 2010: 192-193). 이처럼 정치의 영역은 일상생활의 세세한 부분까지 확대되게 되었다.

이처럼 일상생활에서 정치가 영향을 미치지 않는 영역이 거의 없기 때문에, 시민들은 불합리한 순응비용으로부터 자신들을 보호하기 위한 제도들을 창안하고 유지한다. 특히, 고소득자가 자신들이 선호하는 정책을 구입해서 이를 저소득자에게 강요하는 것을 방지하기 위해, 정치거래에서는 매표를 통한 불평등한 투표권(구매력)이 허락되지 않는다. 물론 시장거래 역시 매점매석 방지와 같은 제도적 장치들에 의한 규제를 받는다. 그러나 정상적인 시장에서 매점매석을 통해 다른 소비자에게 비용을 부담시키기에는 비용이 너무 크기 때문에, 일부 소비자의 상품구매가 다른 소비자에게 순응비용을 부과하기는 어렵다. 반면, 정치시장에서의 일부 유권자의 상품구매(특정 정책을 표방하는 후보 지지)는 이 상품을 원치 않는 소비자에게 항상 순응비용을 발생시킨다. 따라서 소수가 과다한 정치적 권한을 행사하여 다수에게 순응비용을 부과시키는 것을 방지하기 위해서, 모든 유권자는 동등한 정치적 권한을 행사해야 한다. 이러한 규범적 원리에 기초해서, 민주주의 선거제도는 모든 유권자는 동등한 양의 거래매체(표)를 행사하게 하고 있다.

시장거래와 마찬가지로, 정치거래는 광고제도에 의한 규제를 받는다. 미국의 연방통신위원회(FTC, Federal Trade Commission)에 속한 규제위원회는 허위·과장 광고를 규제한다. 규제위원회는 또한 특정 집단에 유해한 상품의 광고를 규제한다. 예컨대, 술 또는 담배의 TV 또는 라디오 광고를 금지한다. 시장거래에서 광고제도가 이처럼 광고내용을 규제하는 반면, 정치거래에서는 광고내용뿐만 아니라, 광고비 조달 방법 및 규모, 광고비 지출 규모 및 내역, 광고기간 등과 같은 다양한 내용들을 규제한다.

시장거래에 비해 정치거래에서의 광고제도가 더 엄격한 이유는 광고제도가 기초하고 있는 규범적 원리가 두 종류의 시장에서 다르기 때문이다. 시장거래의 기본원리는 효율성이다. 광고가 공익을 침해하지 않는 한, 광고의 내용, 광고비의 조달방법, 광고비 지출규모는 이익추구를 목표로 하는 판매자의 재량권에 맡겨 둔다. 반면, 정치광고는 경제적 능력이 정치적 권한으로 전이되어서는 안 된다는 정경분리의 규범적 원리의 지배를 받는다. 이러한 규범적 원리 때문에 여러 국가들은 다양한 법적 조항들로 정치광고를 규제한다. 예컨대, 미국에서 정당 또는 후보를 위한 직접적정치자금의 기부는 그 출처와 규모에 대해 법의 규제를 받는다. 영국은 정당의 지출규모를 제한하고 있으며, 프랑스는 기업의 정치자금 기부를 방지하고 있다.

선거자금법은 특히 정치광고에 필요한 광고비 조달방법을 규제한다. 후보의 선거자원은 후보의 정책에 의해 영향을 받는 내생적 자원과 후보들의 입장과 상관없이 조달되는 외생적 자원으로 구분될 수 있다. 내생적 자원은 정치활동가들이 후보로 하여금 자신이 선호하는 정책을 대변하도록 하기 위해 제공하는 자원이다. 외생적 자원은 후보의 사적 자금 또는 후보의 현직자 지위 또는 당선가능성 때문에 기부되는 정치자금, 또는 국고 보조금 등을 포함한다. 표현의 자유가 강조되는 국가에서는 후보의 사적인 자금을 무제한적으로 사용할 수 있도록 허용한다. 반면, 정경분리가 강조되는 국가에서는 후보에게 공평하게 지불되는 국고보조금이 주요한 외생적 자원을 구성한다.

내생적 자원과 외생적 자원 중 어떠한 자원을 더 허용할 것인가는 선거경쟁에 중요한 영향을 미친다. 예컨대, 후보가 지나치게 온건한 정책을 취하면, 후보에게 선거자원을 제공하는 정치활동가들이 자원제공을 철회할 수 있다. 따라서 내생적 자원기부를 주로 허용하는 정치자금법은 정치활동가의 후보에 대한 영향력을 강화시킨다. 반면 외생적 자원의 기부는 후보 자신의 영향력을 강화시킨다. 또한 선거자원을 공적자금으로 제한하면, 거액기부자들의 영향력을 약화시켜, 평등한 정치참여를 촉진할 수 있으나 정치참여를 위축시키거나 표현의 자유를 침해할 수도 있다.

정치광고 제도의 두 축을 이루는 원리, 즉 평등한 정치적 권한과 표현의 자유는 때때로 충돌해 왔다. 두 원리들 중 어떤 원리에 더 큰 비중을 두는가에 따라, 국가들은 다른 정치광고 제도를 채택하였다. 그러나 1976년 미 대법원은 '버클리 대 발레오'(Buckley v. Valeo) 판결에서 후보의 선거자금 지출 액수와 후보 자신을 위한 기부 액수를 제한한 것은 언론의 자유를 침해한다는 결정을 내렸다. 이후 미국 선거자금법의 무게중심은 표현의 자유 쪽으로 이동하게 되었다. 이러한 추세는 다른 선진국에서도 발견된다. 영국은 정당이 받는 기부금의 액수에 제한을 두지 않고, 호주와 독일은 기부금 규모 또는 지출 규모에 제한을 두고 있지 않다. 이처럼 표현의 자유가 강조될

수록, 정치광고는 시장거래에서의 광고와 유사해진다.

정치거래에서 순응비용의 발생은 정치제도를 뒷받침하는 규범적 원리를 제공할 뿐만 아니라, 시민들에게 정치활동의 동기를 부여한다. 후보는 선거에 이기기 위해 더 온건한 정책을 취하려 하는 반면, 이념적으로 급진적인 정치활동가들은 후보의 온건한 정책이 자신에게 부과할 순응비용을 원치 않는다. 따라서 정치활동가는 수동적으로 정치상품을 소비하기보다는 자신들이 선호하는 정책을 직접 생산하거나 적어도 정책결정에 영향을 미치려고 한다. 뿐만 아니라, 정치상품 구매행위는 평등한 정치적 권한이라는 규범적 원리 때문에 엄격하게 규제되는 반면, 정치활동은 표현의 자유라는 원리 때문에 비교적 덜 엄격한 제도적인 제한을 받는다. 시민들은 자신이 상당한 순응비용을 치룰 것으로 예상하게 되면, 인적·재정적 자원을 투자하여 정책에 영향을 미치려 한다.

그러나 일반 시민들이 직접적으로 정책결정에 참여하면 막대한 거래비용을 치르게 된다. 이러한 비용을 줄이기 위해, 정치활동가들은 정당이라는 대리인에 정책결정권을 위임한다. 정치활동가들은 대신 압력단체를 구성하거나 선거운동에 참여하고, 정치자금을 기부하여 자신의 대리인을 처벌하거나 보상한다. 미국에서 연방, 주, 또는 지방 선거에 출마하는 후보의 공천과 선출에 영향을 미치기 위해 조직된 527 단체는 이러한 정치활동가의 전형적인 예이다. 즉 시민과 정치인의 관계는 판매자와 구매자뿐 아니라 주인과 대리인의 관계인 것이다.

호텔링의 모형에서 가게 주인은 상품을 팔고 소비자는 상품생산에 대한 관여하지 않고 소비만 한다. 이러한 시각을 접목한 전통적인 공간이론에서는, 유권자는 수동적으로 주어진 정책들 중 선호하는 정책을 선택하기만 한다. 그러나 이러한 시각은 정치거래의 본질적인 특징, 즉 시민들이 정책결정에 참여하기 위해 정치활동에 자신의 시간과 자원을 투자한다는 사실을 간과한 것이다. 시민들이 소비자일 뿐만 아니라 투자자라는 시각은 정치인들을 기존의 공간이론과 본질적으로 다른 의사결정 상황에 처하게 한다. 정치거래에서는 대리인(정치인)이 표를 극대화한다고 해서 주인(유권자)의 효용이 극대화되는 것은 아니다. 대리인의 궁극적인 목표는 주인과 일치하지 않는다. 후보는 관직을 얻었을 때 수반되는 다양한 이권을 얻기 위해서 선거에서 승리하려 하는 반면, 유권자는 자신들이 선호하는 정책을 얻기 위해 자신의 후보가 승리하기를 원한다. 후보의 표를 극대화시키는 정책이 주인의 순응비용을 증가시킬 수도 있다.

이러한 딜레마에 봉착해서, 주인과 대리인은 자신들의 이해를 조정할 해법을 찾을 필요가 있다. 주인은 대리인에게 선거자원을 제공하고 대리인은 표를 더 얻기 위해 주인이 선호하는 정책에서 지나치게 멀어지기보다는 주인이 제공하는 자원을 이용해서 자신의 유인가치를 광고하거나 상대후보를 비방하여 표를 얻고자 한다. 이처럼 정치광고를 공간이론에 접목하는 시각은 유권자가 단지 투표만 한다고 가정하는 전통적인 공간이론과는 이론적으로 상당히 다른 것이다. 경험연구들은 후보가 유권자의 이념적인 투표결정을 바꾸려고 하는 노력, 즉 선거운동을 정치경쟁에서 가장 중요한 요소로 다루었다. 시장거래에서 광고가 상품의 가치를 높이듯이, 정치거래에서는 선거운동이 후보의 가치를 높인다. 그러나 전통적인 공간이론은 정치적 구매행위인 투표를 모형에 포함시켰으나, 정치광고와 이를 위한 정치적 투자행위인 선거운동과 기부의 중요성을 간과하였다. 본 논문의 이론은 선거경쟁의 이러한 현실을 중요하게 인식한다.

본 논문이 제시한 정치거래 이론에서 후보는 선거에 이기기 위해 더 온건한 정책을 취하려 하는 반면, 이념적으로 급진적인 정치활동가들은 후보의 온건한 정책이 자신에게 부과할 순응비용을 원치 않는다. 만약 후보들이 자신들의 정책입장과 상관없는 외생적 선거자금을 모집할 수 있다면, 이들은 정치활동가들의 영향을 걱정할 필요가 없다. 그러나 이러한 외생적 자원이 없는 후보는 정치활동가들이 제공하는 내생적 자원에 의지해야 한다. 정치활동가들은 자신들이 원하는 급진적인 정책을 대변하는 후보를 원하나 시민들은 온건한 정책을 원한다. 후보들은 정치활동가들의 자원을 원할

뿐만 아니라 유권자의 표를 동시에 원한다. 만약 후보가 정치활동가들의 입장을 취하면 더 많은 자원을 얻을 수 있으나, 중도 유권자들의 표를 잃을 수 있다. 이러한 딜레마에 봉착하여, 후보들은 이러한 상충된 압력들이 최적하게 균형을 이루는 상태에서 정책입장을 결정한다.

〈그림 1〉은 이 장에서 논의한 정치거래 이론을 정리하였다. 〈그림 1〉에서 화살표들은 인과적 메커니즘이 어떻게 형성되는가를 보여 준다. 좌측 상단의 화살표는 정치거래에서 후보나 정당이 제시한 정책상품은 의무적인 소비를 요구하고 순응비용을 초래한다는 사실을 나타낸다. 시민들은 자신에게 부과될 순응비용 때문에 선거운동이나 선거자금 기부와 같은 정치활동 동기를 가진다. 후보는 정치활동가들이 제공한 내생적 자원을 이용해서 자신의 유인가치를 광고한다. 순응비용은 또한 정치거래에 합당한 규범적 원리와 이에 근거한 정치제도를 만들게 하는 이유가 된다. 시민들은 자신에게 순응비용이 부당하게 부과되는 것을 방지하기 위해 평등한 정치권한이라는 규범적 원리에 동의한다. 이러한 원리는 선거제도와 정치광고 제도를 창안하고 유지할 수 있는 정당성을 부여한다. 또한 자유로운 정치활동을 원하는 시민들은 표현의 자유라는 규범적 원리를 정치광고 제도에 적용한다. 후보들은 이처럼 형성된 정치광고 제도의 틀 속에서 자신의 유인가치를 외재적·내재적 자원을 이용해 광고한다. 시민들 역시 이처럼 형성된 선거제도의 규칙을 따라 자신이 원하는 상품(정책)을 판매(제시)하는 후보를 구매(선택)한다.

〈그림 1〉은 또한 정치거래 이론을 다음과 같은 기존의 다섯 접근방법들과 비교하였다. 첫째, 〈그림 1〉의 좌측 상단에 표시된 행태주의 전통을 따르는 연구들은 유권자의 심리적·사회경제적·인구통계학적 변수들이 선거결과에 어떠한 영향을 미치는가를 분석한다. 둘째, 전통적인 공간이론은 효용극대화를 추구하는 유권자들을 상대로 선거승리를 목표로 하는 후보들이 균형점에서 어떠한 정책을 취하는가를 분석한다. 셋째, 아담스 등(Adams, Merrill, and Grofman 2005)이 최근에 제시한 선거이론은 이 두 전통적인 입

그림 1. 정치거래 이론

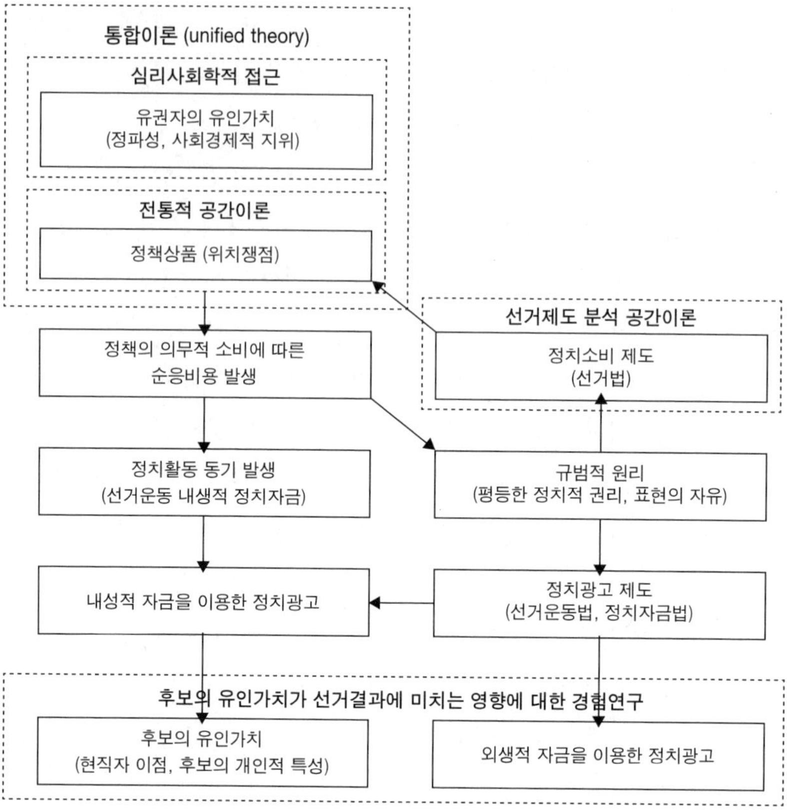

장을 통합하려고 시도했다. 넷째, 그림 우측에 표시된 일부 공간이론은 선거제도가 정책결정에 미치는 영향을 분석하였다. 마지막으로, 그림의 바탕에 표시된 경험연구들은 지역구 사업, 현직자 이점, 선거지출과 같은 후보들의 유인가치가 선거결과에 어떠한 영향을 미치는가를 분석하였다. 이러한 연구들은 선거경쟁을 설명하는 데 중요한 공헌을 하였지만, 선거경쟁을 규범적 원리 및 정치제도에 얽혀 있는 행위자의 집합적 의사결정으로 설명하는 공간모형은 제시되지 않았다. 다음 장에서 〈그림 1〉이 보여 준 선거경쟁의 작동원리를 모형화한 공간모형을 제시한다.

IV. 공간모형

1. 모형설정(model specification)

III장에서 제시된 이론에 의하면, 선거경쟁에서 정치활동가들이 제공하는 선거자원의 제약을 받는 후보들이 표를 극대화시키려 한다. 이러한 목표를 성취하기 위해, 후보들은 정치활동가들이 제공하는 내생적 자원과 자신의 정책입장과 무관한 외생적 자원을 가지고 자신의 유인가치를 광고한다. 이러한 선거의 작동원리를 모형화하기 위해 아래와 같은 가정들을 한다. 첫째, 유권자들이 0과 1 사이의 일차원적 정책공간에 연속적으로 배열되어 있다. 이들의 최선호 정책을 θ로 표시하고, 모형을 단순화하기 위해 최선호 정책의 분포는 $\phi(\theta)=1$이라 가정한다. 둘째, 진보 후보 L과 보수 후보 R은 각각 구간 [0,1] 사이에서 정책 x_L과 x_R을 제시한다. 셋째, 유권자들은 이들 정책을 정확하게 파악할 능력이 있다. 넷째, 후보들은 선거운동을 통해 자신의 유인가치(능력, 경험, 현직자의 경우 지역구 사업 및 입법성과)를 광고하고, 상대의 약점을 공략한다. 후보 i가 제시하는 유인가치를 v_i로 표기한다.[2]

다음은 유권자의 효용함수를 정의한다. 후보가 유권자의 최선호 정책으로부터 멀어질수록, 이 유권자의 효용은 감소한다. 또한 후보의 유인가치가 증가할수록, 유권자의 효용은 증가한다. 후보들은 자신의 유인가치를 광고하기 위해 선거자원을 필요로 한다. 후보 i가 유권자 일인당 사용하는 선거자원을 r_i로 표기한다. 후보가 더 많은 광고비를 사용해 자신의 유인가치를 성공적으로 광고할수록, 유권자의 효용은 증가한다고 가정한다. 이러한 가정들을 반영하는 효용곡선은 아래와 같다.

---

2 아담스 등(Adams et al. 2011:17)은 유인가치를 "특성"(character) 유인가치와 "전략적"(strategic) 유인가치로 구분하였다. 전자는 공직자가 갖추어야 하는 정직성, 성실성, 능력과 같은 자질을 의미하며 후자는 인지도, 정치자금 모금 능력, 선거운동 기술과 같이 후보의 선거승리에 필요한 수단을 의미한다. 이러한 유인가치들은 후보에 속한(candidate-specific) 유인가치인 반면, 아담스 등(Adams 2005)은 유권자 정파성, 인종, 성별 등과 같은 유권자에 속한(voter-specific) 유인가치를 다루었다. v_i는 후보의 특성가치에 해당한다.

$$u_i(x_i, v_i, r_i; \epsilon, \theta) = r_i v_i - \epsilon(x_i - \theta)^2 \text{ for } i \in L, R \tag{1}$$

공식 (1)에서 $\epsilon \subset [0,1]$는 유권자의 투표결정에 있어서 후보 i의 유인가치에 비해 정책이 더 중요한 정도를 나타낸다. ϵ가 0이면 유권자의 효용은 유인가치에 의해서만 결정된다. ϵ가 커질수록 유권자의 투표결정에 정책이 유인가치에 비해 더 현저(salient)해진다. $\epsilon-(x_i-0)^2$은 후보 i의 정책과 유권자의 최선호 정책의 거리 때문에 발생하는 유권자의 효용감소 또는 순응비용의 증가를 나타낸다.

만약 $u_L = u_R$이면 유권자는 후보 L과 R 사이에 효용차이를 못 느낀다. $u_L = u_R$일 경우, 공식 (2)로부터 다음과 같은 등식이 성립한다.

$$r_L v_L - \epsilon(x_L - \theta)^2 = r_R v_R - \epsilon(x_R - \theta)^2 \tag{2}$$

공식 (2)를 θ에 대해서 풀면 다음과 같은 지지분기점에 대한 공식을 얻게 된다.

$$\hat{\theta} = \frac{x_L + x_R}{2} + \frac{r_L v_L - r_R v_R}{2\epsilon(x_R - x_L)} \tag{3}$$

지지분기점은 두 후보 사이에 차이를 느끼지 못하는 유권자의 입장이다. 지지분기점 좌측과 우측에 있는 유권자는 각각 후보 L과 후보 R을 지지한다. 지지분기점에 있는 유권자들이 후보 L 또는 후보 R을 각각 지지할 확률은 1/2이다.

다음은 유권자들의 선거자금 기부함수를 정의한다. 유권자의 선거자금 기부는 후보가 유권자의 최선호 정책으로부터 멀어질수록 감소한다고 가정한다. 아래 수식은 이러한 가정을 나타낸다.

$$c_i(x_i, \rho, \theta) = -\rho(x_i - \theta)^2 \tag{4}$$

공식 (4)에서 ρ는 자원기부의 탄력성이다. ρ가 증가할수록, 자신의 입장에 접근하는 후보 i를 위한 시민의 자원기부는 빠르게 증가한다. 달리 말하면, ρ가 증가하면 시민의 자원기부는 후보의 정책변경에 민감하게 반응한다. 따라서 ρ는 시민의 자원기부 또는 정치활동의 반응정도(responsiveness)를 나타낸다.

그렇다면 두 후보가 얻을 수 있는 내생적인(endogenous) 선거자원에 대한 함수는 아래와 같다.

$$\begin{cases} r_L^{en}(x_L, x_R; \rho, \phi, \theta) = \int_0^{\frac{x_L + x_R}{2}} c_L(x_L, x_R; \rho, \phi) \cdot \phi(\theta) d\theta \\ r_R^{en}(x_L, x_R; \rho, \phi, \theta) = \int_{\frac{x_L + x_R}{2}}^1 c_R(x_L, x_R; \rho, \phi) \cdot \phi(\theta) d\theta \end{cases} \quad (5)$$

공식 (5)에서 r_i^{en}은 후보 i의 정책입장에 따라 변하는 내생적 선거자원을 나타낸다. 공식 (5)에 의하면, 한 후보의 내생적 자원은 상대후보에 비해 자신과 더 가까이 있는 모든 유권자들이 기부한 자원을 누적한 값이다.

후보들은 내생적 자원 외에도 외생적인 자원을 얻을 수 있다. 외생적인 자원은 후보의 입장과 상관없는 외부변수 때문에 얻을 수 있는 자원을 의미한다. 이러한 외부변수는 후보의 현직자 지위, 후보의 인지도, 언론 노출도, 기부금 모집 능력, 후보 스스로 자금을 조달할 수 있는 능력 등을 포함한다.[3] 외생적인 자원을 r_i^{ex}로 표시하면, 후보 i의 선거자원은 다음과 같이 표시될 수 있다.

$$r_i = r_i^{en} + (1 - \beta) r_i^{ex} \quad (6)$$

3 스톤과 시마스(Stone and Simas 2010)는 후보들의 이러한 능력을 "선거운동"(campaign) 유인가치로 명명하고 설문조사를 통해 7점 척도로 측정하였다.

공식 (6)에서 (1-β)는 후보가 외생적 자원에 대한 의존성이고 β는 내생적 자원에 대한 의존성을 나타낸다. β가 1이면, 후보는 내생적 자원에만 의존한다. 후보의 내생적 자원은 후보의 열성지지자들이 주로 제공하고 이들은 이념적으로 급진적인 성향을 띤다(Ensley 2009; McCarty, Poole, and Rosenthal 2006; Peress 2010). β는 정치자금 제도에 의해서도 영향을 받는다. 정치자금법이 외생적 자원을 제한할 수도 있고 장려할 수도 있다. 예컨대, 후보 개인의 사적인 기부를 제한하는 것은 외생적 자원을 제한하는 것이다. 반대로 선거보조금을 통한 선거자금 지원은 공적인 외생적 자원을 제공하는 것이다. 따라서 (1-β)는 후보 개인이 외생적 자원에 의존하는 정도로 해석될 수도 있고, 외생적 자원을 장려하는 정치제도의 효과로 해석할 수도 있다.

$\phi(\theta)$=1이라 가정했으므로, 지지분기점 좌측에 위치한 유권자들의 집합을 다음과 같다.

$$\Phi(\hat{\theta}) = \int_0^{\hat{\theta}} \phi(\theta) d\theta = \hat{\theta}$$

따라서 후보 L의 보상함수(payoff function)인 $\Pi_L \epsilon \subset [0, 1]$는 다음과 같이 정의된다.

$$\text{만약} \quad x_L < x_R, \ \Pi_L(x_L, x_R) = \hat{\theta}$$

$$\text{만약} \quad x_L = x_R, \ \begin{cases} \Pi_L(x_L, x_R) = 1 & \text{if } r_L v_L > r_R v_R \\ \Pi_L(x_L, x_R) = 0.5 & \text{if } r_L v_L = r_R v_R \\ \Pi_L(x_L, x_R) = 0 & \text{if } r_L v_L < r_R v_R \end{cases} \qquad (7)$$

후보 R의 보상함수는 다음과 같다.

$$\Pi_R(x_L, x_R) = 1 - \Pi_L(x_L, x_R) \quad (8)$$

후보 i는 자신의 보상함수를 극대화시키기 위해 선거경쟁을 한다.

$$\max \ \Pi_i(x_L, x_R) \quad (9)$$

선거경쟁의 균형점(x_L^*, x_R^*)은 아래의 조건을 충족시키는 내쉬(Nash) 균형점이다.

$$\begin{cases} \Pi_L(x_L, x_R^*) \leq \Pi_L(x_L^*, x_R^*) \\ \Pi_R(x_L^*, x_R) \leq \Pi_R(x_L^*, x_R^*) \end{cases} \quad (10)$$

이처럼 설정된 공간모형을 통해 두 유권자 관련변수(유권자 투표결정에서 정책이 상대적으로 현저한 정도와 정치기부의 탄력성)와 세 후보 관련변수(한 후보의 외생적 자원 및 유인가치, 그리고 후보들의 외생적 자원에 대한 의존도)가 후보들의 균형점에 미치는 영향을 분석한다.

2. 분석결과

〈그림 2〉는 유권자의 투표결정에 있어서 정책의 현저성(saliency)과 및 자원기부의 탄력성(elasticity)이 균형점에 미치는 영향을 보여 준다.[4] 옅은 두 선은 후보 R의 입장을, 짙은 두 색은 후보 L의 입장을 나타낸다. 굵은 두 선은 정책 현저성(ϵ)에 의한 균형점의 변화를 나타낸다. 〈그림 2〉는 정책 현저성은 후보들이 균형점에서 서로 수렴하도록 하는 구심적 효과를 가지고 있다는 사실을 보여 준다. 후보의 정책입장이 유권자의 효용에 현저한 영향을 미칠수록, 두 후보는 서로 수렴한다. 이는 왜냐하면, 정책이 후보의 유인가

4 〈그림 2〉는 두 후보 사이에 유인적 가치와 외생적 자원의 차이가 없고, 두 후보 모두 내생적 자원에만 의존하는 경우에 해당한다.

그림 2. 효용 및 자원기부의 탄력성이 균형점에 미치는 영향

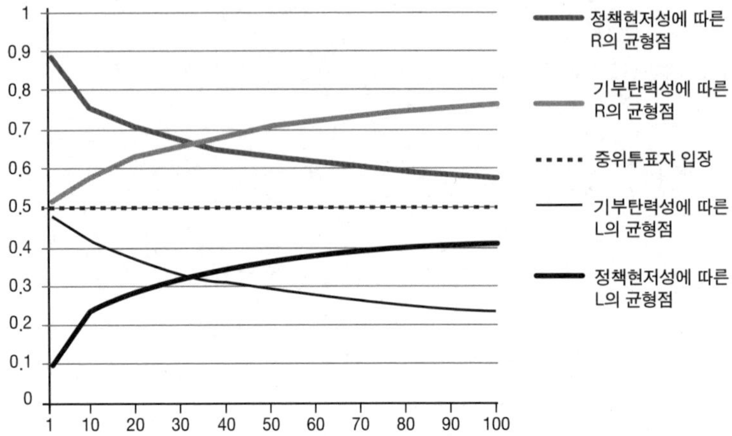

치에 비해 더 중요해질수록, 후보는 유인가치를 통해 유권자의 정책투표 결정을 흔들기가 어려워진다. 따라서 후보는 유인가치를 광고하기 위해 정치자금을 끌어들일 동기가 약해지고, 정치활동가들의 영향으로부터 더 자유로워진다. 그러므로 후보는 더 많은 표를 얻기 위해 더 자유롭게 중앙으로 이동할 수 있다. 〈그림 2〉의 가는 두 선은 기부 탄력성(ρ)이 후보들을 서로로부터 멀어지게 하는 원심적 효과를 가지고 있다는 사실을 보여 준다. 기부탄력성이 증가할수록, 정치활동가들은 자신의 입장으로부터 멀어지는후보에게 선거자원을 빨리 철회한다. 정치활동가들이 자원제공 또는 철회를 통해 후보에게 탄력적으로 대응할수록, 후보가 중앙으로 접근하는 것을 차단할 수 있다. 즉 정치활동가들의 탄력적 대응은 후보들을 자신 쪽으로 끌어들일 수 있다.

〈그림 2〉는 정치경쟁에서 시민들이 어떤 역할을 하는가에 따라 정책결과에 어떠한 결과를 초래할 수 있는가를 보여 준다. 전통적인 공간모형은 시민들을 정책 소비자로 본다. 〈그림 2〉에 따르면 이러한 시각은 기부탄력성이 0이라고 가정하는 것과 분석적으로 동일하다. 기부탄력성이 0이면, 후보의 입장과 유권자의 기부활동은 무관하고, 따라서 후보의 입장 역시 유

그림 3. 외생적 자원의 이점 또는 외생적 자원 의존도가 균형점에 미치는 영향

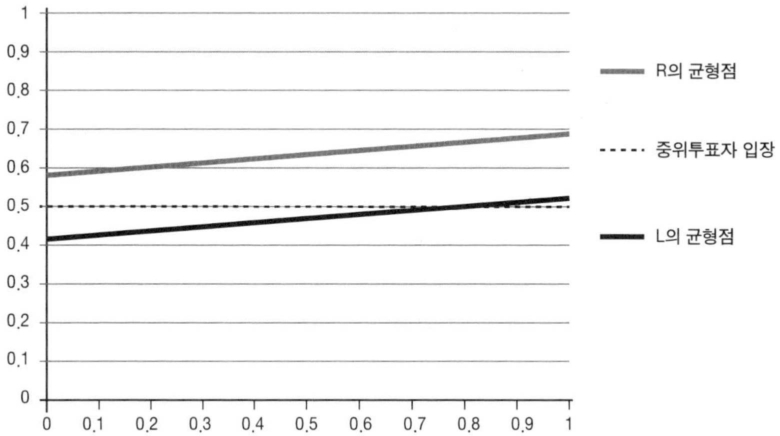

권자의 기부에 의해 영향을 받지 않는다. 반면, 본 논문의 모형에서는 유권자는 후보의 정책에 의해 효용이 변하는 소비자이면서(ϵ>0), 기부동기 역시 변하는(ρ>0) 투자자이다. 또한 시민들이 소비자 또는 투자자의 역할 중 어떤 역할을 더 충실히 하는가는 ϵ값과 ρ값의 상대적인 크기에 의해서 변한다. 만약 시민들이 소비자로서의 역할에 더 충실하다면(ϵ값은 크나 ρ값은 작은 경우), 두 후보의 균형점 정책은 수렴한다. 반면 시민들이 투자자로서의 역할에 더 충실하다면(ϵ값에 비해 ρ값이 큰 경우), 시민의 정치투자, 즉 활발한 정치활동은 지지후보의 입장을 정치활동가 쪽으로 끌어들일 수 있다.

〈그림 3〉은 후보 L의 외생적 자원의 이점($r_L^{ex} - r_R^{ex} \equiv \Delta r^{ex}$)이 증가할수록 후보 L은 후보 R쪽으로 수렴하는 반면 후보 R은 중앙에서 멀어진다는 사실을 보여 준다.[5] 달리 말하면, 〈그림 3〉은 외생적 자원의 이점이 있는 후보는 구심적 동기가 있다는 사실을 보여 준다. 이는 왜냐하면 한 후보가 외생적 자원이 더 많으면 자신의 유인가치를 더 잘 광고할 수 있고, 이 후보의 유인가치의 광고는 두 후보의 입장 차이가 적을수록 더 효과적이기 때문이다.

5 〈그림 3〉은 β가 1일 경우, 후보 L의 외생적 자원의 이점이 0에서 5까지 증가할 때의 균형점의 변화를 보여 준다.

따라서 외생적 자원이 더 많은 후보는 상대 후보와의 입장 차이를 좁혀 자신의 유인가치의 광고를 통해 표를 얻으려 한다. 외생적 자원은 후보의 입장과 상관없이 주어지는 자원이므로, 수렴동기가 있는 후보는 외생적자원의 감소에 대한 우려 없이 중앙으로 수렴할 수 있다.

〈그림 3〉은 또한 내생적 자원에 비해 외생적 자원에 대한 의존도(1−β)가 커져도, 외생적 자원의 이점이 있는 후보(후보 L)의 수렴동기는 증가한다는 사실을 보여 준다.[6] 예컨대, 정치자금법이 외생적 자원의 기부를 허용할수록 후보들의 외생적 자원에 대한 의존도는 높아진다. 이럴 경우, 외생적 자원의 이점이 있는 후보는 중앙으로 더 수렴한다. 내생적 자원은 급진적인 정당 활동가의 영향을 받기 때문에 내생적 자원의 이점이 있는 후보가 항상 중앙으로 수렴할 수 있는 것은 아니다. 반면 외생적 자원의 이점은 후보들에게 항상 구심적 동기를 부여한다. 따라서 내생적 자원에 비해 외생적 자원의 비중이 상대적으로 커질수록, 외생적 자원이 더 많은 후보는 중앙으로 수렴하게 된다.

〈그림 4〉는 유인가치의 이점은 원심적인 효과를 가질 수도 있고 구심적인 효과를 가질 수도 있다는 사실을 보여 준다. 〈그림 4〉에서 가는 선들은 후보들이 외생적인 자원에만 의존하는 경우(β=0)를 나타내고, 굵은 선들은 후보들이 내생적인 자원에만 의존하는 경우(β=1)를 나타낸다. 후보들이 외생적인 자원만 사용하는 경우, 후보 L의 유인가치의 이점($v_L - v_R = \Delta v$)이 증가할수록 후보 L은 중앙으로 수렴한다. 반면 후보들이 내생적인 자원만 사용하는 경우, 후보 L의 유인가치의 이점($v_L - v_R \equiv \Delta v$)이 증가할수록 후보 L은 중앙에서 멀어진다. 즉 유인가치의 이점은 후보들이 사용하는 선거자원이 외생적이면 구심적 효과를, 내생적이면 원심적 효과를 가진다. 이는 왜냐하면 유인가치가 있는 후보는 자신의 가치를 광고하기 위한 자원이 필요한데, 이 자원의 성격에 따라 수렴의 용이성이 달라지기 때문이다. 우월한 유인가치

6 〈그림 3〉은 후보 L의 외생적 자원의 이점이 0.5인 경우, β가 0에서 1까지 증가할 때의 균형점 변화를 보여 준다.

그림 4. 유인가치가 외생적 자원의 비중에 따라 균형점에 미치는 영향

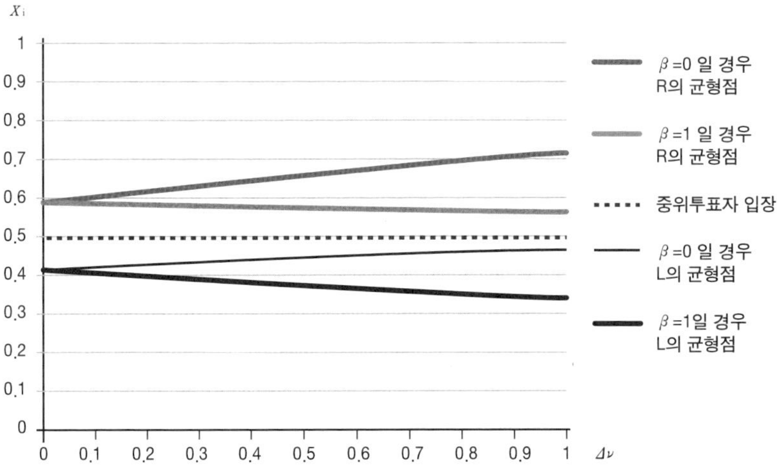

의 광고를 위해 자원을 필요로 하는 후보가 외생적인 자원에 의존하면 정당 활동가의 영향을 받지 않고 수렴할 수 있는 반면, 내생적인 자원에 의존하면 정당 활동가의 입장을 반영해야 한다.

본 논문의 이러한 결과는 기존 연구들과 차별적인 것이다. 기존 연구는 유인가치의 이점이 있는 후보는 더 급진적인 입장을 취하거나(Burden 2004), 더 온건한 입장을 취한다는 사실을 발견하였다(Adams, Merrill, and Grofman 2005; Groseclose 2001; Moon 2004). 반면 본 연구에 의하면, 유인가치의 이점이 있는 후보의 구심적 혹은 원심적 동기는 자신이 사용하는 자원의 성격에 따라 달라진다. 따라서 본 연구는 기존 연구들이 왜 서로 상충되는 결과를 발견했는가를 설명할 수 있다. 본 논문의 이러한 결과는 기존의 공간모형들과는 다른 이론적 차별성 때문에 도출된 것이다. 최근의 공간모형들이 후보의 유인가치를 공간이론에 접목하였지만, 이들은 시민들을 정치 투자자로 보는 시각을 제시하지 않았다. 반면, 본 논문이 제시한 모형에서의 시민은 내생적 자원을 투자하여 자신의 후보에 영향력을 행사할 수 있다. 즉 시민들이 단순한 정치소비자가 아닌 정치투자자일수록, 자신의 후보가 자신의 입장에서 멀어지는 것을 방지할 수 있다.

V. 결론 및 함의

과학자는 간결한(parsimonious) 설명을 선호하는 반면, 역사학자는 현실적인(realistic) 설명을 원한다. 과학자의 간결성에 대한 선호는 일반이론을 추구하기 때문이다. 그러나 일반이론을 추구하기 위해서 경험적인 현실을 지나치게 단순화시키면 현실을 왜곡할 수 있다. 다운스의 중위투표자 이론은 정치학에서 가장 간단명료한(elegant) 이론들 중 하나이다. 그럼에도 불구하고, 수렴결과의 비현실성 때문에 후속학자들은 다운스의 가정들을 일부 수정해서 정당들이 수렴하지 않는 현실을 설명하려 하였다. 본 논문은 다운스가 차용한 호텔링의 판매자-구매자 관점이 정치의 본질을 간과할 정도로 너무 단순하다는 점을 지적했다. 본 논문은 다운스가 제시한 몇몇 가정들을 수정하는 대신, 정치경쟁을 행위자, 정치제도, 및 이를 지탱하는 규범적 원리의 통합체계로 보는 새로운 이론을 제시하고 이를 모형화하였다.

다운스의 이론에서는 유권자의 분포가 두 후보의 균형점 정책을 결정하지만, 본 논문의 모형은 시민과 유권자 그리고 제도적 환경이 균형점에 영향을 미친다. 이 모형의 분석은 몇 가지 이론적으로 흥미로운 결과를 산출한다. 첫째, 시민의 정책 민감도는 구심적 효과를 가지고 있으며, 이러한 효과는 정치자금 기부탄력성이 유발하는 원심적 효과에 의해 상쇄된다. 둘째, 후보들의 유인가치는 균형점 정책에 비대칭적인 효과를 갖는다. 후보들이 외생적 자원에 의존적인 경우, 유인가치의 이점이 있는 후보는 상대후보보다 더 온건한 입장을 취한다. 반면, 후보들이 내생적 자원에 의존하는 경우, 유리한 유인가치를 가진 후보는 더 급진적인 입장을 취한다. 본 논문의 이러한 결과는 기존 이론들이 유인가치의 효과에 대해 왜 서로 상충되는 결과를 제시했는가를 설명한다.

본 논문의 정치거래 모형이 다양한 변수들을 포함하고 있기 때문에 일반적인 설명을 제시하기에 지나치게 복잡한 것처럼 보일 수도 있다. 그러나 복잡한 모형이 반드시 덜 일반적인 것은 아니다. 정치는 서로 고립된

(isolated) 개인들의 개별적 활동이 아니라 개인들의 의사결정이 규범적 원리 및 제도적 환경과 얽혀 있는 통합된 체계이다. 즉 정치는 호텔링의 판매자-구매자 모형으로 단순화시킬 수 없을 정도로 복잡한 규범적·제도적 체계이다. 따라서 정치학자들은 간결하지만 비현실적인 모형을 뛰어넘어, 정치의 이러한 복잡성을 설명하는 모형을 제시할 필요가 있다.

외생적 자원이 지배적인 환경에서 유인가치의 이점이 있는 후보가 더 온건한 정책을 취한다는 본 논문의 결과는 유익한 제도적 함의를 제공한다. 이는 외생적 자원을 장려하는 정치자금법이 온건한 정책결과를 초래한다는 사실을 의미한다. 따라서 정당들이 서로 "적대"적일 정도로 양극화된 정당체제에서는 외생적 자원을 장려하는 제도적 개혁이 정당체제를 온건화 시킬 수도 있다.[7] 그러나 외생적 자원을 장려하는 제도가 가지고 있는 부정적인 요소들이 있다. 외생적 자원이 부유한 후보에 의해서 사적으로 충당되거나, 당선 경쟁력이 있는 현직자에게 집중적으로 제공된다면, 이러한 제도개혁은 자금동원 능력이 없는 후보 또는 도전자에게 불리하게 작동할 것이다. 따라서 선거보조금 또는 도전자를 위한 무료 방송시간, 선거자료의 출판과 같은 간접적 지원과 같은 제도적 장치가 선거경쟁성을 높이면서 온건한 정당체제를 유도할 수 있는 방안이 될 것이다.

외생적 자원의 비중을 높이는 제도적 방안에 대해 고려해야 할 또 다른 문제는 외생적 자원의 비중 증가는 유인가치의 이점이 있는 후보의 당선가능성을 높인다는 것이다. 유인가치의 이점이 있는 후보는 자신의 유인가치를 광고할 동기가 강하다. 유인가치 광고를 위한 자원이 내생적인 경우, 급진적인 정치활동가들의 영향을 받으므로 온건한 정책을 취하기 어렵다. 반면, 유인가치의 이점이 있는 후보가 외생적 자원만 사용하는 경우, 이 후보는 중앙으로 수렴해도 자원의 손실 없이 중앙으로 수렴해서 상대후보와의 이념적 차이를 줄여 자신의 유인가치를 더 부각시킬 수 있다. 후보가 광

---

7 보수당과 노동당의 급진주의자들 간의 대치상황이 고착된 영국 정치를 보고 파이너(Finer 1975)는 적대정치(adversary politics)라 명명하였다.

고하는 유인가치가 실제로 후보의 능력, 경험, 신뢰성, 도덕성을 반영하는 것이라면, 이러한 후보의 당선은 바람직하다고 볼 수 있다(Stone and Simas 2010).[8] 그러나 후보들이 가공된 유인가치로 유권자를 현혹하는 경우, 유권자들이 후보들의 유인가치의 실체를 판단할 수 없는 경우, 유인가치 자체보다 이에 대한 광고 능력이 유권자들의 투표결정을 효과적으로 바꾸는 경우, 외생적 자원의 비중을 증가시키는 제도 개혁은 정책대결을 축소시키고 유인가치 중심의 선거를 초래할 수 있다.

정당들의 입장이 지나치게 비차별적인 국가에서는 내생적 자원의 기부를 장려하거나 외생적 자원의 기부를 억제하는 제도개혁이 이러한 문제를 해소하는데 기여할 것이다. 미국 학자들은 20세기 중반의 공화·민주 양당의 강령이 지나치게 비차별적이라는 점을 지적하였다. 이러한 문제점을 논의하기 위한 위원회가 미국정치학회에서 조직되기도 했다(Butler 2009). 미국의 1950년대처럼 비차별적인 정당체제를 가진 국가에서는 유권자들이 정당들의 입장 차이를 파악하기 어려우므로 유인가치를 중심으로 투표하게 된다.[9] 뿐만 아니라, 후보의 유인가치가 가공된 것이라면 유권자들은 가공된 유인가치에 현혹되어 자신이 덜 선호하는 정책을 제시하는 후보에게 투표할 수도 있다. 따라서 정당들의 입장이 비차별적인 국가에서는 정치활동가의 영향을 촉진시키는 제도개혁이 필요하다. 물론 이러한 제도개혁에서 전제되어야 할 점은 새로운 제도가 경쟁정당들에게 공평한 기회를 부여해야 한다는 것이다. ■**문우진**

8 이러한 취지에서, 스톤과 시마스(Stone and Simas 2010)는 후보의 유인가치와 온건한 정책이 서로 강화해서(reinforce) 유인가치의 이점이 있는 후보가 선거에서 승리하는 결과를 바람직한 것으로 보았다.

9 문우진(2009)은 한국의 지역주의 투표를 지역정당들이 제공하는 유인가치에 대한 투표행태로 보고, 한국정당들의 비차별적인 입장차이가 이러한 지역적 유인가치 중심의 투표를 초래하였다고 주장하였다. 혈연, 학연, 지연을 중시하는 인물 중심의 투표 역시 이러한 시각에서 접근될 수 있다.

참고문헌

문우진. 2007. 〈대의민주주의의 최적화 문제와 헌법 설계: 정치거래 이론과 적용〉. 《한국정치학회보》 제41집 3호, 5-31.

문우진. 2009 〈지역주의와 이념성향: 17대 총선분석〉. 《한국정당학회보》 제8권 1호, 87-112.

Adams, James, and Samuel Merrill III. 2003. "Voter Turnout and Candidate Strategies in American Elections." *Journal of Politics* 65, 161–189.

Adams, James, and Samuel Merrill, III. 2009. "Policy-Seeking Parties in a Parliamentary Democracy with Proportional Representation: A Valence- Uncertainty Model." *British Journal of Political Science* 39. 539–58.

Adams, James F., Samuel Merrill III, and Bernard Grofman. 2005. *A Unified Theory of Party Competition: A Cross-National Analysis Integrating Spatial and Behavioral Theories*. New York: Cambridge University Press.

Adams, James, Samuel Merrill III, Elizabeth N. Simas, and Walter J. Stone. 2011. "When Candidates Value Good Character: A Spatial Model with Applications to Congressional Elections." *Journal of Politics*,73, 17–30.

Aldrich, John H. 1995. *Why Parties?: The Origin and Transformation of Political Parties in America*. Chicago: The University of Chicago Press.

Aldrich, John H. 2010. *Why Parties?: A Second Look*. Chicago: The University of Chicago Press.

Ansolabehere, Stephen, and James Snyder. 2000. "Valence Politics and Equilibrium in Spatial Election Models." *Public Choice* 103, 327–36.

Burden, Barry C. 2004. "Candidate Positioning in US Congressional Elections." *British Journal of Political Science* 34, 211–27.

Butler, Daniel M. 2009. "The Effect of the Size of Voting Blocs on Incumbents' Roll-Call Voting and the Asymmetric Polarization of Congress." *Legislative Studies Quarterly* 34, 297-318.

Calvert, Randall L. 1985. "Robustness of the Multidimensional Voting Model: Candidates' Motivations, Uncertainty, and Convergence." *American Journal of Political Science* 29, 69-95.

Cox, Gary W. 1990. "Centripetal and Centrifugal Incentives in Electoral Systems."

American Journal of Political Science 34, 903-35.

Cox, Gary W. 1997. *Making Votes Count*. Cambridge: Cambridge University Press.

Dixit, Abinash and John Londregan. 1995 "Redistributive Politics and Economic Efficiency." *American Political Science Review* 89, 856-866.

Downs, Anthony. 1957. *An Economic Theory of Democracy*. HarperCollins Publisher.

Enelow, James and Melvin Hinich. 1982. "Non-Spatial Candidate Characteristics and Electoral Competition." *Journal of Politics* 44, 115-30.

Ensley, Michael J. 2009. "Individual campaign contributions and candidate ideology." *Public Choice* 138, 221–238.

Fenno, Richard E. 1978. *Home Style: House Members in Their Districts*. New York: Longman.

Fiorina, Morris P., Samuel J. Abrams, and Jeremy C. Pope. 2010. *Culture War? The Myth of a Polarized America*. New York: Longman.

Finer, Samuel E. 1975. *Adversary Politics and Electoral Reform*. London: Anthony Wigram.

Goodliffe, Jay. 2005. "When Do War Chests Deter?" *Journal of Theoretical Politics* 17, 249-277.

Groseclose, Tim. 2001. "A Model of Candidate Location When One Candidate Has a Valence Advantage." *American Journal of Political Science* 45862-86.,

Hinich, Melvin and Peter Ordeshook. 1970. "Plurality Maximization vs. Vote Maximization: A Spatial Analysis with Variable Participation." *American Political Science Review* 64, 772–791.

Hotelling, Harold. 1929. "Stability in Competition." *The Economic Journal* 39, 41-57.

Lupia, Arthur and Mathew D. McCubbins. 2003. *The Democratic Dilemma: Can Citizens Learn What They Need to Know?* New York: Cambridge University Press.

Macdonald, Stuart E., and George Rabinowitz. 1998. "Solving the Paradox of Nonconvergence: Valence, Position, and Direction in Democratic Politics." *Electoral Studies* 17, 281-300.

McCarty, Nolan, Keith T. Poole, and Howard Rosenthal. 2006. *Polarized America: The Dance of Ideology and Unequal Riches*. Cambridge: The MIT Press.

Moon, Woojin. 2004. "Party Activists, Campaign Resources and Candidate Position Taking: Theory, Tests and Applications." *British Journal of Political Science* 34, 611–33.

Palfrey, Thomas R. 1984. "Spatial Equilibrium with Entry." *Review of Economic Studies* 51, 139-156.

Peress, Michael. 2011. "Candidate Positioning and Responsiveness to Constituent Opinion in the U.S. House of Representative." *Working paper*, University of Rochester.

Poole, Keith T. and Howard Rosenthal. 1984. "The Polarization of American Politics." *Journal of Politics* 46, 1061-71.

Poole, Keith T. and Howard Rosenthal. 1997. *Congress: A Political-Economic History of Roll Call Voting*. New York: Oxford University Press.

Schofield, Norman. 2003. "Valence Competition in the Spatial Stochastic Model." *Journal of Theoretical Politics* 15, 371-84.

Schofield, Norman. 2006. "Equilibria in the Spatial Stochastic Model of Voting with Party Activists." *Review of Economic Design* 10, 183–203.

Serra, Gilles. 2010. "Polarization of What? A Model of Elections with Endogenous Valence." *ThJournal of Politics* 72, 426–437.

Stone, Walter J. and Elizabeth N. Simas. 2010. "Candidate Valence and Ideological Positions in U.S. House Elections." *American Journal of Political Science* 54, 371–388.

Stokes, Donald E. 1963. "Spatial Models of Party Competition." *American Political Science Review* 57, 368–77.

Sullivan, John L. and Daniel R. Minns. 1976. "Ideological Distance Between Candidates: An Empirical Examination." *American Journal of Political Science* 20, 439-68.

Wilson, James Q. 1962. *Amateur Democrat: Club Politics in Three Cities*. Chicago: University of Chicago Press.

Wittman, Donald. 1983. "Candidates Motivation: A Synthesis of Alternative Theories." *American Political Science Review* 77, 42-157.

6장

정치정보, 정당, 선거제도와 소득불평등

I. 서론

이 연구는 인물투표를 촉진시키는 선거제도가 소득불평등을 심화시킨다는 이론적 주장과 경험적 근거를 제시한다. 여기서 제시되는, 인물투표를 촉진시키는 선거제도가 소득불평등을 심화시키는 이론적 작동원리는 다음과 같다. 첫째, 인물투표는 유권자들로 하여금 자신의 이해를 대변하지 않는 정당후보에게 투표할 가능성을 높이며, 후보들의 정책입장에 대한 정확한 정치정보를 습득하기 어려운 저소득층은 이러한 잘못된 투표결정을 할 가능성이 높다. 둘째, 저소득층의 정보부재에 따른 잘못된 투표결정은 우파후보에게 유리하게 작동한다. 셋째, 인물투표를 촉진시키는 선거제도는 후보와 소수의 특정 지지자들 간의 후원관계를 통한 자원분배 가능성을 높인다. 넷째, 후보중심의 선거경쟁은 좌파 정당 정치인들이 공공정책 수립에 참가할 동기를 억제시켜, 소득불평등을 해소할 공공정책을 산출하기 어렵게 하는 죄수의 번민게임에 봉착할 가능성을 높인다.

이 연구의 선거제도와 소득불평등과의 관계에 대한 분석은 비례대표 선거제도가 더 평등한 재분배정책을 초래한다는 아이버슨과 소스키스(Iversen and Soskice 2006)의 연구와 어느 정도 중첩된다. 아이버슨과 소스키스는 선거제도의 특성들 중, 선거구의 크기의 차이가 발생시키는 다수제와 비례제 간의 정당체제 및 연합정치(coalition politics)의 차이에 초점을 맞추었다.[1] 이들은 다수제는 양당제를 비례제는 다당제를 산출하며, 양당제와 다당제는 각각 우파와 좌파에 유리한 연합정치 환경을 제공한다는 주장을 하였다. 반면, 본 논문은 선거제도가 정당체제에 미치는 효과 대신 유권자의 정치정보 및 인물투표 동기 그리고 정치인의 공공정책 제공 동기에 미치는 효과에 초점을 맞추었다.

이 글의 이론적 논의로부터 다음과 같은 검증 가능한 가설들이 도출 가능하다. 첫째, 인물투표를 촉진하는 선거제도는 우파 정당들의 득표율을 높인다. 둘째, 이러한 선거제도는 또한 소득불평등을 심화시킨다. 본 논문은 1960년대 초반에서 2000년대 초반까지의 기간 동안 18개 선진 국가들의 소득불평등 자료를 이용해서, 패널수정된 표준오차(PCSE, panel corrected standard error) 회귀분석 방법으로 이 가설들을 검증하였다. 본 논문의 경험분석은 본 논문의 가설들을 강하게 뒷받침한다. 이러한 분석결과는 다양한 정치·사회·경제 변수들을 통제한 후에도 유효하게 나타났다.

본 논문의 분석 결과는 아이버슨과 소스키스가 제시한 비례제와 소득재분배와의 관계가 허위적(spurious)이라는 사실을 보여 준다. 아이버슨과 소스키스의 비례제 변수와 본 논문의 인물투표 촉진제도를 서로 통제하면 전자의 영향력은 사라지는 반면 후자의 영향력은 견고하게 유지된다. 이는 아이버슨과 소스키스가 발견한 비례제의 영향력은 상당 부분 비례제가 가지고 있는 인물투표 억제 성향이기 때문이라는 사실을 의미한다. 본 논문의 이러한 결과는 비례제(다수제) 사이에서도 인물투표를 촉진시키는 선거제도가 소득불평등을 억제시키는 독립적인 영향력을 가지고 있다는 사실을 의미한다. 이러한 분석결과의 정책적 함의는 정당투표를 촉진시키는 선거제도가 소득불평등을 줄이는 효과가 있다는 것이다.

---

1 아이버슨과 소스키스의 주장에 대한 자세한 논의는 II장 참고.

본 논문은 다음과 같이 구성되어 있다. II장에서 소득불평등에 대한 기존 연구들을 비판적으로 검토한다. III장에서는 인물투표 촉진 선거제도가 소득불평등에 미치는 영향에 대한 이론적 논의를 제시하고 검증 가능한 가설들을 도출한다. IV장에서는 통계분석 모형과 변수측정에 대해서 논의한다. V장에서는 분석결과를 보고한다. VI장은 향후 연구방향 및 정책적 함의에 대해 논의한다.

II. 선행연구

많은 비교정치학 연구들은 좌파 정당들이 강할수록 소득불평등은 완화될 것이라는 입장을 제시하였다(Garrett 1998; Huber and Stephens 2001; Swank 2002). 일부 연구들이 정부의 정당구성이 복지정책에 영향을 미치지 않는다는 사실을 보여 주었음에도 불구하고(Allan and Scruggs 2004), 다수의 연구들은 좌파 정당의 정치적 영향력이 정부의 복지지출에 긍정적인 영향을 미친다는 점을 발견하였다(Cameron 1978; Castles 1982; Esping-Andersen 1980; Garrett 1996; Hibbs 1976; Korpi 2003; Korpi and Palme 2003; Brady, Beckfield, Seeleib-Kaiser 2005)

소득불평등에 영향을 미치는 두 번째 정치적 변수는 유권자들의 선거참여도이다(Lijphart 1997; Mahler 2002). 많은 학자들은 정치참여도가 계층별, 집단별로 차이를 나타낸다는 점에 동의한다. 레이파트(Lijphart 1997)는 특정 계층의 낮은 투표율이 민주주의에 심각한 문제를 제기할 수 있다고 주장한다. 불평등한 투표(unequal voting)는 사회에 적응하지 못하는 시민에 불리하게 작용하여 불평등한 정치적 영향력으로 귀결된다. 울핑거와 로젠스톤(Wolfinger and Rosenston 1980) 역시 소득수준이 높은 시민이 투표에 더 적극적으로 참여한다는 점과 특히 교육수준이 유권자의 투표여부에 강한 영향력을 미친다는 점을 발견하였다. 레일리와 네이글러(Leighley and Nagler 1992)는 1964년에서 1988년 사이의 미국 선거에서 유권자의 투표 여부에 가장 중요한 영향을 미치는 변수는 소득수준이라는 점을 발견하였다. 버바 외(Verba et al. 1993) 역시 경제적으로 박탈된 계층들이 그렇지 않은 계층에 비해 정치참여도가 심각하게 낮다는 점을 발견했다.

이와 동시에 기존 연구들은 불평등한 정치참여가 편향적인 정책결과를 초래할 수 있다는 점을 발견하였다(Bennett and Resnick 1990). 길렌스(Gilens 2005)는 1981년에서 2002년 사이 미국의 정책결과가 일반 유권자나 가난한 유권자보다 부유한 집단의 선호를 반영하였다는 점을 발견하였다. 그리핀과 뉴만(Griffin and Newman 2005)은 미국 상원에서의 법안투표가 투표로부터 기권한 유권자보다 투표에 참가한 유권자의 선호를 더 반영한다는 점을 발견하였다. 경험연구들은 또한 정치자금 기부가 입법결과에 미치는 영향을 분석하였다(Grenzke 1989; Wright 1990).

정치제도 역시 소득불평등에 영향을 미치는 중요한 요인이다. 레이파트(Lijphart 1999)는 민주주의 국가를 양당체제 국가인 다수제 모형(Majoritarian Model)과 다당체제 국가인 합의제 모형(Consensus Model)으로 나누었다. 다수제 모형은 승자독식형 체제이며 합의제 모형은 권력분산형 체제이다. 정치제도와 소득불평등의 관계에 대한 레이파트의 이론적 입장은 권력이 분산될수록 소수 집단의 의견을 반영해야 되므로 더 평등한 정책결과가 유도된다는 것이다. 반면, 거부지점(veto point)이 많은 제도에서는 좌파정부가 추구하는 재분배정책에 대한 우파 정당들의 반대를 극복하기 어렵다는 주장이 제기되기도 하였다(Iversen and Soskice 2006).

버취필드와 크레파즈(Birchfield and Crepaz 1998)는 거부지점을 집합적(collective) 거부지점과 경쟁적(competitive) 거부지점으로 구분하고 이 둘은 소득불평등에 서로 다른 효과를 가진다고 주장하였다. 연방제, 양원제, 대통령제는 경쟁적 거부지점들을 형성한다. 경쟁적 거부지점에서는 정치적 행위자들이 별개의 제도적 장치를 통해 거부권을 행사하므로, 거부권자들 간의 교착상황이 일어난다. 반면 비례대표 선거제도, 다당체제, 연합정부는 집합적 거부지점들을 형성한다. 집합적 거부지점에서는 거부권 행사자들이 동일한 제도 안에서 지속적이고 직접적으로 상호작용을 하게 되므로 교섭과 합의를 통한 의사결정을 도출할 수 있다는 것이다. 버취필드와 크레파즈는 소득불평등이 집합적 거부지점과는 긍정적인 관계에, 경쟁적 거부지점과는 부정적 관계에 놓여 있다는 점을 발견하였다. 그러나 앗킨슨(Atkinson 2002)은 소득 상위 20%의 소득비율을 종속변수로 사용한 버취필드와 크레파즈의 통계분석의 문제점을 비판하였다(Verardi 2005에서 인용).

전술한 연구들은 다양한 정치제도들의 복합적인 효과를 연구한 반면 일부 학자들은 선거제도가 소득불평등에 미치는 효과들을 분석하였다. 페르슨과 타벨리니(Persson and Tabellini 1999)에 의하면, 선거구(district magnitude)가[2] 큰 경우 정치인들은 다양한 유권자 연합으로부터 지지를 얻어야 하므로 광범위한 재분배 지출을 하게 된다. 반면 선거구가 작으면 지역적으로 집중된 예산 지출을 할 동기가 증가한다. 오스틴-스미스(Austen-Smith 2002)는 입법교섭을 통한 조세모형을 제시하고, 비례대표 선거제도가 다수제에 비해 배분정책에 더 우호적이라는 점을 보여 주었다. 베라디(Verardi 2005)는 LIS(Luxembourge Income Study)의 지니(Gini) 계수를 이용해서 비례대표 선거제도가 소득불평등을 축소시킨다는 예을 검증하였다.

에드워즈와 테임즈(Edwards and Thames 2007)는 비례대표 선거제도가 공공지출을 증가시킨다는 주장에는 다음과 같은 가정이 전제되어 있다고 주장한다. 선거구 크기가 커질수록 의원들의 개인적인 명성이나 능력보다는 이들의 소속정당경쟁력이 의원들의 선거결과를 결정하므로, 개별의원들은 소속정당의 공공지출 증가를 통해서 정당의 지지를 얻으려 할 것이다. 달리 말하면, 선거구의 크기가 공공지출에 긍정적인 효과를 가지고 있다는 주장은 선거구 크기가 커질수록 인물투표에 대한 동기가 줄어든다는 가정을 필요로 한다는 것이다. 이러한 가정에 반해 에드워즈와 테임즈는 선거구 크기의 증가가 인물투표를 항상 억제시키는 것은 아니라고 주장하였다.[3]

---

2 여기서 선거구 크기는 지리적 크기가 아닌 한 선거구에서 선출되는 의원의 수를 의미한다.

에드워즈와 테임즈(Edwards and Thames 2007)에 의하면, 정당중심적인 선거제도에서는 정당과 후보의 이해가 밀접하게 연결되어 있기 때문에 선거구 크기에 상응하는 공공지출의 증가는 후보와 정당 모두에게 혜택을 준다. 반면, 후보중심적인 선거제도에서는 선거구가 커질수록 같은 정당소속 의원들은 개인적인 명성을 통해 자신을 다른 의원들로부터 차별화시킬 동기가 증가시킨다. 즉, 후보중심적인 선거제도에서는 선거구의 크기가 증가할수록 공공지출의 확대를 통한 정당표보다 후보 개인의 명성을 통한 개인표를 확보할 동기가 증가한다. 이들의 주장을 가설로 정리하면, 정당중심적인 선거제도에서는 선거구 크기가 공공지출 증가에 긍정적인 영향을 미치는 반면, 후보중심적인 선거제도에서는 부정적인 영향을 미친다는 것이다. 에드워즈와 테임즈는 이러한 가설을 경험자료 분석을 통해 검증하였다.

그러나 에드워즈와 테임즈 연구는 정당중심적 선거제도에서는 정당들의 정파적 이념성향과 상관없이 공공지출 증가 공약이 선거에서 유리하게 작동한다는 가정을 전제로 한 것이다. 정당중심적 선거제도에서 선거구가 커지면 인물경쟁보다 정당 간의 공공정책 대결이 더 중요해진다는 주장은 타당성이 있으나, 왜 정당 간의 정책경쟁이 좌파 정당뿐만 아니라 우파 정당에게도 공공지출을 확대시킬 동기를 부여하는가는 불분명하다. 공공지출의 증가 공약은 증세를 필요로 하고, 증세에 대한 우려는 우파 유권자들을 소외시킬 것이다. 선거구 크기가 커지면서 공공정책 중심의 경쟁이 심화될수록, 좌파 정당은 공공지출의 확대를 표방하는 반면 우파 정당은 공공지출의 축소를 추구할 것이다. 따라서 우파 정부는 다수제보다 비례제에서 공공지출의 축소를 선호할 동기가 있다. 즉, 비례제가 정책중심의 경쟁을 유도한다는 가정은 어느 정도 타당성이 있으나, 좌·우파 정당 모두 공공지출을 증가시킨다는 주장은 이론적인 근거가 빈약하다.

아이버슨과 소스키스(Iversen and Soskice 2006) 연구는 선거제도가 정부

3 이러한 주장은 선거구가 큰 비례대표 선거제도 중에서도 인물투표 촉진 동기에 충분한 변동(variation)이 있을 수 있다는 사실을 의미한다.

의 재분배정책에 정파적인 효과를 가지고 있다는 사실을 보여 주었다는 점에서 기존 연구들과 차별된다. 아이버슨과 소스키스에 의하면, 선거제도에 따른 선거구 크기 차이가 정당체제, 연합정치 및 정부의 성격에 영향을 미치기 때문에 선거제도는 정파적 효과를 가진다. 다수제는 양당체제를 창출하고, 양당체제에서는 중위투표자들의 지지를 필요로 하는 정당들이 중위투표자 입장으로 수렴한다(Downs 1957). 아이버슨과 소스키스에 의하면, 중위투표자들의 지지를 유지하기 위해, 정당들은 다른 집단들보다 중위투표자들의 입장을 대변하는 지도부를 구성하고 이들에게 권한을 위임하는 지도부 정당(leadership parties) 체제를 형성시킨다. 이러한 정당체제에서의 정부는 여러 계급이나 집단들의 연합정당(a coalition party)으로 이해될 수 있다. 반면, 비례제에서는 다당제가 형성되고 계급이나 집단들의 이해를 대변하는 대변 정당들(representative parties)이 형성된다. 이러한 정당체제에서의 정부는 대변 정당들의 연합(a coalition of parties)으로 이해될 수 있다.

아이버슨과 소스키스에 의하면, 다수제는 중도우파 편향적(center-right)이고 비례제는 중도좌파 편향적(center-left biased)인 정파적 효과를 가진다. 달리 말하면, 다수제에서는 중도우파 정당이 선거에서 더 자주 승리하게 되며, 비례제에서는 중도좌파 정당들이 정부를 형성할 가능성이 높다는 것이다. 다수제에서 정당은 선거 당시에는 중위투표자의 입장을 표방한다. 그러나 여러 집단들의 연합체인 다수제 정당은 선거 후에 중위투표자의 입장에서 이탈하여, 중도우파 정당은 우파 입장을 중도좌파 정당은 좌파 입장을 대변할 동기가 있다. 중위투표자들은 선거 후에 발생할 이러한 가능성을 감안하여 투표를 한다. 만약 자신들이 중도우파 정당을 지지할 경우, 자신들이 지지한 정당의 우파 입장으로의 이탈은 자신들에 대한 세금의 감소를 초래하게 된다. 반면, 중위투표자들이 중도좌파 정당을 지지할 경우, 자신들이 지지한 정당의 좌파 입장으로의 이동은 자신들에 대한 세금의 증가를 초래하고 이들의 소득은 저소득층으로 이전되게 된다. 따라서 다수제에서 중위투표자들은 중도우파 정당을 지지하게 된다. 이에 반해 비례대표제에서는 중산층을 대변하는 정당이 좌파 정당과 연합정부를 형성하여 부자들을 "착취"(exploit)할 동기가 발생한다. 아이버슨과 소스키스는 다수제와 비례제에서는 각각 중도-우파 정부와 중도-좌파 정부가 더 자주 형성된다는 사실과, 따라서 비례제에서 소득불평등을 감소시키는 재분배정책을 채택할 가능성이 높다는 사실을 경험자료 분석을 통해 보여 주었다.

그러나 아이버슨과 소스키스의 이론은 비현실적인 가정들을 사용하였다. 예컨대, 아이버슨과 소스키스는 정당들이 선거 당시 중위투표자 입장을 취하다가, 선거 후의 환경변화 때문에 정당입장이 우파 혹은 좌파의 입장으로 이탈할 수도 있다고 가정하였다. 이들은 또한 선거 후의 이러한 정당입장의 변화가 정당의 평판도에 심각한 비용을 초래하기 때문에, 이를 방지하기 위해 중위투표자를 대변하는 지도부를 형성한다고 가정하였다(2006:168). 그러나 선거 당시 정당이 중위투표자의 입장을 표방했다가 선거후에 이로부터 이탈한다는 가정이나, 정당 지도부가 중위투표자의 입장을 반영한다는 가정 모두 현실과 부합하지 않는 것들이다(Aldrich 1995, Aranson and Ordeshook 1972, Aldrich and McGinnis 1989).

학자들은 아이버슨과 소스키스가 양당체제에서의 선거경쟁에 대한 이론적 근거로 삼는 다운스의 중위투표자 이론에서 사용된 가정들이 비현실적이라는 사실을 지적하였다. 첫째, 정책변경이 자유롭다는 다운스 이론의 가정은 정당의 역할을 중요시하는 학자들에 의해서 비판되었다(Aldrich 1995, Aranson and Ordeshook 1972; Moon 2004). 둘째, 스톡스(Stokes 1963)는 정당들이 다운스가 가정한 것처럼 위치쟁점(position issues) 상에서만 경쟁하는 것이 아니라 가치쟁점(valence issues)을 중심으로 경쟁한다는 점을 지적하였다. 많은 선거연구들은 현직자 이점(Ferejohn 1977; Feld and Grofman 1991), 후보의 개인적 특성, 경제성과(Tufte 1973; Fiorina 1981), 지역구 사업(Ferejohn 1974; Fenno 1978; Fiorina and Rohde 1989)과 같은 가치쟁점들이 위치쟁점 못지않게 선거에서 중요하다는 사실을 보여 주었다. 최근의 공간이론은 후보가 정책변화뿐만 아니라 가치쟁점을 통해서 자신의 득표를 높일 수 있다는 가정을 하였고(Enelow and Hinich 1982; Dixit and Londregan. 1996), 이러한 가정에서 두 정당이 수렴하지 않는다는 사실을 보여 주었다(Groseclose 2001; Moon 2004; Adams, Merrill III and Grofman 2005).

이뿐만 아니라, 많은 경험연구들은 양당체제에서 두 정당이 수렴한다는 다운스의 결과를 뒷받침하지 않았다. 파웰은 1980년 초에서 1990년 초에 있었던 다수제 선거제도에서 양당이 중위 투표자 입장으로 수렴한 경우는 단 한 번도 없었다는 점을 보여 주었다(Powell 2002: 180-182). 파웰은 또한 정당들의 이념성향을 10점 척도로 측정했을 때, 다수제에서 두 주요 정당들의 이념 차이는 1.1에서 5점에 이르렀으며, 정당 간의 이념 차이가 2점보다 작은 경우는 10번의 선거에서 2번에 불과하다는 사실을 보여 주었다. 뿐만 아니라 파웰은 다수제 정부보다 비례제 정부가 중위투표자의 입장을 더 잘 반영한다는 사실을 발견하였다(Powell 2002: 224). 기존의 선거이론과 경험연구를 종합해 보면, 아이버슨과 소스키스의 양당제 선거경쟁 모형은 기존 연구 결과와 현실과 부합되지 않는다.

III. 이론적 논의 및 가설 도출

본 연구는 선거경쟁과 선거제도가 소득불평등에 어떠한 영향을 미치는가를 분석한다. 선거경쟁이 소득불평등에 어떤 영향을 미치는가에 대한 부분적인 답은 전술한 연구들이 제공한다. 레이파트(Lijphart 1997)와 그 밖의 학자들이 주장했듯이, 저소득층의 정치참여도가 고소득층에 비해서 낮다면(Leighley and Nagler 1992; Wolfinger and Rosenston 1980; Verba et al. 1993b), 저소득층의 입장은 상대적으로 정책에 덜 반영될 것이다. 투표율의 저하가 소득불평등에 미치는 긍정적인 영향은 경험연구들에 의해서 제시되었다. 말러는 높은 투표율이 재정 재분배에는 영향을 미치지 않으나 소득불평등에 부정적인 영향을 미치는 것을 발견했다(Mahler 2002).

이러한 경험분석 결과에도 불구하고, 레이파트의 주장이나 말러의 경험연구에서 사용한 가정, 즉 투표율이 높아지면 저소득층이 더 큰 정치적인 영향력을 행사하리라는 예측은 이론적으로 엄밀하지 않다. 투표율이 높아지면 더 많은 저소득층이 투표할 것이라는 예측을 할 수 있지만, 이들이 반드시 자신들의 이해를 대변하는 정당에 투표할 것이라고 예측할 수는 없다. 많은 경험연구들은 저소득층이 진보정당에 더 적극적인 지지를 보낸다는 예측을 지지하는 결과를 제시하지 못하고 있다.

이는 저소득층의 정치참여 증가 자체가 저소득층의 이해를 대변하는 정당의 지지 상승이나 정책결과를 항상 초래하는 것은 아니라는 사실을 의미한다. 저소득층의 투표율 상승이 자신들을 위한 정책결과를 초래하기 위해서는 먼저 저소득층이 자신들의 입장을 대변해 줄 수 있는 정당이나 후보를 구분할 수 있는 충분한 정보를 지니고 있어야 된다. 만약 저소득층이 자신들에게 손해가 되는 정책을 수행할 정당(또는 후보)을 자신에게 이익이 된다고 생각하고 투표하는 경우, 저소득층의 투표율 증가는 소득불평등 해소를 초래하지 않는다.

유권자들은 일반적으로 후보의 정책입장이 본인에게 어떠한 효용을 가져다 줄 것인가를 정확하게 이해하기 어렵고, 자신의 이해를 제대로 대변해 줄 수 있는 후보에 대한 정확한 정보를 얻기 위해서는 매우 많은 비용을 부담해야 한다. 이는 왜냐 하면, 후보들의 정책들을 꼼꼼히 따져 보고 법적으로 이해하고 경제적 효과를 분석하기 위해서는, 매우 많은 시간과 비용을 부담해야 되기 때문이다. 뿐만 아니라 후보의 정책공약은 시장의 상품과는 달리 가시적이거나 이미 생산된 것이 아니기 때문에 후보의 정책이 가져다 주는 효용을 정확하게 계산하기는 어렵다. 특히 저소득층은 고소득층이나 전문 집단에 비해 이처럼 많은 비용을 수반하는 정치적 정보를 수집하기 어렵다. 따라서 저소득층이 정치참여 능력뿐만 아니라 정치정보 수집 능력에서 고소득층보다 열세에 있다면 저소득층의 정치참여도 증가는 소득불평등의 해소로 귀결되지 않는다. 즉, 자신을 대변하고 있는 정당을 제대로 판단하고 지지할 수 있는 저소득층의 정치참여의 증가가 소득불평등 해소에 긍정적인 영향을 미칠 것이다.

그렇다면 저소득층이 자신의 이해를 대변하는 정당(후보)에 투표할 조건은 무엇인가? 서구 민주주의 국가들에서는 투표결정에 필요한 정보를 정당이라는 하나의 브랜드 네임으로 제시하며, 유권자들이 정책적 판단에 큰 비용을 들이지 않고 정당투표를 통해 자신의 투표결정을 한다(Cox and McCubbins 1993). 반면, 정당체제가 불안하거나 정당 간의 입장 차이가 선명하지 않은 곳에서는, 유권자가 후보들의 개인적 신상이나 특성, 혈연, 학연, 캠페인에서 상호 비방과 같은 비이념적인 요인들을 근거로 투표할 가능성이 높아진다(Moon 2005). 저소득층은 고소득층에 비해서 정당들의 정책입장 차이에 대해서 부족한 정보를 가지 있기 때문에, 정당 간의 입장 차이를 덜 느끼고 따라서 비이념적인 요인들을 근거로 투표할 가능성이 높다.[4] 따라서 저소득층의 정치정보 수집에 필요한 비용을 줄여 주는 선거제도에서는 이들이 자신의 이해를 대변하는 정당에 투표할 확률이 높다. 이러한 선거제도는 정당이라는 브랜드 네임을 통해 저소득층의 정치정보 수집에 필요한 비용을 줄여 주는 선거제도에서 증가한다. 반면, 후보투표를 촉진하는 선거제도에서는 저소득층의 투표결정이 후보의 개인적인 특성에 좌우될 가능성이 고소득층에 비해서 더 높기 때문에, 자신의 계층적 이익을 대변하지 않는 후보를 선택할 가능성이 높다. 이는 후보투표를 촉진하는 선거제도를 채택한 국가에서는 우파 정당이 저소득층의 지지를 받을 가능성이 좌파 정당이 고소득층의 지지를 받을 가능성보다 높다는 것을 의미한다. 이러한 논의로부터 다음과 같은 검증 가능한 가설을 도출시킬 수 있다.

가설1: 인물투표를 촉진시키는 선거제도는 우파 정당의 득표율을 증가시킨다

인물투표를 촉진시키는 선거제도는 또한 후보와 친밀한 소수 지지자들과 후보 간의 상호 후원관계를 통해 자원이 분배될 가능성을 높인다. 후보중심

4 이러한 미시적인 논의에 대한 이론적·경험적 근거는 문우진(2009) 참조.

적인 선거제도에서는 폭넓은 유권자의 정치참여를 유발하기보다는 이해당사자들의 협소한 정치참여를 초래한다. 후보의 정책입장을 정확하게 파악하기 어려운 후보중심적인 선거제도에서는 저소득층보다는 고소득층이나 전문가 집단이 구체적인 정보에 접할 수 있고, 선거결과에 영향력을 미칠 수 있는 인적·물적 자원을 제공할 수 있다. 따라서 저소득층보다 고소득층이 선거결과에 영향을 미치고, 후보를 지원한 대가로 사적인 보상을 얻게 될 가능성이 높다.

후보중심적인 선거제도에서는 또한 후보의 개인적 역량을 통해서 표를 얻을 수 있으므로, 후보들은 당 노선을 따르기보다는 자신들의 지역구 이익을 챙길 동기가 증가한다. 이러한 환경은 정당을 약화시키고, 정치인들은 선명한 정책보다 지역구 사업이나 비이념적인 요소를 통해서 표를 얻으려 한다. 따라서 개별 의원들은 죄수의 번민게임에서와 같이 당 전체를 위한 정책을 만들거나 당론을 따를 동기가 없게 된다. 이러한 관점에서, 콕스와 맥커빈스는 선거경쟁이 후보중심으로 이루어지는 나라에서는 정치인들이 공공 정책이라는 공공재(public goods)에 대한 생산에 태만한 경향이 있다는 점을 지적하였다(Cox and McCubbins 2001). 좌파 정당의 입장에서 보면, 후보중심적인 선거제도를 가진 국가에서는 저소득층을 대변하는 당 정책을 제시하고 추구할 동기가 감소하게 된다. 이러한 이론적 맥락에서 다음과 같은 소득불평등에 대한 가설을 도출할 수 있다.

가설 2: 인물투표를 촉진시키는 선거제도는 소득불평등을 심화시킨다

인물투표를 촉진시키는 선거제도가 소득불평등을 심화시킨다는 본 논문의 예측은 아이버슨과 소스키스의 경험분석 결과와 상당히 중첩된다. 선거제도를 다수제와 비례제로 구분한 아이버슨과 소스키스는 소득불평등 감소를 위한 재분배정책은 비례제에서 더 적극적으로 수행된다는 경험분석 결과를 제시하였다. 아이버슨과 소스키스의 경험분석 결과는 그러나 소득불평등의 변화가 이들이 제시한 이론 때문에 기인하는 것인지, 아니면 다수제와 비례제에 내재하는 다른 이유 때문에 기인하는지 알기 어렵다. 이는 왜냐하면, 반드시 그런 것은 아니지만, 다수제는 인물투표를 촉진시키고 비례제는 약화시키는 경향이 있기 때문이다. 즉, 아이버슨과 소스키스의 경험적 분석결과는 이들의 이론 때문이 아니더라도, 다른 이유, 즉 선거제도의 인물투표 촉진 경향 때문에 발생할 수도 있는 것이다. 만약, 인물투표 촉진 성향과 다수제와 비례제의 이분법적 변수를 서로 통제했을 때, 후자의 영향력이 사라지게 된다면, 아이버슨과 소스키스가 발견한 비례제가 소득불평등에 미치는 부정적인 영향은 비례제의 인물투표 억제성향 때문이라는 사실을 알 수 있다. IV장에서는 선거제도가 아이버슨과 소스키스가 제시한 이론적 메커니즘을 통해서 소득불평등에 영향을 미치는가, 아니면 본 논문이 제시한 인물투표 성향이 소득불평등에 영향을 미치는가를 분석한다.

IV. 분석모형과 변수측정

이 장에서는 III장에서 제시된 가설 1과 2의 검증을 위한 통계모형을 제시하고 변수 측정방법을 제시한다. 먼저, 가설 1의 종속변수인 좌파 정당에 대한 상대적 지지를 측정하기 위해 우파 정당의 득표율에서 좌파 정당의 득표율을 뺀 값을 사용하였다. 우파 정당과 좌파 정당의 득표율은 스웽크(Swank 2008)의 비교정당자료(Comparative Parties Data)를 이용하였다.

가설 1의 이론적 독립변수는 선거제도의 인물투표 촉진 경향이다. 케리와 슈거트(Carey and Shugart 1995)는 후보에 대한 인물투표(personal vote)를 배양시키는(cultivate) 세 가지 제도적 요소들을 제시하였다. 이들에 의하면, 명부유형, 집계방식, 및 투표방식은 후보들의 인물투표(personal vote) 추구 동기에 영향을 미친다. 즉, (1) 당 지도부가 아닌 유권자들이 투표명부에 있는 후보의 순위를 결정할 수 있을 때, (2) 후보에 대한 지지표가 당 전체 또는 당 내 다른 일부 의원들의 표로 집계되지 않고 후보에 대한 표로만 집계될 때, (3) 유권자가 정당이 아닌 후보에게만 표를 행사할 수 있을 때, 인물투표 추구 동기는 증가하고 정당의 역할은 감소한다. 인물투표를 배양시키는 대표적인 선거제도는 예비선거 공천과정을 병행하는 소선거구(plurality) 제도와 중선거구(single non-transferable vote) 제도이다. 반면 인물투표를 최소화시키는 선거제도는 폐쇄형 명부(closed-list) 제도이다.

케리와 슈거트의 연구를 근거로 존슨과 월렉(Johnson and Wallack 2006)은 1978년에서 2005년까지의 180개 국가들 선거제도의 인물투표 촉진 성향, 또는 "개별주의"(particularism) 지표를 측정하였다. 존슨과 월렉은 케리와 슈거트 연구에서 제시된 세 변수—명부유형(ballot types), 후보표 대 정당표(votes), 후보표의 정당표로의 취합가능성(vote pooling)—에 따라, 각 국가의 인물투표 촉진 성향을 각각 0점에서 2점 사이로 기록하였다. 본 논문은 각 변수에 해당하는 점수를 합하여 각 국가의 개별주의 지표를 측정하였다. 폐쇄형 명부 비례제 선거제도는 0점으로, 단기 비이양식 선거(single non-transferable voting)제도는 6점으로 기록하였다.

선거제도와 우파 정당 득표율과의 관계에 영향을 미칠 수 있는 몇 가지 정치·사회적인 변수들을 모형에 포함시켰다. 첫째, 아이버슨과 소스키스가 주장한 비례제가 다수제에 비해서 좌파 정당에 유리하다는 주장을 검증하기 위해, 이들이 제시한 다수제 대 비례제의 이분법적 변수를 첫 번째 통제변수로 사용하였다.[5] 아이버슨과 소스키스는 호주, 캐나다, 프랑스, 아일랜드, 일본, 뉴질랜드, 영국, 미국을 다수제 국가로, 오스트리아, 벨기에, 덴마크, 핀란드, 독일, 이탈리아, 네덜란드, 노르웨이, 스웨덴을 비례제 국가로 구분하였다. 아이버슨과 소스키스 자료에 비례제 국가인 스위스를 추가한 후, 다수제 국가는 0으로, 비례제 국가는 1로 기록하여 "비례제" 변수를 측정하였다.[6] 둘째, 높은 투표율이 저소득층의 좌파 정당 지지로 연결되는가를 확인하기 위해, 투표율을 두 번째 통제변수로 사용하였다. 투표율 자료는

5 이 변수는 인물투표 촉진 정도와 밀접하게 상관되어 있다. 그러나 다수제 국가군 및 비례제 국가군 각각 인물투표 촉진 정도에 대한 충분한 내부변동(within variation)이 관찰되었다.

아민건 등(Armingeon et al. 2008)의 비교정치 자료(Comparative Political Data)를 사용하였다. 셋째, 노조가입률이 높을수록 좌파 정당 득표율이 높아질 것으로 예측되므로 노조가입률을 모형에 포함시켰다. 본 논문은 가장 최근(2006년)까지 노조가입률을 측정한 바이저(Visser 2009)의 자료를 사용하였다.

본 논문의 자료는 패널자료이므로, 패널자료의 이분산성(heteroskedasticity)과 자기상관성(autocorrelation) 문제를 해결하기 위해 벡과 카츠(Beck and Katz 1995)가 제안한 패널수정된 표준오차(PCSE, panel corrected standard error) 회귀분석 방법을 사용하였다.[7] 전술한 종속변수와 독립변수들을 모두 포함한 모형은 아래와 같다. 아이버슨과 소스키스의 이분법적 선거제도 변수(비례제 대 다수제)의 영향력이 인물투표 촉진제도를 통제한 후에 어느 정도 변하는가를 관찰하기 위해, 아래모형에서 인물투표 촉진제도 변수를 생략한 모형을 먼저 분석한 후, 아래 모형의 분석결과와 비교하였다.[8]

$$\text{우파 정당득표율} - \text{좌파 정당득표율} = a + b_1\text{인물투표촉진제도} + b_2\text{비례대표} + b_3\text{투표율} + b_4\text{노조가입률} + e$$

가설 2의 종속변수는 소득불평등 정도이다. 본 논문은 텍사스 대학(University of Texas)의 불평등 프로젝트(Inequality Project)에서 측정된 1960

6 선거개혁 이후 1996년에 처음 비례제로 선거를 치른 뉴질랜드는 1로, 준비례제인 병렬형 선거제도(parallel system)에서 선거를 치른 일본은 0.5로 기록되었다.

7 가설 1의 종속변수인 우파 정당의 득표율은 이분산성(heteroskedasticity)과 자기상관성(autocorrelation)의 발생가능성에 대한 이론적인 이유를 찾기 어렵다. 따라서 표준 최소자승법(Ordinary Least Squares: OLS)을 이용한 분석도 무방하다고 사료되며, 이 방법을 통한 분석결과는 본 논문의 분석결과와 질적인 차이를 발생시키지 않는다. 그럼에도 불구하고 저자가 포착하지 못하는 이론적 이유가 있을 가능성을 대비해서 패널수정된 표준오차 회귀분석 방법을 사용하였다.

8 이 모형에서 만약 우파 정당이 항상 집권당이라면 이 모형에서 집권당 여부를 통제해야 할 것이다. 그러나 집권당이 우파일수도 있고 좌파일 수도 있으므로 집권당 여부를 통제할 필요는 없다.

년 초반에서 2000년 초반 사이의 소득불평등 자료를 이용했다.[9] 이 자료는 룩셈부르크 소득연구(LIS, Luxembourge Income Study)에서 제공된 지니계수의 교차국가적·시계열적 비교가능성을 향상시키기 위해 갤브레이스와 금(Galbraith and Kum 2004)이 회귀추정을 통해서 측정한 자료이다.

가설 2의 검증은 선거제도와 소득불평등과의 관계에 영향을 미칠 수 있는 많은 정치·경제·사회적 변수들에 대한 통제를 필요로 한다. 좌파 정당들의 정치적인 영향력은 소득불평등에 영향을 미치고, 좌파 정당들이 강한 국가에서는 (폐쇄형) 비례대표 선거제도를 채택하는 경향이 있다. 따라서 좌파 정당들의 영향력을 통제하지 않으면, 비례제의 영향이 좌파 정당의 영향력인지 아니면 비례제의 독립적인 영향력인지 구분하기가 어렵다. 좌파 정당들의 정치적 영향력을 나타내기 위한 첫 번째 변수로 좌파 정당들의 입법부 의석률을 측정하였다. 좌파 정당 의석률 자료는 전술한 스웽크(Swank 2008) 자료를 사용하였다. 좌파 정당들의 정치적인 영향력에 대한 두 번째 변수로 정부이념을 사용하였다. 김과 폴딩(Kim & Fording 1998; 2002; 2003; 2008)은 정당들의 정강분석을 통해 유럽의 주요 정당에 대한 이념을 측정한 후, 정부에 참여한 정당들 각각의 이념과 내각점유율을 곱해서 내각 참여 정당이념의 비중평균을 계산하였다. 김과 폴딩은 정부이념 점수를 0점(극우정부)에서 100점(극좌정부)으로 측정하였다.

투표율 역시 선거제도와 소득불평등과 동시에 연관되어 있다. 비례제에서는 투표율이 높고, 높은 투표율이 소득불평등을 줄인다면(Mahler 2002), 비례제에서의 낮은 소득불평등 정도가 높은 투표율 때문인지 아니면 선거제도 때문인지 알기 어렵다. 따라서 본 논문은 전술한 아민건 등(Armingeon et al. 2008)의 자료를 세 번째 통제변수로 사용하였다.

정치제도 변수로 거부권행사자 수를 포함시켰다. 전술한 바와 같이, 아이버슨과 소스키스(Iversen and Soskice 2006)는 거부지점(veto point)이 많은

9 이 자료는 다른 불평등 자료들에 비해 상대적으로 결측치 없이 가장 많은 기간을 포함한다. 국가마다 자료의 시점과 종점이 조금씩 차이가 난다.

국가에서는 좌파 정부가 추진하는 재분배정책에 대한 우파 정당들의 반대를 극복하기 어렵다는 주장을 제시하였다. 거부권행사자 수에 대한 자료는 정치제도 자료집(Database of Political Institutions)에서 구하였다. 이 자료는 벡 등(Beck et al. 2002)이 의회 및 정부에서의 여·야 간의 힘의 균형, 권력구조, 의회구조 등을 감안하여 거부권행사자 수를 계산한 것이다.

기존 연구들은 사회적 변수 역시 소득불평등에 중요한 영향을 미친다고 주장하였다. 가장 중요한 사회적 변수들 중 하나는 노조가입률이다. 이를 위해 전술한 바이저(Visser 2009)의 자료를 사용하였다. 두 번째 사회적 변수로 여성들의 노동시장 참가율을 통제변수로 사용하였다. 여성들이 노동시장에 참가함으로써 실직 보험이나 건강보험과 같은 혜택을 받을 수 있기 때문에, 여성의 노동시장 참가율은 소득불평등을 낮출 것으로 예측된다(Iversen and Soskice 2006). 이 자료는 아이버슨과 소스키스 자료를 사용하였다. 세 번째 사회적 변수로 세계은행(World Bank)이 제시한 65세 이상 노인 인구비 자료를 사용하였다.

경제학자들은 소득불평등에 영향을 미치는 중요한 변수로 국내 경제환경에 초점을 맞추었다. 19세기 후반 독일의 경제학자인 아돌프 와그너(1835-1917)는 경제수준이 높아지면 공공지출이 늘어나게 된다는 국가지출 증가법칙(Law of increasing state spending)을 제시하였다. 일부 경험연구(Timmer 1997)들은 경제성장이 소득불평등을 단기적으로 완화시킨다는 점을 발견했으나, 다른 연구들은 그렇지 않다는 점을 발견했다(Dollar and Kraay 2004; Ravallion and Chen 1997). 커즈네트(Kuznets 1995)는 경제성장의 초기단계에서는 불평등이 점점 증가하나 어느 정도의 소득수준에 이르게 되면 불평등은 감소한다는 이론을 제시하였다. 이 밖에도, 오스트리아 학파들은 통화팽창에 의한 물가상승이 소득불평등을 야기한다고 주장한다.

따라서 이들 경제학자들의 주장을 반영하기 위해 몇 가지 경제 변수들을 포함시켰다. 첫 번째 경제변수로 1,000명당 GDP로 측정된 경제수준을 포함시켰다. 커즈네트의 경제수준과 소득불평등 간의 비선형적인 관계를 통제하기 위해서 경제수준을 제곱한 변수를 포함시켰다. 다음은 경제성장률과 물가상승률을 포함시켰다. 마지막으로 실업률을 포함시켰다. 이들 경제지표 변수는 세계은행 자료를 이용하였다.

경제학 문헌은 또한 국제경제 요인들이 소득불평등에 중요한 영향을 미친다고 주장한다. 특히, 세계화(globalization) 과정은 여러 경로를 통해 국내에서의 소득불평등을 초래한다는 이론을 제시하였다. 스톨퍼와 새뮤얼슨(Stolper and Samuelson 1941)은 비교적 풍부한 생산요소(factors of production)를 가진 집단은 무역으로부터 이익을 보고 희소한 생산요소를 지닌 집단은 손해를 본다는 이론을 제시하였다. 이 이론에 의하면 자유무역은 한 국가의 상대적으로 풍부한 생산요소로부터 생산된 재화와 용역에 대한 수요를 증가시키는 반면, 상대적으로 희소한 생산요소로부터 생산된 재화와 용역에 대한 수요를 감소시킨다. 선진국은 후진국에 비해 상대적으로 풍부한 자본과 숙련된 노동자들을 가지고 후진국은 선진국에 비해 풍부한 비숙련 노동자들을 가지므로, 이들 국가간의 무역은 선진국의 자본과 숙련 노동자들의 소득을 증가시켜 다른 섹터 노동자들과의 소득격차를 증가시키는 반면, 후진국의 비숙련 노동자들의 소득은 증가한다(Leamer 1993; Rodrick 1997; Tonelson 2000). 따라서 무역은 선진국에서는 소득불평등을 촉진시키는 반면 후진국에서는 소득불평등을 해소시킨다.

스톨퍼와 새뮤얼슨 이론의 관점에서 보면, 금융시장 자유화(liberalization) 역시 선진국에서는 소득불평등을 확대시키는 반면 후진국에서는 축소시킨다. 선진국의 후진국에 대한 직접투자를 위한 자본유출(capital outflow)은 선진국의 생산능력과 노동수요를 감소시켜 비숙련 노동자들의 임금을 감소시키는 반면, 선진국 자본의 투자기회 확대는 선진국 자본의 이윤은 증가하게 된다. 금융시장 자유화는 또한 경쟁적인 자본시장 환경을 조성하게 되고, 사기업은 이들 자본에 더 유리한 환경을 제공하기 위해 노동자의 임금과 혜택을 줄이게 된다. 자본의 자유로운 유출입은 정치지도자가 거시정책을 통한 실업정책이나 임금정책을 수행하기 어렵게 해서 저소득층의 수입에 부정적인 영향을 미친다(Huber and Stephens 2001). 다른 학자들에 의하면, 금융개방은 저소득층보다 기업이 쉽게 해외로 자본유출을 할 수 있는 환경을 마련해서 기업의 탈세를 도와준다. 고소득층의 세금회피가 초래하는 국가재정의 축소는 저소득층을 위한 정책을 어렵게 한다(Garrett 1996; Swank and Steinmo 2002).

그러나 스톨퍼와 새뮤얼슨 이론에 비판적인 시각을 제시하는 학자들은 세계화가 선진국에서 소득불평등을 초래한다는 입장에 대한 이론적인 결함을 지적했다. 이와 같은 시각을 제시하는 학자들은 세계화가 경제규모의 확대, 다양화, 기술혁신이 경제성장에 가져다주는 긍정적인 효과 덕분에 선진국의 모든 소득계층의 수입이 증가한다고 주장한다(Burtless 1995). 일부 학자들은 세계화가 일반 소비상품의 가격하락을 촉진하고 이로부터 특히 저소득층이 더 큰 혜택을 입게 되어 소득불평등을 완화시킨다는 입장을 제시하였다(Bhagwati 1997). 선진국에 대한 여러 경험분석들은 스톨퍼와 새뮤얼슨 이론을 뒷받침하지 않았다(Mahler 2004; Rueda and Pontusson 2000; Wallerstein 1999).

세계화가 후진국에서의 소득불평등을 완화시킨다는 스톨퍼와 새뮤얼슨 이론에 대해서도 경험연구들은 통일된 결과를 제시하지 않았다. 일부 연구들(Lundberg and Squire 2003)은 무역규모(trade volume)가 후진국의 소득불평등을 심화시킨다는 결과를 발견하였고, 다른 연구들(Higgins and Williamson 1999; Reuveny and Li 2003)은 완화시킨다는 결과를 발견하였다. 해외 직접투자(FDI, foreign direct investment)가 후진국의 소득불평등에 미치는 영향에 대해서도 학자들의 분석결과는 일치하지 않았다. 일부 학자들은 해외 직접투자가 소득불평등을 심화시키는 결과를 발견하였고(Dixon and Boswell 1996; Reuveny and Li 2003), 다른 학자들은 영향을 미치지 않는 결과를 발견하였다(Dreher and Gaston 2006; Sylwester 2005; Tsai 1995).

세계화가 소득불평등에 어떠한 영향을 미치는가를 분석하기 위한 첫 번째 변수로 GDP 대비 무역액을 백분율로 계산하였다. 선진국의 자본유출

(capital outflow)이 선진국의 불평등을 심화시킨다는 스톨퍼와 새뮤얼슨 이론을 검증하기 위해 GDP 대비 자본 순유출액을 백분율로 계산하였다. 이들 두 변수에 대한 자료는 세계은행에서 구하였다.

가설 2 역시 패널수정된 표준오차(PCSE, panel corrected standard error) 회귀분석 방법으로 검증하였다.[10] 가설 2의 종속변수와 독립변수들의 관계를 수식으로 표현하면 아래와 같다. 아래에서 회귀계수 p_i, s_i, e_i, i_i는 각각 정치변수, 사회변수, 국내경제 변수, 국제경제 변수들의 영향력을 나타낸다. 아이버슨과 소스키스의 이분법적 선거제도 변수(비례제 대 다수제)와 인물투표 촉진제도가 서로 독립적인 영향력을 가지고 있는가를 보기 위해서, 아래 모형에서 인물투표 촉진제도를 생략한 모형의 분석결과와 아래 모형분석 결과를 비교하였다. 인물투표 촉진제도의 영향력의 견고성을 확인하기 위해, 아래의 모형을 분석하기 전에, 선거제도 변수들만 포함한 모형을 먼저 분석한 후 정치변수들만 포함한 모형을 분석하였다. [11]

소득불평등 = a + p_1인물투표촉진제도 + p_2비례대표 + p_3좌파 정당의석률 + p_4정부이념 + p_5투표율 + p_6거부권행사자 + s_1노조가입률 + s_2여성노동참가율 + s_3노인인구비 + e_1소득수준 + e_2소득수준^2 + e_3경제성장 + e_4물가상승 + e_5실업률 + i_1무역비중 + i_2자본유출 + e

V. 분석결과

〈표 1〉은 선거제도가 우파 정당 상대득표율에 미치는 영향에 대한 분석결과를 보여 준다. 〈표 1〉의 모형 1-1 분석결과는 비례대표제는 우파에 불리

---

10 가설 2에 대한 연산자능한 일반화 최소회귀(FGLS: feasible generalized least squares) 분석 역시 패널수정 표준오차 방법과 질적으로 동일한 결과를 산출했다.

11 소득불평등에 임금협상 집중화 정도(wage bargaining centralization)가 부정적인 영향을 미친다. 그러나 이 변수는 노조가입률(union density)와 거의 중첩되어 있으므로 모형에서 생략하였다.

하게 작동한다는 아이버슨과 소스키스의 주장을 뒷받침한다. 모형 1-2 분석결과는 비례대표제가 우파 정당 상대득표율에 미치는 부정적인 영향을 미친다는 모형 1-1의 결과가 상당히 과대평가되었다는 점을 보여 준다. 모형 1-2의 분석결과는 인물투표 촉진제도가 우파 정당의 득표율에 독립적인 영향력을 가지고 있다는 가설 1을 뒷받침한다. 이러한 결과는 다수제에서도 인물투표를 촉진시키는 제도는 우파 정당에 유리할 뿐만 아니라, 비례제라도 인물투표를 촉진시키면 우파 정당에게 유리하게 작동한다는 사실을 보여 준다. 이 결과는 비례제의 특성, 즉 다당제를 산출 특성과 무관하게 인물투표를 촉진시키는 제도적 특성만으로도 우파에게 유리한 결과를 초래한다는 점을 의미한다. 다른 통제변수들은 일관되지 않은 효과를 가지고 있거나 통계적으로 유의미하지 않은 영향력을 가진 것으로 나타났다.

〈표 2〉는 선거제도가 소득불평등에 미치는 영향에 대한 분석결과를 보여 준다. 〈표 2〉의 모형 2-1 분석결과는 비례제는 소득불평등을 줄인다는 아이버슨과 소스키스의 주장을 뒷받침한다. 반면, 모형 2-2의 결과는 인물투표를 통제하면, 비례제의 독립적인 영향력은 사라지게 되어, 비례제와 소득불평등과의 관계는 허위관계일 가능성이 있다는 사실을 보여 준다. 달리 말하면, 비례제가 다수제에 비해 소득불평등을 억제(또는 다수제가 비례제에 비해 소득불평등을 심화)시키는 것처럼 보이는 이유는, 비례제가 독자적인 영향력을 가지고 있어서가 아니라, 비례제와 인물투표 억제제도와 밀접한 관련이 있고, 인물투표 억제제도가 소득불평등을 완화시킨다는 사실과 관련

표 1. 선거제도와 우파 정당 상대득표율 관계 분석결과

	모형 1-1				모형 1-2			
	b	s.e	z값	p값	b	s.e.	z값	p값
인물투표 촉진제					0.073***	0.005	16.01	0.000
비례대표제	-28.443***	0.790	-36.02	0.000	-0.208***	0.014	-14.89	0.000
투표율	-0.553***	0.031	-17.93	0.000	0.013***	0.000	31.11	0.000
노조 가입률	0.020	0.028	0.700	0.481	0.000	0.000	0.09	0.931
N	765				544			
R^2	0.505				0.419			
Prob> χ^2	0.000***				0.000***			

표 2. 선거제도와 소득불평등 관계 분석결과

	모형 2-1				모형 2-2			
	b	s.e	z값	p값	b	s.e.	z값	p값
인물투표 촉진제					0.577***	0.037	15.37	0.000
비례제	-1.338***	0.193	-6.95	0.000	0.061	0.218	0.28	0.780
N	648				648			
R^2	0.023				0.038			
Prob> χ^2	0.000***				0.000***			

*p<0.1; ** p<0.05; *** p<0.01

이 있다는 것이다. 모형 2-2의 분석결과는 또한 다수제 또는 비례제 중에서도 인물투표를 촉진하는 선거제도는 소득불평등을 심화시킨다는 점을 보여 준다.

〈표 3〉은 선거제도와 정치변수들이 소득불평등에 미치는 영향에 대한 분석결과를 보여 준다. 〈표 3〉은 입법부에서의 좌파 정당 영향력이 증가할수록, 더 많은 유권자들이 투표에 참가할수록, 소득불평등은 줄어든다는 사실을 보여 준다. 모형 2-1의 분석결과는 다른 정치변수들을 통제하면 비례대표제의 영향력은 사라진다는 사실을 보여 준다. 이는 비례제 변수가 다른 정치적 변수들과 밀접한 관련이 있기 때문이다. 첫째, 좌파 정당이 강한 국가에서 비례제를 채택하게 되었고, 둘째, 비례제에서는 사표발생의 소지가 적기 때문에 투표율이 높고, 셋째, 비례제는 다당제를 산출하여 거부권 행사자의 수를 증가시킨다. 따라서 비례제에서 소득불평등이 낮게 관찰

표 3. 정치변수들과 소득불평등 관계 분석결과

	모형 3-1				모형 3-2			
	b	s.e	z값	p값	b	s.e.	z값	p값
인물투표 촉진제					0.200**	0.084	2.38	0.017
비례대표제	-0.158	0.358	-0.44	0.660	0.299	0.347	0.86	0.389
좌파 정당 의석비	-0.071***	0.015	-4.76	0.000	-0.072***	0.015	-4.76	0.000
정부 이념(좌파)	-0.003	0.010	-0.25	0.801	-0.002	0.010	-0.18	0.858
투표율	-0.087***	0.021	-4.06	0.000	-0.082***	0.022	-3.64	0.000
거부권행사자 수	-0.051	0.053	-0.95	0.343	-0.049	0.054	-0.90	0.366
N	420				420			
R^2	0.287				0.289			
Prob> χ^2	0.000***				0.000***			

된다고 해서, 이러한 관찰이 비례제의 독립적인 영향력이라고 보기는 어렵다. 모형 3-2의 분석결과는 인물투표 촉진제도의 영향력은 다른 정치적 변수들을 통제한 후에도 견고하게 유지된다는 사실을 보여 준다. 이러한 결과는 〈표 2〉의 결과에 신뢰를 더해 주는 결과이다.

〈표 4〉는 정치·사회·경제 변수들을 모두 통제했을 때, 선거제도가 소득불평등에 미치는 영향을 분석한 결과이다. 〈표 4〉는 비례대표제가 소득불평등에 미치는 영향은 인물투표 촉진제도의 통제와 상관없이 통계적으로 유의미하지 않다는 점을 보여 준다. 모형 4-1과 4-2의 분석결과는 이론적인 예측과 부합하면서도 통계적으로 유의미한 정치변수는 인물투표 촉진제도와 좌파 정당 의석비율이라는 점을 보여 준다. 노조가입률, 여성 노동참가율, 노인 인구비와 같은 사회변수는 두 모형 모두에서 소득불평등을 줄이는 것으로 나타났다. 특히 노조가입률이 소득불평등을 해소하는 데 미치는 영향은 통계적으로 가장 신뢰할 만한 것으로 나타났다. 경제수준은

표 4. 정치·사회·경제변수들과 소득불평등 관계 분석 결과

	모형 4-1				모형 4-2			
	b	s.e	z값	p값	b	s.e.	z값	p값
인물투표 촉진제					0.618***	0.202	3.06	0.002
비례대표제	-0.846*	0.465	-1.82	0.069	0.035	0.564	0.06	0.951
좌파 정당 의석비	-0.059***	0.014	-4.11	0.000	-0.057***	0.015	-3.74	0.000
정부 이념(좌파)	0.017***	0.005	3.42	0.001	0.022***	0.006	3.45	0.001
투표율	-0.009***	0.013	-0.35	0.730	-0.009	0.014	-0.61	0.543
거부권행사자 수	-0.016	0.071	-0.22	0.825	-0.043	0.074	-0.58	0.563
노조 가입률	-0.054***	0.007	-7.86	0.000	-0.043***	0.010	-4.23	0.000
여성 노동참가율	-0.040**	0.020	-1.99	0.047	-0.074**	0.031	-2.39	0.017
노인 인구비	-0.412***	0.086	-4.79	0.000	-0.311***	0.117	-2.66	0.008
GDP/1000	-0.419***	0.095	-4.42	0.000	-0.390***	0.102	-3.80	0.000
$(GDP/1000)^2$	0.014***	0.002	5.54	0.000	0.013***	0.003	5.02	0.000
경제성장	-0.068	0.065	-1.03	0.302	-0.047	0.066	-0.72	0.475
물가상승	-0.149***	0.048	-3.12	0.002	-0.143	0.050	-2.86	0.004
실업률	0.094	0.060	1.54	0.123	0.075	0.055	1.35	0.176
무역액/GDP	0.011	0.010	1.17	0.243	0.019**	0.009	2.07	0.038
자본유출/GDP	0.440***	0.160	2.75	0.006	0.409***	0.158	2.59	0.009
N	224				224			
R^2	0.656				0.668			
Prob> χ^2	0.000***				0.000***			

국내경제 변수들 중 이론과 부합하면서 통계적으로 유의미한 유일한 변수로 밝혀졌다. 모형 4-2의 분석결과에 의하면, 세계화를 나타내는 두 국제경제 변수들이 소득불평등 심화에 미치는 영향력은 모두 통계적으로 유의미한 것으로 나타났다.

VI. 결론과 함의

본 논문의 분석결과를 종합하면, 인물투표를 촉진시키는 선거제도는 우파 정당에게 유리하게 작동하고, 동시에 소득불평등을 심화시키는 영향력을 가지고 있는 것으로 나타났다. 이러한 발견은 아이버슨과 소스키스가 주장한 바와 같이 선거제도가 초래하는 정당체제 및 연합정치(coalition politics)의 특성 때문이 아니라, 다수제가 비례제에 비해 인물투표를 촉진시키기 때문인 것으로 나타났다. 이러한 결과는 선거제도의 이분법적 변수와 인물투표 촉진제도를 서로 통제한 분석 모형을 통해 확인되었다. 이뿐만 아니라, 인물투표 촉진제도의 독립적인 영향력은 선거제도와 소득불평등 사이에 개입하는 다양한 정치·사회·경제제도들을 통제한 후에도 유효하게 관찰되었다. 이러한 경험분석 결과는 단순명료한 정책적 함의를 제공한다. 즉, 정당투표를 촉진시키는 선거제도 개혁은 소득불평등을 완화시킬 수 있다는 것이다.

인물투표 촉진제도와 소득불평등과의 관계에 대한 이론적 근거로 본 논문은 인물투표 촉진제도와 관련된 세 종류의 주장을 하였다. 즉, 인물투표 촉진제도는 (1)후보와 소수의 특정 지지자들 간의 후원관계를 발전시키고 (2) 정치인들의 거시적 공공정책 산출 동기를 결여시키며 (3) 저소득층의 정치정보 부족이 초래하는 우파 정당에게 유리한 선거환경을 제시한다는 주장을 하였다. 이러한 세 가지 주장들 중, 주장 (1)과 (2)는 가설 2에 대한 이론적 근거로 제시되었고, 이 두 주장을 지지하는 기존 연구들은 많이 축적된 편이다(Cox, Rosenbluth, and Thies 1998; Cox and McCubinns 2001). 그러나 주장 (3)은 본 논문이 제공한 가설 1에 대한 경험적 지지 외에도, 이 주장을 도출하기 위해 사용된 가정들에 대한 경험적 근거들에 의해 지지될 필요가 있다.

주장 (3)에서 제시된 정치정보와 소득불평등과의 관계는 다음과 같은 가정들의 논리적 귀결에 근거한 것이다. 첫째, 유권자들은 브랜드 네임에 의존하는 정당투표를 할 때보다 후보투표를 할 경우, 후보 개개인의 정책입장에 대한 정확한 정보를 얻기 어렵다. 둘째, 저소득층은 고소득층에 비해서 정당 간의 입장 차이에 대한 정보가 부족하기 때문에 후보투표를 할 가능성이 높다. 셋째, 후보의 이미지나 비정책적인 특성에 의존할수록, 유권자들의 정책투표 가능성은 줄어들고 자신의 이해를 대변하지 않는 후보에게 투표할 가능성은 증가한다. 따라서 비정책적인 후보투표를 할 가능성이 높은 저소득층은 고소득층에 비해서 자신의 이해를 대변하지 않는 우파 후보들에게 투표할 가능성이 높다. 차례로, 저소득층의 우파 정당 지지는 우파 정당들의 입법적 영향력은 증가하여 소득불평등이 심화되게 된다.

따라서 정치정보를 경유하는 인물투표 촉진제도와 소득불평등과의 인과관계는 전술한 가정들이 얼마나 현실적인가에 달려 있다고 하겠다. 이러한 가정들을 간접적으로 뒷받침하는 기존 연구들은 어느 정도 축적되었다. 먼저 정당투표가 인물투표보다 더 정확한 정보를 제공한다는 가정은 많은 선행연구에 의해서 뒷받침되었다. 미국 유권자 설문조사(American National Election Survey) 연구는 미국의 다수 유권자들이 자신 지역구 의회후보들의 이름을 기억하지 못한다는 사실을 보여 준다. 이 자료가 암시하는 바는, 후보의 이름도 모르는 일반 유권자들은 후보의 수많은 공약들로부터 손익을 계산하고 자신의 이해를 대변하는 후보를 정확하게 선택하기는 어려울 것이라는 사실이다. 이러한 후보에 대한 정치정보 부재에도 불구하고 유권자와 정치인 사이의 정책위임관계가 실패하지 않는 이유는 유권자들은 정당이라는 브랜드 네임을 통해 자신의 이해에 도움이 되는 정당에 대한 정확한 정보를 얻을 수 있기 때문이다(Kiewiet and McCubbins 1991, Lupia and

McCubbins 2003).

둘째, 저소득층은 고소득층에 비해서 정당 간의 입장 차이와 후보 개인에 대한 정보가 부족하다는 가정 역시 미국 유권자 설문조사(American National Election Survey) 연구가 뒷받침한다. 반면, 마지막으로, 후보의 비정책적인 특성에 의존할수록 유권자 자신의 이해를 대변하지 않는 후보에게 투표할 가능성은 증가한다는 가정과 이러한 투표성향이 저소득층에게 더 자주 발견된다는 가정에 대한 경험분석은 후속연구를 통해서 확인될 필요가 있다. 이러한 후속연구는 선거제도와 소득불평등 사이에 정치정보가 어떻게 인과적 연결고리로 작동하는가를 밝혀 줄 것이다. ■**문우진**

참고문헌

문우진. 2009. 〈정치정보, 정치참여와 민주주의〉. 《한국정치학회보》 43집 4호, 327-349.

Adams, James F., Samuel Merrill III and Bernard Grofman. 2005. *A Unified Theory of Party Competition: A Cross-National Analysis Integrating Spatial and Behavioral Factors*. New York: Cambridge University Press.

Aldrich, John H. 1995. *Why Parties?: The Origin and Transformation of Political Parties in America*. Chicago: The University of Chicago Press.

Allan James P. and Lyle Scruggs. 2004. "Political Partisanship and Welfare State Reform in Advanced Industrial Societies." *American Journal of Political Science* 48, No. 3, 496-512.

Aranson, Peter H. and Peter C. Ordeshook. 1972. "Spatial Strategies for Sequential Elections." Richard G. Niemi and Herbet F. Weisberge, eds. *Probability Models of Collective Decision Making*, 298-331. Columbus: Charles E. Merrill Co.

Atkinson, Anthony B. 2002. "Globalization and the European Welfare State at the Opening and the Closing of the Twentieth Century." H. Kierzkowski ed. *Europe and Globalization*, 249-273. New York: Palgrave-MacMillan.

Austen-Smith, David. 2002. "Redistributing Income under Proportional Representation." *Journal of Political Economy* 108, No. 6, 1235-1269.

Bhagwati, Jagdish. 1997. "Play it Again, Sam: A New Look at Trade and Wages." *Mimeo*. Columbia University. Department of Economics.

Beck, Nathaniel and Jonathan. N. Katz. 1995. "What to Do (and Not to Do) with Time-series cross-section Data." *American Political Science Review* 89, 634-647.

Bennett, Stephen E. and David Resnick. 1990. "The Implications of Nonvoting for Democracy in the United States," *American Journal of Political Science* 34, No. 3, 771-802.

Birchfield, Vicki and Markus M. L. Crepas. 1998. "The Impact of Constitutional Structures and Collecitive and Competitive Veto Points on Income Equality in Industrialized Democracies." *European Journal of Political Research* 34, 175-200.

Brady, David, Martin Seeleib-Kaiser, Jason Beckfield. 2005. "Economic Globalization and the Welfare State in Affluent Democracies, 1975-2001." *American Sociological Review* 70, No. 6, 921-94.

Burtless, Gary. 1995. "International Trade and the Rise in Earnings Inequality." *Journal of Economic Literature* 33, No. 2, 800-816.

Cameron, David R. 1978. "The Expansion of the Public Economy: A Comparative Analysis." *American Political Science Review* 72, 1243-61.

Carey, John M. and Matthew S. Shugart. 1995 . "Incentives to Cultivate a Personal Vote: a Rank Ordering of Electoral Formulas." *Electoral Studies* 14, No. 4, 417-39.

Cox, Gary W., and Mathew D. McCubbins. 1993. *Legislative Leviathan: Party Government in the House*. Berkeley: University of California Press.

_______. 2001. "The Institutional Determinants of Economic Policy Outcomes." Stephan Haggard and Matthew D. McCubbins, eds. *Presidents, Parliaments, and Policy*, 21-63. New York: Cambridge University Press.

_______, Frances M. Rosenbluth, and Michael F. Thies. 1998. "Mobilization, Social Networks, and Turnout: Evidence from Japan." *World Politics* 50, No. 3, 447-474.

Castles, Francis. 1982. "The Impact of Parties on Public Expenditure." Francis Castles, ed. *The Impact of Parties*, 21-96. Beverly Hills, CA: Sage.

Dixit, Abinash, and John Londregan. 1996. "The Determinants of Success of Special Interests in Redistributive Politics," *Journal of Politics* 58, No. 4, 1132-1155.

Dixon, William and Terry Boswell, 1996. "Dependency, Disarticulation, and Denominator Effects: Another Look at Foreign Capital Penetration."*American Journal of Sociology* 102, 543-562.

Dollar, David and Aart Kraay. 2004. "Trade, Growth, and Poverty." *Economic Journal*, 114, F22-F49.

Downs, Anthony. 1957. *An Economic Theory of Democracy*. New York: Harper and Row.

Dreher, Axel and Noel Gaston. 2006. "Has Globalization Increased Inequality?," *Working papers* 06-140, KOF Swiss Economic Institute, ETH Zurich.

Edwards, Martin S. and Frank C. Thames. 2007. "District Magnitude, Personal Votes, and Government Expenditures." *Electoral Studies* 26, 338-345.

Enelow, James M. and Melvin J. Hinich. 1982. "Nonspatial Candidate Characteristics and Electoral Competition," *Journal of Politics* 44, No. 1, 115-30.

Esping-Andersen, Gosta. 1990. *The Three Worlds of Welfare Capitalism*. Princeton, Princeton The University Press.

Feld, Scott L. and Bernard Grofman. 1991. "Incumbency Advantage, Voter Loyalty and the Benefit of the Doubt," *Journal of Theoretical Politics* 3, 115-137.

Fenno, Richard F. JR. 1978. *Home Style : House Members in Their Districts*. New York: Harper Collins Publishers.

Ferejohn, John. 1974. *Pork Barrel Politics: Rivers and Harbors Legislation, 1947-1968*. Stanford: Stanford University Press.

Fiorina, Morris P. 1989. *Congress: Keystone of the Washington Establishment*. New Heaven: Yale University Press.

______ and David W. Rohde, eds. 1989. *Home Style and Washington Work: Studies of Congressional Politics*. Ann Arbor: The University of Michigan Press.

Garrett, Geoffrey. 1996. "Capital Mobility, Trade, and the Domestic Politics of Economic Policy." R. Keohane and H. Milner, eds. *Internationalization of Domestic Politics*, New York: Cambridge University Press.

______. 1998 *Partisan Politics in the Global Economy*. New York: Cambridge University Press.

Gilens, Martin. 2005. "Inequality and Democratic Responsiveness." *Public Opinion Quarterly* 69, No. 5, 778-796.

Grenzke, Janet M. 1989. "PACs and the Congressional Supermarket: The Currency is

Complex." *American Journal of Political Science* 33, No. 1, 1-24.

Griffin, John, and Brian Newman. 2005. "Are Voters Better Represented?," *Journal of Politics* 67, No. 4, 1206-1227.

Groseclose, Tim. 2001. "A Model of Candidate Location When One Candidate Has a Valence Advantage." *American Journal of Political Science* 45, No. 4, 862-886.

Hibbs, Douglas. 1976. "Political Parties and Macroeconomic Policy." *American Political Science Review* 70, 1033-58.

Higgins, Matthew and Jeffrey G. Williamson. 1999. "Explaining Inequality the World Round: Cohort Size, Kuznets Curves and Openness." *National Bureau of Economic Research, Working paper* No. 7224.

Huber, Evelyne and John D. Stephens. 2001. *Development and Crisis of the Welfare State*. Chicago, IL: University of Chicago Press.

Iversen, Torben and David Soskice. 2006. "Electoral Systems and the Politics of Coalitions: Why Some Democracies Redistribute More than Others." *American Political Science Review* 100, No. 2, 165-187.

Kiewiet, D. R. and Mathew D. McCubbins. 1991. *The Logic of Delegation*. Chicago: University of Chicago Press.

Korpi, Walter. 2003. "Welfare State Regress in Western Europe: Politics, Institutions, Globalization, and Europeanization." *Annual Review of Sociology* 29, 589-609.

Korpi, Walter and Joakim Palme. 2003. "New Politics and Class Politics in the Context of Austerity and Globalization: Welfare State Regress in 18 Countries, 1975-1995." *American Political Science Review* 97, 425-46.

Kuznets, Simon. 1955. "Economic Growth and Income Inequality." *American Economic Review* 45, No. 1, 1–28.

Leamer, Edward E. 1993. "Factor-Supply Differences as a Source of Comparative Advantage." *The American Economic Review* 83, No. 2, 436-39.

Leighley, Jan E., and Jonathan Nagler. 1992. "Socioeconomic Class Bias in Turnout, 1964-1988: The Voters Remain the Same," *American Political Science Review* 86, No. 3, 725-736.

Lijphart, Arendt. 1999. *Patterns of Democracy: Government Forms and Performance in Thirty Six Countries*. New Haven: Yale University Press.

Lijphart, Arendt. 1997. "Unequal Participation: Democracy's Unresolved Dilemma."

American Political Science Review 91, 1-14.

Lundberg, Mattias and Lyn Squire. 2003. "The Simultaneous Evolution of Growth and Inequality," *Economic Journal, Royal Economic Society* 113, 326-344.

Lupia, Arthur and Mathew D. McCubbins. 2003. *The Democratic Dilemma: Can Citizens Learn What They Need to Know?* New York: Cambridge University Press.

Mahler, Vincent A. 2002. "Exploring the Subnational Dimension of Income Inequality: An Analysis of the Relationship between Inequality and Electoral Turnout in the Developed Countries." *International Studies Quarterly* 46, 117-142.

______. 2004. "Economic Globalization, Domestic Politics, and Income Inequality in the Developed Countries." *Comparative Political Studies* 37, No. 9, 1025-1053.

Moon, Woojin. 2004. "Party Activists, Campaign Resources and Candidate Position Taking in US Senate Elections, 1974-2000: Theory, Tests and Applications," *British Journal of Political Science* 34, No. 4, 611-633.

______. 2005. "Decomposition of Regional Voting in South Korea: Ideological Conflicts and Regional Benefits." *Party Politics* 11, No. 4, 579-99.

Persson, Torsten and Guido Tabellini. 1999. "The size and scope of Government: Comparative Politics with Rational Politicians." *European Economic Review* 43, 699-735.

Powell, G. B. Jr. 2000. *Elections as Instruments of Democracy*. New Haven: Yale University Press.

Ravallion, Martin and Shaohua Chen. 1997. "What Can New Survey Data Tell Us about Recent Changes in Distribution and Poverty?" *World Bank Economic Review* 11, No. 2, 357-82.

Reuveny, Rafael and Li, Quan. 2003. "Economic Openness, Democracy and Income Inequality: An Empirical Analysis." *Comparative Political Studies* 36, No. 5, 575-601.

Rodrik, Dani. 1997. *Has Globalization Gone Too Far?* Washington, DC: Institute for International Economics.

Rueda, David and Jonas Pontusson. 2000. "Wage Inequality and Varieties of Capitalism." *World Politics* 52, 350-383.

Stolper, Wolfgang and Paul A. Samuelson. 1941. "Protection and Real Wages." *Review of Economic Studies* 9, 58-73.

Swank, Duane. 2002. *Global Capital, Political Institutions, and Policy Change in Developed*

Welfare States. New York: Cambridge University Press.

Swank, Duane and Sven Steinmo. 2002. "The New Political Economy of Taxation in Advanced Capitalist Democracies." *American Journal of Political Science* 46, 642-55.

Sylwester, Kevin. 2005. "Foreign Direct Investment, Growth and Income Inequality in Less Developed Cuntries." *International Review of Applied Economics* 19, No. 3, 289-300.

Timmer, Peter. 1997. "How well do the Poor Connect to the Growth Process?". *CAER II Discussion Paper*, Harvard Institute for International Development 17.

Tonelson, Alan. 2000. *The Race to the Bottom: Why a Worldwide Worker Surplus and Uncontrolled Free Trade are Sinking American Living Standards*. Boulder, CO: Westview Press.

Verardi, Vincenzo. 2005. "Electoral Systems and Income Inequality." *Economic Letters* 86, 7-12.

Verba, Sidney, Kay L. Schlozman, Henry E. Brady, and Norman H. Nie. 1993. "Race, Ethnicity and political Resources Participation in the United States." *British Journal of Political Science* 23, No. 4, 453-97.

Wallerstein, Michael. 1999. "Wage-setting Institutions and Pay Inequality in Advanced Industrial Societies." *American Journal of Political Science* 43, No. 3, 649–80.

Wolfinger, Raymond E. and Steven J. Rosenstone. 1980. *Who Votes?* New Haven: Yale University.

Wolfson, M.C. 1994. "When inequalities diverge." *American Economic Review*, 84, 353-358.

Wright, John R. 1990. "Contributions, Lobbying, and Committee Voting in the U.S. House of Representatives." *American Political Science Review* 84, 417-38.

자료출처

Armingeon, Klaus, Sarah Engler, Panajotis Potolidis, Marlène Gerber, Philipp Leimgruber. 2010. *Comparative Political Data Set 1960-2008*, Institute of Political Science, University of Berne.

http://www.ipw.unibe.ch/content/team/klaus_armingeon/comparative_political_data_sets/index_ger.html.

Beck, Thorsten, and George Clarke, Alberto Groff, Philip Keefer, and Patrick Walsh,

2001. "New Tools in Comparative Political Economy: The Database of Political Institutions." 15:1, 165-176 (September), *World Bank Economic Review*. http://go.worldbank.org/2EAGGLRZ40.

Galbraith, James K. and Kum, Hyunsub, 2005. "Estimating the Inequality of Household Incomes: A Statistical Approach to the Creation of a Dense and Consistent Global Data Set." *Review of Income and Wealth*, 51(1, 115-143. http://utip.gov.utexas.edu/data.html.

Johnson, Joel W. and Jessica S. Wallack. 2006. "Elecotral Systems and the Personal Vote: Update of database from 'Particularism Around the World.'" http://dss.ucsd.edu/~jwjohnso/espv.html.

HeeMin Kim and Richard C. Fording. 2002. "Government Partisanship in Western Democracies, 1945-1998." *European Journal of Political Research* 41:165-184. http://sites.google.com/site/heeminkimfsu/data.

Swank, Duane. 2008. "Electoral, Legislative, and Government Strength of Political Parties by Ideological Group in Capitalist Democracies, 1950-2006: A Database." Marquiette University. http://www.marquette.edu/polisci/faculty_swank.shtml.

Visser, Jelle. 2009. "Database on Institutional Characteristics of Trade Unions, Wage Setting, State Intervention and Social Pacts (ICTWSS)." Amsterdam Institute for Advanced Labour Studies (AIAS), University of Amsterdam. http://www.uva-aias.net/207.

7장

정치의식, 불평등 투표, 선거제도

한국 17대 및 18대 국회의원 선거 분석

I. 서론

레이파트(Lijphart 1997)는 불평등한 투표(unequal voting)가 불평등한 정치적 영향력으로 귀결된다면 민주주의에 심각한 문제를 야기할 수 있다는 사실을 지적했다. 미국 선거 연구들은 학력과 소득이 낮은 유권자들의 정치참여가 다른 유권자들에 비해 심각하게 낮다는 점을 발견했고(Leighley and Nagler 1992; Verba et al. 1995; Wolfinger and Rosenston 1980), 불평등한 정치참여가 실제로 편향적인 정책결과를 초래한다는 사실을 발견하였다(Bennett and Resnick 1990; Gilens 2005; Griffin and Newman 2005). 그렇다면 소득수준과 교육수준에 따른 불평등한 투표참여가 한국 유권자들에게서도 발견되는가? 한국에서의 투표참여에 영향을 미치는 인구통계학적 변수는 무엇인가? 인구통계학적 변수에 따른 투표 불평등이 발견된다면 그 이유가 무엇인가? 이 글은 이러한 질문들에 답하기 위해 17대 및 18대 총선 유권자 의식조사 자료를 분석한다. 이 글은 인구통계학적 변수뿐만 아니라 정치의식이 인구통계학적 변수들과 어떻게 연관되어 있으며, 직접적으로 간접적으로 투표참여에 어떠한 영향을 미치는가를 분석한다.

인구통계학적 변수들이 한국 유권자의 투표참여에 미치는 영향에 대한 경험분석 결과는 서로 일치하지 않았다. 일부 연구들은 학력과 소득이 투표참여와 부정적으로 상관되어 있거나(어수영·곽진영 2002), 무관하다는 사실을 발견한 반면(김재한 1993; 박찬욱 1993; 김진하 2008; 서현진 2008), 다른 연구들은 투표참여율을 높인다는 사실을 발견했다(서복경 2010; 정준표 2008). 연구 결과들이 이처럼 다른 이유는 분석 시기 및 선거의 종류가 다르기 때문이기도 하지만, 연구자들이 모형에 포함시키는 통제변수가 다르기 때문이기도 하다. 학력과 소득이 투표참여와 무관하다는 연구들은 정치관심도 또는 투표효능감과 같은 투표동기와 다소 동어반복적인(tautological) 변수들을 통제하였다. 반면 학력과 소득의 영향력을 발견한 연구는 인구통계학적 변수외의 다른 심리적·정치적 변수들을 통제하지 않았다.

본 논문은 기존 연구와는 달리 정치의식(political awareness)이라는 인지적 요소가 투표동기에 미치는 영향에 대한 이론적·경험적 근거를 제시한다.[1] 이 글은 정치의식이 유발하는 정당 간의 입장차이 인식이 투표참여에 미치는 영향을 분석한다. 이 글은 또한 정치의식이 어떠한 인구통계학적 변수들과 연관되어 있는가를 분석하고, 인구통계학적 변수들이 정치의식이라는 변수를 매개로 불평등 투표에 어떤 영향을 미치는가를 분석한다. 본 연구는 고학력·고소득 유권자들은 다른 유권자에 비해서 정치지식이 많고 정당 간의 입장 차이를 더 분명하게 인식하기 때문에 투표참여에 더 적극적이라는 사실을 발견하였다. 따라서 유권자의 정치의식을 통제하면 유권자의 학력과 소득은 투표참여와 무관한 것으로 밝혀졌다. 이러한 발견은 한국에서의 불평등한 투표참여에 중요한 정책적 함의를 제공한다. 즉 저학력 저소득 유권자들에게 저비용의 정치정보를 제공하거나 정당 간의 입장 차이를 분명하게 인식할 수 있도록 하는 정책적·제도적 처방이 불평등한 투

1 여기에서 정치의식은 정치에 대한 인간의 의식이라는 추상적인 의미가 아니라 측정 가능한 인지적 의미로, 정치지식과 매우 근접한 개념이다. 잴러(Zaller 1992)의 구체적인 개념정의는 III장 참조.

표참여를 해소할 수 있는 방안이 될 수 있다는 것이다.

본 논문은 다음과 같이 구성되어 있다. II장에서 투표참여에 대한 선행 연구들을 국내 연구들을 중심으로 살펴본다. III장에서는 정치의식이 투표 동기에 미치는 영향에 대한 이론적 논의를 제시하고 검증 가능한 가설들을 도출한다. IV장에서 경험분석 자료와 분석모형 및 변수 측정방법에 대해서 논의한다. V장에서 분석결과를 보고한다. VI장은 이 글의 발견들을 정리하고 정책적·제도적 함의에 대해 논의한다.

II. 선행연구

정치참여에 대한 연구는 인구통계학적(demographic), 심리학적(psychological), 합리적 선택(rational choice) 이론으로 분류될 수 있다. 인구통계학적 이론은 유권자의 성별, 나이, 학력, 소득과 같은 인구통계학적 변수들의 영향을 분석한다(Lazarsfeld, Berelson, and Gaudet 1944; Wolfinger and Rosenston 1980; Leighley and Nagler 1992; Verba et al. 1995). 심리학적 이론은 정당일체감(party identification), 정치관심도, 투표효능감과 같은 정치심리적 요인이 투표동기에 어떠한 영향을 미치는가를 분석한다(Campbell et al. 1960). 합리적 선택 이론은 유권자의 효용이 투표동기에 미치는 영향을 연구한다(Riker and Ordeshook 1968; Davis, Hinich and Ordeshook, 1970; Ferejohn and Fiorina 1974; Palfrey and Rosenthal 1985).

국내 연구 역시 유권자들의 인구통계학적 변수들이 투표참여에 미치는 영향을 분석하였다. 박찬욱(1993)은 유권자의 학력과 소득이 14대 총선을 앞둔 유권자들의 투표참여 의사와 무관하다는 사실을 발견했고, 김재한(1993)은 14대 대선에서 유권자의 학력과 소득이 투표참여에 영향을 미치지 않는다는 사실을 발견했다. 황아란(1997)은 15대 총선에서 선거구 인구와 도시화 정도는 투표율에 부정적인 영향을 미친다는 사실을 발견하였다. 어수영·곽진영(2002)은 1984년에서 1995년 사이의 민주화 전후 선거들을 비교한 결과, 서구민주주의 국가와는 반대로 한국 유권자의 교육수준이 높아질수록 투표참여율은 낮아진다는 사실을 발견하였다. 김진하(2008)는 17대 대선분석을 통해 학력과 소득이 투표참여율에 유의미한 영향을 미치지 않는다는 사실을 발견했다. 반면, 정준표(2008)는 정치의 공급수준이 높은 17대 총선에서는 사회경제적 지위가 투표확률을 높인다는 사실을 발견했다. 서복경(2010)은 세입액이 낮은 자치구일수록 16대 대선에서 17대 대선의 투표율 하락 폭이 크다는 사실과, 17대 대선에서 소득이 성, 연령, 학력을 통제한 뒤에도 투표여부와 유의미한 상관관계를 가지고 있다는 사실을 발견하였다.

학자들은 또한 유권자들의 정치심리적 변수들이 투표참여에 미치는 영향을 분석하였다. 박찬욱(1993)은 14대 총선에서 선거관심도, 투표효능감, 지지정당 유무와 같은 변수들이 투표에 영향을 미친다는 사실을 발견하였다. 강경태(2003) 역시 14대 및 15대 대선에서 투표에 영향을 미치는 변수는 소득수준이 아니라 정치관심도라는 사실을 발견하였다. 강원택(2002)은 지지정당에 불만족한 유권자들은 불만족에 대한 표출의 수단으로 제3당 또는 무소속 후보에 투표하거나 기권을 한다고 주장하였다. 강원택(2008)은 또한 한국에서의 선거경쟁을 불만족스럽게 느끼거나 정부기구들을 불신하는 유권자들은 2007년 대선과 2008년 총선에 모두 불참했으며, 정당에 대해 부정적인 시각을 가지고 있거나 지지정당과 이념적 거리가 먼 유권자일수록 대선에서만 투표를 했다는 사실을 발견했다. 정준표(2008)는 사회경제적 지위가 선거관심도를 통해서 투표참여율을 높인다는 사실을 발견했다. 서현진(2008)은 이명박 후보를 지지하지 않는 20·30대 유권자는 기권할 확률이 높지만, 정치불신이 높은 20·30대 유권자들이 다른 유권자에 비해 기권할 확률이 높지 않다는 사실을 발견했다.

다른 학자들은 합리적 선택 이론을 한국의 투표참여 연구에 적용하였다. 합리적 선택 투표모형에 의하면, (1) 유권자의 후보들에 대한 효용 차이를 유발하는 경쟁후보들의 입장 차이와 (2) 유권자가 선거결과를 바꿀 확률에 영향을 미치는 선거의 경합정도는 투표참여 기대효용에 영향을 미친다. 이러한 이론적 맥락에서 학자들은 후보의 입장 차이와 선거의 경합정도가 투표참여에 미치는 영향에 대한 경험연구들을 제시하였다(김재한 1993; 한정훈·강현구 2009; 황아란 1997, 2008). 김재한(1993)은 14대 대선에서 후보에 대한 선호 차이와 경합도가 투표확률에 긍정적인 영향을 미친다는 사실을 발견하였다. 황아란(1997, 2008)은 15대 총선에서 선거경합도가 높은 지역구에서 투표율이 높았고, 18대 총선에서 비한나라당 현직후보와 친박(무소속)연대의 출마로 인한 선거경합도 증가가 투표율에 간접적인 영향을 미쳤다고 주장했다. 한정훈·강현구(2008)는 선거경합도와 투표율 사이에는 정치인들의 전략적 선거지출이 매개된다는 이론을 소개하고 한국의 18대 총선에 적용하였다. 이들은 선거경합도가 투표율에 미치는 영향은 선거지출을 통제하면 상당히 줄어들며, 선거경합도 증가에 따른 정치인들의 전략적 선거지출이 투표율을 상승시키는 더 중요한 변수라는 사실을 발견하였다.

전술한 연구들은 한국 투표참여 이해에 중요한 공헌을 하였으나 다음과 같은 문제점들을 안고 있다. 인구통계학적 접근법과 심리학적 접근법은 인구통계학적 변수들 및 심리적 변수들과 투표참여와의 경험적인 상관성을 검증하였으나, 인과적 작동기제에 대한 설명이 부족하다. 합리적 선택분석은 유권자의 투표동기를 유권자의 효용 또는 정치인의 전략적 선택을 통해 설명하려 하였으나 외생적 변수들이 어떻게 투표결정에 영향을 미치는가에 대한 분석을 소홀히 한다. 또한 이들 접근법들의 공통점은 유권자의 인지적 측면이 투표참여에 어떠한 영향을 미치는가에 대한 설명을 제시하지 않는다. 잴러(Zaller 1992)는 유권자의 정치관심 같은 정서적이고 심리적인 측면보다 정치지식과 같은 인지적인 측면이 정치적 견해(opinion)에 더 중요한 영향을 미친다고 주장하였다. 다음 장에서는 잴러의 이론을 바탕으로 인지적인 측면이 투표참여에 미치는 영향에 대한 인과적 작동기제를 제시한다.

III. 이론적 논의 및 가설 도출

잴러(1992)에 의하면, 정치견해(political opinion)는 정치정보, 정보에 대한 관심, 정치적 가치(value) 및 정향(predisposition)의 복합적인 산물이다. 잴러는 시민의 정치견해가 형성되는 과정을 다음과 같이 설명하였다. 먼저 시민들은 다양한 설득적 메시지들(persuasive messages)을 주변 사람이나 언론으로부터 접하게 되고, 이러한 메시지들은 고려사항들(considerations)을 형성시킨다(41). 여기서 고려사항이란 정치견해를 견지할 수 있게 하는 모든 이유들을 말한다(40). 예컨대 어떤 시민의 4대강 사업에 대한 고려사항은 이 시민이 언론을 통해 접한 다양한 찬반 입장들과 같은 인지적 요소들과 이 시민의 가치 및 정향을 포함하는 정서적 요소들로 구성된다. 그러나 설득적 메시지만으로는 정치견해를 형성시키기 어렵다. 설득적 메시지들이 정치견해로 전환되기 위해서는 설득적 메시지들이 내포하고 있는 정치적인 함의를 깨달아야 한다. 예컨대, 4대강 사업의 장단점에 대한 메시지 내용 자체만으로는 4대강 사업에 대한 정치견해(찬반 입장)가 형성되기가 어렵다. 대신 보수적인 정당이 4대강 사업을 찬성하고 진보적인 정당이 반대한다면, 시민들은 설득적 메시지가 가지고 있는 정치적 단서(cue)를 제공받게 된다. 잴러는 이처럼 이념적·정치적 상황정보(contextual information)를 내포하고 있는 설득적 메시지를 단서제공 메시지(cueing messages)라고 호칭하였다(42).

잴러는 단서제공 메시지의 접수 능력은 정치의식(political awareness)에 의해서 좌우된다는 사실을 강조하였다. 잴러는 정치의식을 "정치에 주의를 집중하는 정도와 접한 내용의 의미를 이해하는 정도"로 정의하였다(1992: 21). 잴러는 또한 정치의식은 인지적·지적 개입(engagement)에 의해서 형성된다는 사실을 강조하고, 정치의식을 감정적·정서적인 특성을 지닌 정치정향으로부터 구분하였다. 잴러에 의하면, 정치지식 검사에서 높은 점수를 받은 사람이 정치적 관심이 높은 사람보다 자신의 태도 보고에서 더 안정적이라는 점을 지적하였다. 뿐만 아니라 잴러는 인지적 개입을 측정한 변수가 정서적 개입을 측정한 변수보다 정치견해를 더 잘 설명한다고 주장하였다. 이를 근거로 잴러는 어떤 쟁점에 대해 인지적 개입의 정도가 높을수록 단서제공 메시지를 받아들일 수 있는 능력이 많고, 따라서 이 쟁점에 대한 정치적 함의를 더 잘 파악할 수 있다는 정보접수 원리(reception axiom)를 제시하였다(42). 이 원리의 핵심은 정치적 메시지의 의미를 알아야 정치견해가 생길 수 있다는 것이다.

잴러는 또한 사람들은 자신의 정치성향과 일치하지 않는 주장은 거부하는 경향이 있고 이러한 거부경향은 정치 메시지와 자신의 정치성향과의 관계를 파악하는 데 필요한 상황정보가 있을 때만 발견된다는 정보거부 원리(resistance axiom)를 제시하였다(44). 잴러에 의하면, 정치의식이 높은 유권자는 설득적 메시지가 가지고 있는 정치적인 함의를 파악할 수 있기 때문에 자신의 이념성향과 일치하는 메시지만 수용하고 그렇지 않은 메시지는 거부하는 경향이 있다. 반면 정치의식이 낮은 유권자는 자신이 우연적으로 접한 설득적 메시지의 정치적 함의를 모르기 때문에, 자신의 이념성향과 일치하지 않는 메시지도 실수로 받아들일 가능성이 높다. 즉, 정치의식이 높을수록 진보적 유권자는 진보적 입장을, 보수적 유권자는 보수적 입장을 더 받아들여, 진보적 정당과 보수적 정당의 이념차이에 대한 인식이 양극화된다(100).

잴러(Zaller 1992)의 이론은 정치참여에 매우 유용한 이론적 기반을 제공한다. 전술한 잴러의 이론에 의하면, 정치정보가 많은 유권자일수록 정당이나 후보 간의 입장 차이를 더 분명하게 인식한다. 잴러의 이러한 발견을 합리적 선택이론의 투표모형과 접목하면 투표참여에 대한 이론적 예측이 도출된다. 합리적 선택이론에 의하면, 경쟁하는 후보들의 입장 차이가 클수록 어떤 후보가 당선되는가에 따라 효용의 손익 차가 커지므로 투표참여 동기가 증가한다. 전술한 바와 같이, 정치의식이 높은 유권자는 정치적 메시지에 대한 정치적 함의를 더 잘 인식하고 따라서 정당 간의 입장 차이를 더 잘 파악하므로, 누가 당선되는가에 따라 자신의 장래(기대효용)에 큰 차이가 있을 것으로 예상한다. 따라서 정치의식이 높은 유권자는 정치참여 효능감이 높고 정치참여에 적극적이다. 이러한 논의로부터 다음과 같은 검증 가능한 가설들을 도출한다.

가설1: 정치의식이 높은 유권자일수록, 투표효용감이 높다.
가설2: 정치의식이 높은 유권자일수록, 투표참여에 더 적극적이다.

IV. 분석모형 및 변수측정

이 장에서는 한국 사회과학데이터 센터의 "17대 국회의원 선거 유권자 의식조사"와 "18대 국회의원 선거 유권자 의식조사" 자료를 이용해서 III장의 가설을 검증한다. 이 자료는 미국선거연구(American National Election Studies: ANES) 자료에 비해 질문문항들이 다양하지 않고 응답자의 수도 적기 때문에, 이에 상응하는 경험분석을 수행하기는 어렵다.[2] 그럼에도 불구하고 17대 및 18대 총선 유권자 의식조사 자료는 이 글의 분석에 필요한 변수들의 측정을 가능케 하는 문항들을 포함한다.

III장의 가설검증을 위한 모형을 제시하기 전에, 정치의식과 관련된 변수들을 설정하고 이들 변수들과 인구통계학적 변수들과의 관계를 먼저 분석한다. 잴러의 입장을 따라, 이 글은 정치의식을 (1) 정치에 주의를 집중하는 정도와 (2) 정치에 대한 인지적 능력으로 분류하고 이들을 측정한다. 먼저 유권자가 정치에 주의를 집중하면 다양한 미디어를 자주 이용해서 정치정보를 접하려고 할 것이기 때문에, 정치에 대한 주의 집중 정도는 미디어를 활용하는 정도로 측정한다.[3] 〈모형 1〉은 어떠한 유권자들이 미디어를 더

2 ANES는 2년마다 제공했던 1948년에서 2004년 사이의 설문조사 결과를 통합한 자료를 제공했다. 이 자료는 변수의 수가 950개에 이르고 설문 응답자의 수가 75,000명이 넘는 방대한 자료이다. 이에 비해 한국 자료는 변수의 수가 100개 정도, 응답자의 수는 1,000여 명에 불과하다.

3 최근의 분석연구들은 변수들의 기술통계 자료는 제한된 지면 때문에 보고하지 않는

적극적으로 활용하는가를 분석한다.

모형 1.

미디어 활용도 = a + b_1교육수준 + b_2소득수준 + b_3나이 + b_4여성 + b_5거주지역규모 + b_6총선

〈모형 1〉의 종속변수인 미디어 활용도는 다음과 같이 측정하였다. 17대 및 18대 총선 유권자 의식 조사는 미디어를 일간신문(종이신문)이나 TV프로그램과 같은 전통적인 매체와 인터넷 매체 두 종류로 분류하고, 응답자들이 공공문제에 대한 정보를 얻기 위해 이들 매체를 일주일에 어느 정도 이용하는지를 물어보았다.[4] 응답자들은 각 매체를 전혀 이용하지 않으면 1로, 한두 차례 이용하면 2로, 서너 차례 이용하면 3으로, 매일 이용하면 4로 응답하였다. 이러한 응답 자료를 이용해서, 두 가지 매체를 전혀 사용하지 않는 유권자는 0점으로, 두 종류 매체를 매일 사용하는 유권자는 6점으로 측정하였다.

〈모형 1〉의 독립변수들은 다음과 같이 측정하였다. 교육수준을 측정하기 위해, 무교육은 0, 초등학교 중퇴는 1, 초등학교 졸업은 2, 중고등학교 중퇴는 3, 고졸은 4, 직업학교는 5, 대학 중퇴는 6, 대졸은 7로 측정한 설문조사 기록을 이용하였다. 소득수준 역시 설문조사 항목을 이용해서 하위 20% 미만은 0, 20% 이상에서 40% 미만은 1, 40% 이상에서 60% 미만은 2, 60% 이상에서 80% 미만은 3, 상위 20% 이상은 4로 기록하였다. 나이변수는 응답자들이 기록한 나이를 이용했고, 여성변수는 남성은 0 여성은 1

경우가 일반적이다. 특히 피상적 관계인 상관관계는 다른 변수들을 통제하면 쉽게 변하므로 보고하지 않는 경우가 많다. 그러나 심사자의 요청에 따라 부록의 〈표 6〉과 〈표 7〉에서 변수들의 기술통계량과 변수들 간의 상관관계를 보고하였다.

4 17대 총선 설문조사는 미디어 활용도를 측정하는 질문들을 문항41과 문항 42에서 물었고, 18대 총선 설문조사는 같은 질문을 문항 43과 문항 44에서 물었다. 이러한 설문은 투표에 참여한 유권자뿐만 아니라 모든 유권자들을 대상으로 수행되었다. 만약 미디어참여도가 투표참여자만을 대상으로 측정된 변수라면 비투표자의 미디어 활용도에 대한 값이 존재하지 않으므로 분석자체가 불가능하다.

로 기록했다. 거주지역 규모는 농촌지역은 0, 중소도시는 1, 대도시 교외는 2, 대도시는 3으로 기록했다. 총선변수는 17대 총선은 0, 18대 총선은 1로 기록했다. 미디어 활용도는 이산형(discrete) 변수이므로 〈모형 1〉은 서열 로짓(ordered logit) 방법으로 분석하였다.

다음은 정치의식의 두 번째 요소인 정치에 대한 인지적 능력에 대한 측정은 잴러의 이론적 입장을 따랐다. 잴러는 교육수준, 정치참여도, 정치에 대한 관심도 등 다양한 개념을 통해 정치적 인지 능력을 측정하는 기존 연구들을 비판하고, 정치지식은 순수하게 지적이고 인지적인(intellectual and cognitive) 개념임을 강조했다. 따라서 잴러는 정치에 대한 중립적이고 사실적인(neutral and factual) 내용에 대한 지식의 정도를 측정하였다. 같은 맥락에서 이 글은 정치의식의 지적이고 인지적인 요소를 측정하였다. 17대 총선 설문조사는 대통령 이름, 국회의원 임기, 국무총리 이름을 물어보았고 18대 총선 설문조사는 대통령 임기, 여당 이름, 국무총리 이름을 물어보았다. 17대 총선 설문조사의 세 질문에 대한 정답률은 각각 97.5%, 87.1%, 93%이었고, 18대 총선 설문조사의 세 질문에 대한 정답률은 각각 92.1%, 87.7%, 54.4%이었다. 따라서 18대 총선 설문조사의 정치지식 측정을 위한 질문들의 난이도가 17대 총선 설문조사 질문들에 비해서 더 높았다. 이러한 난이도 차이를 통제하기 위해서 다음과 같은 표준화 작업을 수행했다. 먼저 17대(또는 18대) 총선 설문조사에서의 각 응답자의 정답 수와 17대(또는 18대) 총선 설문조사 전체 응답자 정답의 평균과의 차이를 구하고, 이를 표준편차로 나누어 각 응답자의 정답 수를 표준편차 지수로 치환하였다. 〈모형 2〉는 어떤 인구통계학적 변수들이 정치지식에 영향을 미치는가를 분석한다. 정치지식은 연속변수이므로 〈모형 2〉는 회귀분석 방법으로 검증하였다.

모형 2.

정치지식 = a + b_1미디어 활용도 + b_2교육수준 + b_3소득수준 + b_4나이 + b_5여성 + b_6거주지역규모 + b_7총선

다음은 정치의식과 관련된 두 변수들(미디어 활용도 및 정치지식)이 정당 이념들에 대한 인식양극화를 초래한다는 잴러의 주장을 검증하기 위해 〈모형 3〉을 분석하였다. 17대 및 18대 총선 설문조사는 유권자들로 하여금 자신들이 생각하는 각 정당의 이념을 0점(진보 혹은 좌파)에서 10점(보수 혹은 우파) 사이의 정수로 매기게 하였다.[5] 이 자료를 이용해서 두 주요 정당의 이념 차이에 대한 인식을 측정하였다. 17대 총선에서는 한나라당과 열린우리당 이념점수 차이의 절대 값을, 18대 총선에서는 한나라당과 민주당 이념점수 차이의 절대 값을 계산하였다. 〈모형 3〉의 종속변수인 이념차이 인식은 이산형 변수이므로, 〈모형 3〉은 서열 로짓 방법으로 분석하였다.

모형 3.

이념인식차이 = $a + b_1$미디어 활용도 + b_2정치지식 + b_3교육수준 + b_4소득수준 + b_5나이 + b_6여성 + b_7거주지역규모 + b_8총선

다음은 III장에서 제시된 가설 1을 〈모형 4〉를 통해 검증한다. 전술한 바와 같이, 미디어 활용도와 정치지식은 정치의식을 대변하는 변수들이다. 종속변수인 투표효능감은 두 가지 설문 문항을 이용해서 측정했다. 17대 및 18대 총선 설문조사는 "누가 권력을 잡느냐에 따라 차이가 있는가?"라는 질문을 제시하고 이에 대한 답을 1에서 5점사이의 정수로 답하게 하였다. 이 질문에 대한 응답을 이용해서, 차이가 없다는 응답은 0점으로 큰 차이가 있다는 응답은 4점으로 기록했다. 다음은 "누구에게 표를 던지느냐가 미래의 일에 영향을 미치는가?"라는 문항에 대한 응답을 기록하였다. 영향을 미치지 않는다는 응답은 0점으로 큰 영향을 미친다는 응답은 4점으로 기록하였다. 투표효능감은 이 두 질문에 대한 점수를 합산하여 측정하였다. 투표효능감은 이산형 변수이므로 〈모형 4〉는 서열 로짓 방법으로 검증하였다.

5 17대 총선 설문조사는 유권자의 정당이념에 대한 인식을 측정하는 질문을 문항 19에서 물었고, 18대 총선 설문조사는 같은 질문을 문항 14에서 물었다.

모형 4.

$$\text{투표효능감} = a + b_1\text{미디어 활용도} + b_2\text{정치지식} + b_3\text{이념인식차이} + b_4\text{교육수준} + b_5\text{소득수준} + b_6\text{나이} + b_7\text{여성} + b_8\text{거주지역규모} + b_9\text{총선}$$

가설 2는 〈모형 5-1, 5-2〉을 통해 검증한다. 〈모형 5-1〉은 두 정치의식 변수들과 이념차이 인식 변수를 포함한 총 9개의 변수로 구성되어 있고, 〈모형 5-2〉는 이들 세 변수들을 제외한 6개의 인구통계학적 변수들로만 구성되어 있다. 〈모형 5-1, 5-2〉의 종속변수인 투표참여는 총선 직전의 대선과 총선에서 모두 투표한 경우는 2점으로, 두 선거 중 한 선거에서만 투표한 경우는 1점으로 기록하였다. 투표참여는 이산형 변수이므로 〈모형 5-1, 5-2〉는 서열 로짓 방법으로 검증하였다.

모형 5-1, 5-2.

$$\text{투표참여} = a + (b_1\text{미디어 활용도} + b_2\text{정치지식} + b_3\text{이념인식차이}) + b_4\text{교육수준} + b_5\text{소득수준} + b_6\text{나이} + b_7\text{여성} + b_8\text{거주지역규모} + b_9\text{총선}$$

V. 분석결과

〈표 1〉은 미디어 활용도에 대한 서열 로짓 분석결과를 보여 준다. 〈표 13〉은 교육수준과 소득수준이 높을수록 미디어를 더 자주 활용한다는 사실을 보여 준다. 〈표 1〉의 결과는 또한 나이가 적은 유권자일수록, 여자보다 남자가 미디어를 더 자주 사용한다는 점을 보여 준다. 이러한 결과는 소득수준과 교육수준이 높은 미국 남성 유권자의 미디어 활용도가 높다는 발견(문우진 2009)과 상응하는 것이다. 그러나 미국 유권자는 나이가 많을수록 미디어 활용도가 높은 반면, 한국 유권자는 나이가 적을수록 미디어 활용도가 높은 것으로 나타났다.

〈표 2〉는 미디어 활용도가 큰 유권자들의 정치지식이 많다는 사실을 보여 준다. 또한 교육수준과 소득수준이 높을수록 정치지식이 많고, 여자에

표 1. 미디어 활용도에 대한 서열 로짓 분석 결과

	b	s.e.	z값	p값
교육수준	0.281***	0.028	9.97	0.000
소득수준	0.158***	0.049	3.25	0.001
나이	-0.009***	0.003	-3.29	0.001
여성	-0.657***	0.084	-7.79	0.000
거주지역 규모	0.055	0.026	1.46	0.145
18대 총선	-0.094	0.042	-2.08	0.264
N	1874			
pseudo R^2	0.046			
Prob> χ^2	0.000***			

*p<0.1; ** p<0.05; *** p<0.01

비해 남자가 더 정치지식이 많다는 사실을 보여 준다. 미디어 활용도를 〈모형 2〉에서 생략하면 교육수준과 소득수준의 영향력에 대한 표준화 계수가 각각 22%와 38% 증가한다. 이는 미디어 활용도를 통제하지 않으면 교육수준과 소득수준의 영향력이 각각 22%와 38% 과대평가된다는 사실을 의미한다. 이는 달리 말하면, 고학력·고소득 유권자들의 정치지식이 많은 이유는 이들의 교육적 경제적 지위 때문뿐만 아니라 이들의 미디어 활용도가 높기 때문이기도 하다는 사실을 의미한다. 교육수준, 소득수준, 미디어 활용도가 높은 고학력·고소득 유권자가 많은 정치지식을 가지고 있으며, 남성이 여성보다 정치지식이 많다는 이 글의 발견은 미국 유권자의 정치지식에 대한 발견과 일치한다. 반면 미국 유권자는 고연령층이 저연령층에 비해 정치지식이 많지만, 한국 유권자의 나이는 정치지식과 무관한 것으로 나타났다.

표 2. 정치지식에 대한 회귀 분석 결과

	b	s.e.	z값	p값
미디어 활용도	0.066***	0.013	5.01	0.000
교육수준	0.061***	0.015	4.14	0.000
소득수준	0.050**	0.025	1.96	0.005
나이	0.003	0.002	1.56	0.119
여성	-0.275***	0.044	-6.19	0.000
거주지역 규모	-0.005	0.020	-0.25	0.806
18대 총선	-0.035	0.044	-0.79	0.430
N	1874			
R^2 (adj. R^2)	0.073(0.070)			
F ratio	20.98***			

표 3. 이념차이 인식에 대한 서열 로짓 분석 결과

	b	s.e.	z값	p값
미디어 활용도	0.114***	0.027	4.23	0.000
정치지식	0.124**	0.053	2.34	0.019
교육수준	-0.014	0.030	-0.47	0.638
소득수준	0.120**	0.053	2.24	0.025
나이	0.012**	0.006	2.05	0.040
여성	0.048	0.090	0.53	0.595
거주지역 규모	-0.059	0.040	-1.48	0.139
18대 총선	-0.149*	0.089	-1.67	0.096
N	1600			
pseudo R^2	0.006			
Prob> χ^2	0.000***			

〈표 3〉은 미디어 활용도가 높고 많은 정치지식을 가진 유권자가 다른 유권자들에 비해 정당 간의 이념 차이를 더 분명하게 인식한다는 사실을 보여 준다. 이러한 결과는 정치의식과 인식 양극화의 관계에 대한 잴러(1992)의 예측을 뒷받침하는 것이다. 이 결과는 또한 미국 유권자 투표참여에 대한 경험분석 결과와도 일치하는 것이다(문우진 2009). 그러나 한국 유권자는 고소득자일수록, 미국 유권자는 고학력자일수록 정당들의 이념차이가 분명하다고 인식하는 것으로 분석되었다.

〈표 4〉는 유권자의 투표효능감에 대한 서열 로짓 분석결과를 보여 준다. 〈표 4〉는 정치의식과 관련된 변수들이 모두 투표효능감에 통계적으로 유의미한 영향력을 가지고 있다는 사실을 보여 준다. 즉, 미디어를 자주 보고 많은 정치지식을 가지고 있는 유권자들은 주요 두 정당 간의 이념차이가 크다고 인식하며, 따라서 누가 권력을 잡는가에 따라 그리고 누구에게 표를 던지는가에 따라 자신의 미래가 달라진다고 생각한다는 사실을 〈표 4〉는 보여 준다. 인구통계학적인 변수들 중 투표효능감에 통계적으로 유의미한 (p〈0.05) 영향을 미치는 유일한 변수는 나이로 분석되었다. 지역개발 사업, 부동산 정책, 환율정책 등 많은 정부정책은 젊은 유권자들 보다는 부동산 소유자, 봉급생활자, 경영인 등 중장년층 유권자들의 이해에 직접적인 영향을 미치고 이들의 투표효능감을 높일 것이다. 〈표 4〉는 이러한 사실을 뒷받

표 4. 투표효능감에 대한 서열 로짓 분석 결과

	〈모형 4〉			
	b	s.e	z값	p값
미디어 활용도	0.086***	0.028	3.05	0.002
정치지식	0.210***	0.055	3.82	0.000
이념차이 인식	0.082***	0.017	4.83	0.000
교육수준	0.028	0.031	0.91	0.364
소득수준	-0.028	0.054	-0.51	0.608
나이	0.011**	0.004	2.51	0.012
여성	0.128	0.093	1.38	0.169
거주지역 규모	0.074**	0.042	1.76	0.078
18대 총선	0.246***	0.094	2.62	0.009
N	1554			
pseudo R^2	0.012			
Prob> χ^2	0.000***			

침하는 결과를 보여 준다.

〈표 5〉의 〈모형 5-1〉 분석결과는 정치의식 관련 변수들 모두 투표참여에 통계적으로 유의미한 영향을 미친다는 사실을 보여 준다. 정치의식 변수들을 통제하지 않은 〈모형 5-2〉의 분석은 학력과 소득이 투표참여에 유의미한 영향을 미치는 결과를 산출한다. 그러나 정치의식 변수들을 통제한 〈모형 5-1〉의 분석결과는 〈모형 5-2〉의 분석결과가 허위적(spurious)이라는 사실을 보여 준다. 달리 말하면, 고학력자와 고소득자가 투표에 더 적극적인 이유는 이들의 학력과 소득 때문이 아니라, 이들이 미디어를 더 많이 접하고, 많은 정치지식을 가지고 있으며, 정당 간의 이념차이를 더 분명하게 느끼기 때문인 것으로 분석되었다. 〈표 5〉의 결과는 그러나 정치의식 변수들을 통제한 후에도 나이가 적은 유권자일수록 투표참여 확률이 적다는 사실을 보여 준다. 이러한 결과는 나이와 투표효능감과의 관계에 대한 〈표 4〉의 결과와 일관된 것이다. 미국의 경우, 나이와 투표참여 확률이 무관하다는 연구결과를 감안할 때(문우진 2009), 한국에서의 연령에 따른 불평등 투표는 학자들의 관심이 필요한 주제이다.[6]

6 청년실업이 심화되고 대학등록금 문제 등이 정치쟁점화 되면서, 한국의 젊은 유권자들도 점점 정치가 자신들의 삶과 무관하지 않다는 사실을 체감하기 시작하고 있는 듯하

표 5. 투표참여에 대한 서열 로짓 분석 결과

	〈모형 5-1〉				〈모형 5-2〉			
	b	s.e	z값	p값	b	s.e.	z값	p값
미디어 활용도	0.198***	0.032	6.15	0.000				
정치지식	0.264***	0.061	4.30	0.000				
이념차이 인식	0.050***	0.019	2.65	0.008				
교육수준	-0.023	0.036	-0.63	0.526	0.073**	0.031	2.37	0.018
소득수준	0.085	0.061	1.39	0.164	0.139***	0.054	2.60	0.009
나이	0.035***	0.004	8.11	0.000	0.033***	0.004	8.61	0.000
여성	0.022	0.106	0.21	0.835	-0.117	0.092	-1.27	0.204
거주지역 규모	0.035	0.048	-0.73	0.464	-0.023	0.042	-0.56	0.578
18대 총선	1.852***	0.115	16.12	0.000	1.691***	0.101	16.77	0.000
N	1584				1928			
pseudo R^2	0.137				0.106			
Prob> χ^2	0.000***				0.000***			

VI. 결론과 함의

본 논문은 17대 및 18대 국회의원 선거에서 한국의 어떤 유권자가 왜 적극적으로 투표하는가를 분석했다. 본 논문은 정치의식과 관련된 변수들이 정치참여에 중요한 영향을 미친다는 사실을 발견하였다. 즉 17대 및 18대 총선에서 미디어를 더 활용하고 많은 정치적인 지식을 가지고 정당 간의 입장차이를 분명하게 인식하는 유권자들이 투표에 참여할 확률이 높다는 사실을 발견하였다. 본 논문은 또한 정치의식 관련 변수들을 통제하면 인구통계학적 변수들 중 소득과 학력은 투표참여 정도와 무관하며 나이만 통계적으로 유의미한 영향력을 가지고 있다는 사실을 발견하였다. 이러한 분석결과는 고학력층과 고소득층이 적극적으로 투표에 참여하는 이유는 이들의 정치의식이 높기 때문이라는 사실을 의미한다. 본 논문의 이러한 발견은 미국 유권자의 투표참여에 대한 연구결과와도 일치하는 것이다(문우진 2009).

본 논문의 분석결과는 학력과 소득에 따른 불평등 투표에 대한 중요한

다. 더 엄밀한 분석이 필요하지만, 2011년 4·27 보궐선거에서 젊은 유권자의 투표참여 증가는 이러한 현실을 반영하는 것으로 해석된다.

정책적 함의를 지닌다. 만약 저학력·저소득 유권자의 낮은 투표동기가 이들의 학력과 소득 때문에 비롯되었다면, 불평등 투표의 기원은 사회·경제구조적이라는 사실을 의미한다. 이 글은 학력과 소득에 따른 불평등 투표의 원인은 구조적인 요인이라기보다 학력과 소득이 야기하는 정치의식의 격차 때문이라는 사실을 보여 주었다. 이러한 발견은 불평등 투표 해소를 위한 정책방향을 제시한다. 즉 저학력·저소득 유권자들에게 저비용의 정치정보를 제공하거나 정당 간의 입장 차이를 분명하게 인식할 수 있도록 하는 정책적·제도적 처방이 필요하다는 것이다. 캠벨 등(Campbell et al. 1960)의 기념비적인 《미국유권자》(*The American Voter*)에 의하면, 일반 유권자들이 후보의 수많은 공약들로부터 손익을 계산하고 자신의 이해를 대변하는 후보를 정확하게 선택하기는 불가능하기 때문에, 대부분의 유권자들은 정당일체감에 근거한 투표를 한다. 많은 학자들은 정치정보 부재에도 불구하고 유권자와 정치인 사이의 정책위임관계가 실패하지 않는 이유는 유권자들이 정당이라는 브랜드 네임을 통해 효율적인(정확하고 저비용의) 정보를 얻을 수 있기 때문이라고 주장했다(Kiewiet and McCubbins 1991; Lupia and McCubbins 2003).

이러한 맥락에서, 정당을 강화시키는 제도적 처방은 저학력·저소득 유권자의 정치지식 부재를 보완해 줄 수 있는 방안이 될 것이다. 이러한 제도적 처방들 중 하나로 후보에 대한 인물투표(personal vote)를 촉진하는 선거제도를 정당투표를 촉진하는 선거제도로 전환하는 제도개혁을 생각해 볼 수 있다. 인물투표를 촉진하는 대표적인 선거제도는 예비선거로 후보를 결정하는 단순다수(plurality) 선거제도와 단기 비이양식(single non-transferable vote) 선거제도이다(Carey and Shugart 1995). 이러한 선거제도는 후보의 능력과 이념, 도덕성, 공약실천 의지, 공약 실현 가능성 등 수많은 내용에 대한 고비용의 정치정보를 필요로 한다. 이러한 선거제도에서 유권자들은 경쟁하는 후보들이 어떠한 효용의 차이를 유발시킬 것인가를 예측하기 어렵고, 이러한 정치정보가 부족한 저소득·저학력 유권자들의 투표동기를 저하시킨다. 이뿐만 아니라, 저소득·저학력 유권자들은 후보자 요인에 더 민감하므로(윤종빈 2008), 저소득·저학력 유권자들은 후보자 요인에 의해 자신의 투표결정을 바꿀 확률이 높다. 따라서 이들 유권자들은 고소득·고학력 유권자들에 비해 자신의 이해를 대변하지 않는 정당후보에게 투표할 가능성을 증가시킨다.

이러한 인물투표 촉진성향을 가장 억제할 수 있는 선거제도는 폐쇄형 비례대표제도이다(Carey and Shugart 1995). 폐쇄형 비례대표제도는 투표참여에 두 종류의 제도적 효과를 가진다. 첫째, 선거구 크기(district magnitude)의 증가는 사표발생을 억제시켜 투표참여 동기를 증가시킨다. 둘째, 폐쇄형 명부는 정당투표를 촉진시킨다. 이 두 가지 효과들 중 본 논문의 발견과 부합하는 제도적 효과는 두 번째 효과라는 점을 강조할 필요가 있다. 이 글의 연구주제의 초점은 낮은 투표율의 해소가 아닌 불평등 투표의 해소이다. 다수제에서는 군소정당이 의석을 얻기 어려우므로 군소정당 지지자들이 전략적인 투표를 하거나 기권을 하는 반면, 비례대표제는 사표를 방지하는 효과가 있기 때문에 투표율을 높인다는 사실은 잘 알려져 있다. 그러나 다수제에서의 투표불참은 지지후보의 당선가능성에 대한 판단과 투표와 기권의 효용차이에 대한 계산을 필요로 하는 전략적 선택이다. 따라서 저소득·저학력 유권자들이 고소득·고학력자에 비해 이러한 전략적 투표불참을 선택할 확률이 높다는 이론적인 근거는 없다. 따라서 다수제가 저소득·저학력 유권자의 차별적인 투표불참을 초래하는 것은 아니며, 따라서 선거구크기의 증가가 저소득·저학력 유권자의 불평등 투표를 해소하는 것은 아니다.

반면, 폐쇄형 명부에서는 유권자들이 후보가 아닌 정당에 투표하고 따라서 정당의 역할이 증가한다. 정당 간의 브랜드 네임 경쟁은 전술한 바와 같이 저소득·저학력자들의 정치정보 비용을 절감시켜 이들도 정당 간의 이념 차이를 선명하게 인식하도록 도와준다. 저소득·저학력자들의 이러한 정치의식의 변화는 투표효능감 및 투표참여 동기의 증가로 귀결된다. 정당투표를 촉진하는 선거제도는 불평등 투표해소에 이러한 긍정적인 효과를 가질 것으로 예측되나, 이 제도의 효과가 성공적으로 발현되기 위해서는 투명하고 민주적인 정당구조를 전제로 한다. 정당의 의사결정 방식이 불투명하고 하향식이라면, 정당투표 촉진제도의 긍정적인 효과는 비민주적 정당구조가 초래하는 위임 실패와 이로 인한 투표효능감 상실이라는 부정적인 효과들에 의해 상쇄될 것이다. ■**문우진**

참고문헌

강경태. 2003. 〈한국 대통령 선거 어떤 유권자가 참여하나?: 선거관심도를 중심으로〉. 《한국정치학회보》 35집 2호, 91-111.

강원택. 2002. 〈투표 불참과 정치적 불만족: 기권과 제 3 당 지지를 중심으로〉. 《한국정치학회보》 36집 2호, 153-174.

______. 2008. 〈투표참여, 민주주의와 정당정치: 2007년 대선과 2008년 총선에서의 기권자 분석〉. 《현대정치연구》 1권 2호, 75-101.

김재한. 1993. 〈투표참여의 합목적성: 14대 대선에서의 기권행태를 중심으로〉. 《한국과 국제정치》 9권 1호, 89-100.

김진하. 2008. 〈17대 대선 투표 참여율과 기권〉. 《현대정치연구》 1집 1호, 5-30.

문우진. 2009. 〈정치정보, 정치참여와 민주주의〉. 《한국정치학회보》 43집 4호, 327-349.

박찬욱. 1993. 〈유권자의 선거관심도, 후보인지능력과 투표참여 의사: 제 14대 총선전 조사결과를 중심으로〉. 《한국정치학회보》 26집 3호, 153-174.

서복경. 2010. 〈투표불참 유권자 집단과 한국 정당체제〉. 《현대정치연구》 3권 1호, 109-128.

서현진. 2008. 〈17대 대통령 선거의 투표참여와 세대에 관한 연구〉. 《의정연구》 14권 2호, 117-142.

어수영·곽진영. 2002. 〈한국인의 정치 참여의 변화와 지속성: 남성과 여성의 참여 변화를 중심으로〉. 《한국정치학회보》 35집 4호, 165-188.

정준표. 2008. 〈사회경제적 지위와 투표: 제18대 총선과 제17대 총선의 비교〉. 《현대정치연구》 1집 1호, 37-73.

한국 사회과학데이터센터. 2004. 〈제17대 국회의원선거 유권자 조사〉. 서울, 4월 15일.

______. 2008. 〈제18대 국회의원선거 유권자 조사〉. 서울, 4월 9일.

한정훈·강현구. 2009. 〈유권자의 합리적 선택과 정치엘리트의 전략적 행위가 투표율 변화에 미치는 영향: 제18대 국회의원 선거 사례분석〉. 《한국정치연구》 18권 1호, 51-80.

황아란. 1997. 〈선거구 특성이 투표율에 미치는 영향: 제15대 국회의원 선거분석〉. 《한국정치학회보》 30집 4호, 285-198.

______. 2008. 〈선거환경 변화가 당선경쟁과 투표율에 미친 영향: 제18대 총선에서 영남의 경우〉. 《한국정당학회보》 7집 2호, 83-108.

Bennett, Stephen E. and David Resnick. 1990. "The Implications of Nonvoting for Democracy in the United States," *American Journal of Political Science* 34, No. 3, 771-802.

Campbell, Angus, Philip E. Converse, Warren E. Miller, and Donald E. Stokes. 1960. *The American Voter*. Chicago: The University of Chicago Press.

Carey, John M. and Matthew S. Shugart. 1995 . "Incentives to Cultivate a Personal Vote: a Rank Ordering of Electoral Formulas," *Electoral Studies* 14, No. 4, 417-39.

Davis, Otto A. and Melvin J. Hinich and Peter Ordeshook. 1970. "An Expository Development of a Mathematical Model of the Electoral Process," *American Political Science Review* 64, 426-448.

Ferejohn, John A. and Morris P. Fiorina. 1974. "The Paradox of Not Voting: A Decision Theoretic Analysis," *American Political Science Review* 68, 525-36.

Gilens, Martin. 2005. "Inequality and Democratic Responsiveness," *Public Opinion Quarterly* 69, No. 5, 778-796.

Griffin, John, and Brian Newman. 2005. "Are Voters Better Represented?," *Journal of Politics* 67, No. 4, 1206-1227.

Kiewiet, D. R. and Mathew D. McCubbins. 1991. *The Logic of Delegation*. Chicago: University of Chicago Press.

Lazarsfeld, Faul F., Berelson Bernard and Hazel Gaudet. 1944. *The People's Choice*. New York: Columbia University Press.

Leighley, Jan E., and Jonathan Nagler. 1992. "Socioeconomic Class Bias in Turnout, 1964-1988: The Voters Remain the Same," *American Political Science Review* 86, No.

3, 725-736.

Lijphart, Arend. 1997. "Unequal Participation: Democracy's Unresolved. Dilemma,"*American Political Science Review* 91, 1-14.

Lupia, Arthur and Mathew D. McCubbins. 2003. *The Democratic Dilemma: Can Citizens Learn What They Need to Know?* New York: Cambridge University Press.

Palfrey, Thomas R. and Howard Rosenthal. 1985. "Voter Participation and Strategic Uncertainty," *American Political Science Review* 79, No. 1, 62-78.

Riker, William H. and Peter C. Ordeshook. 1968. "A Theory of the Calculus of Voting,"*American Political Science Review* 62, 25-42.

Verba, Sidney, Kay L. Schlozman, and Henry E. Brady. 1995. *Voice and Equality: Civic Voluntarism in American Politics*. Cambridge: Harvard University Press.

Wittman, Donald A. 1995. *The Myth of Democratic Failure: Why Political Institutions Are Efficient?* The University of Chicago Press.

Wolfinger, Raymond E. and Steven J. Rosenstone. 1980. *Who Votes?* New Haven: Yale University.

Zaller, John R. 1992. *The Nature and Origins of Mass Opinion*. Cambridge: Cambridge University Press.

부록

기술통계 자료

표 6. 기술통계량

	사례수	최소값	최대값	평균	표준편차
투표참여	2460	0	2	1.17	0.67
투표효능감	2405	0	4	2.80	1.30
미디어 활용도	2386	0	6	3.04	1.76
정치지식	2093	0	10	4.15	2.80
이념차이인식	2500	-4.13	0.83	0	1.00
교육수준	2411	0	7	4.84	1.79
소득수준	2029	0	4	1.68	0.91
여성	2500	0	1	0.51	0.50
나이	2500	19	89	41.85	14.38
거주지 규모	2438	0	3	1.76	1.10

표 7. 변수들 간 상관관계

	투표 참여	투표 효능감	미디어 활용도	이념차 인식	정치 지식	교육 수준	소득 수준	여성	나이
투표 효능감	.165 .000								
미디어 활용도	.119 .000	.081 .000							
이념차 인식	.078 .000	.105 .000	.097 .000						
정치 지식	.144 .000	.067 .001	.206 .000	.068 .002					
교육 수준	.003 .893	-.020 .344	.333 .000	.005 .833	.179 .000				
소득 수준	.049 .029	.030 .180	.179 .000	.059 .014	.109 .000	.336 .000			
여성	-.036 .074	.036 .074	-.198 .000	-.022 .322	-.154 .000	-.153 .000	-.023 .302		
나이	.206 .000	.086 .000	-.207 .000	.034 .117	-.061 .002	-.436 .000	-.167 .000	.025 .210	
거주지 규모	.031 .125	.054 .000	.073 .000	-.048 .030	.025 .221	.140 .000	.122 .000	-.001 .950	-.019 .356

참고: 각 셀의 첫 번째 숫자는 Pearson 상관계수, 두 번째 숫자는 유의확률(양쪽)

8장

한국의 소득불평등과 유권자 선호, 그리고 정당의 재분배정책

I. 서론

이 논문은 한국에서 소득불평등과 유권자의 정책선호, 그리고 정당의 재분배정책이 어떤 관계에 있는지를 분석한다. 불평등의 문제를 단순히 경제학적 또는 사회학적 차원에서 노동의 공급이나 사회학적 임금격차 등을 다루는 것은 정치적 결정 메커니즘을 고려하지 않아 부분적 설명에 그칠 수 있다(권혁용 2007, 210). 복지국가의 논쟁에서 중요한 것은 조세재정 등 공급의 측면과 동시에 실업, 노령, 질병, 육아 및 교육 등 다양한 사회적 위험에 처해 있거나 처할 확률이 높은 시민들의 수요의 측면이다. 이는 또한 재분배정책을 추진하는 정당에 유권자들이 투표를 통해 지지를 보일 것인가의 문제이기도 하다. 따라서 이 논문은 정당의 재분배정책과 정당에 대한 지지라는 차원에서 한국의 불평등 문제를 파악하고자 한다.

정당은 무엇보다도 선거를 통해 정권을 획득하는 것을 목적으로 하는 집단이다. 따라서 되도록 유권자 대다수의 이해관계를 고려하여 정책을 입안하고 추진할 것이라 가정할 수 있다. 반면에 정당의 기존 지지 세력이 있는 만큼 이들의 요구도 도외시할 수 없을 것이다. 다운즈(Anthony Downs)의 중위투표자 이론에 의하면, 양당체제에서 정당 입장이 좌우 스펙트럼에서 중위투표자의 정책선호 위치에 가까울수록 집권이 가능하다. 드라이젝과 던리비(Dryzek and Dunleavy 2009, 160-162)는 정당 입장이 좌우의 스펙트럼에서 중간으로 위치할수록 유권자들과의 거리 총합이 가까워 선거에서 이길 수 있다고 이야기한다. 사실 정당의 정책은 수렴현상이 나타나고 상대 경쟁 정당으로부터 정책이 "전염"(contagion)되는 경향이 나타난다. 권혁용(2011, 17)의 지적처럼 사회민주주의 정당에서 보수정당으로 정책이 전염된다든지 아니면 사회민주주의 정당이 보수정당의 정책적 입장을 수용하는 경향이 나타날 수 있다. 물론 선거 과정에서는 선거를 이기기 위해 중위투표자의 요구에 부응하는 정책을 공약으로 제시하지만 집권 이후에는 정당의 기존 핵심지지층의 요구에 부응하는 정책을 추진할 가능성이 있다(권혁용 2011, 7).

불평등과 중위투표자의 행태의 관계에 대하여 크게 다음의 네 가지의 주장으로 나누어 볼 수 있다. 멜처-리처드(Meltzer-Richard) 모델, 루푸-폰투손(Lupu-Pontusson)의 동맹(coalition) 모델, 밀라노비치(Milanovic)의 무관계 모델, 겔만 외(Gelman et al. 2010)의 패러독스(paradox) 모델이다(이양호 2013, 97-99). 멜처와 리처드(Meltzer and Richard 1981, 916)는 중위투표자가 결정적 투표자로서 평균소득 투표자의 소득보다 낮은 투표자는 높은 세율과 높은 수준의 재분배를 지지하는 후보에게 투표하는 반면, 평균소득 투표자보다 소득이 높은 투표자는 낮은 세율과 더 적은 재분배를 지지하는 후보에게 투표한다고 주장한다. 루푸와 폰투손(Lupu and Pontusson 2011, 332)은 중위투표자가 불평등의 구조에 따라 때로는 상위층과 때로는 하위층과 연합을 한다고 주장한다. 여기서 중위투표자의 사회적 친화성(social affinity)이 중요하게 작동한다. 상위층의 소득증가로 불평등이 증가하면 중산층은 하위층과 연합하고 반대로 하위층의 소득감소로 불평등이 증가하면 중산층과 상위층의 연합이 가능해진다는 논리이다. 이에 반해 밀라노비치(Milanovic 2011, 69-70)는 중산층은 실제 재분배로 이익을 보지 못하기 때문에 중위투표자가 재분배정책을 지지한다고 보는 것은 무리라고 지적한다. 그는 1980-2000년 주요 민주주의 국가의 소득구간별 재분배정책 전후 소득의 차이에 대한 분석을 통해 최하위 10분위(D1)는 3%, D2는 1.4% 가처분 소득이 증가하지만 D5, D6은 오히려 마이너스가 된다는 점을 제시한다. 이러한 논지와는 달리 겔만 외(Gelman et al. 2010, 1204)는 1940년대에서 2000년대까지의 미국 투표행태를 분석하여 불평등이 크면 빈부 간에 경제적 이해관계가 달라지고 그러한 이해관계를 대표하는 정당에 투표할 것이라고 예상하지만 실제로는 부자나 가난한 사람이나 투표하는 정당에 차이가 없을 수 있다는 투표의 패러독스를 제시한다.

이 논문은 한국의 경우 이들 논리 중에 어느 논리가 타당한지를 분석하고 그 이유를 분석한다. 첫째, 소득 하위층은 재분배정책을 선호하는가의 문제를 다룬다. 둘째, 소득 하위층이 실제 재분배정책을 공약하는 정당을 지지하느냐의 문제를 다룬다. 셋째, 이론과 실제가 다르다면 그 이유는 정책적 차원에서 설명될 수 있는지 아니면 정책 이외의 요인에 의해 설명될 수 있을 것인가를 다룬다.

II. 소득 하위층과 재분배정책 선호

한국의 불평등과 빈곤은 외환위기 이후 악화되어 왔다는 것이 일반적인 평가이다(구찬동 2009, 627). 한국의 소득지니계수는 2000년대 증가하다가 2010년을 넘어 조금씩 하향하고 있는 추세이다. 전국 1인 포함 가처분 소득 기준 지니계수는 통계청 자료에 의하면 2006년 0.306이었다가 2011년 0.311로 증가했다가 2012년 0.307로 감소하였다. 한국의 소득과 부의 불평등을 한국복지패널자료(KWPS)의 1, 2차 연도 자료 분석을 통해 추정한 구찬동(2009, 637)에 의하면 10분위 총소득평균이 제1차 및 제2차 각각 1분위 소득평균의 17배, 26배, 상위 1% 계층의 소득평균은 각각 30배, 57배의 차이가 났다. 자산의 경우 10분위 자산 평균이 1분위 평균보다 각각 362배, 410배의 차이가 나고 상위 1% 계층의 자산 평균은 1분위 평균에 비해

1,246배, 1,488배 차이가 나는 것으로 조사되었다.

물론 지니계수를 추정하는 기관에 따라 수치가 다르게 나타난다. 통계청 경제활동인구조사에서 나타난 지니계수는 2010년 0.352, 2011년 0.350, 노동부 고용형태별 근로실태조사에 의하면 2010년 0.373, 2011년 0.374, 국세청 자료를 분석한 소득지니계수는 2010년 0.503에 달했다(김유선 2012, 6). 이렇게 차이가 나는 이유에 대해 김유선은 통계청 조사나 노동부 조사에서는 고액소득자가 누락되어 있을 가능성이 크기 때문이라고 지적한다. 한국과 선진국을 비교하면 한국의 소득분배가 크게 불평등할 뿐만 아니라 시계열적으로도 임금소득이나 가계총수입이 빠르게 불평등해지고 있다(권혁용 2007, 210). 마인섭(2011)에 의하면 가처분소득이 중위소득의 50-150%인 중간층의 비율은 2003년 70.1%에서 2009년 63.2%로 감소하였고 중위소득 50% 이하의 빈곤층은 11.6%에서 15.2%로 증가하였다. 결국 한국은 미국처럼 경제적으로는 자유주의 시장경제이고 정치적으로는 다수제적 선거제도를 가지고 있으며 소득분배가 매우 불평등한 분포를 보이는 "불평등한 민주주의 국가"라고 할 수 있다(강명세 2010, 180).

한국인의 불평등에 대한 인식을 살펴보면, 한국인은 경제적 불평등 해소를 정치적 자유보다 중시하는 것으로 나타났다. 〈그림 1〉이 보여 주듯이, 아시안 바로미터 2011(Asian Barometer third wave 2011 Korea data)에 의하면 경제적 불평등 해소와 정치적 자유 사이에 선택하라고 할 때 경제적 불평등을 감소시키는 것이 "훨씬 더 중요하다"와 "어느 정도 더 중요하다"가 57.9%, 정치적 자유를 보호하는 것이 "훨씬 더 중요하다"와 "어느 정도 더 중요하다"가 18.7%, 둘 다 똑같이 중요하다가 20%였다. 문제는 소득 구간별로 큰 차이가 나고 있다는 데 있다. 가족 경제상황이 중간 이하인 사람들은 경제적 불평등 해소가 우선적이라고 생각하고 있다. 가족 경제상황의 리커트(Likert) 척도를 대략 소득 5분위로 생각할 때 소득 하위층은 60.4%, 소득 중위층은 60.8%가 경제적 불평등 해소가 우선적으로 중요하다고 생각하는 데 반해 가족 경제상황이 좋을수록 경제적 불평등 해소가 중요하게

그림 1. 경제적 불평등 해소와 정치적 자유, 어느 것이 더 중요한가에 대한 응답(%)

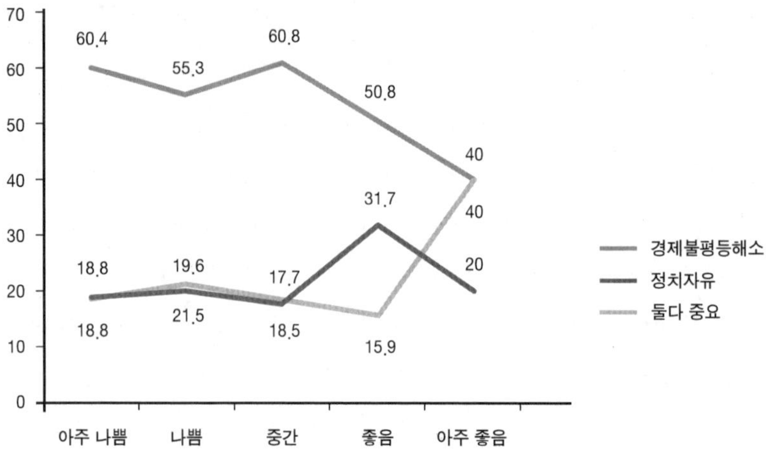

출처: Asian Barometer third wave 2011 Korea data. 설문 "당신의 가족과 관련하여 지금의 당신 가족의 경제적 상황을 어떻게 평가하고 있습니까?"와 "경제적 불평등 해소와 정치적 자유 보장 중에서 선택해야 한다면 어느 것이 더 중요하다고 생각하십니까?"에 대한 응답.

생각되지 않았다. 물론 최상위층에서도 정치자유와 경제적 불평등 해소 비율이 비슷했고 차상위층에서는 경제적 불평등 해소가 많았다.

이러한 성향은 여론조사에서도 나타난다. 2012년 3월 1,007명을 대상으로 한 한국경제연구원의 조사에 의하면 복지공약 확대가 바람직하다는 견해가 53.0%, 바람직하지 않다는 견해가 47.0%였다(한국경제연구원 2012, 5). 2011년 8월 전국 800명을 대상으로 한 동아시아연구원의 조사에 의하면 한국 사회의 복지에 대한 평가에서 스스로 중산층이라고 생각하는 사람은 67.7%, 하위층은 70.2%가 복지를 확대해야 한다는 입장인 데 반해 상위층은 47.5%가 복지확대를 지지하는 입장이었다(정한울 2011, 17).

결국, 이러한 지표들을 보면 한국에서 중산층 이하 소득수준으로 생활하는 사람들은 경제적 불평등을 해소하는 정당을 지지할 것이라고 추정할 수 있다. 비교적 재분배정책을 추진하는 정당이 하위층의 지지자를 더 많이 가지고 상위층의 지지를 더 적게 받는 것이라고 예측할 수 있다. 그러면 한국에서 이러한 추정이 타당성을 갖는지 검토해 봐야 할 것이다.

III. 소득불평등과 정당지지의 실제

한국에서 중위 소득 투표자와 하위 소득자의 지지가 어느 쪽으로 기울어져 있는가를 살펴볼 필요가 있다. 정당이 선거에서 승리하기 위해서는 수적으로 높은 비율을 차지하는 중간 소득 이하의 소득 계층에 대해 지지를 받을 수 있는 정책을 추진한다고 추정할 수 있다. 특히 멜처-리처드 모델에 의하면, 소득 하위층은 재분배를 선호하는 정당을 지지할 것이고 소득상위층은 재분배를 반대하는 정당을 지지할 것이다. 루푸와 폰투손의 논리에 의해서도 중위투표자는 소득 하위층과 상위층 간의 어느 한 쪽에 가담할 가능성이 높다.

한국에서의 정당지지와 불평등을 나타내는 지표와의 관계를 살펴보기 위해 2000년대 초와 2000년대 말을 비교해보면 멜처-리처드 모델이 한국의 상황에서는 적용되지 않는다는 것을 알 수 있다. 〈그림 2〉가 제시하듯이, 코리아 바로미터 2001(Korea Barometer 2001 data) 자료에 의하면 소득 하위층이 민주당을 지지하고 상위층도 민주당을 지지하는 현상이 나타났다. 소득 최하위층인 49만 원 이하 구간 집단만이 한나라당을 지지하는 비율이 약간 높았을 뿐 다른 구간에서는 민주당 지지가 높았다.

그러나 코리아 바로미터 2010(Korea Barometer 2010 data) 자료를 바탕으로 소득과 지지 정당과의 관계를 도표로 보면 각 소득 구간에서 한나라당이 민주당보다 지지율이 높았다. 단, 월 49만 원 이하에서 약간 민주당이 앞서고 150-199만 원 구간, 300-349만 원 구간, 600-649만 원 구간에서만 비슷하게 나타나고 다른 모든 구간에서 한나라당이 지지율이 앞섰다.

다른 데이터에서도 동일한 경향이 보인다. 〈그림 4〉에 나타나듯이, 정당에 대한 친밀도(closest to which party)를 보면 가족의 경제상황이 좋거나 그럭저럭, 또는 나쁜 경우에도 극단적으로 좋거나 나쁘지 않으면 민주당보다 한나라당에 대한 친밀도가 높았다. 가족의 경제상황이 좋다는 집단의 경우 한나라당 친밀도 36.5%, 민주당 친밀도 22.2%로 14.3%의 차이가 났고 중

그림 2. 소득 각 구간별 정당(제1, 2당) 지지율(2001)

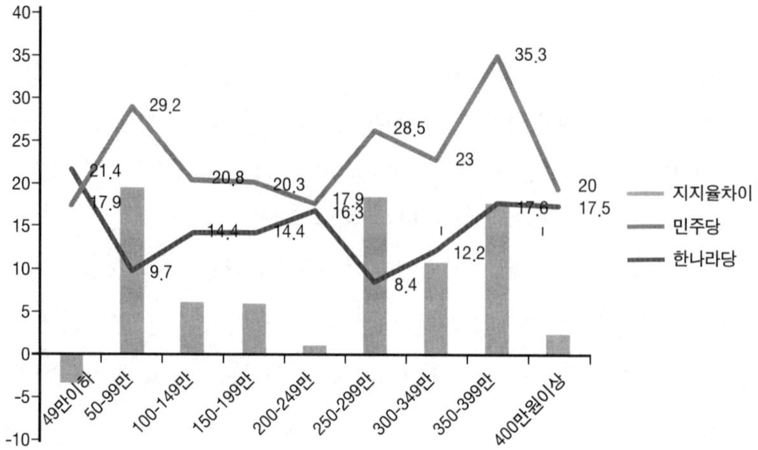

출처: Korea Barometer 2001. "현재 우리나라 정당에는 한나라당, 민주당, 자민련 등이 있습니다. ○○님께서는 어느 정당에 호감이 가십니까?" "○○님 댁의 한달 총수입은 평균 어느 정도입니까? 연금, 상여금, 이자, 임대표 등 가족전체의 수입을 합하여 월평균으로 말씀해 주십시오."

그림 3. 소득 각 구간별 정당(제1, 2당) 지지율(2010)

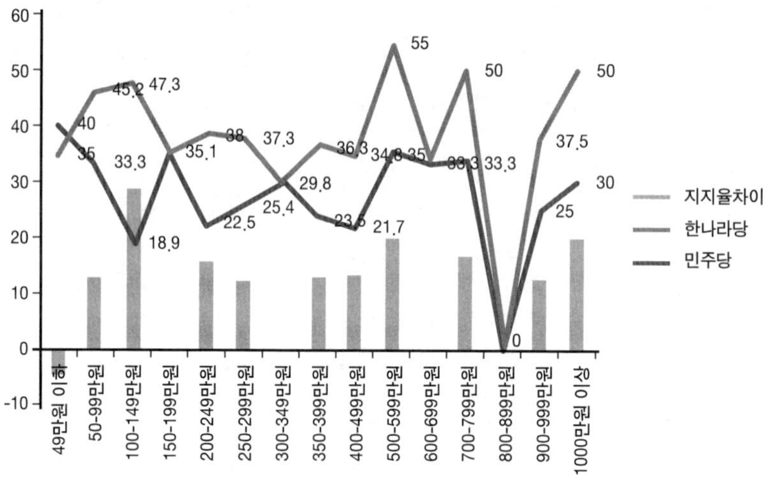

출처: Korea Barometer 2010. "현재 우리나라에는 한나라당, 민주당, 자유선진당, 민주노동당, 창조한국당, 진보신당, 국민참여당 등의 정당이 있습니다. ○○님은 이 중 어느 정당을 지지하십니까?"에 대한 응답; "○○님 댁의 월 평균 가계소득(세전)은 상여금, 연금, 임대소득, 이자소득, 생활보조금 등을 포함하여 얼마나 됩니까? 다음의 보기에서 골라 주십시오"에 대한 응답. 800-899만 원 구간은 결측치임.

그림 4. 가족의 경제상황과 정당친밀도

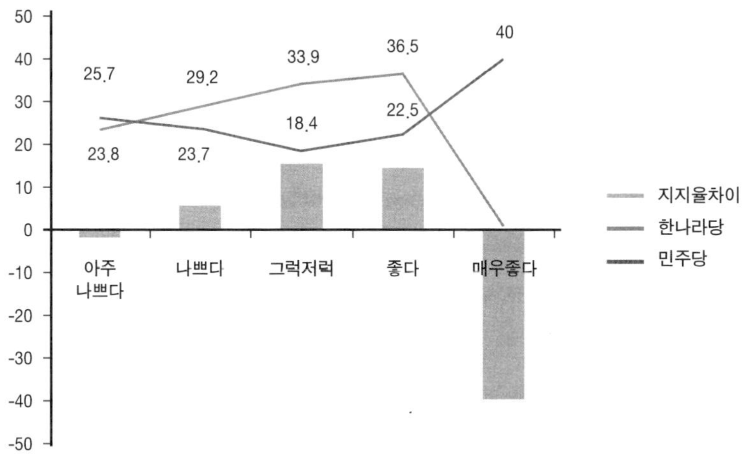

출처: Asian Barometer Third Wave 2011 Korea data. "당신의 가족과 관련하여 지금의 당신 가족의 경제적 상황을 어떻게 평가하고 있습니까?"와 "여기 제시된 정당들 중에서 당신은 어느 당에 가장 가깝다고 느끼십니까?"에 대한 응답.

간 집단의 경우에도 한나라당 33.9%, 민주당 18.4%로 15.5%의 차이가 났다. 경제상황이 나쁜 경우에도 한나라당이 민주당보다 5.5% 친밀도가 높았다.

중위 소득 이하 계층이 상대적으로 진보적인 복지정책 및 재분배정책을 추진할 것으로 보이는 정당을 지지하는 당파적 선호(partisan preferences)를 갖기보다는 정책과 상관없이 당시의 집권정당을 지지하는 경향이 있음을 말해 주는 것이다. 이러한 경향은 멜처-리처드 모델이나 루푸-폰투손 모델이 적용되지 않고, 오히려 부자나 가난한 자의 투표행태가 다르지 않을 수 있다는 겔만 외의 논리에 더 가깝다고 할 수 있다. 그러면 이러한 현상을 어떻게 설명할 것인가?

IV. 한국 정당의 정책 수렴과 멜처와 리처드의 이론

한국 선거경쟁에서는 비교적 정당들 간의 정책적 입장 차이가 분명하게 나타나는 편이다. 정한울·이곤수(2011, 1)에 의하면 17대 대선에서는 경제 살리기와 경제성장과 같은 "보수친화적 어젠다"에 논쟁이 집중된 데 반해 2012년 대선시점에서는 복지 및 경제양극화 해소와 같은 "진보친화적 어젠다"에 집중되었고 보수성향의 정당에서 "따뜻한 보수, 한국형 복지"를 주장하기도 했다. 새누리당의 전신인 한나라당은 "줄푸세"로 대변되는 "747"공약을 제시하였다. 세금은 줄이고 규제는 풀고 법질서는 바로 세워 연 7% 성장, 국민소득 4만 불 시대, 세계 7위 경제대국을 만들겠다는 공약이었다. 이에 반해 민주통합당은 "3+1 보편적 복지" 실현을 내세웠다.[1]

정당 간의 입장 차이를 더 구체적으로 살펴보기 위해, 불평등과 빈곤에 영향을 미치는 중요한 정책들을 구분해 보면 산업정책, 토지주택정책, 조세정책, 노동정책, 복지정책 등으로 나누어 볼 수 있다. 이러한 많은 정책들이 불평등과 빈곤에 영향을 미친다. 그중에서도 조세, 노동, 복지정책이 재분배에 직접적인 영향을 가지고 있다고 볼 수 있다. 김연희·이희선(2009, 94)에 의하면 한국에서 소득불평등은 사회노동 요인과 밀접한 관계가 있고 저발전된 복지정책이 상대적으로 소득불평등 심화에 가장 큰 역할을 해 왔지만 조세제도는 실질적으로 소득불평등에 무의미한 것으로 나타났다고 지적한다. 여기서는 노동정책, 조세정책, 복지정책 세 부문에서 집권당과 야당이 어떻게 다른지를 정당의 정책위원회나 당의 산하연구기관[2]의 자료들을 통해 비교한다. 사실 선거 어젠다는 규범적인 성격을 가지고 있어 당위적 입

---

1 "3+1 보편적 복지" 실현에 16.9조 원(무상급식 0.94조 원, 무상보육 2.56조 원, 무상의료 8.55조 원, 반값등록금 4.8조 원)이 필요한 것으로 주장하였다. 여기에 일자리복지, 주거복지, 기초노령연금 등 취약계층에 대한 지원으로 13.0조 원이 들어가는 것으로 추정하였다. 기타 사병사회복귀 지원금, 중소기업지원, 육아휴직 확대, 신재생에너지 개발 등 2.1조 원이 필요한 것으로 추정하였다.

2 새누리당에는 여의도 연구소, 민주당에는 민주정책연구원이 있다. 2012년의 경우 여의도연구소는 연구원 96명(박사 20, 석사 19, 기타 57)인 데 반해 민주정책연구원은 연구원 17명(박사 5, 석사 6, 기타 6)인 것으로 나타났다(중앙선거관리위원회 2012, 14). 정책 개발활동 분야를 비교하면 여의도연구소의 경우 80건으로 경제민생이 29건(36.3%), 사회복지 10건(12.5%)이었던 데 반해 민주정책연구원은 91건으로 경제민생이 28건(30.8%), 사회복지 10건(11.0%)이었다(중앙선거관리위원회 2012, 19).

장에서 정책을 제시하며 모호성을 특징으로 하고 백과사전식으로 나열하는 경향이 있기 때문에(송근원 2002, 506) 정당의 명확한 입장을 비교하기는 쉽지 않다.

첫째, 조세정책을 살펴보자. 새누리당은 소득격차의 확대를 줄이기 위해 조세의 규모와 범위를 확대해야 한다는 요구가 국민들 사이에 높아지고 있다는 것을 인식하면서도 근본적인 대책보다 특정 계층을 겨냥한 증세방안만 난무하고 있다고 지적한다. 동시에 지하경제규모가 GDP의 19.2-28.8%로 선진국 평균 14.0%에 비해 훨씬 크다고 상황인식을 하고 있다. 이러한 상황에서 감면제도를 기존의 소득공제 중심에서 소득 수준에 따른 불공평성을 줄이는 세액공제방식으로 점진적으로 전환한다고 공약하였다. 대신 지하경제 규모를 축소하겠다고 밝혔다. 아울러 근로소득과의 형평성 제고를 위해 금융소득 및 사업소득에 대한 과세를 강화하겠다고 공약하였다(새누리당 2012, 348).

민주통합당은 조세감면 규모가 증가하여 조세공평성이 훼손되었다고 주장한다. 국세감면율이 2007년 12.5%, 2008년 14.7%, 2009년 15.8%, 2010년 14.4%라고 지적한다. 그러면서 임시투자세액공제와 관련하여 조세감면을 받는 대기업이 1,040개(12.4%), 중소기업이 7,377개(87.6%)지만 감면금액으로 보면 대기업이 1조4,505억 원(85.2%), 중소기업이 2,522억 원(14.8%)이었다는 자료를 제시한다(민주통합당 2012, 78). 이에 따라 민주통합당은 조세감면 비율을 2007년의 12.5% 수준으로 낮추겠다는 공약을 제시하였다. 이명박 정부의 부자감세로 2007년 21%였던 조세부담률이 2010년 19.3%로 낮아지고 재정건전성이 악화되었다는 평가를 내리고 있다. 소득세의 경우 1억 5,000만 원 초과 시 근로소득에 대해 근로소득공제 배제를 제시하였다. 대기업에 대해서는 과세표준 2억 원 이하에 대해서는 기준 세율 10%, 2억 원-200억 원은 20%에서 22%, 200억 원 이상은 22%에서 25%로 인상할 것을 제시하였다. 또한 금융소득종합과세 기준 금액을 이자배당소득 4,000만 원 초과의 경우로 하던 것을 3,000만 원으로 하향조정하는 안을 제시하였다(민주통합당 2012, 80).

둘째, 노동정책에 대해 살펴보자. 새누리당은 한국의 임금노동자의 1/3이 비정규직이라는 판단에서 2015년까지 공공부문 상시·지속적 업무에서 비정규직 고용 전면 폐지를 공약하고 있다. 아울러 한국의 근로자 연평균 근로시간이 2,193시간으로 OECD 평균 1,749시간보다 400시간을 더 일한다고 보고 실제 근로시간을 단축하겠다고 공약하였다. 중소기업의 주야 2교대제를 3조2교대제 등으로 개편하면 지원금을 현재 1인당 연 720만 원, 1년간 지급을 1,080만 원, 2년 간 지급으로 약속하였다(새누리당 2012, 73). 최저임금제가 소득분배구조 개선에 중요하다고 인식하고 최저임금 결정 시에 경제성장률과 물가상승률을 반영하고 노동시장의 상황을 반영하여 결정한다고 밝혔다(새누리당 2012, 77)

민주당은 고용률 70%라는 모토를 내걸었다. 2011년 고용률 63.8%에서 70%로 올리겠다는 구상이었다. 이를 위해서는 2012-2017년 5년 동안 330만 개의 일자리가 만들어져야 한다고 지적한다. 연간 66만 개의 일자리가 만들어지는 셈이다. 목표로 잡은 일자리는 경제성장에 따른 취업증가 125만 개, 근로시간 단축 및 청년고용의무할당제를 통한 일자리 창출 159만 개, 보편적 복지 서비스에 따른 일자리 창출 35만 개, 친환경 녹색일자리 창출 12만 개로 정했다. 아울러 2010년 기준 청년 실질실업률 22%를 60만 개 일자리(연 12만 개) 창출을 통해 청년실질실업률을 10% 미만으로 낮춘다는 계획도 제시하였다. 노동소득배율과 관련하여 노동소득분배율이 1996년 62.6%, 2006년 61.3%, 2010년 59.2%로 낮아지고 있다고 보고 차별 없는 노동시장을 만들어 비정규직 문제를 해결하겠다고 제시하였다. 최저임금을 보면 평균임금 대비 최저인금비율이 32.%로서 2011년 기준 4,320원이었다. 법정최저임금도 못 받는 노동자의 비율이 11.5%(196만 명)인 것으로 평가하였다. 최저임금을 전체 노동자 평균 임금의 50%로 현실화한다는 주장도 하였다(민주통합당 2012, 55).

셋째, 복지정책에 대해 살펴보자. 새누리당은 복지정책과 관련하여 저소득층 및 중산층의 환자 본인부담 의료비를 경감시켜 준다는 공약을 했다. 소득 수준에 따라 10등급으로 구분하여 최하위계층부터 50만 원에서 500만 원 상한금액을 설정하여 현행보다 67만 명이 추가 진료비 경감혜택을 받을 것이라고 추정하였다(새누리당 2012, 56). 기초연금을 도입하여 65세 이상 모든 어른과 중증 장애인에게 현재의 2배를 지급한다는 공약을 제시하였다. 아울러 4대 중증 환자(암, 심장, 뇌혈관, 희귀난치성질환)에 대해서는 진료비 전액 국가부담을 공약으로 내걸었다. 이를 통해 현재 75%인 4대 중증질환의 보장률을 단계적으로 2013년 5%에서 2016년 100%로 확대한다는 것이다(새누리당 2012, 59). 새누리당은 대부분의 OECD 국가들이 오래 전부터 고등학교 무상교육을 실시한다고 지적하고 고교 무상교육을 단계적으로 시행한다고 공약하였다. 2014년부터 매년 25%씩 확대하여 2017년에 전면 무상교육을 실시하겠다는 것이다(새누리당 2012, 32) 아울러 대학생 반값등록금을 2014년까지 실천하겠다고 밝혔다. 소득 1-2분위는 전액무상으로 하고 3-4분위는 75% 지원, 소득 5-7분위는 50% 지원, 소득 8분위는 25% 지원, 소득 9-10분위는 학자금 대출자격 부여한다는 것이다(새누리당 2012, 33).

민주당은 보편적 복지는 성장정책인 동시에 일자리 정책이고 사회통합 정책이라는 차원에서 접근한다. 모든 0-5세 아동의 보육비용 전액지원을 약속하였다. 영유아 보육교육재정 비율이 0.6%에 불과해 OECD 권고 수준이 1%에도 못 미친다는 것이다. 국공립 보육 및 교육시설도 40% 수준까지 확대한다는 것이다(민주통합당 2012, 133-134). 아울러 무상급식을 공약으로 제시하였다. 전국 초중고에서 2011년 52.3%가 무상급식을 실시하고 있다고 평가하고 무상급식을 보편적으로 시행한다는 것이다(민주통합당 2012, 143) 초등학교와 중학교 무상교육도 주장하였다. 무상교육 기간이 미국 10-13년, 영국 11년, 프랑스 10년, 캐나다 10년이라는 자료를 제시하며 한국은 의무교육기간이 짧거나 무상교육 기간이 짧다고 지적한다. 아울러 반값 등록금을 실현하겠다는 구상이다(민주통합당 2012, 364).

이러한 집권당과 야당의 재분배정책은 2012년 대선 정책공약에서 연속적으로 나타난다.[3] 2012년 대선 정책공약을 비교해 보면 새누리당은 "창조경제"를 슬로건으로 내걸었고 민주당은 대선에서 "공정경제"를 내걸었다. 최저임금과 관련하여 새누리당은 최저임금을 성장률과 물가상승률 이상으로 매년 인상한다고 밝혔고 민주당은 임기 내 평균임금 50%까지 인상한다는 안을 제시하였다. 비정규직의 정규직화와 관련해서는 새누리당은 상시업무를 정규직으로 전환하고 공공부문부터 정규직화한다는 안을 제시하였고 민주당은 공공부문 상시근무인력을 전원 정규직화하고 전 산업 비정규직을 50% 이하로 감축한다는 안을 제시하였다. 노동시간과 관련해서는 새누리당이 2020년까지 연 1,800시간으로 단축한다는 안을 제시하였고 민주당은 임기 내 연 2,000시간으로 단축한다는 안을 제시하였다.

조세부담률과 관련하여 새누리당은 비과세 소득과세 및 감면을 축소하고 금융소득 종합과세를 강화한다는 안을 제시하였다. 종합부동산세에 대해서는 현행 유지를 밝혔다. 민주당은 조세부담률을 2% 내외로 상승시키고 이른바 '슈퍼부자'에 대해 증세하기 위해 최고소득세율 적용구간을 하향(연간 3억에서 1.5억 원)한다는 안을 제시하였다. 종합부동산세에 대해서는 고액과다 보유자에 대해서는 종부세를 강화한다는 안을 제시하였다. 2012년 대통령 선거 당시 중앙선관위가 선정한 10대 공통질문에 대해 비정규직의 정규직화에 대해 새누리당 찬성, 민주당 찬성이었다. 직접세방식 부유세 도입에 새누리당은 추후 검토하고 탈세, 비과세, 감면제도를 조정하고 금융과세에 우선 노력한다는 입장이다. 민주당은 비정규직의 정규직화 찬성, 직접세방식 부유세 도입에는 반대였다.

이러한 전반적인 양당 간의 재분배정책에 차이가 나는 것인가? 전체적으로 집권당과 야당 간의 차이가 줄어들고 있다. 정한울·이곤수(2011, 2)

3 물론 대선 정책공약은 정당이 공식적으로 채택한 정책으로 정부의 정책과는 구별되어야 한다. 정부의 입장에서 보면 집권당의 정책공약은 정부의제이고 야당의 정책은 공공의제이기 때문이다(허범 1997, 15). 그러나 정부정책은 정당의 공약이나 정책에 따라 방향이 정해지기도 하지만 집권 이후 정당의 공약이 흐지부지해지는 경향도 있다.

는 보수는 친미이고 반북이며 성장우선이라는 등식, 그리고 진보는 반미이고 친북이며 복지우선이라는 등식이 깨어졌다고 말하고 있다. 아울러 이내영·정한울(2007, 33)도 2006년 지방선거에서 젊은 세대는 진보이고 호남정당이라는 투표패턴과 기성세대는 보수이며 영남정당이라는 투표패턴이 와해된 것이 뚜렷하게 나타난다고 지적한다. 남찬섭(2002, 119)은 한나라당(새누리당의 전신) 공약은 민주당 공약과 큰 차이를 보이지 않는다고 지적한다. 1인 1연금의 기초연금제 도입, 의약분업 종합적인 재평가 실시, 노사문제의 노사자율해결원칙, 주 5일 근무제 단계적 시행 등의 주장을 제외하면 큰 차이가 없다는 주장이다. 지병근(2012, 87)은 한나라당의 복지정책은 자유주의적 복지모델을 따르고 있으며, 민주당은 보편적 복지의 주장에도 불구하고 자유주의적 복지모델에서 크게 벗어나지 못하고 있다고 주장한다. 마인섭(2011, 46)은 2010년 박근혜 의원이 "사회보장기본법 전부개정을 위한 공청회"를 통해 "한국형 복지국가 건설" 모형을 제시했다고 평가하고 있다. 민주당은 무상복지모델로 보편주의를 강화하고 있지만 중위선호에서 멀어져 가고 있다고 지적한 바 있다. 이에 반해 2011년 당시 박근혜 의원은 중도선호로 가고 있다고 지적하였다(마인섭 2011, 58).

이러한 지적처럼 새누리당과 민주당의 공약과 정책은 차이가 별로 나지 않으며 특히 재분배정책은 어느 의미에서 큰 차이가 나지 않는다고 볼 수도 있다. 민주당이 새누리당에 비해 재분배정책을 선호한다고 볼 수 있지만 크게 차이는 나지 않는다고 평가할 수도 있을 것이다. 예를 들어, 한나라당 이명박 정부와 레이건 정부를 비교하면 레이건 정부의 감세정책은 세제개혁을 통해 70%대의 세율을 최고세율 28%로 낮추었다면 이명박 정부의 감세정책은 2-3% 포인트 내리는 데 불과했다는 평가도 있다(이준구 2013, 66-67). 민주당의 경우에도 소득세 최고세율 적용구간 개선안에서도 민주당안과 현행과의 차이는 1.5억 원 이하와 3억 원 이상에서는 차이가 없고 단지 1.5-3억 원 구간에서만 35%를 38%로 높이는 것에 불과했다. 아울러 직접세는 재분배 효과가 있지만 간접세는 오히려 불평등을 심화시킨다고 볼 수 있는데 민주당의 경우 보유세 등을 직접세로 하는 것에 대해서는 반대하는 것으로 나타나고 있다(민주통합당 2012, 80). 사실 직접세의 비중은 1998년 55.3%에서 2001년 50.4%까지 지속적으로 감소하였다(남찬섭 2002, 113). 직접세의 비중이 낮아지면 상대적으로 저소득층은 차별을 받는 것이다.

빈곤문제에 대해서도 새누리당이나 민주당의 정책은 크게 차이가 나지 않는다. 새누리당은 맞춤형 빈곤정책 대상을 확대한다는 공약을 제시하였다. 차상위계층 기준을 현행 최저생계비 120%에서 OECD기준과 비슷하게 "중위소득 50%"로 확대하여 빈곤위험계층에 대해 빈곤예방을 강화한다는 것이다(새누리당 2012, 81). 민주당은 절대빈곤가구율 10.6%, 사각지대 가구 7.8%였다가 외환위기 이후 절대빈곤가구율 23.3%, 사각지대 가구 17.0%로 급격하게 증가했다고 보고(민주통합당 2012, 195) 상대빈곤선을 도입한다고 밝혔다. 새누리당과 민주당이 차이가 나이가 것은 아마 노조조직률일 것이다. 민주당은 노조조직률을 높이겠다고 주장한다. 2010년 노동조합 조직률이 9.8%, 단체협상적용률도 10% 수준인 데 반해, 프랑스의 노조조직률은 10% 내외지만 단체협상적용률은 90%에 달한다는 주장을 내세운다(민주통합당 2012, 57). 기업규모별로 노동조합 조직률은 30-99인 기업 2.9%, 100-299인 12.8%, 300인 이상 42.4%였다고 주장한다(민주통합당 2012, 55).

전술한 논의는 한국의 두 주요 정당의 입장이 선거 어젠다에서는 차별적이지만 정책적인 측면에서는 서로 상당히 수렴한다는 사실을 보여 준다. 그렇다면, 한국에서의 이러한 비차별적 정당입장이 멜처-리처드의 이론이 한국에서 작동하지 않는 이유를 어떻게 이론적으로 설명할 수 있는가? 즉, 왜 한국의 저소득 투표자는 재분배를 지지하는 정당에게 투표하고 고소득 투표자는 재분배를 덜 지지하는 정당에게 투표한다는 멜처-리처드의 이론과 부합하지 않는 행동을 하는가? 문우진(2009a)은 미국 선거연구(ANES) 자료 분석을 통해 저소득층이 고소득층에 비해서 정치정보가 많고, 따라서 후보에 대한 인지도가 높고 정당 간의 입장 차이를 분명하게 인식한다는 사실을 발견하였다. 문우진은 또한 유권자의 소득수준과 정치정보와의 역관계는 미국의 경우뿐만 아니라 한국에서도 발견된다는 사실을 발견하였다(이 책의 7장). 특히 정당들의 정책차이를 분석하고 이해하기 위해서는 막대한 시간과 경제적인 비용을 초래하므로, 저소득층은 정당 간의 입장 차이를 상대적으로 인식하기 어렵다. 때문에 저소득층의 투표결정은 후보의 이미지나 지역구 사업 같은 비이념적인 요소에 의해 영향을 받을 가능성이 높다. 이러한 저소득층의 정당 간의 차별성에 대한 인식부족은 자신을 위한 정책을 표방하지 않는 정당에게 투표할 가능성을 증가시킨다.

특히 정당들의 입장 차이가 현저하지 않을수록, 유권자들은 어떤 정당에 투표를 해도 정책결과가 초래하는 효용에 별 차이가 없다고 생각하기 때문에 이념적 정책이 아닌 다른 비정책적 요소를 보고 투표하게 된다(Moon 2005). 한국의 경우, 분단국의 현실과 전쟁의 경험때문에 균형 있는 좌-우 정치세력이 형성되기 어려웠고, 한국의 정당체제는 중도 또는 우파 정당에 의해 지배되어 왔다. 이러한 비분극적 정당체제 환경에서는 유권자들이 주요 정당들의 정책차이를 인식하기 어렵게 한다(Moon 2009). 뿐만 아니라, 한국은 병립형 선거제도를 채택하고 있으나, 5/6의 의원들이 소선거구에서 선발되므로 거의 단순다수제에 가깝다고 말할 수 있다. 단순다수제에서는 유권자 지지의 지역적 집중을 초래하고 인물투표를 촉진한다(Carey and Shugart 1995; 문우진 2011). 따라서 비분극적 정당체제와 단순다수 선거제도가 결합된 한국의 정치 환경에서는 지역투표나 인물투표를 할 가능성은 매우 증가한다. 지역투표는 영남의 저소득층 유권자들이 재분배정책에 비우호적인 영남 정당을, 호남의 고소득 유권자들은 재분배정책에 상대적으로 우호적인 호남정당에 투표할 가능성을 높인다(문우진 2009b). 인물투표를 할 가능성 역시 정당 간의 입장차이가 작을수록 증가하며, 정책에 대한 정보가 적은 저소득층 유권자들이 고소득층에 비해서 인물투표를 할 가능성이 높다. 이러한 인물투표 성향은 저소득층 유권자들이 재분배정책에 비우호적인 보수정당을 지지할 가능성을 높인다.

V. 한국에서 멜처-리처드의 이론이 적용되지 않는 정책 외적인 요인들

첫째, 한국에서는 선진국에 비해 소득재분배 효과가 크지 않았기 때문에 유권자들이 그 효과를 실감하지 못하고 기대상승 효과가 없기 때문이다. 전반적으로 한국에서 재분배 효과는 미미했다. 신동균·장지연(2010, 358)은 한국의 경우 조세정책이 소득재분배에 미치는 영향이 아주 적다고 보고 있다. 성명재(2011, 45)에 의하면 조세·재정정책이 가지는 단계별 소득재분배 효과를 보면 2009년 기준으로 민간이전소득 개선효과 4.48%, 공적연금 개선효과 2.52%, 기타 사회보장수혜 개선효과 1.80%, 소득세개선효과 2.99%, 기타 직접세 개선효과 1.12%, 소비세 개선효과 0.19%, 현물급여 개선효과 6.30%였다.[4] 그렇게 되면 지니계수의 경우 시장소득의 지니계수는 0.35982에서 가처분소득 지니계수는 0.31537, 세후소득 지니계수는 0.31472가 된다고 주장한다. 또한 한국의 재분배 제도가 선진국에 비해 제기능을 못 하기 때문에 조세와 소득이전을 통한 재분배가 선진국에 비해 효과가 적다(장지연·이병희 2013, 100). 성명재·박기백(2008, 78)에 의하면 소득세와 공적이전소득으로 재분배효과는 지니계수를 6.98% 감소시키는데, 다른 국가의 경우 미국 15.2%, 영국 34.6%, 일본 25.3%, 캐나다 26% 감소시킨다.

신동균·장지연(2010, 360)에 의하면 조세와 공적이전의 재분배효과가 서유럽의 경우 지니계수 20-40% 감소, 양극화 지수 10-30% 감소인 데 반해 북유럽국가의 경우 지니계수 30-55% 감소, 양극화 지수 33-62% 감소를 보이고, 한국의 경우에는 지니계수 10% 미만 감소, 양극화 지수 4-5% 감소에 불과했다. 이러한 상황에서 유권자들은 이전에 이익을 보지 않으면 나중에도 크게 기대를 하지 않는다고 볼 수 있다. 결국 공약(公約)이 공약

4 시장소득은 "시장에서 각 소득자들이 노동이나 자본의 공급을 통해 수취한 원천소득"이다. 민간소득은 "시장소득에 민간이전소득을 합산한 소득"이다. 가처분소득은 "총소득에서 직접세(소득세, 재산세 등의 직접세와 건강보험료, 공적연금보험료 등의 각종 사회보장기여금의 합계)를 차감한 소득"이다(성명재 2011, 36-38).

(空約)이라는 인식이 강하다고 볼 수 있다. 유권자들은 선거 이후 공약이 지켜지지 않을 것으로 인식하고 있는 것으로 나타났다. 공약이 지켜질 것이라는 응답이 9.0%에 불과한 반면 그렇지 않을 것이라는 응답이 91.0%를 차지하였다. 따라서 공약의 실행가능성에 대해 회의하는 경향이 강하다(한국경제연구원 2012, 6). 선거 시기에 일시적으로 제시하는 공약들에 대해 유권자들이 신뢰를 하지 않기 때문에 여야의 정책이나 공약을 보고 선거에서 투표하지 않는다고 볼 수 있다. 공약이 지켜지지 않을 것이라고 유권자가 생각하게 되면 복지 관련 정책을 둘러싼 논쟁들이 유권자의 선택에 영향을 미치지 않을 가능성이 높다고 볼 수 있다.

둘째, 이슈현저성(issue salience)의 문제와 직결되어 선거에서 공약과 정책에 관심이 적은데다가 재분배는 다른 이슈보다 관심을 크게 유발하지 않기 때문에 멜처-리처드의 이론이 적용되지 않는다. 제15대 대선 사후조사에 따르면 정책공약이 투표후보의 선택에 실질적으로 영향을 주지 못했다. 한국갤럽 조사에 의하면 공약을 후보선택의 기준으로 본 투표자는 8.8%에 불과했다(허범 2002, 486). 한국에서는 2006년 지방선거를 기점으로 시작된 매니페스토 운동으로 정책 선거가 강조되기 시작했지만(박희봉 2009, 75) 여전히 공약을 보고 투표하는 유권자의 비율은 높지 않은 것으로 보인다. 한국경제연구원의 조사에 의하면 투표에 가장 영향을 미치는 요인으로 경제 분야를 들고 있는 사람이 69.8%에 달했다. 경제공약 중 투표에 가장 영향을 미치는 이슈로 물가안정 37.2%, 일자리 창출 20.6%, 복지정책 15.4%, 경제성장 14.7%, 경제민주화 6.1%, 부동산정책 6.0%로 나타났다(한국경제연구원 2012, 4).

여기서 짚고 넘어가야 할 것은 콩도르세의 역설(Condorcet's paradox)이 적용되느냐의 문제이다. 예를 들어 좌파 35%는 복지, 교육, 국방의 순위대로 지지하고 중도파 25%는 교육, 국방, 복지의 순위로 지지하고 우파 40%는 국방, 복지, 교육의 순위대로 지지한다고 가정하면 이슈 현저성에서 국방이슈(중도+우파 65%)가 복지보다 높고, 교육이슈(중도+좌파 60%)가 국방보다 높고, 복지(우파+좌파 75%)가 교육보다 높은 현상이 나타나 결국 어느 이슈도 다른 이슈보다 현저성이 높을 수 없다(Dryzek and Dunleavy. 2009). 다차원적 이슈 영역에서 보면 콩도르세의 역설이 성립될 수 있는 것이다.

셋째, 한국의 유권자가 양극화되었는가의 문제이다. 한국의 유권자들은 정책선호에서 크게 차이가 나지 않는다고 평가할 수도 있다.[5] 일반인들 간의 이슈에 대한 거리 차이가 정치엘리트 간의 이슈에 대한 거리 차이보다 적다고 할 수 있다. 2011년 2월 성인 남녀 1,000명과 국회의원, 4급보좌관 136명을 대상으로 EAI 거버넌스 라운드테이블 연구팀이 조사한 바에 의하면 일반 국민과 정치엘리트들 간의 핵심정책분야에 대한 견해차가 존재한다. 일반인들은 사회적 양극화에 대해 9.2%가 우선적 핵심 분야라고 생각한 데 반해 정치엘리트들은 19.6%가 우선적 분야라고 생각하고 있다. 한나라당은 17.1%, 민주당은 22.5%가 사회적 양극화를 우선적 핵심 정책과제라고 인정하였다(정한울 · 이곤수 2011, 24-25). 어느 의미에서 한 정당을 집중적으로 지지하고 다른 정당은 혐오하는 현상이 줄어드는 것과 맥을 같이 한다고 평가할 수 있다. 2004년 17대 총선부터 2012년 19대 총선까지의 정당태도 유형을 분석한 정한울(2013, 252)에 의하면 "상극적 정당태도론자"의 규모가 48.6%에서 29.7%로 급격하게 줄고 "일극적 정당태도층"이 23.1%에서 37.1%로 늘어났다.[6] 따라서 빈부격차 등 사회적 불평등에 대한 일반인들의 인식은 정치인들이 생각하는 것보다 이슈현저성이 낮은 것이다.

넷째, 무임승차(free ride)의 경향이 있기 때문이다. 복지국가를 확대하려면 재원 확보에 대한 논쟁이 뒤따를 수밖에 없기 때문에 증세를 통해서 복

---

5 이러한 논쟁은 미국에서 "문화전쟁"을 둘러싼 논쟁이다. 아브라모비츠(Alan I. Abramowitz)는 미국인들의 정책선호에서 양극화 현상이 나타나고 있다고 주장한 반면, 피오리나(Morris P. Fiorina), 아브람스(Samuel A. Abrams)와 포프(Jeremy C. Pope)는 《문화전쟁인가? 양극화된 미국의 신화》(*Culture War? The Myth of a Polarized America*)(2005)에서 정당만 양극화되어 있지 대중은 양극화되어 있지 않다고 주장한다(이양호 2013, 103).

6 "상극적 정당태도"는 두 정당 중 하나의 정당에 우호적이고 다른 정당에 대해서는 혐오적일 경우를 말하며 "일극적 정당태도"는 한정에 대해서는 호불호가 존재하고 다른 정당에 대해서는 태도가 중립적인 경우를 말한다(정한울 2013, 251).

지정책과 사회정책 확대를 추구할 것이냐 아니면 감세를 통해 복지국가 축소를 추구할 것이냐는 당파적 이해관계에 따라 논의가 입장 차이가 날 수 있다(권혁용 2011, 23). 유권자 개인으로 보면 무임승차의 문제에 직면하게 된다. 복지정책을 지지하면서도 복지정책 재원 마련에 따른 증세 등 실제 비용의 문제는 회피하려는 경향을 보인다고 할 수 있다. 재정개혁 등을 통해 예산 마련이 불가능하다는 견해가 73.5%에 달하는 반면 예산 마련이 가능하다는 견해는 26.5%에 불과했다(한국경제연구원 2012, 7). 복지공약 확대가 바람직하다는 유권자 중 세금을 더 낼 의향이 있다는 응답이 55.6%였다. 복지공약 확대가 바람직하지 않다는 견해에서도 세금을 더 낼 더 의향이 없다는 응답이 65.3%였다(한국경제연구원 2012, 8). 이러한 경향은 다른 조사에서도 나타난다. 2011년 2월 성인 남녀 1,000명과 국회의원, 4급보좌관 136명을 대상으로 EAI 거버넌스 라운드테이블 연구팀이 조사한 바에 의하면 경제사회 어젠다 및 이슈에 대한 정책 선호와 관련하여 증세/보편복지 대 감세/선별복지에 대한 일반인들의 입장의 비율은 1.65인 데 반해 재산세 과세율 인상 대 인하에 대한 일반인들의 입장은 1.49였다(정한울·이곤수 2011, 22).

6. 결론

본 연구는 한국 정당의 재분배정책과 불평등 문제를 분석하였다. 특히 멜처-리처드의 이론이 한국 정당정치와 선거정치에 작동하는지를 탐색적으로 분석하였다. 멜처-리처드의 이론은 중위투표자가 선거에 결정적이며 중위소득보다 낮은 투표자는 재분배를 선호하는 정당을 지지한다. 그러나 한국의 경우 코리아 바로미터 2001과 2010을 보면 소득의 상하에 관계없이 집권당 쪽에 지지가 쏠리는 현상이 나타난다. 이러한 현상을 어떻게 설명할 것인가?

첫째, 정당 간 재분배정책에 차이가 없어서 그럴 가능성이 있다. 정당 간의 정책을 비교하는 것이 쉽지 않지만 전반적으로 보면 공약과 정책에 큰 차이가 나지 않았다. 어쩌면 정당 간 정책의 수렴 현상이 나타났다고도 평가할 수 있고 중산층을 포섭하기 위해 정책이 서로 비슷해지는 현상이 나타났다고 평가할 수 있다. 그리고 이러한 비차별적인 정당 정책은 유권자들로 하여금 비이념적인 지역투표 또는 인물투표를 촉진하였다. 한국 유권자들의 투표결정이 소득과 유의미한 상관관계에 있지 않다는 경험적 발견은 이러한 비이념적인 투표성향에 기인하는 바가 크다.

둘째, 기존 정부정책의 재분배 효과가 나타나지 않아 유권자들이 정부의 공약과 정책에 대해 일과성 선전으로 치부하고 기대심리가 없을 뿐만 아니라 공약이 실행되리라는 생각을 별로 하지 않는다는 점이다. 재분배 관련 정책이나 공약이 이슈현저성에서 떨어질 뿐만 아니라 다차원에서 보면 콩도르세의 역설이 작용할 수 있다. 더구나 유권자들은 정치인들보다 양극화되어 있지 않아 나타난 현상으로도 볼 수 있다. 재분배를 지지하면서도 실제 본인은 세금부담을 하지 않으려는 무임승차의 경향도 있기 때문이다. **■이양호·문우진·권혁용**

참고문헌

강명세. 2010. 〈불평등한 민주주의와 평등한 민주주의〉. 《기억과 전망》 23: 172-198.

구찬동. 2009. 〈부를 고려한 포괄소득의 불평등도 분석〉. 《한국행정논집》 21(2): 627-649.

권혁용. 2007. 〈한국의 소득불평등의 정치경제: 탐색적 분석〉. 《아세아연구》 50(1): 209-232.

권혁용. 2011.〈정당, 선거와 복지국가: 이론과 선진 민주주의 국가의 경험〉. 《의정연구》 17(3): 5-28.

김연희·이희선. 2009. 〈한국 소득불평등의 결정요인에 관한 연구〉. 한국정책학회 추계학술대회 자료집 73-98.

김유선. 2012. 〈국세청 통계로 살펴본 근로소득불평등 실태〉. 노동사회연구소 이슈페

이퍼 2012-03.
남찬섭. 2002. 〈복지개혁의 성과와 한계, 그리고 한계극복의 가능성: 대선 후보들의 공약을 중심으로〉. 《민주사회와 정책연구》 2(2): 105-138.
마인섭. 2011. 〈한국정당의 복지정책과 선거〉. 《의정연구》 17(3): 29-62.
문우진. 2009a. 〈정치정보, 정치참여와 민주주의〉. 《한국정치학회보》43(4): 327-350.
______. 2009b. 〈지역주의와 이념성향: 17대 총선분석〉. 《한국정당학회보》8(1): 87-112.
______. 2011. 〈정치정보, 정당, 선거제도와 소득불평등〉. 《한국정치학회보》45(2): 73-98.
민주통합당. 2012. 《내 삶과 대한민국을 바꾸는 민주통합당의 정책 비전》. 19대 국회의원선거 공약집, 민주통합당 정책위원회/민주정책연구원.
박희봉. 2009. 〈제17대 대통령 후보의 정책공약 비교〉. 《한국정책학회보》 18(3): 71-90.
새누리당. 2012. 《세상을 바꾸는 약속 책임있는 변화》. 제18대 대통령선거 새누리당 정책공약집.
성명재. 2011. 〈소득개선을 위한 조세·재정정책방향〉. 《응용경제》 13(2): 31-70.
성명재·박기백. 2008. 〈조세·재정지출의 소득재분배 효과: 소비세 및 현물급여 포함〉. 《재정학연구》 1(1): 63-94.
송근원. 2002. 〈2002년 대선 공약 비교 분석을 위한 기준과 척도〉. 《한국정책학회보》 11(4): 505-534.
신동균·장지연. 2010. 〈소득재분배정책의 양극화와 소득불평등 완화에 미치는 영향에 관한 국가간 비교연구〉. 《사회보장연구》 26(4): 357-384.
신현중. 2010. 〈복지국가발전에서 정당이데올로기의 역동적 역할에 대한 연구: 15개 선진 민주주의 국가의 1960-2000년 기간을 중심으로〉. 《한국정책학회보》 19(3): 227-258.
신현중. 2011. 〈복지국가발전에서 정당 이데올로기의 역할에 대한 재조명: 정치구조와의 역학관계를 중심으로〉. 《한국정책학회보》 20(3), 1-29.
여유진·송치호. 2010. 〈공적이전 프로그램의 재분배효과: 한국, 독일, 스웨덴, 영국 비교 연구〉. 《사회보장연구》 26(4): 95-119.
이내영·정한울. 2007. 〈이슈와 한국 정당지지의 변동〉. 《한국정치학회보》 41(1): 31-55.
이양호. 2013. 《불평등과 빈곤》. 서울: 여성신문사.
이준구. 2013. 〈이명박 정부의 경제정책: '747공약'에 발목이 잡혀 보낸 5년〉. 《한국경제

포럼》 5(4): 59-75.

장지연·이병희. 2013. 〈소득불평등 심화의 메커니즘과 정책 선택〉. 《민주사회와 정책연구》 23: 71-109.

정한울. 2011. 〈주민투표 이후 복지정국과 계급정치의 부상〉. EAI 여론브리핑 no. 102.

정한울. 2013. 〈정당 태도갈등이 투표행위 변동에 미치는 영향: 18대 총선 및 19대 총선 패널조사(KEPS) 데이터 분석을 중심으로〉. 《한국정당학회보》 12(1): 243-277.

정한울·이곤수. 2011. 〈한국 정치사회어젠다의 정책선호 지형: 국민여론과 정치엘리트의 선택〉. *EAI Opinion Review*, no. 201106-01.

중앙선거관리위원회. 2012. 《2012년도 정책연구소 연간 활동실적 분석집》. www.nec.go.kr.

지병근. 2012. 〈한국 정당들의 복지정책: 당헌 및 강령 분석을 중심으로〉. 《선거연구》 2(1): 59-95.

통계청 자료 http://www.index.go.kr(검색일 2013. 11.10).

한국경제연구원. 2012. 〈4.11 총선과 경제공약에 대한 대국민 인식조사〉. 현대경제연구원 현안과 과제 Executive summary.

허범. 1997. 〈대통령선거정책공약의 설계를 위한 개념의 틀과 지도지침〉. 《한국정책학회보》 6(2): 11-41.

허범. 2002. 〈대통령 선거공약토론의 유권자 참여 지향적 조직과 운영〉. 《한국정책학회보》 11(4): 485-504.

AsianBarometer, http://www.asianbarometer.org.

Carey, John M. and Matthew S. Shugart. 1995 . "Incentives to Cultivate a Personal Vote: a Rank Ordering of Electoral Formulas." *Electoral Studies* 14(4): 417-39.

Dryzek, John S. and Patrick Dunleavy. 2009. *Theories of the Democratic State*. New York: Palgrave Macmillan.

Gelman, Andrew, Lane Kenworthy and Yu-Sung Su. 2010. "Income Inequality and Partisan Voting in the United States." *Social Science Quarterly*, 91(5): 1203-1219.

Korea Barometer, http://www.koreabarometer.org.

Lupu, Noam, and Jonas Pontusson. 2011. "The Structure of Inequality and the Politics of Redistribution." *American Political Science Review*, 105(2): 316-336.

Meltzer, Allen, and Scott Richard. 1981. "Rational Theory of the Size of Government." *Journal of Political Economy*, 89(5): 914-927.

Milanovic, Branko. 2011. *The Haves and the Have-Nots: A Brief and Idiosyncratic History of Global Inequality*. New York: Basic Books.

Moon, Woojin. 2005. "Decomposition of Regional Voting in South Korea: Ideological Conflicts and Regional Benefits." *Party Politics* 11(5): 579-599.

______. 2009. *Position versus Valence: Electoral Competitiveness, Policy Positions, and Representation Styles*. VDM Verlag Dr. Müller: Germany.

3부

불평등한 사회,
불평등한 민주주의

9장

한국 국제평화활동의 양분화 고찰

유엔 PKO vs. 다국적군 파병

I. 서론

국제평화활동이란 분쟁당사자들 간 해결이 힘든 지역의 안전과 평화를 회복하고 유지하기 위해 유엔이나 여타 국제행위자가 중립적 입장에서 정전감시나 평화유지 임무를 수행하는 것을 일컫는다(Ramsbotham 1999, 11; United Nations Department of Peacekeeping(B)). 세계 여러 국가들은 지구촌 평화에 기여한다는 대승적 차원에서뿐 아니라 국제영향력 제고나 직간접적인 정치·경제적 이해관계와 같은 국익 차원에서 이러한 활동에 참가해 왔다.

일반적으로 국제평화활동은 두 가지 방식으로 나뉜다. 첫째, 유엔평화유지활동(UNPKO, UN Peacekeeping Operation)은 유엔안전보장이사회(안보리)의 결의안에 따라 유엔 주도로 평화유지군이나 정전감시단을 파견하는 임무로, 1948년 첫 임무를 시작한 이래 지금까지 총 67개의 임무를 완수했거나 수행하고 있다(United Nations Department of Peacekeeping(C)). 둘째, 다국적군평화활동(MNFPO, Multinational Force Peace Operation)은 유엔의 위임을 받은 지역기구나 특정 국가가 주도하여 구성된 다국적군들이 활동하는 임무로 비유엔평화유지활동(non-UN PKO)이라고도 불린다. 1991년 이라크의 쿠웨이트 침공 시 미국 주도로 34개 다국적군이 이라크를 상대로 벌인 걸프전은 대표적인 다국적군 활동에 해당한다. 유엔 PKO 임무에 파견되는 병력은 평화유지군(PKF, Peacekeeping Force), 다국적군들은 국제평화유지군(International Peacekeeping Force)이라 칭하기도 하는데, 두 경우 모두 접수국의 동의 및 안보리 승인이 있어야 파견이 가능하고 파견국의 자발적 참여를 전제로 한다는 점에서는 같다. 하지만, 전자는 유엔이 비용을 부담하고 유엔사무총장이 임명하는 단일사령관의 지휘하에서 작전을 수행하는 데 비해, 후자는 안보리가 지정한 특정 국가(주로 대규모 병력을 파견하는 국가)의 주도로 임무가 이루어지고 파견국들이 재정적 부담을 진다.

1991년 9월 유엔회원국이 된 이래 유엔 PKO를 비롯한 다양한 국제평화활동 및 개발구호활동에 참여해 온 한국의 경우, 현재까지 25개국 30여 개 분쟁지역에서 평화유지군과 군 옵서버, 민간요원, 그리고 다국적군들이 다양한 국제평화활동에 종사해 왔다. 이제까지 19개의 유엔 PKO 임무에 9,800여 명을 참여시켰고, 6개의 다국적군 활동 지역에 29,000명의 군 병력을 파병하였다(박순향 2012).[1] 2013년 6월 현재, 동명부대(레바논 UNIFIL), 단비부대(아이티 MINUSTAH), 한빛부대(남수단 UNMISS)가 유엔 PKO 임무를 수행 중이고, 다국적군 활동으로는 청해부대(소말리아해역), 오쉬노부대(아프가니스탄), 아크부대(아랍에미리트)가 파병되어 있다.[2] 이외에도 다수의 군 옵서버, 경찰, 의료진, 민간요원이 재건, 정전감시, 인도적 재건지원, 선거감시, 의료지원 등의 역할을 수행하였다. 이러한 한국의 국제평화활동은 민사·재건작전의 모델을 제시하고 국가 및 군의 위상을 드높였다는 평가를 받아 왔다. 더욱이 국제사회에서 한국의 위상이 높아지면서, 지난 몇 년간 1,000억 원가량을 연간 해외파병활동비용으로 투입해 왔고, 한국이 지불

1 2012년 11월 1일 발표 자료에서 재인용한 후, 2013년 3월 유엔 PKO인 남수단 재건지원단(UNMISS)에 파견된 재건지원단 282명을 더한 수치임.

2 개인단위 평화유지활동을 수행 중인 경우는 인도·파키스탄 정전감시단(UNMOGIP) 7명, 라이베리아 임무단(UNMIL) 2명, 레바논 임무단(UNIFIL) 4명, 수단다르푸르 임무단(UNAMID) 2명, 코트디부아르 임무단(UNOCI) 2명, 서부사하라 임무단(MINURSO) 4명, 아이티 임무단(MINUSTAH) 2명, 남수단 임무단(UNMISS) 8명 등 총 31명이다(국방부 2013).

하는 유엔분담금 규모도 점차 늘고 있다. 2013년 2년 임기로 유엔안보리 비상임이사국에 재진출함에 따라 유엔과 국제사회의 파견 요구가 점점 확대되고 있다.

하지만, 이제까지 한국의 국제평화유지활동은 해외파병에 대한 범국민적 무관심, 이해부족 혹은 반발로 인해 국가위상에 못 미치는 저조한 수준의 참여만을 하거나 적절한 타이밍을 놓쳐 파병(특히 다국적군 파병)을 하고서도 국제사회의 인정을 제대로 받지 못하는 결과를 초래한 적이 많았다. 또한 지난 몇 년간의 학계 및 정부와 국회 차원의 노력에도 불구하고 PKO 파견을 체계적으로 뒷받침할 관련법이나 제도 정비, 그리고 임무수행절차가 제대로 마련되지 못해 국제사회의 요청에 신속하게 응하지 못하고 있고, 국가급 PKO센터 설립을 위한 정부의 노력도 미온적인 실정이다(김열수 2006A). 이는 국제평화활동 참여에 대한 국민적 공감대가 부족하여 그 필요성 여부가 종종 정치적 문제로까지 비화되는 것과 무관하지 않다. 특히 다국적군에 편입되는 해외파병의 경우는 국론분열 수준으로 찬반론 논쟁이 거세지기도 한다.

유엔 PKO 참여나 다국적군 평화활동 모두 분쟁지역에서의 평화유지 및 인도적 지원이라는 동일한 목적을 가지고 있음에도 불구하고, 국내 여론이나 정책결정자들이 유엔 PKO 참여필요성에는 상당한 공감을 갖는 반면 다국적군 파병에는 반대하는 양분된 모습을 보이는 이유는 무엇일까? 이와는 대조적으로 서구 선진국들의 경우 유엔 PKO 참여보다 비유엔 PKO 임무를 선호하는 이유는 무엇일까? 한국도 국제평화활동의 활성화, 선진화를 위해 다국적군 파병형태의 활동을 증가하는 것이 옳을까? 이를 위해 국내정치의 당파적 이해관계와 여론분열이 맞물려 있는 복잡한 상황을 어떻게 극복할 수 있는가? 한반도정세 및 미국과 같은 강대국의 영향력이 복잡하게 얽힌 지정학적 여건하에서 다국적군 파병 추진이 제대로 이루어질 수 있는가? 왜 유엔 PKO 파병법은 국회통과 후 시행되고 있는 반면, 다국적군에 참여하는 법률은 제정되고 있지 못하는가?

이러한 제반 질문을 토대로 본 연구는 유엔 PKO와 비유엔 PKO에 대한 정책결정자, 국회, 국민여론의 불평등한 인식과 그로 인한 법적·제도적 양분화, 다시 말해 'PKO 격차'(PKO divide) 현상을 고찰하고자 한다. 따라서 본 연구는 우선, 변화하는 국제정세와 분쟁양상에 따라 국제평화유지활동의 개념과 역할 및 국제사회의 참여경향이 어떻게 변화·확대되어 왔는가를 살펴볼 것이다. 다음으로 한국의 국제평화활동의 성과와 한계점을 살펴보고, 그 참여성과 효율성 제고를 위한 PKO 격차의 개선방향에 대해 논하고자 한다.

II. 국제평화활동의 발전과정

지구촌 여러 국가들은 국제평화활동에 참가함으로써 세계평화에 기여하고 국제사회에서 정치외교적 영향력을 발휘하고자 한다. 또한, 파견국가의 전후 재건과정에 직간접적으로 참여함으로써 자국의 경제적 이익이나 여타 국익에 보탬이 될 수 있는 실질적 혜택을 기대한다. 따라서 국가들은 분쟁 시기뿐 아니라 분쟁 종식 후에도 질서유지, 정전감시, 전후 복구라는 목표를 가지고 유엔 주도의 PKO나 다국적군 평화활동에 참가하여 그 역할을 하려 한다. 이 두 평화유지 형태는 세부적인 성격에 있어 차이점을 가지므로 이를 통해 장기적 안목에서 국제평화활동의 역할을 살펴볼 수 있다.

1. 유엔 PKO의 확대

유엔은 1948년 5월 안보리 결의에 따라 이스라엘과 아랍국가 사이에 체결된 정전협정 감시를 목적으로 유엔 예루살렘 정전감시단(UNTSO)을 파견하면서 PKO 임무를 시작하였다. 유엔이 직접 지휘체계와 파병비용을 책임지는 PKO는 헌장에 명시되어 있지 않지만, 세계 각지에서 분쟁 확산을 막고 평화를 회복시키는 유엔의 가장 대표적인 활동으로 자리매김하였다. 특히 다그 함마르셸드(Dag Hammarskjöld, 1953-61년 재임) 전 유엔사무총장이 PKO를 '헌장 6.5장'에 비유하였듯이, 강제력이 없는 헌장 제6장의 평화적 분쟁해결방식과 강제력은 있지만 실제 집행에 어려움이 많은 제7장의 절충안으로서 긍정적인 평가를 받아 왔다(United Nations Department of Peacekeeping(D)).

PKO란 명칭은 초창기 임무부터 사용된 것은 아니었다. UNTSO 및 1949년 카슈미르 지역에서의 정전감시를 위한 유엔 인도-파키스탄감시단(UNMOGIP)은 비무장 군사감시단에 의한 정전감시가 주 임무였다. 1956년 수에즈 운하 위기 시 제2차 중동전쟁을 막기 위해 유엔 긴급군(UNEF)을 보내 정전감시 임무를 부여한 함마르셸드 사무총장은 헌장 제2조 제5항에 의거하여 이러한 임무를 '예방활동' 혹은 '예방외교'라 불렀다(Ramcharan 2011). 하지만 소련과 프랑스는 유엔헌장에도 없는 활동이라고 반대하며 유엔분담금 지불을 거절하였다. 이에 대응하여 유엔은 PKO경비부담문제에 관한 국제사법재판소(ICJ)의 권고적 의견을 요청하였고, 유엔 경비에서 지불하여야 한다는 국제사법재판소의 판결이 이루어진 것을 계기로 유엔의 지휘하에 이루어지는 감시활동을 유엔 PKO라고 공식적으로 부르게 되었다(Diehl 1994).

냉전기 PKO는 1950년 중반부터 10년간 활성기를 맞았는데, 특히 UNEF가 이집트군과 이스라엘군 사이의 완충역할을 성공적으로 이행하면서 평화유지군에 대한 국제사회의 관심과 수요가 늘었다. 1960년 콩고에 파견된 유엔 콩고작전군(ONUC)은 내전 상황에서의 PKO 임무수행의 어려움을 단적으로 보여 주는 실패 사례로 간주되었다. 하지만, 1962년 서뉴기니아 유엔안전군(UNSF)과 1964년 사이프러스평화유지군(UNFICYP)은 분쟁당사자 간 완충자 역할을 효과적으로 수행하였고, 이외에도 유엔 레바논감시단(UNOGIL)을 포함한 4건의 감시단활동도 만족할 수준으로 이루어졌다. 이후 1960년대 말부터 1987년까지 20년간은 유엔 PKO가 쇠퇴 혹은 침체기에 빠졌다. 1973년 중동전쟁의 재발, 1978년 이스라엘의 레바논 침공 등의 위기상황에 파견된 PKO 임무가 실패하였을 뿐 아니라, 동서진영의

첨예한 대립으로 안보리 상임이사국의 거부권 행사가 빈번해지면서 안보리 결의안이 전제조건인 PKO 활동도 구조적인 한계를 벗어날 수 없었다. 그 결과 1948년-87년 40년간 유엔 PKO는 총 13건밖에 이루어지지 못했다(합동참모대학 국제평화활동센터 2005).

1988년 유엔 이란·이라크감시단(UNIMOG)이 설치되면서 PKO는 다시 동력을 얻는 듯하였다. 특히 냉전이 끝나면서 전형적인 정전감시단 임무만이 아니라, 유엔 캄보디아 임시행정기구(UNTAC)나 유엔 유고보호군(UNPROFOR)과 같은 평화유지군(PKF) 임무, 그리고 나미비아 과도정부지원단(UNTAG)과 같이 외국 군대의 철수감독, 선거감시, 인도적 지원, 지역재건으로 PKO 임무가 다양해졌다. 이 과정에서 1992년 설치된 유엔 소말리아 활동단(UNOSOM I)과 같이 임무를 시작하기도 전에 현지사정의 악화로 인해 활동을 제대로 할 수 없게 되어 미군 주도의 다국적군(UNITAF)을 만들어 정세를 안정시킨 경우도 있지만, 이후 다시 UNOSOM II를 구성하여 유엔 차원의 평화유지활동을 완료하였다(합동참모대학 국제평화활동센터 2005).

전통적으로 유엔 PKO는 비강제성, 제한적인 무장, 중립성, 분쟁당사국의 동의 및 파견국의 자발적 참여라는 원칙에 의거하여 경계가 분명한 분쟁 당사자 간 완충역할 및 휴전선 정찰을 주목적으로 하였다. 하지만 냉전 종식 이후 한 국가 내에서 인종, 종교, 국경, 자원 등을 둘러싼 여러 가지 분쟁이 급증하면서 보다 복잡한 양상의 분쟁조정 및 해결을 위해 다차원적 PKO의 수요가 커지게 되었다(이신화 204). 이에 따라 복합적인 PKO 활동의 필요를 지원하기 위해 1992년 유엔사무국의 평화유지활동국(DPKO)이 창설되었고, 같은 해 부트로스 부트로스 갈리(Boutros Boutros-Ghali) 당시 유엔사무총장은 〈평화를 위한 의제〉(An Agenda for Peace)란 보고서를 통해 예방외교(preventive diplomacy), 평화조성(peacemaking), 평화구축(peace-building), 그리고 평화강제(peace enforcement)라는 새로운 개념들을 제시하였다(Boutros Boutros-Ghali 1992).

예방외교란 단순한 위기관리 차원을 넘어 대립과 분규의 발생을 사전에 차단함으로써 무력분쟁을 방지하는 활동을 일컫는다. 평화조성이란 평화적인 방법 및 중재를 통해 분쟁당사자들로 하여금 협상할 수 있는 여건을 마련해주는 것이다. 평화구축이란 전후(戰後) 평화재건을 일컫는 것으로 평화유지활동을 통해 정전상태에 있는 지역의 분쟁재발방지와 사회재건 및 평화정착을 위해 경제적, 사회적, 군사적, 인도적 지원활동을 하는 것이다. 2005년 유엔본부에 평화구축지원국(PBSO)이 생길 정도로 그중요성이 점점 커지고 있다(United Nations Peacebuiding Support Office). 평화강제 혹은 평화집행이란 비강제적 평화활동방식으로 분쟁해결이 불가능할 경우 물리적 방법을 통해 평화를 획득하고자 하는 활동이지만, 최소한의 무력사용만이 허용된다는 점에서 적극적 평화강제의 성격을 띤 유엔의 전통적 집단안보와 구분된다(Boutros-Ghali 1992). 이러한 4가지 기능은 평화유지임무와 더불어 복잡하고 다원화된 유엔평화활동의 주요 과제가 되었으며, 평화활동의 확대된 개념과 역할은 유엔 PKO뿐 아니라 비유엔 PKO 활동에도 적용되고 있다.

이와 같은 유엔 PKO의 확대변천을 제1, 2, 3세대로 구분하기도 한다. '제1세대 평화유지활동'은 최초의 평화유지활동인 UNTSO가 시작된 1948년부터 냉전종식까지 국가 간 분쟁해결과 정전감시에 초점을 두었던 전통적 평화유지활동을 일컫는다. '제2세대 평화유지활동'은 다차원적 평화유지활동으로 냉전종식과 더불어 급증하기 시작한 국가 내 분쟁의 해결을 주임무로 하며 전통적 임무에 더하여 인도적 위기상황이나 전후 구호재건 사업을 포함한 복합적이고 다면적인 평화활동을 표방한다. 이 시기에는 PKO 참여자도 다변화되어 유엔뿐만 아니라 북대서양조약기구(NATO)와 같은 지역기구, 국제금융기구, 각종 민간구호단체(NGO) 등이 활발하게 PKO에 참여하게 되었다(United Nations 1996). 또한 군인뿐 아니라 경찰, 공무원, 민간인들의 PKO 참여도 확대되었다(Doyle and Sambanis 2006, 11). '제3세대 평화유지활동'은 그 임무성격상 제2세대와 별반 다를 바 없지만, 그 활동성격과 목적에 있어 평화강제의 임무를 강조한다는 점에서 구별된다. 이 경우

PKO군이 군사 작전이 종료된 파견국가의 제반 행정업무와 안전을 담당하고 휴전협정의 강제를 위한 임무를 수행할 수 있다.[3]

2013년 6월 현재 진행 중인 15개의 PKO를 포함하여 그동안 총 67개의 유엔 PKO가 수행되어 왔다.[4] DPKO는 15개의 수행 중인 PKO 임무 이외에 정치적 임무인 유엔 아프가니스탄지원단(UNAMA)을 직접 관할하고 있다. 이들 유엔 임무에 7만 7천7백여 명의 군 병력, 1천8백여 명의 군 옵서버, 1만 2천5백여 명의 경찰요원, 5천1백 명의 국제민간인력, 1만 1천7백여 명의 현지민간요원, 2천여 명의 유엔자원봉사단(UNV) 등 116개국의 11만 2천8백 명 이상이 종사하고 있다(United Nations Department of Peacekeeping(F)). 이 수치는 1996년 총 1만 2천 명과 2000년 총 2만 명이 활동했던 것에 비해 크게 늘어난 것이다. 주목할 것은 유엔 내에서 지난 5년 동안 PKO에 종사하는 군 병력은 13%, 국제인력, 현지인력, 유엔자원봉사단을 포함한 민간요원들은 27%, 경찰요원은 80% 정도 증가하였다는 점이다(Center on International Cooperation 2012).

한편, 탈냉전 이후 국가 간 전쟁은 감소한 반면 정치인종분쟁과 같은 내전이 크게 늘고 민간인 희생자들이 증가하는 등 세계분쟁양상이 바뀌면서 유엔 PKO는 양적 확대와 더불어 그 내용 면에서도 상당한 변화를 겪게 되었다(Fortna 2008). 1988년 이후 54개의 임무(역대 PKO의 80.6%)가 이루어졌다는 사실은 탈냉전기 분쟁지역에서의 PKO 역할이 증대된 것을 대변해 준다(United Nations Department of Peacekeeping(G)). 또한 세계분쟁관리의 중심축이 유엔과 지역기구로 이원화되고 있다는 전망 속에서(김열수 2000) 유엔과 지역기구가 협력하여 PKO 임무를 수행하는 '혼합미션'(hybrid operation)

---

3 이와 관련하여 2005년 12월에 설립된 유엔 평화재건위원회(UN Peacebuilding Commission)는 분쟁 이후에 지속적인 평화로의 전환을 전문적으로 담당하는 부서로서, 주로 군사작전을 중심으로 운영되는 기존의 유엔 평화유지활동국과 차별성 있는 업무를 담당하고 있다. http://www.un.org/peace/peacebuilding/

4 현재 유엔평화유지국(DPKO)은 15개의 PKO 임무 이외에 정치적 임무인 유엔 아프가니스탄지원단(UNAMA)을 직접 관할하고 있어 총 16개의 임무를 수행 중에 있다(United Nations).

이 수단 다르푸르, 동티모르, 레바논 등에서 이루어져 왔다. 2007년 7월 이래 아프리카연합(AU)과 유엔이 다르푸르 지역에서 수행하고 있는 아프리카연합 유엔 다르푸르 합동임무(UNAMID)는 2013년 3월 말 기준 2만 5천 명가량이 파견되어 있다(United Nations UNAMID, 2013). 2012년 10월 임무 수행 중 평화유지군이 살해되면서 논란이 일기도 했지만, 유엔 내에서 UNAMID는 위기상황에 적절하고 효과적인 대처를 하고 있다는 평가를 받고 있다(United Nations department of Public Information 2012).

2. 다국적군 평화활동의 확대

특정 국가나 지역기구가 임명한 사령관의 통제하에 국제평화활동을 수행하는 비유엔 PKO는 분쟁지역의 관련 지역기구나 이해관계가 높은 국가들의 연합체인 다국적군의 평화활동 참여를 일컫는다. 다시 말해, 북대서양조약기구(NATO), 중부아프리카경제통화공동체(CEMAC), 아프리카연합(AU), 독립국가연합(CIS), 서부아프리카경제연합(ECOWAS), 유럽안보협력회의(CSCE/OSCE), 유럽연합(EU)과 같은 특정 기구가 주도하거나 핵심 이해당사국의 주도로 여러 나라가 동참하여 파병이 이루어지는 것이다. 1990년대 세계 각지에서 무력분쟁들이 증가하면서 유엔이 독자적으로 감당할 역량이나 재원이 부족하여 유엔 PKO 임무를 보완할 다른 행위자들의 활동이 요구되었고, 국제평화활동에 있어 이와 같은 동맹국들이나 지역기구들의 활용이 주목받게 되었다. 헌장 제8장에서도 '지역적 조정'(regional arrangement)이라는 지역 단위의 개입이 필요할 경우 유엔과 어떠한 협의 과정을 거쳐야 하는지를 명시하고 있다. 또한 앞서 언급한 보고서 〈평화를 위한 의제〉에서도 지역기구의 유엔에 대한 협력을 촉구하고 있다(Boutros-Ghali 2012).

뉴욕대학교 소재 국제협력센터(CIC)의 조사에 의하면, 2011년 유엔 PKO 군 병력 수가 9만 8천9백여 명으로 2003년 이래 처음으로 0.5% 정도 감소하였다(2010년 9만 9천1백여 명 대비)(Center on International Cooperation

2012). 그러나 NATO와 AU 등이 파견하는 비유엔 PKO 군 병력은 2010년 25만 6천1백여 명에서 2011년 26만 3천1백여 명으로 약 2.7% 증가하였기 때문에 전반적인 국제평화활동 규모는 확대된 것이다. 비유엔 PKO 활동이 아프가니스탄, 지부티, 시에라리온 등에서 계속 진행되고 있고, 2011년 부룬디와 우간다로부터 소말리아로 파견된 AU 소말리아미션(AMISOM)이 임무를 이행하게 되어 전체 비유엔 평화유지군은 35%가량 증가하였다(Center on International Cooperation 2012).

유엔 PKO와 비유엔 PKO의 규모를 비교해 보면, 1998년 코소보 사태가 심각할 때 NATO를 비롯한 지역기구를 통한 파병이나 다국적군의 수가 유엔 PKO 병력을 크게 웃돌았으나, 그 이후 10년 동안 유엔에서 직접 집행하는 PKO 활동이 계속 증가하였다. 2000년대 줄어들기 시작한 NATO군 주도의 PKO는 2005년 이후 다시 증가하였다(Center on International Cooperation 2012).

〈그림 1〉과 〈그림 2〉에서 살펴볼 수 있듯이, 지난 10년(2001-2011년) 동안 유엔 PKO 및 다국적군평화활동(NATO군 혹은 지역 차원이나 임시로 파병된 경우 포함)으로 국제평화활동에 종사하는 군 병력 규모를 살펴보면 유엔 PKO의 경우 꾸준히 증가추세를 보이고, NATO의 경우는 2001년 이후 잠시 줄어들다가 2005년부터 가파른 증가를 보이고 있다. 2007년 이후 아프간 ISAF 및 코소보 파견 나토군(KFOR)을 포함한 수치이기는 하지만 다국적군 규모가 유엔평화유지군 규모를 훨씬 웃돌고 있다. 2014년 완료로 예정된 ISAF 임무가 끝날 경우 다시 NATO군의 규모가 급격히 줄어들고 유엔평화유지군 중심으로 PKO 활동이 진행될 수도 있지만, 또 다른 분쟁지역이나 국가재건지역에 대규모의 다국적군이 파병될 확률도 배제할 수 없다. 이와 같이 제2세대 및 제3세대 평화유지활동의 일환으로서 전개되어 온 비유엔 PKO는 유엔활동 못지않은 다양한 인력과 업무를 포함하고 있다(GlobalSecurity.Org).

한편, 같은 기간 동안 인력규모 면에서 가장 큰 규모의 병력이 파견된 상

그림 1. 유엔 PKO 및 다국적군평화활동 파견 군 병력 규모(2001-2011년)
(다국적군 아프간 ISAF 포함한 경우)

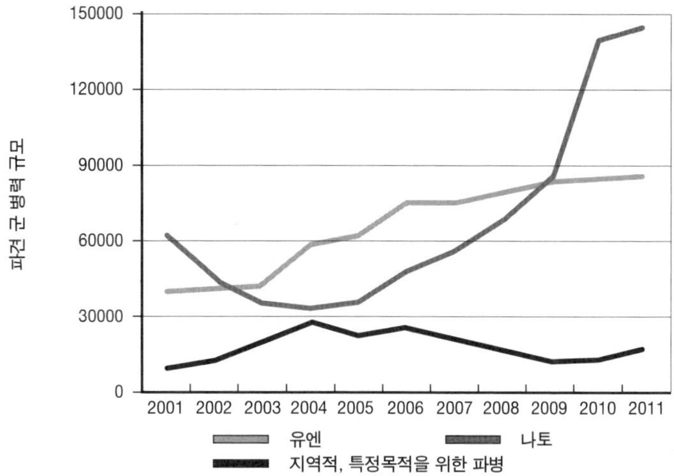

그림 2. 유엔 PKO 및 다국적군평화활동 파견 군 병력 규모(2001-2011년)
(다국적군 아프간 ISAF 제외한 경우)

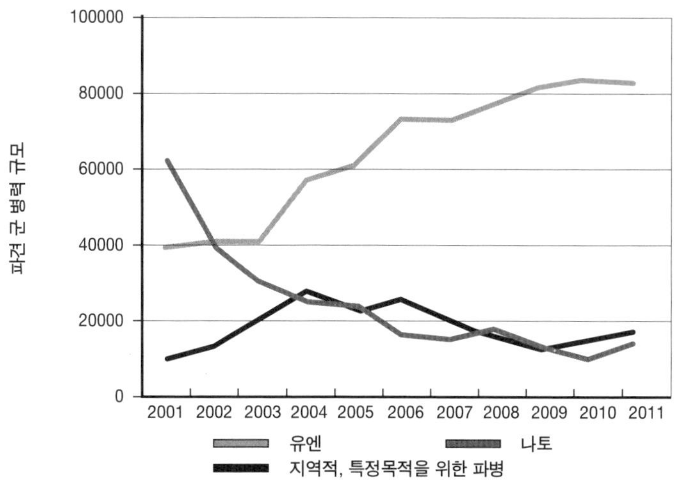

위 20개 평화유지활동 중 6개 작전이 비유엔 PKO 활동이다. 그중 아프가니스탄 카불지역의 치안안정을 목적으로 미국이 주도하여 37개국 5만 명으로 편성된 국제안보지원군(ISAF)은 대부분 NATO군으로 구성되어 있다.

유엔 PKO와 비유엔 PKO를 통틀어 국제평화활동을 가장 활발하게 벌이고 있는 20개 국가들 중 미국, 영국, 독일, 캐나다, 폴란드, 네덜란드 등 6개국은 전체 병력을 비유엔 PKO로 파견하였고, 프랑스, 이탈리아, 스페인 등 3개국도 절반 이상의 병력이 비유엔 PKO 소속이다. 2010년 기준, 미국의 유엔 PKO 참가 규모는 20명, 다국적군 참가 규모는 146,450명으로 그 비율이 1 : 7,322이나 되었고, 호주의 경우는 각각 9명과 2000명으로 1 : 222, 그리고 캐나다는 22명과 3,000명으로 1 : 136을 나타내는 등 다국적군을 통한 평화활동을 확연히 선호하고 있다(신경수 2010). 독일의 경우도 2000년 이후 NATO 주도의 발칸 평화유지활동에 대규모 병력을 보냈고, 2006년 아프가니스탄의 ISAF 활동에서는 지휘권을 맡을 정도로 적극적으로 참여하였다(고성윤 2009). 반면, 순수하게 유엔 PKO에 파견한 국가는 파키스탄, 방글라데시, 인도, 나이지리아, 네팔, 르완다, 가나, 우루과이, 에티오피아, 요르단 등으로 인력파병을 주로 하는 저개발국 혹은 개도국이다(신경수 2010).

이렇듯 서방국가들은 많은 경우 유엔 PKO 임무에 편입되어 활동하는 것보다는 다국적군을 주도하여 국제평화활동을 벌이는 것을 선호한다. 왜냐하면, 유엔 평화유지군의 경우 긴급사태가 발생하면 교전규칙에 따라 정당방위(self-defense) 수준의 무력 사용만 허용되는 반면, 다국적군은 필요에 따라 무력사용이 가능하기 때문이다. 언제든 실전을 치를 수 있는 우수한 전투역량과 첨단무기체계 및 충분한 재정능력을 지닌 이들 국가들은 국제평화활동을 수행할 때 유엔의 승인은 받되 각국이 파견한 부대들이 유엔의 직접적인 지시를 받지 않기 때문에 융통성을 가지고 보다 효과적으로 임무를 수행할 수 있는 것이다. 지휘체계도 유엔 PKO는 유엔사무총장이 임명한 특별대표(SRSG)의 관리하에 평화유지군 사령관이 각국 부대를 지휘하고 유엔에서 직접 지원하는 군수물자를 사용하는 데 비해, 다국적군은 특정국이나 지역기구가 지휘사령관을 임명하며 개별 파병국들이 독자적으로 파병비용을 부담하고 군수지원을 한다. 또한 평화지원활동(PSO)을 위한 통합적 접근에 있어서도 보다 유연하고 효율적이다(Heldt 2008).

따라서 인적·재정적 여력이 있는 선진국들은 활동의 융통성과 효과성이 상대적으로 높은 다국적군 임무를 선호하는 것이다. 특히 미국의 경우는 1990년대 이후 유엔 PKO와 비유엔 PKO를 포함한 모든 국제평화유지활동의 참여가 점차 줄어들었고, 2004년 보스니아에서의 활동 이후에는 유엔 PKO에 부대단위로 참여한 예가 한 번도 없다. 대신 아프간전과 이라크전을 '혼합 PKO'(hybrid PKO)라 하여 국제평화활동의 한 유형이라고 간주하였다(고성윤 2009).

그럼에도 불구하고, 유엔 PKO와 다국적군 간 상호연계성은 점점 커지고 있다. 여기에는 코소보, 동티모르, 아이티의 경우처럼 다국적군으로 파병되었다가 유엔 PKO로 전환하는 경우나 아프가니스탄에서처럼 유엔 PKO 부대인 UNAMA과 다국적군 부대인 ISAF가 함께 운영되는 경우가 있다. 앞서 논의한 소말리아 AMISOM은 다국적군 임무를 수행하는 데 유엔이 경비를 지원하는 경우이다(고성윤 2009). 이와 같이 유엔 PKO와 비유엔 PKO는 국제사회의 제한된 재원이나 인력을 두고 경쟁하는 관계라기보다는 장비나 훈련된 인력, 재원 등을 각 임무 진행 시 필요할 때마다 공유함으로써 거시적으로 볼 때 전체 국제평화활동 비용을 절감하는 호혜적 관계에 가깝다(Heldt 2008).

결론적으로 지난 60여 년 동안 국제평화활동은 여러 가지 변화를 겪어왔는데, 특히 탈냉전기 이후 보다 많은 행위자들이 보다 많은 내용들을 다루게 됨에 따라 그 개념과 임무규정 및 접근방법이 매우 복잡하고 다차원화되었다. 이러한 확대 변화된 평화유지활동은 전통적인 PKO와 구별된다기보다는 이를 포함하여 보다 포괄적으로 PKO 전략을 세워야 할 필요성을 제시한다. 특히 국제사회의 규범적 당위성과 실제 수행역량 간의 격차가 여전히 크고(정재관, 정성윤 2012), 강대국의 선별적 개입과 관련한 논란이 거센 가운데, 어떻게 분쟁해결과 인도적 위기상황 방지를 위해 주권침해를 불사할 수 있는지에 대한 국제적 합의를 이끌어내는 노력이 국제평화활동의 정당성 및 효과성 제고에 있어 매우 중요할 것이다(이신화 2004).

III. 한국의 국제평화활동의 현황 및 평가

1. 한국의 유엔 PKO 및 다국적평화활동 현황

한국은 남북대결구도로 인해 1991년이 되어서야 유엔에 가입한 '늦깎이' 회원국이지만, 수여국에서 공여국으로 발전하여 경제개발협력기구(OECD) 내 개발원조위원회(DAC)에 가입하고 유엔사무총장을 배출하였으며, 유엔 안보리 비상임이사국에도 두 번째로 진출하는 등 유엔 내 중견 국가로서의 위상을 높이고 있다. 한국의 유엔정규예산 분담금에 대한 기여도 점점 증가하여 2000년부터 2010년까지 총 3억 4천3백만여 달러의 분담금을 내었다. 미국 의회 조사국에 따르면 이 시기동안 한국의 분담금 기여순위는 전체 회원국들 중 11번째에 해당하였다(Browne and Blanchfiield 2013). 2013년 기준 분담금 할당액이 5천80만 달러 정도로 전체 회원국 분담금 총액의 약 2%를 차지한다.[5]

또한 지난 20여 년 동안 유엔 안팎에서 세계평화와 안보유지를 위한 국제노력에도 동참해 왔다. 소말리아 유엔평화유지활동(UNOSOM-II)을 시작으로 서부사하라(MINURSO), 그루지야(UNOMIG), 앙골라(UNIVEM III), 동티모르(UNTAET), 사이프러스(UNFICYP), 부룬디(ONUB) 등 총 19개 유엔 PKO 임무단에 파견하여 평화정착, 정전감시, 치안유지, 인도적 재건지원, 의료지원, 선거감시 등을 목적으로 한 임무를 펼쳤다(외교부 유엔자료실 2012). 한국은 2013년 4월 말 기준 601명의 군 병력과 13명의 군사전문가(UNIMEN) 등 총 614명을 유엔 PKO에 파견하여 33위를 차지하였다.[6] 부대단위로 2007년 7월 레바논 파병을 시작한 동명부대에 345명,

5 유엔분담금 기여순위는 미국(22%), 일본(10.83%), 독일(7.14%), 프랑스(5.59%), 영국(5.18%), 중국(5.15%), 이탈리아(4.45%), 캐나다(2.98%), 스페인(2.97%), 브라질(2.93%), 러시아(2.44%), 호주(2.07%), 한국(1.99%) 등으로 한국은 13위이다(United Nations Secretariat, 2013).

6 참고로 방글라데시 8,843명, 파키스탄 8,232명, 인도 7,795명, 에티오피아 6,522명, 4대 최다파견국으로 자리매김하였고, 중국은 1,872명으로 14위, 영국은 278명으로 44위, 일본은 272명으로 45위, 캐나다는 130명으로 58위, 미국은 109명으로 60위였다(United

2013년 3월 남수단에 파병된 한빛부대에 282명이 임무수행 중이고, 군 옵서버나 참보장교 자격으로 이루어지는 개인단위 파병은 인도/파키스탄 정전감시단(UNMOGIP, 7명), 라이베리아 임무단(UNMIL, 2명), 남수단 임무단(UNMISS, 8명), 레바논 평화유지군(UNIFIL, 4명), 수단다르푸르 임무단(UNAMID, 2명), 코트디부아르 임무단(UNOCI 2명), 서부사하라 선거감시단(MINURSO, 4명), 아이티 안정화임무단(MINUSTAH, 2명) 등 8개 지역에서 활동하고 있다(국방부 2013). 한편, 2013-15년 유엔 PKO 비용분담률의 경우 미국(27.14%), 일본(12.53%), 영국(8.15%), 독일(8.02%), 프랑스(7.55%), 이탈리아(5%), 중국(3.93%), 캐나다(3.21%), 스페인(3.18%)에 이어 한국은 2.26%로 10위 분담국이 되었다(United Nations Department of Peacekeeping(A)).

한국이 다국적군에 편입되어 활동을 시작한 것은 2001년 9·11 테러 이후 대테러전쟁지원이라는 명분하에 미국의 아프가니스탄공습 지원을 위해 아프간에 군부대를 파견하면서부터이다.[7] 당시 파병에 대한 찬반 여론이 사회적 갈등으로까지 확대되었으나, 일단 파견된 한국군은 주로 인도적 구호 및 진료활동, 평화재건의 지원과 같은 국제평화활동을 성공적으로 수행하였다. 최초 100명으로 구성된 국군의료지원단인 동의부대는 2002년 2월부터 2007년 12월까지 연 780명의 인원이 동맹군과 현지 주민을 대상으로 한 진료제공을 하며 파병 기간 동안 약 25만 명의 환자를 돌보았는데, 이는 다른 민간 병원의 환자진료 수의 3배에 달하는 수치이다.[8] 이에 더해 건설공병부대인 다산부대는 2003년 3월부터 2007년 12월 임무를 마칠 때까

Nations Peacekeeping 2013).

7 한국의 다국적군 파병과 관련한 내용은 이신화, 〈한국 국제평화유지활동의 발전방향: 파병확대에 따른 PKO 센터의 역할과 발전모델〉, 제6회 PKO 발전세미나 발제내용(2010년 11월 10일)에서 일부 인용.

8 2007년 2월까지 22만 9천여 명의 환자를 진료하였는데, 이는 하루 평균 200여 명을 진료한 수치이다. 이를 토대로 10월 현재 24만여 명의 환자를 진료한 것으로 추산할 수 있다(국정홍보처 국정브리핑 2007년 3월 7일).

지 150명씩 연 1,360명이 주둔하면서 지방정부의 능력개발과 재건 및 경제 분야 발전을 위한 미국주도의 다국적 종합민사팀인 한미연합 지방재건단(PRT) 지원 임무를 수행하였다.[9] 또한 동의부대와 다산부대는 각각 맡은 임무 외에도 태권도와 한글교실 등의 운영을 통해 현지인들과의 친화관계를 돈독하게 하여 좋은 평판을 얻었다. 특히 동의부대의 경우는 현지 주민들로부터 아프가니스탄 전쟁 영웅 마슈드(Ahmad Shah Masoud) 장군 다음으로 '신이 내린 또 하나의 축복'이란 찬사를 받은 바 있다(연합뉴스 2007년 7월 21일).

비록 파병목적은 평화재건을 위한 국제평화활동에 동참하는 것이었으나, 미국이 자의적으로 결정한 테러와의 전쟁을 지원하는 군인파병이라는 비판과 최근 아프가니스탄의 내부 불안사태 등을 이유로 철군요구가 끊임없이 제기되어 왔다. 이에 더해 2007년 2월 다산부대 소속 윤장호 하사가 주둔지인 아프가니스탄 바그람기지에서 폭탄테러로 사망한 후 조기철군 주장이 더욱 큰 힘을 얻었고, 급기야 같은 해 7월 아프가니스탄 반군세력 탈레반의 한국인 피랍사태를 계기로 한국 정부와 탈레반 측이 피랍 한국인 19명의 석방 조건으로 한국군의 연내 철수에 합의함으로써 그해 연말까지 동의·다산부대가 철군하였다(오홍국 2011).

2003년 4월에는 같은 해 3월 개시된 미·영 연합군이 이끄는 '이라크 자유작전'(OIF, Operation Iraq Freedom)을 지원하기 위해 공병부대(서희부대)와 의료지원단(제마부대)을 파견한 바 있다. 서희부대는 주로 내전으로 파괴된 학교, 병원, 도로, 상하수도, 전기와 같은 사회 인프라 구축에 참여했고, 동맹군 기지건설 공사를 지원하였을 뿐 아니라 한국기업과 협조하여 파견지역 학교의 IT(기술정보)센터 설립과 같은 대민지원임무에 기여하였다. 제마부대의 경우 2003년 7월 개원한 제마병원을 통해 파견된 나시리야의 현지

---

9 이외에도 해군 수송지원단인 해성부대(2001년 12월-2003년 9월, 연인원 823명, 총 17회 임무)와 공군 수송지원단 청마부대(2001년 12월 28일-2003년 12월, 연인원 446명, 총 81회 임무)도 동맹군 물자수송과 특수작전 지원에 가담하였다(국방부 2013).

주민과 동맹군들을 대상으로 하루 평균 100여 명을 진료해 왔는데, 동맹군 병원 가운데 가장 친절하고 정성껏 치료하며 유일하게 치료해 주는 병원으로 지정되어 그 평판이 높아졌다. 서희부대와 제마부대는 부여된 본래 임무이외에도 어린이학교와 기술학교 운영 등을 통해 지역주민의 학업을 지원하고, 고아원과 보육원 등을 대상으로 한 구호활동을 펼침으로써, 현지인들로부터 '꾸리(한국) 넘버원,' '이라크인의 형제'로 칭송받은 바 있다(윤영미 2004; 국정홍보처 2007; 부산일보 2004년 3월 16일).

그러나 계속 악화일로로 치닫는 이라크 현지정세와 2004년 불거진 미군의 이라크 포로학대에 대한 국제적 비난여론이 확산되면서 국내정치권과 일부 시민단체를 중심으로 한 철군 및 추가파병 반대의 목소리가 높아졌다. 그럼에도 불구하고 미국의 2차 파견 요청에 따라 1차로 파견된 서희부대와 제마부대에 더하여 2004년 공수부대와 해병대를 주축으로 편성된 자이툰부대가 이라크 아르빌 등지에 파견되어 재건활동을 성공적으로 수행하였다.[10] 2007년 10월 미국정부가 이라크와 아프가니스탄에 파병된 한국군 주둔 연장을 공식적으로 한국정부에 요청해 옴에 따라(머니투데이 2007년 10월 12일) 철군 및 파병연장 등과 관련한 찬반이 엇갈리면서 또 한차례 거센 논쟁이 일었고 결국 2008년 말 철군하게 되었다. 자이툰사단은 철군할 때까지 4년여 동안 연인원 19,032명을 이라크의 다국적군 활동에 참여시켰다(국방부 2007).

2013년 6월 현재, 다국적군 평화활동으로는 부대단위로 소말리아해역 구축함 청해부대 306명(연인원 3,646명) 아프가니스탄 PRT 방호부대인 오쉬노부대 61명(연 1,617명),[11] 아랍에미리트 군사훈련협력단인 아크부대에 150명(연인원 687명)이 임무수행 중에 있다. 참모장교나 협조장교 형태로 이루

10 자이툰 부대의 파견 기간은 매해 12월마다 종료되는데, 2006년 연장동의까지 총 3번의 국회 동의가 이뤄져 현재 2007년 말까지 주둔이 연장되어 있는 상황이다.

11 2010년 7월 시작된 오쉬노 부대의 임무에는 2012년 12월 말까지 350명 정도가 활동했으나 그 후 대부분이 철수하고 바그람 기지와 대사관 경비대 61명이 활동 중이다(국방부 2013).

어지는 개인 파병의 경우, 바레인 연합해군사령부(3명), 지부티 연합합동기동부대(1명), 아프간 카불 치안전환사령부(2명), 미국 플로리다 템파 중부사령부(3명)에 파견되어 있다(국방부 2013).

이렇듯 한국의 국제평화활동도 유엔 PKO에 참여하는 경우와 비유엔 PKO에 동참하는 경우로 나뉜다. 2010년까지는 외교부의 경우 유엔 PKO에 참여하는 경우에 초점을 맞추고 있고, 국방부는 국제평화유지활동에 한국군대를 보내는 해외파병에 역점을 두어 유엔 PKO와 비유엔 PKO 구분 없이 공식 통계를 잡아 왔다. 이러한 불명확한 기준과 통계수치에 대한 전문가들의 지적이 잇따르면서 두 정부부처는 보다 명확하게 국제평화활동을 유엔과 비유엔으로 구분하여 수치를 잡고 정보를 제공하기 시작했으나, 아직까지도 두 부처의 공식 웹사이트를 통해 조사할 수 있는 통계 및 산정 분류기준에 차이가 있어 정확한 수치 파악은 쉽지 않다. 그뿐 아니라 두 형태의 국제평화활동에 관한 행정업무를 다루는 조직이 일원화되어 있지 않고 외교부와 국방부에 분산되어 있기 때문에 각각 좀 더 긴밀한 협력작업이 필요하다.

2. 한국의 국제평화활동 참여 의의 및 평가

유엔결의와 감시하에 탄생하여 한국전쟁 및 전후 국가재건과정에서도 유엔의 다양한 지원과 보편적 인권가치 전파를 통해 성장한 소위 '유엔 키드'(UN Kid)인 대한민국은 이제 경제발전과 민주화성공 및 문화한류를 통해 유엔을 비롯한 국제무대에서 중견국 위상을 얻게 되었다. 뿐만 아니라 한국인 반기문 유엔사무총장, 한국계 미국인 김용 세계은행총재에 이어 안보리 비상임이사국 선출이라는 외교영역에서 주요 3개 부분을 거머쥔 이른바 '트리플 크라운'(Triple Crown) 효과도 갖게 되었다. 그러므로 정부개발원조(ODA) 증액이나 인도적 지원확대와 더불어 국제평화활동에 적극 참여하는 것은 유엔에 대한 보은 차원에서도 중요하지만, 저개발국가들에게는 단순히 물질적 지원을 제공한다는 차원을 넘어 그들도 수여국에서 공여국이 될 수 있다는 벤치마킹이 될 수 있다. 또한, 그동안 소말리아, 앙골라, 동티모르 등지에서 활동한 한국군이나 평화유지요원들은 치안유지, 전후 복구사업 및 인도적 지원임무를 성공적으로 수행하여 유엔과 현지 주민들의 찬사를 받아 왔다. 이와 같은 업적과 평판의 축적 및 보다 적극적인 국제평화활동 참여는 한반도와 주변국에 국한된 한국인들의 인식지평을 넓히고 거듭나는 계기가 될 뿐 아니라 한국의 국격과 국익을 범세계적 차원에서 고양시키는 일이다(유재익 2012).

아울러 주목할 것은 국제평화활동은 동북아 국가들 가운데 한국이 이니셔티브를 쥐고 수행할 수 있는 '군사적' 활동이라는 점이다. 한국은 국제사회에서 그 입지나 인지도가 높아져 가고 있음에도 불구하고 세계적 강대국이 밀집하여 각축을 벌이고 있는 동북아지역에서 스스로의 의사와는 상관없이 많은 변화를 겪고 있다. 따라서 그동안 지정학적 역학이나 군사적 역량 등을 감안할 때 한국이 주도권을 가지고 추진할 수 있는 활동이 거의 없었다. 그러나 평화유지활동의 경우, 일본은 과거 제국주의적 이미지 때문에 평화유지군 파견에 장벽이 있고, 중국의 경우에는 최근 몇 년 사이 PKO 참여에 적극적인 태도를 보이고 있지만, 아직까지도 분쟁타결보다는 중재와 협상을 통한 분쟁의 평화적 해결을 강조하고 분쟁발생국의 주권개입에는 반대하는 입장을 견지하고 있다. 따라서 인도네시아 정부의 요청으로 한국군이 동티모르의 평화유지활동을 위해 다국적군을 이끌었던 것처럼, 한국이 다른 동아시아 국가들보다 PKO 임무에서 리더십을 발휘할 수 있는 여지가 많다(조용만 2010). 이는 더 나아가 한국의 소프트파워를 증진시키는 길인데, 군사력과 같은 하드파워 측면에서는 주변 4강과의 격차를 크게 줄이기 힘든 실정을 감안할 때, 소프트파워 강국을 추진하는 것은 국가브랜드를 높이는 일인 동시에 국가역량을 배가시킬 수 있는 현명한 외교전략이 될 수 있다(Lee 2011; 전경만 2010). 즉 PKO 참여는 한국외교의 중요한 수단이라는 관점에서 접근할 필요가 있다.

혹자는 남북대치상황인 한반도 안보환경하에서 군 병력의 일정수를

PKO에 파견하는 것은 전력약화를 초래할 수 있다고 주장하기도 한다. 그러나 오히려 분쟁지역에서의 직접적인 작전체험은 실전(實戰) 능력향상과 사기진작에 더 효율적일 수 있다. 또한 PKO 참여 시 대부분의 파견 경비를 유엔이 제공하기 때문에 '비싼 수업료'없이 작전경험을 쌓은 해외 전문인력을 양성하여 군의 국제화와 미래작전을 준비하는 소득을 얻을 수 있다. 또한, 적극적인 PKO 참여를 통한 국제공조체제 구축은 국제사회로 하여금 유사시 한국 지원명분을 쌓는 일이기도 하고, 전후 복구사업에 한국기업이 진출할 수 있는 여건을 마련해 주는 길이기도 하기 때문에 궁극적으로 한국의 안보와 경제적 실익에도 기여할 수 있을 것이다(전제국 2011; 김재두 2004).

이렇듯 국제평화활동이 가져다주는 긍정적이고 선순환적인 성과와 의의에도 불구하고 보다 효율적, 효과적인 국제평화활동을 위해 해결해야 할 과제들이 있다. 무엇보다 국제사회의 참여요구가 증가하고 우리 사회가 이에 응대할 능력을 갖추고 있음에도 불구하고 국제평화활동(특히 다국적군평화활동)에 대한 국민적 무관심과 이해부족 및 반발로 인해 타이밍이 중요한 해외파병이 종종 난관에 부딪혀 왔다(박홍순 2002). 이에 더해 국제평화활동 참여를 체계적으로 뒷받침할 구체적인 PKO 참여법률과 이행절차가 미흡한 것도 문제이다. 2005년 이래 추진되어온 유엔 PKO 참여의 법적·제도적 기반조성을 위한 노력이 2009년 12월 외교통상부(현 외교부)가 발의한 '국제연합 평화유지활동 참여에 관한 법률'의 국회통과로 결실을 맺었다. 하지만 이 법률은 유엔 PKO에만 해당되고 다국적군평화활동은 제외하고 있어 국방부 주도의 해외파병을 위한 법적 근거는 부재한 실정이다.

2010년 7월 해외파병 전담부대인 국제평화지원단 온누리부대가 창설되기 전까지는 전담 상설부대나 PKO 상비체제가 없었던 점도 효과적인 PKO 임무에 걸림돌이 되었었다. 국제위기 발발 시 유엔이 즉각 개입하기 위한 유엔상비군체제(UNSAS)에 적극 참여하기 위해서는 평시 자국 부대나 장비 등을 미리 확보해 두고 대기태세를 유지하다가 유엔 요청 시 신속하게 파견요원을 공여해야 한다. 통상적으로 유엔은 파병요청 후 한 달 이내에 참여를 원하지만, 전담부대나 상비체제를 갖추지 못했던 한국은 유엔의 요청이 있은 후 소말리아에는 8개월이 지난 후에, 서부사하라에는 7개월 뒤에, 그리고 앙골라에는 8개월 뒤에서야 파병을 하였다(고성윤, 김열수 2007).

1999년 호주 주도의 다국적군 평화활동으로 시작되었다가 2000년 유엔 PKO로 임무전환한 동티모르 평화유지활동에 파병된 상록수부대의 경우, 각계각층의 찬반론에 휩싸이다 파병요청 한 달 만인 1999년 10월에 파견되었다. 이후 2003년 10월 철수할 때까지 성공적인 임무수행을 통해 현지주민들로부터 '말리아 무띤'(다국적군의 왕)이라 불리고 유엔사령관으로부터 PKO 참여국들 중 가장 모범적이라는 호평을 받게 되었지만, 처음에는 다른 파병국들이 상비부대를 통해 사전 준비를 철저히 했던 것과 달리 서둘러 파병준비를 한 결과 군수지원분야에서 부족장비와 불용장비가 생기는 등 고충이 많았다(최용호 2006). 이는 한국 PKO 참여를 위한 상비체제의 부재뿐 아니라 일관된 원칙의 결여로 인해, 유엔이나 기타 지역기구 및 동맹국의 요청이 있을 경우 국내외 상황이나 PKO 파견지역의 정세 등에 따라 임기응변식 대응을 해 왔기 때문이다.

이러한 문제점을 인식하여 2004년 말 이래 '해외파병 전담상설부대'를 창설하는 안이 논의되었고, 많은 논란을 거쳐 2009년 6월 국방부는 3,000여 명 규모의 PKO 참여확대를 위한 상설부대를 창설하기로 확정하였다. 이는 요청 1개월 이내에 1천 명을 파견하는 것이 몇 개월 후 수천 명을 파견하는 것보다 훨씬 효과적이기 때문에, 많은 경우 유엔이 선호하는 것은 최초에 파견할 신속배치군이다. 따라서 한국의 경우, PKO 상비체제나 전담부대의 신설이 힘들 경우, 기존 부대를 지정하여 UNSAS에 부합하는 제반 사항들을 갖추어 나가야 한다(고성윤, 부형욱 2010). 1,000여 명 규모의 온누리부대는 유엔 PKO 혹은 다국적군평화활동을 하게 될 파병지의 언어와 문화 관습 등에 대한 교육을 받고 임무를 수행하는 것을 목적으로 한다. 하지만 '국군부대의 해외파견 절차에 관한 법률안'이라는 관련법이 제정되지 못해 국군조직법에 근거를 두고 다국적군 신속파병부대를 편법으로 설립했다는 비판을 계속 받고 있다(내일신문 2010년 7월 2일).

이렇듯 국민적 지지 부족 및 법·제도적 장치의 미흡문제와 더불어 범정부차원의 PKO 총괄부서가 없는 것 역시 일관성 있고 체계적 관리를 수반한 파병업무 수행에 걸림돌이 되어 왔다(전병환 2012). 한국의 PKO는 국군파견 위주로 이루어져왔기 때문에 국방부가 파견관련 절차나 임무수행을 위한 제반사항을 담당하는 주무부서이나, 파병을 결정할 때까지는 외교부가 역할을 수행하고 있다. 즉 유엔의 PKO 참여요청은 외교부를 통해 이루어지고, 참여검토 및 결정에 있어서는 외교부와 국방부가 동시에 관여하다가, 일단 참여가 확정되면 그 준비과정에서는 국방부가, 부대가 파견된 현장에서는 합참이 총괄하는 다원화된 업무형태를 띠고 있다. 따라서 임무수행 중 발생하는 문제에 대해서는 어느 부서도 최종적 책임을 지지 않는다(국회국방위원회 수석전문위원실, 2004).

더욱이 PKO 참여규모나 국제사회의 요청이 증가하고 있는 점을 고려할 때, PKO 참여를 단순한 유엔회원국으로서의 의무이행 수준에서 그칠 것인지, 혹은 이를 바탕으로 정치외교적, 경제적 이익추구 및 국제사회의 위상제고를 위한 발판으로 삼고 한반도 유사사태 발생 시 유엔의 지원확보라는 명분으로 만들 것인지에 대한 범국가적 차원에서의 방향설정과 전략적 고민, 그리고 국민적 합의도출이 필요하다. 하지만 이러한 전략적 선택을 하기에는 여론분열이 극심하여 국민적 합의도출이 힘든 상황이다(국회국방위원회 수석전문위원실, 2004). 특히 국익제고나 국제적 명분 마련과 같은 이유에서라면 요청받는 모든 PKO 임무에 참가해야 한다는 부담이 있고, 파견결정과정에서 국회동의를 얻어 내는 것도 어려운 일이다.

IV. 한국의 국제평화활동의 양분화 현상과 개선방안

1. 한국 국제평화활동의 양분화: 인식과 현황

한국군의 해외파병은 1965-73년까지 베트남전에 참여한 것이 그 시작인

데, 당시 연인원 31만 3천 명가량이 참전하였다. 이후 해외파병은 1991년 1월부터 4월까지 걸프전에 연인원 314명을 보내면서 점차 증가하기 시작하였다. 특히 1993년 7월 소말리아의 유엔 PKO에 참가한 이래 앙골라, 인도·파키스탄, 동티모르, 사이프러스, 서부사하라, 부룬디, 레바논, 남수단 등의 유엔임무에 동참해 왔다(국방부 2012). 유엔 PKO의 참여를 두고 "왜 국민세금을 국내의 어려운 상황에 처한 사람들이나 지역에 쓰지 않고 국제협력에 사용하느냐?"는 지적과 "왜 우리 젊은이들을 험지에 몰아넣으려 하느냐"는 반발이 있었지만, 사회적으로 반대여론이 그다지 크지는 않았다. 오히려 유엔 평화활동 참여의 필요성에 대한 인식이 점점 높아지면서 여론조사 대상의 50% 이상이 유엔 PKO 파병을 찬성하였다(한국의 유엔 PKO 참여 활성화 방안 토론회). 동티모르 파병의 경우, 앞서 언급한 대로 처음에는 반대의 목소리가 있었지만, 시간이 지나면서 파병을 긍정적으로 평가하는 여론이 높아졌고, 경제정의실천연합이나 정치개혁시민연대와 같은 시민단체들은 PKO 파병을 적극적으로 촉구하기도 하였다(김열수 2006B).

이와 대조적으로, 미국 주도의 다국적군 형태인 아프가니스탄과 이라크 파병에 대한 반대여론은 상당히 높았다. 2001년 말 아프가니스탄 파병에 대해서는 조사대상 48.9%가 반대하고 31.9%가 찬성하였다. 특히 2003년 이라크 파병에 대한 반대는 극명하게 나타났는데, 미국의 '침략전쟁'을 돕는 파병이라는 강한 반발과 더불어 한국인 김선일 씨가 이라크 내 파병철회를 요구하는 무장단체에게 피살되면서 국민안전문제까지 대두되어 반대여론이 더욱 거세게 일었다(김승국 2004).

여기서 주목할 점은 유엔 PKO에 참여하는 것은 국제평화수호라는 대의명분은 있지만, 국익 차원에서 볼 때 한국이 얻을 수 있는 이익은 직접적이고 가시적이지는 않다는 것이다. 물론 장기적으로 볼 때 국격제고, 유사시 국제사회지원확보, 경제적 혜택 등을 얻을 수는 있겠지만, 참여하지 않는다고 하여 국가안보유지나 나라경제에 손실을 가져오는 것은 아니다. 반면, 미국과 같은 동맹국 요청에 의해 이루어지는 다국적군 파병은 동맹강화, 해외국민과 기업보호, 한국군 실전경험 축적, 현지기업진출 발판 마련과 같은 실질적 이익을 고려해서만이 아니라, 파병하지 않을 경우 감수해야 할 부담, 특히 동맹국과의 관계를 염두에 두고 이루어진다. 따라서 정부 입장에서는 유엔 PKO이든 비유엔 PKO의 형태이든 국익관점에서 다각도의 검토를 통해 파병을 결정할 수밖에 없다.

이러한 맥락에서 볼 때, 한국의 국제평화유지활동 파견 여부 결정과정은 국내 정치적 요소가 국제정치, 즉 외교정책에 영향을 미친다는 '양면게임'의 관점에서 설명이 가능하다. 양면게임론이란 한 국가 내 다양한 상황을 전제로 하여 정부와 국민들 간 합의가 이루어지는 정도에 따라 국가 간 협상에서 정부대표의 협상력의 크기가 달라진다는 것인데(Ptnam 1988), 유엔의 요청으로 PKO군을 파병하는 사안이나, 미국이나 여타 국가들의 요청으로 다국적군 활동에 참여하는 사안 모두 국제협상에 앞서 얼마나 국내적으로 이슈화되고 찬반론이 거센가에 따라 한국의 파병 시기나 규모 및 구체적 지역이 결정된다.

그렇다면 왜 똑같이 분쟁지역 평화유지와 인도적 지원이라는 목적을 지향함에도 불구하고 국내 여론이나 정책결정자들은 유엔 PKO의 파병에는 상당한 공감을 보이는 데 비해 다국적군 파병은 반대하는 양분화 현상을 보이는 것인가? 우선 한국민들의 전반적인 PKO활동에 대한 이해의 부족과 이로 인한 인식에 격차가 생기기 때문이다. 특히 국민들의 국제평화활동에 관한 인식은 국익 차원보다는 명분 및 파병군의 안전과 더 밀접한 관련이 있어 보인다. 유엔 PKO는 유엔이라는 다자협력체의 틀 안에서 특정 분쟁지역에 파병이 필요하다는 국제적 합의가 이루어진 연후에 결정되고, 그 임무가 정전감시, 인도적 구호활동, 폐허 복구, 평화재건과 같은 비전투적 성격이 강하고 참여국 숫자도 많기 때문에 한 국가에서 파병하는 규모도 상대적으로 적다(United Nations Department of Peacekeeping(B)). 이에 비해, 다국적군 비유엔 PKO는 동맹국의 전쟁지원 성격이 강해 한 국가가 다른 동맹국에게 파병요청을 하고 이를 후자가 수용하는 식의 양자 간 협상을 통해 파병이 결정되는 경우가 대부분이다. 그리고 현지에서 실제로 전투를 수행하거나 위험지역의 치안유지를 하는 등 군사작전에 투입될 확률이 높으며 유엔 PKO에 비해 참여국 수가 적기 때문에 한 국가가 부담해야 할 파병규모도 큰 편이다.

또한 자위권만 보유한 채 어쩔 수 없는 상황에서 마지막 수단으로서만 무력사용이 허용되는 유엔 PKO와는 달리, 군사력 사용이 상대적으로 용이한 다국적군 임무는 자칫 몇몇 힘 있는 국가들의 전략적 이해관계에 따라 작전이 좌지우지될 수 있다는 인식이 한국민들 사이에 팽배하다. 따라서 임무변경이나 추가파병과 같은 의제가 생길 경우 다국적군에 편입된 한국을 포함한 상대적 약소국들은 미국과 같은 강대국의 전략과 '야심'에 끌려 다닌다는 비판의식과 더불어 반대가 심해지는 것이다.

둘째, 국민여론의 추이에 예의주시할 수밖에 없는 국회에서 초당적인 합의하에 PKO 관련법을 제정하는 것이 쉽지 않기 때문이다. 2005년 10월 유엔의 파병요청에 신속히 대응하여 국제사회에서 한국의 국력과 위상에 걸맞은 책임과 의무를 수행해야 한다는 취지의 PKO 법안이 여야의원 34명의 발의로 국회에 상정되었다. 그러나 "PKO 법안은 해외파병에 대해 행정부에 무한의 권한, 즉 백지수표를 주는 것"이라고 강력히 반대하는 시민사회단체들의 반대 및 미국이나 강대국의 강압에 좌지우지되는 유엔 결정에 따라서는 안 된다는 여론이 거세지면서 국회통과를 실패하였다(참여연대 2006). 2006년 9월 일정한 조건에서 국회의 사전 동의 없이 병력을 파견하는 것을 골자로 하는 PKO 특별법 제정을 위해 '국군부대의 국제연합 평화유지활동 파견에 관한 법률안'(당시 열린우리당 김명자의원 대표발의)과 '국군부대의 국제평화유지활동 참여에 관한 법률안'(당시 한나라당 송영선의원 대표발의)이 국회 통일외교통상위원회에 각각 제출되었다.[12] 국회 차원에서 PKO 관련법

12 국회 통일외교통상위원회, 〈국군부대의 국제연합 평화유지활동 파견에 관한 법률안(김명자의원 대표발의)과 국군부대의 국제평화유지활동 참여에 관한 법률안(송영선의원 대표발의)〉, 2006년 9월.

제정을 위한 노력이 재차 진행되었다는 점에서 고무적인 일이었지만, 두 법률안은 통합하는 데 실패하였다. 또한 김명자 의원의 해외파병법안의 경우 국군만을 PKO 참여요원으로 규정하였고, 송영선 의원의 법안은 경찰과 민간요원의 제한적 참여를 명시하고 있지만, 두 법안 모두 그 명칭에서 알 수 있듯이 국군파견이 그 핵심이었다. 결국 국회 내에서의 찬반논란과 파병반대비상국민행동과 같은 민간단체의 강력한 반대 등으로 인해 이 법안들은 국회에 계류 중이다가 통과에 실패하였다.

이후 2009년 12월 외교통상통일위원회가 당시 민주당 송민순 의원과 한나라당 김무성 의원이 각각 발의한 PKO 참여 관련 법안을 통합하여 '국제연합 평화유지활동 참여에 관한 법률안'을 국회 본회의에 상정하였다. 이 법안은 위헌성 여부 등에 대한 논란을 불러일으켰지만, 12월 29일 본회의에서 재적의원 199명 중 찬성 129명, 반대 54명, 기권 16표로 통과되었다(파병공감, 〈국제연합 평화유지활동 참여에 관한 법률〉, 2010년 1월 25일 제정, 4월 26일 시행(법률 제9939호), http://www.peacekeeping.go.kr/221). 반대하는 의원들은 해외파병은 국회의 사전 동의를 받아야 하는데 1천 명 이내 규모의 상시파병부대 구성을 가능하게 하는 이 법안을 위헌이라고 주장하였고, 파병 시 파견지와 병력규모 및 보유장비 등을 유엔과 합의하여 정하는 것이 주권국가로서의 한국의 위상을 하락시키는 것이라고 비난하였다(민중의 소리 2009년 12월 29일). 2010년 1월 우여곡절 끝에 이 법률안이 제정되고 4월 시행되면서 1천 명 내에서 국회동의 이전이라도 유엔과의 잠정협의하에 신속한 파병을 할 수 있는 법적 근거가 만들어졌다. 기존의 군사 위주의 파병이 아니라 경찰, 민간요원, 군무관 등도 PKO에 참여하는 다차원화된 활동을 가능케 하는 법적 장치가 만들어졌다는 데 의의가 있다. 하지만 2009년 12월 유엔 PKO 참여 법안이 통과될 당시 국방부가 이 법률에 다국적군 파병도 함께 넣을 것을 요청하였으나 실패하여 비유엔 PKO 활동은 여전히 법적 지원을 받지 못하고 있다.

셋째, 관할부처의 이원화 현상도 국제평화활동과 관련한 제반 업무와 절차의 효율성을 떨어뜨리는 이유가 되고 있다. 즉 유엔 PKO 파병은 정부 부처로는 외교부 유엔과 소관이고, 국회에서는 외교통일위원회가 담당하고 있다. 반면 비유엔 PKO는 국방부 소관이고 국회 국방위원회가 맡고 있으면서, 해외업무이기 때문에 외교부의 관계부서가 연관되어 있다. 예를 들어 유엔 PKO 업무는 유엔과에서 전담하고 있지만 다국적군평화활동을 펴고 있는 소말리아 청해부대의 경우는 외교부 내 국제안보과와 재외국민보호과에서, 아프간 오쉬노부대는 아프간 TF팀에서 담당하고 있다. 하지만 외교부의 한 부서에서 통합·총괄하여 관리하라고 주문하기에도 현실적인 무리가 따른다. 왜냐하면 청해부대의 경우는 소말리아 해적문제를 다루고 오쉬노부대는 국가재건과 한미동맹과도 연관되어 있기 때문에 국방부 소관의 다국적군평화활동이지만 외교부 내 전문부서의 관여가 불가피하다. 따라서 국방부와 외교부가 맡고 있는 파병업무를 총괄하여 조정하고 통제하는 사령탑(control tower) 역할을 할 정부기관이 필요한 것에 대해서는 부처 간 어느 정도 공감대가 이루어졌지만 그 방법에 대해서는 여전히 해답을 찾기 힘든 상태이다.

요약하면, 국민여론의 불평등한 인식, 관련법 제정상의 어려움, 관할 부처의 이원화로 인한 비효율성 등으로 인해 유엔 PKO와 비유엔 PKO 파견결정에 있어서 결과적 차이가 생긴다. 특히, 유엔 PKO가 세계평화와 안전보장이라는 대의명분을 가진 국제활동으로 인식되어 별다른 파병 반대가 없지만, 비유엔 PKO는 동맹국(특히 상대국이 강한 경우)의 '나쁜' 전쟁에 하는 수 없이 연루된다는 인식과 대규모 파병을 해야 한다는 부담으로 인해 반대여론이 강하게 나타나는 것이다(North Atlantic Treaty Organization 2006). 이와 같은 여론의 양분화 현상은 한국 정부나 국회가 두 형태의 국제평화활동에 관한 법적·제도적 조치를 마련하는 데에도 영향을 미쳐, 유엔 PKO 파병법은 국회 통과 후 시행되고 있지만 다국적군 참여와 관련된 법률은 제정되지 못하고 있는, 소위 'PKO 격차' 현상을 초래하고 있는 것이다.

2. 한국 국제평화활동의 발전방향: 법적 · 제도적 보완 측면

한국은 1993년부터 PKO에 참여하고 있었으나, 국제평화활동을 수행하기 위해서는 관련법이 필요하다는 인식을 갖고 국회나 정부 차원에서 법률안 제정을 위해 노력하기 시작한 것은 불과 6-7년 남짓밖에 되지 않았다. 해외파병과 관련한 법적 체계를 구축하려면 헌법(제60조 2항: 군대의 외국 파견에 앞서 국회의 사전 동의)을 토대로 파병의 법적 근거가 되는 관련법을 제정하고 시행령을 마련한 후 정부의 관계부처들의 행동강령이나 부칙이 만들어져야 한다. 그러나 이러한 일련의 입법화 과정들이 이루어지지 않은 가운데 PKO 파병이 추진되어 온 것이다. 즉 헌법규정을 이행하기 위한 하위법으로서의 PKO 관련법이 없기 때문에 임무수행의 기본 가이드라인과 업무집행의 법적 근거도 없었고, 그때그때마다 국방부의 훈령에 따라 파병근거나 임무 수행절차 업무를 추진해 온 것이다(고성윤, 김열수 2007).

앞서 논의하였듯이, 2009년 국회를 어렵게 통과한 유엔 PKO 참여법안이 다국적군 파병은 포함하고 있지 않아 한국의 유엔 PKO와 비유엔 PKO 활동 간 격차가 여전히 문제가 되고 있다. 따라서 국제평화활동법은 유엔 PKO뿐 아니라 다국적군을 포함하는 법으로 확대 발전되어야 한다는 사회적 인식확산 및 국내외적 정책조율이 필요하다. 유엔과의 상호협력 양해각서(MOU) 체결을 통해 파병관리를 보다 효율적으로 할 수 있는 제도적 장치를 구축하는 것도 추진할 필요가 있는데, 문제는 현실적으로 어떻게 그 방안을 찾을 것인가이다.

이론상 가장 바람직해 보이는 방안은 국군의 해외파병절차 및 비군사요원들을 PKO에 파견하는 과정을 포괄적으로 관리·운영할 법률을 제정하는 것이다. 이 법안에는 부대 파견시 국회동의의 범위나 절차, 그리고 파견부대 운영 및 유엔(유엔 PKO의 경우)이나 참여국들(다국적군파병인 경우)과의 공조 등이 명기되어야 할 것이다. 다만, 개인단위로 파견되는 경우는 국회동의를 필요로 하지 않는다. 이러한 법안을 제정하려면 2010년부터 시행 중인 유엔 PKO 참여법을 폐기하고 새로이 입법추진을 해야 한다. 이 경우 국회동의를 얻는 것도 쉽지 않겠지만, 어렵게 통과된 유엔 PKO법을 무효화하는 것에는 반대도 있을 수 있고 국회를 통과한 법안을 쉽사리 파기하는 데 따른 정치적·정책적 부담이 클 수밖에 없기 때문에 단기적으로 현실적 대안이 되기는 힘들다. 그러므로 현행 유엔 PKO법은 그대로 두고, 다국적군 평화활동에 파견할 대상을 위한 별도의 법률을 만들어 국회에 상정하는 것이 현재로서는 가장 실현가능한 방안으로 사료된다. 별도의 법률안을 국회에서 통과시키는 것은 매우 지난한 과정을 요구할 것이며, 이를 위해서는 정부의 대국민 설득과 지지, 전문가나 오피니언 리더들의 여론조성, 정치권의 당파를 넘어선 타협, 최고 정치지도자의 결단 등이 필요하다.

일단 별도 파병 법안이 국회에서 통과되어 제정 및 시행된다면, 궁극적으로는 기존의 유엔 PKO 법안과의 통합을 목적으로, 상호보완관계를 유지하며 해외파병의 신속성과 효율성을 배가하기 위한 범정부적 차원의 노력이 필요하다. 이를 위해 현재 이원적 체계로 운영되고 있는 파병업무를 조정해야 한다. 행정부서상에서는 업무성격 및 추진방안으로 인해 부서단일화가 힘들다 하더라도 국회소관 상임위에서는 국군의 해외파견을 심의하고 의결하는 업무를 국방위원회나 외교통상위원회 중 하나로 통합하는 것이 파병업무 준비과정에서 효율적일 것이다. 그 방안으로는 외교부가 주도하고 국방부가 지원하는 형태로 외교통일위원회가 주관이 되는 경우와 국방부가 주도하고 외교부가 지원하여 국방위원회로 단일화되는 경우를 고려할 수 있다. 전자의 경우는 유엔과의 협력이나 국제사회와의 외교네트워크를 제고할 수 있다는 장점이 있는 반면, 후자는 파병의 효율성이 더 크다는 강점이 있다(신경수 2010). 업무의 성격상 파병효율성이 높은 국방위가 주관위원회가 되어야 한다고 볼 수 있지만, 결국 파병도 국제협력 및 외교의 연장선에서 보아야 한다는 관점에서는 외교통상위의 역할이 필요하다. 따라서 현실적 대안으로 해외파병업무 심의와 의결업무를 위해서 두 위원회가 특위를 구성하거나 공동위를 운영하는 방안을 고려해 볼 수 있을 것이다.

이와 더불어 신속한 파병과 효율적 파병업무를 위해 관련법을 만들고 관계부서나 위원회가 협력하여 노력하는 것 못지않게 중요한 것은 국제평화활동을 지원, 훈련, 교육하는 범정부적 국가급 PKO센터를 만드는 일이다. 국제평화활동에 참여할 인력들을 상대로 글로벌 이슈에 대한 교육, 세계분쟁상황이나 인도적 위기사태에 대한 이해 및 지식습득, 외국어실력 배양 등 교육과 훈련을 진행할 국가급 평화유지활동(PKO)센터 혹은 평화활동(PO, Peace Operation)센터의 설립 필요성이 점점 늘고 있다. 전 세계적으로 볼 때, 범정부적 국가급 PKO센터를 가진 국가들이 상당수 있는데, 기관운영 형태에 따라 군인들만을 위한 독자적 훈련과정을 운영하는 '별도형,' 교육과 정책 및 훈련을 분리하여 운영하되 국방부가 평화활동과 관련한 일체의 업무를 담당하는 '일부 분리 혹은 일부 통합형,' PKO 전문교육과 연구만이 아니라 부대훈련을 모두 군의 PO 훈련센터에서 진행하는 '통합형'으로 나눌 수 있다. 방글라데시, 네팔과 같은 개발도상국들은 통합형 PO센터나 유사한 기관을 운영하는 반면, 독일이나 태국의 경우는 일부 분리운영을 하고 있다. 캐나다의 경우는 피어슨 평화센터(PPC)가 PO와 관련한 교육과 연구활동을 진행하는 국가급 PO센터라면, 캐나다 평화지원훈련센터(PSTC, Canadian Forces Peace Support Training Centre)는 부대훈련을 담당하는 분리형 기관이라 할 수 있다. 전자가 군 차원의 PO센터를 통합하여 운영하는 형태라면, 후자는 평화유지활동에 참여하는 군인들을 훈련하는 분리형 센터라 할 수 있다(국방대학교 PKO센터). 이러한 외국의 사례를 비교분석하여 한국 실정에 맞는 국가급 PKO센터를 수립하는 것이 중요할 것이다.

지난 이명박 정부 초기에 PKO 관련 여러 기관의 프로그램과 기능 등을 통합하여 국가급 PKO센터를 설립하는 안이 진지하게 논의되었고, 그 결과 1995년부터 합동참모대학 내 PKO 학처로 설립되었다가 2005년 PKO센터로 잠정 운영되던 기관을 지휘개선 조정과 조직 확대를 통해 2010년부터 국방대학교 직할기관으로 PKO센터가 운영되고 있다(전병환 2012). 그러나 국가급 PKO센터를 창설하는 것은 아직까지 답보상태에 머물러 있다. 그런 기관이 설립될 경우 그 지휘체계를 대통령 직속기관이나 국방부 직할기관으로 둘지, 외교부 산하에서 운영할지 등에 대한 범정부적 합의도 필요할 것이다.

V. 결론

한국의 국제평화활동의 효율성과 효과성을 늘려야 한다는 인식과 더불어 체계적이고 포괄적인 법적·제도적 방안을 마련하고자 하는 노력이 가시화되고 있다. 특히 그동안 문제점으로 지적되어 왔던 PKO 상비체제의 부재, 미흡한 국내법적 체계, 파견요원의 전문성과 경쟁력 부족 등을 보완하기 위해 PKO 참여에 관한 법률제정, 민-관-군 통합 PKO 업무수행체계 구축방안, PKO 파견요원에 대한 체계적 교육, 국가급 PO센터 설립방안 등에 대한 논의가 전문가그룹과 정부공무원들 중심으로 진행되어 왔다(국정홍보처 국정브리핑 2007년 10월 8일). 또한 합동참모대학의 일부 조직이었던 PKO센터가 국방대학교 부설기관으로 확대 조정된 것도 보다 체계적이고 효율적인 교육과 연구를 통해 국제적인 기관으로 도약할 수 있는 좋은 계기가 될 것이다.

하지만 이와 같은 정부나 전문가들의 노력은 유엔 PKO 및 여타 해외파병에 대한 호의적인 국민여론이 바탕이 되지 않으면 결실을 맺기 힘들다. 국제평화활동에 대한 국민적 이해와 공감대 형성은 PKO 관련 교육과 훈련의 내실화 및 교류협력체계 구축과 같은 국제평화활동 업무의 효율성 제고를 위한 법·제도 마련과 정책이행을 위한 토대가 될 것이다. 그러므로 해외파병의 경우, 유엔 PKO와 다국적군 참여에 대한 개념구분, 임무성격, 필요성에 대한 대국민 설득작업이 국제평화활동을 수행하기에 앞서 이루어야 할 가장 중요한 선결과제이다. 왜냐하면 해외파병에 대한 국민들의 찬반론은 국익보다는 "어떠한 명분에 의한 것인가?"와 "우리 파병요원들이 안전한가?"와 더 밀접하게 관련되어 있기 때문이다.

실로 분쟁지역에 병력을 파견하는 것은 목숨을 건 전투수행을 각오해야 하는 것이지 비전투지역에서 인도적 지원이나 재건사업과 같은 '안전한'

임무만을 수행하기 위한 것이 아니다. 그러나 한국민들은 해외활동으로 인한 사상자 발생에 지나치게 민감한 반응을 보이는 경향이 있고, 다원화, 민주화된 사회에서 여론에 신경 쓸 수밖에 없는 국회나 정부는 인명피해 가능성이 있는 국제평화활동에 대해 신중한 입장에서 정책적 선택을 할 수밖에 없다. 더욱이 정책결정에 있어서는 국내외적(intermestic) 요소, 즉 국민성, NGO를 포함한 사회세력이나 이익집단의 요구, 진보나 보수성향의 정치권 세력분포에 따른 갈등과 공조, 한국을 둘러싼 지정학적 역학과 정치환경 등이 복합적으로 고려되어야 하기 때문에 시기적절한 판단과 결정을 통한 파병은 쉽지 않은 실정이다.

따라서 한국인의 보다 거시적이고 글로벌한 대외인식제고 및 국제평화활동에 대한 인식전환을 유도하기 위해 대대적이고 지속적인 국민홍보나 교육 및 설득노력이 필요할 뿐 아니라, PKO와 관련한 법적, 제도적 정비를 통해 보다 적극적인 국제평화활동의 기틀을 수립할 필요가 있다. 따라서 민-관-군을 아우르고 유엔 PKO와 다국적군평화활동의 활성화를 위해 지휘체계가 대통령이나 국무총리 직속인 PKO 전문기구를 설립하여 국제평화활동에 대한 국민인식이나 법적·제도적 절차가 양분화되지 않도록 하는 범정부 차원의 노력을 기울일 필요가 있다. 기존의 유엔 PKO 파병 관련 주무부처인 외교부 뿐아니라 파병인원의 대부분이 속한 국방부 및 인원을 파견하는 부처들과의 조정협력을 통해 파병효율성을 제고해야 한다. 역으로 다국적군평화활동의 주관부처인 국방부는 국제협력네트워크 및 파견지역과의 특수 관계 등과 관련하여 외교부 및 유관부서들과 긴밀한 공조를 유지해야 할 것이다.

결론적으로, 국제평화활동에 대한 증가하는 국제사회의 요구에 시의적절하게 적극 부응하는 것이 우리의 글로벌 위상과 영향력을 확대하고 국익에도 부합하는 일이다. 만약 실기(失期)한다면 상당한 규모의 인력과 재정 지원을 하고도 국제사회의 인정(acknowledgement)이나 감사(appreciation)를 제대로 받지 못할 것이다. **■이신화**

참고문헌

고성윤, 김열수. 2007.《유엔 평화활동 지역센터 구축방안 기초연구》. 제주: 제주평화연구원.

고성윤, 부형욱. 2010. 〈신속파병을 위한 시스템 발전방안: PKO 활성화 논의와 신속 파병 시스템 발전방안의 연계〉. 제6회 PKO 발전세미나(2010년 11월 10일).

고성윤. 2009.《국제 평화유지활동의 미래구상》. 국방정책 전문연구시리즈 2009-3. 서울: 한국국방연구원.

국방부. 2012. 〈특별부록: 한국군의 해외파병 20주년 회고와 성과〉.《2012 국방백서》.

국방부. 2013. 〈세계 속의 한국군 한국군 해외파견현황, 부대단위 평화유지활동, 개인단위 평화유지활동〉. http://www.mnd.go.kr/mndPolicy/globalArmy/globalPeace/globalPeace_1/index.jsp?topMenuNo=2&leftNum=16(2012년 4월 말 자료)

국회국방위원회 수석전문위원실. 2004.《국방주요현안분석》. 서울: 대한민국국회, 2004년.

김승국. 2004. 〈이라크 파병반대운동의 의미와 흐름〉.《기억과 전망》, 제9호.

김열수. 2000.《국제기구를 통한 분쟁관리》. 서울: 오름출판사, 2000년.

김열수. 2006A. 〈한국군의 평화활동: 회고와 전망〉.《해외파병사 연구총서》, 제1집. 서울: 국방부 군사편찬연구소.

김열수. 2006B. 〈해외파병 정책결정의 변수와 협상전략: 전투병 파병을 중심으로〉.《전략연구》, 통권 제39호.

김재두. 2004. 〈한국군의 해외파병과 국가전략〉.《군사논단》, 제37호.

박순향. 2012. 〈한국군 해외파병활동 성과평가〉. KIDA 정책토론회 자료

박홍순. 2002. 〈한국의 유엔평화유지활동: 정책결정과 국내정치적 고려〉. 강성학 편《동아시아의 안보와 유엔체제》. 서울: 집문당.

신경수. 2010. 〈해외파병을 위한 법적, 제도적 문제〉. 2010년 12월 20일 황진하의원실 주관 세미나 "한국군 해외파병을 위한 새로운 접근법 모색."

유재익. 2012. 〈대한민국 PKO 20년의 성과와 향후 과제〉. 국방대학교 PKO 센터, 제8회 PKO 발전세미나 발표논문, 서울 전쟁기념관. 2012년 11월 7일.

윤영미. 2007. 〈해외파병 패러다임의 변화와 국익창출〉. 국회 〈한국의 해외파병활동 성과 그리고 미래〉, 2012년 11월 1일 국회도서관 대강당 발표논문.

이신화. 2004. 〈국제분쟁과 유엔: 평화유지활동(PKO)의 역할을 중심으로〉.《신아세아》, 제11권 제2호.

전경만. 2010. 〈국제평화유지활동의 기여외교 정책적 평가와 발전방안〉. 《국방정책연구》, 제26권 2호.

전병환. 2012. 〈소프트파워 확대를 위한 국가급 PKO 센터 구상〉. 국방대학교 PKO 센터, 제8회 PKO 발전세미나 발표논문, 서울 전쟁기념관, 2012년 11월 7일.

전제국. 2011. 〈한국군의 해외파병과 한반도 안조: 국제평화활동(PO)의 국익증진 효과〉. 《국가전략》, 제17권 제2호.

정재관. 정성윤. 2012. 〈유엔 평화유지활동에 대한 이론적 논쟁: 전략적 이해와 규범사이〉. 《국방연구》, 제55권 제2호.

조용만. 2010. 〈유엔 PKO 활동분석가 한국 PKO의 전략적 실용화방안〉. 《국제정치논총》, 제50집 1호.

최용호. 2006. 《한국군 동티모르 파병과 띠모르레스떼 탄생》. 서울: 국방부군사편찬연구소.

합동참모대학 국제평화활동센터. 2005. 《평화유지활동: UN PKO 종합지침서》. 서울: 합동참모대학.

국방대학교 PKO 센터, "해외 PKO 관련기관," https://www.kndu.ac.kr/pko/index.jsp?mid1=00000160&mid2=00000750; Garren Mulloy, Ways of Winning Peace: Diverse Models of Peacekeeping for the 21st Century, http://web.sfc.keio.ac.jp/~kgw/Research/COE/041220symposium/handouts/mulloy.pdf.

국정홍보처, 국정브리핑, 2007년 10월 8일, http://korea.kr/newsWeb/appmanager/portal/news?_nfpb=true&portlet_categorynews_2_actionOverride=%2Fpages%2Fbrief%2FcategoryNews%2Fview&_windowLabel=portlet_categorynews_2&_pageLabel=news_page_02&_nfls=false&portlet_categorynews_2newsDataId=148637818&portlet_c.

국정홍보처. 국정브리핑. 〈해외파병 성과: 중동 사막에 드높인 한국인의 위상, 헌신적 대민활동에 현지주민 '꾸리 넘버원'〉, 국정브리핑, 2007년 3월 7일, http://korea.kr/newsWeb/appmanager/portal/news?_nfpb=true&portlet_categorynews_2_actionOverride=%2Fpages%2Fbrief%2FcategoryNews%2Fview&_windowLabel=portlet_categorynews_2&portlet_categorynews_2newsDataId=148620443&portlet_categorynews_2category_id=p_mini_news.

내일신문. 〈다국적군 신속파병부대 '편법' 창설〉, 《내일신문》, 2010년 7월 2일, http://www.naeil.com/News/politics/ViewNews.asp?nnum=554292&sid=E&tid=9.

머니투데이. 〈美, 이라크·아프간 한국군 주둔지속 요청〉, 《머니투데이》, 2007년 10월 12일, http://kr.news.yahoo.com/service/news/shellview.htm?linkid=11&articleid=2007101212221998614&newssetid=466.

민중의 소리. 〈위헌 논란 속 '유엔평화유지활동(PKO)' 법안 국회통과〉, 2009년 12월 29일. http://www.vop.co.kr/A00000276646.html.

부산일보. 〈서희·제마부대를 가다: 재건·의료 치중 좋은 평가, 자이툰부대 사정 다를 수도〉, 《부산일보》, 2004년 3월 16일, http://news.busanilbo.com/news2000/html/2004/0316/051F20040316.1003113211.html.

연합뉴스. 〈동의. 다산부대 어떤 임무 수행하나; '인도적 구호활동 임무 주력'〉, 《연합뉴스》, 2007년 7월 21일, 《조선일보》 http://news.chosun.com/site/data/html_dir/2007/07/21/2007072100104.html 에서 재인용.

오홍국. 2011. 〈아프간 항구적 자유작전과 동의·다산부대〉, 해외파병사 연구, 군사편찬연구소, 2011년 7월 6일. 유용원의 군사세계, 《국방일보》 뉴스에서 재인용, http://kookbang.bemil.chosun.com/bbs/view.html?b_bbs_id=10002&num=2123.

외교부 유엔자료실. 2012. 〈우리나라의 PKO 참여현황〉, http://www.mofa.go.kr/trade/un/data/pko/index.jsp?menu=m_30_60_20&tabmenu=t_2, 2012년 12월 31일.

참여연대. 2005. 〈PKO법 제정 추진에 대한 파병반대 국민행동의 입장〉, 2005년 10월 13일, http://www.peoplepower21.org/Peace/571509.

한국의 유엔 PKO 참여 활성화 방안 토론회. 〈한국의 PKO 참여확대로 국제적 위상 높이자〉, 2005년 4월 21일, http://news.naver.com/main/read.nhn?mode=LSD&mid=sec&sid1=102&oid=010&aid=0000004382.

Boutros-Ghali, Boutros. 1992. *An Agenda for Peace*, UN Doc. A/42/277, S/24111.

Browne, Marjorie Ann and Luisa Blanchfiield. 2013. *United Nations Regular Budget Contributions: Members Compared, 1990-2010*, Congressional Research Service, Washington D. C. January 15.

Center on International Cooperation (CIC), 2012, *Annual Review of Global Peace Operations 2012*. Boulder: Lynne Rienner Publishers.

Diehl, Paul. 1994. *International Peacekeeping*. London: The Johns Hopkins University Press.

Doyle, Michael and Nicholas Sambanis. 2006. *Making War and Building Peace*. Princeton: Princeton University Press.

Fortna, Page. 2008. *Does Peacekeeping Work?* Princeton: Princeton University Press.

GlobalSecurity.Org. "Multinational Force and Observers," http://www.globalsecurity.org/military/ops/mfo.htm.

Heldt, Birger. 2008. "Trends from 1948 to 2005: How to View the Relations between the United Nations and Non-UN Entities," Donald C. F. Danel, Partrica Taft and Sharow Wiharta eds. *Peace Operations: Trends, Progress, and Prospects.* Washington D. C: Georgetown University Press.

Lee, Shin-wha. 2011. "The Theory and Reality of Soft Power: Practical Approaches in East Asia," Jan Melissen and Sook Jong Lee, *Public Diplomacy and Soft Power in East Asia.* New York: Palgrave MacMillan.

North Atlantic Treaty Organization (NATO). 2006. *Lessons Learned in Peacekeeping Operations,* http://www.nato.int/docu/peacekeeping_lessons/peacekeeping-lessons-eng.pdf

Putnam, Robert D. 1988. "Diplomacy and Domestic Politics: The Logic of Two-Level Games." *International Organization.* 42.

Ramcharan, Bertrand G. 2011. "Preventive Diplomacy at the United Nations," UN Chronicle, http://www.un.org/wcm/content/site/chronicle/home/archive/issues2011/pursuingpeace/preventivediplomacyattheUN.

Ramsbotham, Oliver and Tom Woodhouse. 1999. *Encyclopedia of International Peacekeeping Operations.* Santa Barbara: ABC-CLIO.

United Nations Department of Peacekeeping(A). "Financing Peacekeeping," http://www.un.org/en/peacekeeping/operations/financing.shtml.

United Nations Department of Peacekeeping(B). "What is Peacekeeping," http://www.un.org/en/peacekeeping/operations/peacekeeping.shtml.

United Nations Department of Peacekeeping(C). "Peacekeeping Fact Sheet," http://www.un.org/en/peacekeeping/resources/statistics/factsheet.shtml.

United Nations Department of Peacekeeping(D), "United Nations Peacekeeping," http://www.un.org/en/peacekeeping/.

United Nations Department of Peacekeeping(E). 2013. "Ranking of Military and Police Contributions to UN Operations," Month of Report, (2013년 4월 30일) http://www.un.org/en/peacekeeping/contributors/2013/apr13_2.pdf.

United Nations Department of Peacekeeping(F). "About US," http://www.un.org/en/

peacekeeping/about/.
United Nations Department of Peacekeeping(G). "History of Peacekeeping." http://www.un.org/en/peacekeeping/operations/history.shtml.
United Nations Department of Public Information. 2012. "Security Council Press Statement on Killing of Peacekeepers in Darfur," SC/10781, AFR/2458, PKO/321, (2012년 10월 3일)http://www.un.org/News/Press/docs/2012/sc10781.doc.htm; "UN Demands Probe into Darfur Mission Attack," Al Zazeera, (2012년 10월 18일), http://article.wn.com/view/2012/10/18/UN_demands_probe_into_Darfur_mission_attack/.
United Nations Peacebuilding Support Office. " About PBSO," http://www.un.org/en/peacebuilding/pbso/about.shtml.
United Nations Secretariat. 2013. "Assessment of Member States' contributions to the United Nations regular budget for 2013" (2013년 2월 11일). http://www.un.org/ga/search/view_doc.asp?symbol=A/RES/67/238.
United Nations, UNAMID. 2013. "African Union/United nations Hybrid Operation in Darfur – UNAMIDFacts and Figures," (2013년 3월 31일) http://www.un.org/en/peacekeeping/missions/unamid/facts.shtml."
United Nations. "United Nations Peacekeeping Fact Sheet," http://www.un.org/en/peacekeeping/resources/statistics/factsheet.shtml.
United Nations. 1996. *The Blue Helmets: A Review of United Nations Peace-keeping*, 3rd edition, New York: United Nations.
World Public Opinion.Org, "Most in Multinational Poll Favor U.N. Peacekeeping Force for Lebanon; Half of Countries Willing to Send Troops," September 1, 2006, http://www.worldpublicopinion.org/pipa/articles/international_security_bt/246.php.

10장

부패는 어떻게 제도적 신뢰를 잠식하는가?

비교 분석

I. 서론

이 논문의 목적은 두 가지이다. 첫째, 동아시아 민주주의 국가에서 부패가 제도적 신뢰에 미치는 영향에 관한 창과 추(Chang and Chu 2006)의 연구 결과를 아시아 바로미터 설문조사(Asian Barometer Survey)의 최신 자료를 사용하여 재검토(revisit)할 것이다. 이전 연구에서 창과 추(Chang and Chu)는 동아시아 바로미터(East Asia Barometer)의 첫 번째 조사를 활용하여 아시아 민주주의 국가에서 정치적 부패가 신뢰의 잠식에 보편적이고 강한 영향을 미친다는 점을 밝혀 내었다. 이 연구를 통해 그들은 맥락적 요소(contextual factors)가 아시아에서의 부패와 신뢰 간의 관계를 미약하게 만든다는 주장이 그 어떤 증거도 없음을 발견함으로써 아시아의 부패 예외주의(Asian corruption exceptionalism)를 반박하였다(Chang and Chu 2006). 이로써 창과 추(Chang and Chu 2006)는 부패가 신뢰에 미치는 영향력에 대한 설득력 있는 증거를 제시하였다. 그러나 부패에 대한 인식(perception)으로 측정된 지표의 타당성에 대한 최근의 논쟁들은 이러한 발견의 신뢰도에 대해 강한 의구심을 제기하고 있다. 이에 이 논문은 대안적 지표로 응답자의 부패에 대한 경험을 측정하는 경험 기반의 부패 측정 지표를 활용하여 정치적 부패

(political corruption)가 시민들의 제도에 대한 신뢰감에 미치는 영향을 재검증(re-examine)함으로써 이러한 논쟁에 참여하고자 한다. 본 연구의 결과에 따르면 모든 아시아 국가에서 부패가 제도적 신뢰에 영향을 끼쳤다는 창과 추(Chang and Chu 2006)의 연구와는 대조적으로 대만, 태국, 한국에서는 부패가 시민들의 제도적 신뢰에 영향을 주지만, 인도네시아, 몽골, 필리핀에서는 부패가 제도적 신뢰에 영향을 미치지 않는다.

둘째, 이 논문의 더 중요한 목표는 왜 부패가 제도적 신뢰에 미치는 효과가 국가들마다 다른지를 살펴보고 이러한 차이가 어떠한 조건에서 발현되는지를 살펴보는 것이다. 이 논문은 부패의 예측가능성(predictability of corruption)에 대한 최근 연구들이 보여 주는 이론적 통찰에 착안하여, 서로 다른 부패교환체제(corruption exchange regime)에서 부패가 시민들의 제도에 대한 신뢰에 각기 다른 영향을 미칠 수 있다는 점을 제시하고자 한다. 이를 통해 부패교환구조(corruption exchange structure)의 중요성을 강조하고자 한다. 이 논문은 부패가 제도적 신뢰에 미치는 영향력은 부패교환구조의 결과에 대한 예측가능성 여부에 달려 있다는 가설을 세우고 있다. 부패 네트워크가 잘 구조화되고 시민들이 그들이 지불한 정부 서비스를 보장해 줄 때, 시민들은 부패를 정치의 자연적인 요소(natural element)로 간주하고 이에 부패를 보다 중립적으로 본다. 세계은행(World Bank)의 세계 경영환경 설문조사(WBES, World Business Environment Survey)는 부패가 예측가능한 국가(예를 들어 인도네시아)에서는 부패가 덜 예측한 국가에 비해 부패가 시민들의 제도적 신뢰에 끼치는 영향력이 더 낮다는 제안적(suggestive) 증거를 제시하고 있다.

다음 장에서는 정치 부패가 어떻게 시민들의 제도적 신뢰를 감소시키는지에 관련된 간단한 이론적 검토를 제시할 것이며, 이후의 장에서는 연구설계(research design)와 계량분석(empirical analysis)의 결과를 보여 줄 것이다. 마지막 장에서는 부패의 예측가능성과 향후 연구를 위해 고려해야 할 점을 몇 가지 제시할 것이다.

II. 이론

제도적 신뢰는 흔히 정치 시스템에 대한 기본적인 평가적 정향(evaluative orientation)으로 정의된다. 따라서 제도적 신뢰는 민주주의에 대한 시민들의 지지를 측정하는 가장 중요한 요소 중 하나로 간주된다. 많은 연구들은 시민들이 정치제도에 대해 낮은 신뢰도를 가지고 있을 때, 정부의 효과성(effectiveness)과 능력(capability)을 감소시켜 민주주의 체제의 정당성(legitimacy)의 위기를 이끈다는 사실을 보여 준다(Easton 1998, 435-457; Braithwaite and Levi 1998; Hetherington 1998, 791-808). 사실 대의제 민주주의는 시민들이 통치자에게 권력을 위임하는 것으로 간주되며 시민들의 제도적 신뢰는 민주주의 체제와 거버넌스의 근간을 구성하는 핵심적 요소이다(Bianco 1994; Mishler and Rose 1997, 418-451).

이렇듯 제도적 신뢰가 민주주의에 미치는 영향이 매우 크다. 그럼에도 불구하고, 대부분의 현대 민주주의 국가에서 제도적 신뢰의 수준은 낮게 나타나거나 종종 감소하는 것으로 나타나고 있다(Norris 1999). 지속적인 제도적 신뢰의 감소는 고질적인 문제로 받아들여져 왔고 많은 연구자들은 지난 몇 년간, 이에 관한 연구를 수행해 왔다. 최근 연구들은 정치적 부패가 제도적 신뢰에 미치는 부정적 영향에 대해 의견의 일치를 보여 준다. 대부분의 연구에서 부패는 정치인 스스로가 수탁된 권력(entrusted power)을 자신의 이익을 위해 남용하여 대중의 신뢰를 배반하는 행위를 의미한다. 보다 구체적으로 살펴보면, 부패가 정부수행의 효율성을 저해함으로써 시민들의 신뢰를 감소시키는 것으로 연구되어 왔다. 부패가 시민들의 신뢰에 미치는 악영향에 대한 인과과정(causal processes) 및 메커니즘은 아래와 같이 논의되었다.

첫째, 부패는 공공서비스의 배분을 왜곡시킴으로써 민주주의의 근간이 되는 원칙, 그중에서도 공정성과 평등의 원칙을 훼손한다. 달(Dahl 1971)이 영향력 있는 연구에서 주목하는 바와 같이 민주주의의 고유한 특징은 동등한 가치를 지니는 시민들의 선호에 대한 정부의 신속한 반응성(prompt responsiveness)에 있다. 나아가 델라 포르타(della Porta 2000)는 달(Dahl 1971)의 입장에 조응하여 민주 정부가 지니는 가장 큰 미덕은 그것이 사회적 집단들의 요구를 적절히 처리할 수 있는 능력과 공공의 수요에 효과적으로 반응할 수 있는 능력이라고 주장하였다. 부패는 모든 시민들이 누려야 할 공적 자원을 오로지 정치엘리트에게 뇌물을 지불하거나 혹은 다른 호의를 제공한 사람에게만 배분함으로써 앞서 언급한 민주적 기능을 훼손시킨다(della Porta 2000). 부패가 고질적일 때 공공 서비스는 사유재(private goods)로 변화하여 부패 네트워크에 참가한 사람에게만 가능한 것으로 변하게 된다. 이와 더불어, 마우로(Mauro 1995, 681-712)가 주목했듯이 부패한 정치인은 거대한 사회기반시설(infrastructure) 및 군사적 프로젝트 같은 부문에 대한 정부 예산을 과도하게 지출할 유인을 가지고 있다. 왜냐하면 이러한 부문에 지출되는 정부 예산은 정확한 가치를 측정할 수 있는 공적 감시가 어렵고, 부패로부터 얻는 이득은 극대화되기 때문이다. 또한 부패는 정직하지 못한 정치인이 다수의 복지를 희생하여 그들 스스로 혹은 그들의 측근 및 추종자들에게 이득이 되는 정책 설계를 고안함으로써 잘못된 자원분배를 이끌 수 있다. 예를 들어, 마우로(Mauro 1995)는 교육지출 억제를 통해 부패가 국가의 예산 구성을 바꿔 버릴 수 있음을 보여 주었다. 이러한 상황 속에서 정치과정은 온전하게 운영되지 못하고, 시민들은 정치제도를 단지 부패한 엘리트를 위한 개인적 도구로만 바라보게 된다. 결국, 시민들은 정치제도에 대한 믿음을 잃게 된다.

부패는 단지 정부의 자원을 유용(流用)하고 착복할 뿐만 아니라 공공 서비스의 질 또한 낮춘다. 여타 사업 거래들과 마찬가지로 부패의 교환 네트워크에 있는 참가자들은 종종 공적 사회기반시설 프로젝트에 사용되어야 할 비용을 감소시키는 등의 행위를 통해 그들의 한계이득을 증가시키고자 하는 유인을 갖는다. 그 결과 시민들은 낮은 수준의 공공재와 공공 서비스와 같은 부패의 외부효과에 의해 고통받게 된다. 몇 년 전 일어난 중국 쓰

촨성 지진은 평범한 시민들에게 놓인 부패의 외부효과의 위험성을 다시 한 번 일깨워 준다. 이 비극적 참사에서 수천 명의 어린이들이 소위 "두부사공정(豆腐渣工程)"으로 지어진 학교 건물의 붕괴로 사망했다. 여기서 "두부사공정"은 저품질의 재료로 지어지거나 혹은 건축물 내부에 어떤 강화 철강도 없이 지어진 건물을 의미한다. 언론의 보고서가 지적하듯이 지진은 단지 학교 건물의 지지기반을 흔든 것뿐만 아니라 중국 정치체제에 대한 지지기반 또한 흔들어 시민의 정치체제에 대한 믿음을 감소시켰다(Vause 2008). 이외에도 많은 연구들은 부패가 사회기반시설의 질을 낮추며 공공보건(public health)의 제공을 낮춘다는 경험적 증거들을 제시하고 있다(Tanzi 1998, 559-594).

또한 부패는 관료적 비효율성(bureaucratic inefficiencies)을 야기하여 제도에 대한 시민들의 신뢰를 약화시킨다. 시민들은 비효율적인 국가를 정당성을 가진 국가로 보지 않을 것이다. 아이러니하게도 부패에 관련된 초기의 연구들은 부패가 관료 및 관공서의 번거로운 절차들을 피해 가게 함으로써 정부의 효율성을 증진시킬 수 있다고 보았다(Nye 1967, 417-427). 심지어 헌팅턴(Huntington 1968, 386)은 "융통성 없고, 엄격하고, 과대중앙화되었으며 부정직한 관료제를 가지고 있는 사회보다 더 나쁜 사회는 오로지 융통성 없이 엄격하고, 과대중앙화되었으며, 정직한 관료제를 가지고 있는 사회뿐이다"라고 주장하였다. 이러한 연구들이 주는 직관적 통찰은 부패가 융통성 없이 엄격한 정부 기관에서 일종의 인센티브 체계(incentive payment)로 작용한다는 것이다. 시민들은 정부 관료가 그들이 요청한 서비스를 빨리 처리하도록 하기 위해 뇌물을 제공한다(Lui 1985, 760-781). 그러나 최근에 들어서 많은 연구자들은 소위 "수정주의 이론(revisionist theory)"이라 불리는 이러한 일련의 이론들에 대해 의구심을 가지고 비판을 제기하고 있다. 다시 말해, 최근의 연구들은 부패를 "바퀴의 윤활제(grease on the wheel)"보다는 "바퀴 속의 모래(sand in the wheel)"로 보게 된 것이다. 따라서 연구자들은 시민들이 부패한 관료들에게 뇌물을 주는 것은 공공 서비스 제공에 있어 의도적 지체(intentional delay)를 야기할 수 있음을 지적한다. 왜냐하면 관료들이 그들의 서비스를 필요 이상으로 오래 지체함으로써 그것을 필요로 하는 사람들로부터 더 많은 이득을 뇌물을 통해 얻어 낼 수 있기 때문이다(Hutchcroft 1997). 게다가, 비록 부패 때문에 몇몇 특정 행위자들이 선별적으로 이득을 얻을 수 있지만, 나머지 대중들은 대기 행렬의 맨 뒷자리로 밀려날 가능성이 크다. 결국 뇌물에 의해 공직자가 특정 행위자에게 신속한 서비스를 제공해 줄 경우, 많은 대중들은 행정 지체(administrative delay) 상황에 직면하게 된다. 카우프만과 웨이(Kaufmann and Wei 1999)는 경험적 수준의 분석을 통해 부패가 관료기관의 관리자의 시간 지체에 미치는 영향력을 검증함으로써 부패와 관료적 비효율성 간에 직접적인 경험적 연구를 제시하고 있다. 그들은 개별 회사를 분석 단위로 삼아 연구를 진행하였는데, 이들의 연구에 따르면 부패와 관료적 비효율성 간에는 강한 정(positive)의 관계가 발견된다.

마지막으로 부패는 거시경제에 있어 부정적 영향을 미친다. 그리고 이러한 거시경제 지표의 악화는 정부의 정당성을 약화시키는 주요 요인이 된다. 마우로(Mauro 1995)는 부패가 투자의 감소, 인적 자본 배분의 왜곡, 해외 원조의 수준과 효율성 감소, 세금 수입의 저해를 이끌고 결국 낮은 경제성장을 유발시킨다는 점을 지적하였다. 더욱 주목해야 할 점은, 부자들이 가난한 자들의 희생을 담보로 부패를 통한 이익을 축적하게 되고, 부패에 따른 이익의 불평등한 배분은 임금불평등을 증대시킴으로써 제도적 신뢰를 현저히 저해하게 된다는 것이다. 굽타 외(Gupta et al 2002)는 부패가 소득분배에 미치는 영향을 체계적으로 검증하였고, 이를 통해 부패와 지니계수(Gini coefficient) 간에 강한 정의 관계가 있음을 보여 주었다. 그들은 또한 사회 내 하위 20%의 소득을 측정하여 부패가 가난한 자들의 소득 성장(income growth)에 끼치는 부정적 영향을 증명하였다. 유와 캐그럼(You and Khagram 2005)은 굽타 외(Gupta et al 2002)의 연구를 확증하면서 부패가 부를 불평등하게 배분하게 하고, 경제적 특권층을 만들어 낸다고 주장하였다. 특히,

그들이 불평등이 추가적인 부패를 촉진하는 순환 고리(feedback loop)를 야기할 수 있음을 기정사실화하고 있다는 점은 매우 중요하다. 이러한 생각은 부자들은 소득불평등이 증대함에 따라 부를 유지하거나 혹은 더 많은 부를 축적하기 위해 규칙을 왜곡시킬 유인이 있지만 가난한 자들에게 부패를 감시하기 위한 자원이 부족하고, 정보에 대한 접근성이 떨어지기 때문이다. 그리고 가난한 사람들은 기본적 공공 서비스를 얻기 위하여 별 다른 대안 없이 하찮은 부패(petty corruption)에 의존할 가능성이 높다. 결과적으로, 유와 캐그럼(You and Khagram 2005)은 소득불평등과 부패 간의 악순환(vicious cycle)을 입증하였다.

요약하자면 부패는 공공행정 기능을 저해하고 정부의 수행 능력을 악화시키며, 결과적으로 시민들의 정치제도에 대한 신뢰를 훼손시킨다(della Porta 2000). 부패의 신뢰 잠식 효과(trust-eroding effect)는 선진국 및 동유럽 신흥 민주주의 국가, 라틴아메리카의 경험적 증거로부터 증명되고 있다. 델라 포르타(della Porta 2000)는 유로바로미터(Euro Barometer)의 부패와 정부 신뢰 인식 자료를 활용하여 이탈리아, 프랑스, 독일에서 부패가 정부에 대한 신뢰와 역의 관계를 가지고 있음을 발견하였다(della porta 2000). 셀리그슨(Seligson 2002)은 라틴아메리카에서 이와 유사한 결과를 보고하였는데, 그에 따르면 시민들의 부패 경험이 체제의 정당성에 대한 믿음을 감소시켰다. 마지막으로 앤더슨과 베르도바(Anderson and Tverdova 2003)는 동유럽 16개 선진국 및 신흥 민주주의 국가의 자료를 기반으로 하여, 부패 국가의 시민들이 자신이 속한 정치체제에 대해 낮은 신뢰도를 보여 준다는 사실을 증명하였다. 한 가지 흥미로운 점은 유권자들이 현직자에 대한 평가에 따라 부패에 다르게 반응한다는 점이다. 특히, 앤더슨과 베르도바(Anderson and Tverdova 2003)는 부패가 제도적 신뢰에 미치는 부정적 효과가 정부 지지자들 사이에서 현저히 줄어든다는 것을 보여 주었다.

아시아의 신흥 민주주의 국가의 맥락에서 창과 추(Chang and Chu 2006)의 경험적 연구는 부패와 제도적 신뢰 간의 인과관계를 체계적으로 살펴보는 첫 번째 시도였다. 이들은 아시안 바로미터(Asian Barometer)의 첫 번째 조사 자료를 사용하여 부패가 제도적 불신을 강화시키는 악순환의 관계가 있음을 발견하였다. 한편, 높은 수준의 부패 인식은 시민들의 정치제도에 대한 신뢰를 감소시킨다. 또한 델라 포르타(della Porta)와 마찬가지로 이들은 시민들의 정부에 대한 불신이 정치과정을 부패로 보는 부정적 관점을 재강화시킬 수 있음을 보여 주었다(Chang and Chu 2006). 추가적으로, 그들은 소위 '아시아 부패 예외주의(Asian corruption exceptionalism)'라 불리는 것에 도전하여 정치문화 및 선거정치와 같은 맥락적 요인이 아시아에서의 부패와 신뢰의 관계를 느슨하게 만든다는 주장에 어떠한 경험적 근거도 없음을 발견하였다(Chang and Chu 2006).

창과 추(Chang and Chu)에 의해 보고된 강력한 경험적 증거에도 불구하고, 그들의 발견에 대해 회의적 시각을 가지는 것은 당연하다. 왜냐하면 아래에서 보다 자세히 논의되는 바와 같이, 이들에 의해 발견된 부패와 제도적 신뢰 간의 관계는 이례적일 수 있고(anomalous), 허위적일 수도 있고(spurious), 심지어 발견되지 않을 수도 있다(Chang and Chu 2006).

첫째, 그들의 발견은 오직 첫 번째 설문 조사 자료에 기반하고 있으므로 아직까지 실제적으로 중요한 이유에 대한 명확하고 포괄적인 온전한 횡단면적(cross-sectional) 근거들이 고려되지 않았다. 보다 구체적으로 살펴보자면, 아시안 바로미터(Asian Barometer)의 첫 번째 조사가 이루어진 시기는 2001년에서 2003년 사이로, 이 시기는 몇몇 동아시아 국가에서 거대한 부패 스캔들이 발생한 시기와 일치한다. 예를 들어 한국의 경우 거의 50%의 응답자들이 그들의 정부를 부패한 정부라고 인식한다고 대답하였다. 그러나 2003년 2월 한국에서는 "정상회담을 위한 현찰(cash for summit)—대북송금" 스캔들이 발생했다. 많은 연구자들은 이 스캔들이 김대중 대통령의 대북정책인 "햇볕정책(sunshine policy)"과 민주주의에 대한 한국 시민들의 신념에 치명타를 입혔음을 논하고 있다(Khil 2005). 이와 유사하게, 2001년 새해 직후, 외무부 인사가 승마 및 골프클럽 회원권을 위해 4백만 달러를 횡령한 부패 스캔들은 많은 일본 시민들을 분노하게 하였다. 여기서 주목할 것은, 한 차례 수행된 조사 자료에 기반을 둔 연구 설계는 조사가 이뤄지는 기간에 걸쳐 일어난 특정 사건에 의해 영향을 받은 결과일 가능성을 배제하기 어렵다는 점이다. 따라서 이러한 부패 스캔들이 아시아 바로미터 설문조사 시기에 걸쳐서 발생했다는 사실은 창과 추(Chang and Chu 2006)가 내린 결론의 신뢰성에 대한 의문을 제기하기에 충분하다.

둘째, 창과 추(Chang and Chu)는 부패를 측정하기 위해 시민들의 부패 인식 설문 자료에 의존했다. 그러나 인식에 기반한(perception based) 부패의 측정은 오직 시민들의 부패에 대한 시각을 반영할 뿐이다. 부패에 대한 인식은 온전한 현실에 기반을 둔 것이 아니다. 실제로, 부패는 은밀하게 행해지기 때문에 부패와 직접적 관련이 있는 응답자는 그들의 불법행위를 보고할 가능성이 낮다. 그리고 부패에 가담하지 않은 사람은 대부분 부패에 대해 정확한 정보를 가지고 있지 않다. 더욱 심각한 것은 주관적 성격을 지닌 인식 기반 지표는 체계적 측정 오류 및 편향의 가능성을 필연적으로 내포하고 있다는 사실이다. 이러한 문제들은 부패뿐만 아니라 실제 정치 및 경제적 결과들에 미치는 여러 혼재 요인을 배제하고 이러한 결과들에 대해 어느 수준까지 부패를 원인으로 볼 수 있는지에 대해 의문을 갖게 한다.

올켄(Olken 2009)은 이러한 문제점에 주목했다. 그는 인도네시아를 사례로 하여 주관적 부패 인식 자료와 객관적 부패 지표 간의 비교를 시도하였다. 주관적 부패 인식 자료로 가구 조사(household survey)에 있는 개인의 부패 인식 조사를 사용하였고, 객관적 부패 지표로 도로 건설 프로젝트에서 실제 사용된 비용과 보고된 비용의 차이를 활용하였다. 이 두 지표 간의 비교에서 개인의 부패 인식은 실제 부패의 수준을 잘 반영하지 못한다는 것이 증명되었다. 이에 대해 올켄(Olken 2009)은 부패 인식이 실제로 벌어지는 부패 현상을 잘 반영하지 못하는 이유로 부패한 정치인들이 그들의 부패 행위를 숨길 수 있는 몇가지 방법을 가지고 있다는 점을 들고 있다. 또한 그는 교육 격차 및 성별 차이에 의해 발생하는 개인 수준의 부패 인식에 있어 주목할 만한 편향성이 있으며, 이러한 편향성이 응답자들의 부패 인식 형성에 어떤 영향을 미치는지를 증명하였다(Olken 2009).

주관적 부패 지수에 대한 신뢰도를 저해하는 잠재적 편향성의 문제를 설명하기 위해, 창과 커(Chang and Kerr 2009, 3-9)는 개인들이 어떻게 부패에 대한 태도를 형성하는지 이해하기 위한 방법으로 내부자-외부자 틀(insider-outsider framework)을 제안하였다. 그들은 대중들의 부패에 관한 평가는 정치 및 경제적 구조하에서 대중들의 상대적 위치와 현직자(incumbent)와의 관계에 결정적으로 의존하고 있다고 주장하였다. 구체적으로 현직자의 후원 네트워크(patronage network)에 포함된 내부자들이 친밀도와 후원 네트워크 작동방식에 관한 지식을 바탕으로 더 높은 수준의 부패를 인지할 가능성이 크다. 동시에 창과 커(Chang and Kerr 2009)는 현직자와 함께 정파적(partisan), 민족적(ethnic) 일체감을 공유하고 있는 이들은 부패를 발견하고도 묵인할 가능성이 높다는 점을 증명하였다.

요약하자면, 최근의 연구들은 부패의 인식 기반 지표에 내재되어 있는 다양한 편향성들을 주목해 왔으며 부패의 인식과 실제 부패 간의 관계를 설득력 있게 뒷받침하는 근거가 거의 없다는 점을 강조해 왔다. 중요한 것은 기존 연구들에서 인식 기반 부패지표들을 사용함에 있어 세심한 주의를 기울일 필요가 있다는 일종의 합의가 이뤄지고 있다는 사실이다. 실제로 트라이스만(Treisman 2007)의 연구는 이에 대해 상당한 설득력을 지니는데, 그는 소득수준을 통제할 경우 대부분의 변수들이 인지된 부패와는 상관관계를 보여 주었으나 실제 부패의 경험에 기반(experienced-based)한 변수와는 어떠한 상관관계도 나타나지 않았다는 점을 보여 주었다. 그는 이에 대해 "다음 시기의 부패 연구가 직면한 도전은 경험 기반 부패 지표를 더 수집하고 정제하는 것과 그들이 보여 주는 경향을 검증하는 것이 될 것이다"라고 결론 내렸다"(Treisman 2007).

III. 경험적 분석

이 연구의 분석은 앞 절에서 언급했던 여러 문제의식들로부터 출발한다. 우선, 아시안 바로미터 중 가장 최신의 데이터인 세 번째 조사(third wave)를 활용하여 기존의 창과 추의 분석을 확장시킬 것이다. 그리고 앞 절에서 논의했던 것처럼, 아시안 바로미터의 첫 번째 조사는 근본적 한계점을 가지고 있다. 따라서 정치 부패가 제도적 신뢰에 주는 영향에 대해 인식 기반 부패 지표가 아닌 경험 기반 부패 지표를 사용하여 재분석해 보는 것은 부패가 정치에 미치는 영향에 대한 우리의 이해를 돕는 데 도움을 줄 것이다.

1. 데이터

이 논문의 연구 목적은 민주주의 내에서 정치제도에 대한 시민들의 태도를 분석하는 것이다. 따라서 아시안 바로미터 설문 조사에 포함된 민주주의 국가들에 초점을 맞추어 논의를 전개할 것이다. 아시안 바로미터 설문 조사의 세 번째 조사에 포함된 국가는 인도네시아, 한국, 몽골, 필리핀, 대만, 태국이다. 이 여섯 국가는 부패와 신뢰 간의 관계에 대한 가설을 시험하는데 풍부한 토양을 제공한다. 왜냐하면 이러한 국가들이 현재 직면한 부패의 양상은 각 국가별로 확연히 다른 특징과 메커니즘을 보인다. 가장 주목할 만한 것은 집합적 자료가 제시하는 부패 지표에서 이 국가들은 큰 차이를 보인다는 점이다. 특히, 조사 대상인 6개국이 2011년 국제투명성기구(Transparency International)의 부패 지수에서 각기 다른 순위에 포함되었다는 사실은 이를 뒷받침해 준다. 조사대상인 182개국 중 대만은 32위, 한국은 43위, 태국은 80위, 인도네시아는 100위, 몽골은 120위, 필리핀은 129위를 차지했다. 게다가 경제발전, 종교, 언어 등의 여타 부문에서도 이들 국가는 큰 차이를 보인다. 이러한 국가 간의 차이는 선택 편향(selection bias)을 피할 수 있게 해주고 부패와 제도적 신뢰 간의 가설화된 연결 고리에 놓인 메커니즘을 더욱 이해하기 쉽게 도와줄 것이다.

2. 제도적 신뢰의 측정

아시안 바로미터 설문조사는 응답자에게 (대통령제 국가일 경우) 대통령에 대한, 또는 (의원내각제 국가일 경우) 총리에 대한 신뢰 수준을 묻는 질문과 법원, 정부, 정당, 의회, 관료기구, 군대, 경찰, 지방 정부, 신문, 텔레비전, 선거관리위원회(election commission), 비정부 기구(nongovernmental organization) 등의 다양한 제도에 대한 신뢰 정도를 묻는 질문을 포함하고 있다. 이는 아시아의 민주국가에서 제도적 신뢰를 측정하는 데 있어 유용한 정보를 제공한다. 따라서 이 연구는 대통령 또는 총리, 법원, 정부, 경찰, 의회, 관료기구, 군대, 경찰, 지방 정부와 같이 정치적으로 중요한 제도에 초점을 맞추어 논의를 진행할 것이다. 그리고 창과 추의 이전 연구에서 사용되었던 조작화(operationalization)를 재사용할 것이다. 창과 추(Chang and Chu)의 2006년 연구와 마찬가지로 이러한 일련의 질문들은 현직 정부(incumbent government)에 대한 지지와 연결되지 않고, 오로지 제도에 대한 신뢰만을 측정함으로써 제도의 성과(institutional performance)와 제도에 대한 신뢰의 개념을 구분할 수 있게끔 해준다. 이러한 장점은 이 연구의 목적에도 부합하는 것이다.

〈표 1〉은 아시아 6개국의 개별 제도들에 대한 시민의 신뢰도를 정리한 것이다. 〈표 1〉에서 볼 수 있듯이 주요 정치제도 중에서 정당과 의회에 대한 신뢰도가 특히 낮게 나타난다. 비교를 위해 이 논문에서는 〈표 1〉의 마지막 열에 창과 추의 논문에 사용되었던 자료를 포함시켰다. 두 조사 시기 사이에 정부, 정당, 의회, 군대, 경찰, 지방정부에 대한 아시아 시민들의 신뢰는 큰 변화가 없었다. 법원을 제외할 경우 아시아의 시민들은 정치제도에 대해 비교적 일관된 관점을 가지고 있다.

앞서 언급했듯이, 이 논문은 창과 추의 2006년 논문인 "부패와 신뢰: 아시아 민주주의에서의 예외주의인가?(Corruption and Trust: Exceptionalism in Asian Democracies?)"에서 사용되었던 이론적 틀을 따르고 있다. 따라서 개별 제도들에 대한 신뢰 지표를 평균하여 신뢰(Trust)라는 제도적 신뢰의 복합변수(composite variable)를 만들었다. 어떤 측면에서 이 신뢰 변수가 포괄적

표 1. 동아시아 국가들에서 시민들의 개별 제도에 대한 신뢰도

	전혀 신뢰 하지 않음 (%)	많이 신뢰 하지는 않음(%)	다소 신뢰함 (%)	매우 신뢰함 (%)	평균 (세 번째 조사)	평균 (첫 번째 조사)
대통령/총리	13.78	36.58	40.17	9.47	2.45	—
법원	16.95	38.58	36.93	7.54	2.35	2.64
정부	14.48	41.75	38.02	5.74	2.35	2.38
정당	25.14	46.69	24.78	3.40	2.06	2.09
의회	21.63	42.50	30.92	4.95	2.19	2.15
관료기구	9.46	34.88	47.45	8.22	2.54	—
군대	7.53	24.32	51.06	17.08	2.77	2.72
경찰	10.93	33.52	45.27	10.28	2.54	2.50
지방정부	9.91	33.32	46.07	10.69	2.57	2.56

지지(diffuse support)의 개념을 포함하는 대용물로 이해될 수도 있다(Easton 1975). 전반적으로 동아시아 국가의 시민들은 그들의 정치제도에 대해 높은 신뢰를 보이지 않고 있다. 〈그림 1〉은 각 국가별 신뢰변수의 분산을 보여 준다. 여기서 연구 대상국들에서 불신(distrust)에 대한 경향은 비교적 균일한 양상을 보인다. 여섯 국가 중 정치제도에 대한 불신이 높은 태국과 인도네시아를 뺀 나머지 4개국에서 시민들은 정치제도에 대해 비교적 높지 않은 정도의 불신을 보여 주고 있다.

〈그림 1〉은 정치제도에 대한 불신의 수준이 매우 높은 태국과 인도네시아를 제외한 동아시아 국가에서 대부분의 시민들이 정치제도에 대해 비교적 높지 않은 수준의 불신을 가지고 있다는 것을 보여 준다.

3. 정치 부패(political corruption)의 측정

개념적 수준에서 정치 부패는 개인적 수준과 거시적 수준 모두에서 경험적으로 측정할 수 있는 복잡한 행위들을 지칭한다. 정치 부패가 시민의 제도적 신뢰 감소에 미치는 영향이 이 연구의 핵심 주제이기 때문에 개인적 수준에서 분석 모델을 만들고자 한다. 그러나 개인적 수준에서 정치 부패에

그림 1. 동아시아 국가들에서 제도적 신뢰 정도

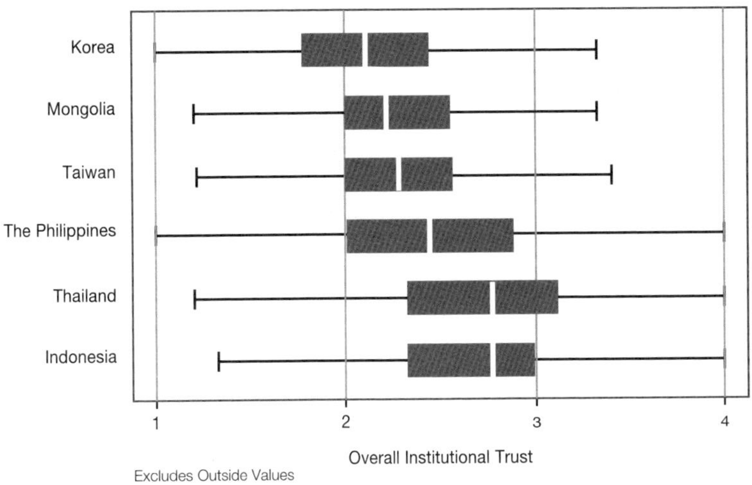

대한 신뢰할 만한 지표를 찾는 것은 매우 어렵다. 본고의 서론에서 언급했던 것처럼 정치 부패 자체가 내재하고 있는 측정의 어려움은 본질적인 것이고, 이는 설문조사 기술의 한계와 결합하여 연구의 어려움을 더욱 가중시키고 있다. 따라서 주관적 지표 자체가 지니는 한계와 어려움으로 인해 부패 지표의 신뢰도에 의문이 생길 수 있다. 이러한 문제를 해결하고자 본고에서는 대안적 지표로서 아시안 바로미터 서베이 내에서 활용 가능한 경험 기반의 부패 지표(experienced-based measurement)를 사용할 것이다.

구체적으로 말하자면, 아시안 바로미터 설문조사에는 응답자에게 본인 또는 지인이 전년도에 정부의 위법행위를 목격한 적이 있는가에 대한 질문이 포함되어 있다. 이 질문에 근거하여, 응답자가 부패를 경험했을 경우 1로 코딩하여 부패(Corrupt) 이항변수(binary variable)를 만들었다.[1] 셀리그슨(Seligson 2002)이 언급하였듯이, 이러한 변수는 뇌물을 원하는 정치인들은 당연히 사전에 뇌물 제공자의 제도에 대한 신뢰 정도를 알 수 없으므로 경험적 수준에서 인과관계의 방향을 명확히 하는 데 도움을 준다. 더 넓은 측

1 질문의 보다 상세한 내용을 살피려면 부록 A를 참조하라.

그림 2. 아시아 국가들에서 시민들의 부패 경험 정도

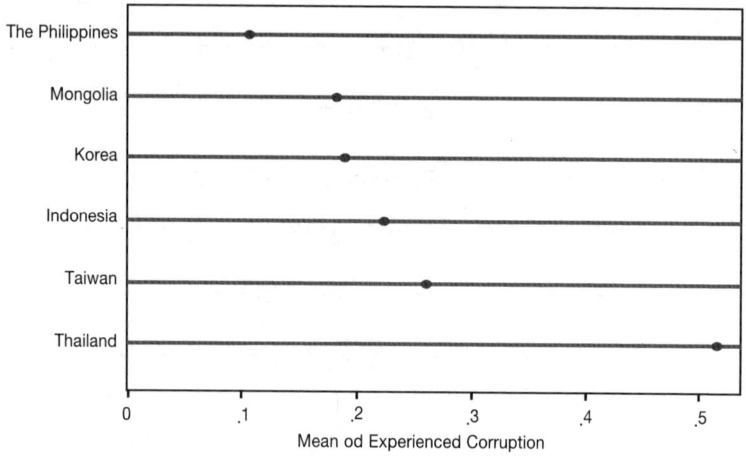

면에서 살펴볼 경우, 이러한 경험 기반의 지표는 정책적 함의 또한 갖고 있다. 이러한 "피해자 여론조사(surveys of victims)" 접근법은 정책 담당자로 하여금 부패 발생의 빈도와 장소를 알 수 있게 도와준다.

부패 이항변수는 약 0.25의 평균값을 가지고 있는데 이는 아시아 민주주의 국가의 시민들 중 4분의 1이 부패에 대한 직접적인 경험이 있음을 알려준다. 〈그림 2〉는 국가별 부패변수를 나타낸 것이다. 부패변수는 국가별로 큰 차이를 보인다. 연구대상 국가 중에 부패 경험 지수가 가장 높은 곳은 태국으로 시민들 중 절반 이상이 부패를 경험하였다.[2]

〈그림 2〉는 아시아 국가에서 경험적 부패 정도를 나타낸 것이다. 결과는 국가들마다 다르게 나타난다. 여기에서 연구 대상이 되는 국가들 중, 시민의 부패 경험 수준이 가장 높은 국가는 태국이다.

2 데이터를 탐색하는 과정에서 필리핀의 부패 변수에서 모순점(anomaly)이 발견되었다. 이는 추후 반복과 누적 연구를 통해 확인될 필요가 있다.

IV. 경험적 분석

우선, 예비적 단계로 제도적 신뢰에 대한 여타 변수들을 통제하지 않고 제도적 신뢰 변수와 부패 변수 간의 회귀분석을 실시하였다. 그 결과는 〈표 2〉의 모델 1과 같다. 결과는 본고의 기본적 가정을 확증하는 것으로 나왔다. 즉, 부패는 제도적 신뢰에 나쁜 영향을 강하게 미친다는 결과를 제시한다.

하지만 이는 부패와 제도적 신뢰에 영향을 미치는 어떤 다른 변수 간의 관계를 반영할 수 있다. 따라서 부패의 강한 부정적 영향이라는 간명한 결과는 허위의 결과일 가능성을 떨쳐 버리기 힘들다. 이러한 문제를 해결하기 위해 기존 문헌에서 신뢰에 영향을 미치는 변수로 지적되고 있는 여타 변수들을 분석에 추가하였다. 통제 변수로 시민의 현재 경제 상황에 대한 평가, 경제 상황에 대한 회고적 평가, 경제 상황에 대한 예상, 민주주의에 대한 만족도, 시민이 인식하는 사회의 공정성 정도, 시민이 인식하는 정치의 영향력, 시민이 인식하는 자유 수준을 추가하였다.

장황한 이론적 설명의 반복을 피하기 위해 이러한 통제 변수들을 모델에 포함시킨 이유는 생략한다. 만일 더 자세히 알고자 한다면 창과 추의 지난 2006년 연구를 참조하길 바란다. 마지막으로, 시민의 제도적 신뢰 모델링에서 표준적인 인구학적 변수로 응답자의 교육 수준 변수를 통제하였다.

모델 2는 조사대상국 전체의 데이터를 대상으로 한 분석 결과이다. 모델 2에서 볼 수 있듯이 부패 변수는 잠재적 혼란 요인(confounding factors)들을 통제한 후에도 예측했던 대로 제도적 신뢰와 부(-)의 관계로 나타났고 통계적 유의미성이 매우 크다. 모델 1의 결과와 비교해 보았을 때 부패가 제도적 신뢰에 미치는 영향력은 꽤 안정성 있게 나타났고 일관된 양상을 보였다. 정리하자면 이러한 발견은 이전의 창과 추의 연구 결과를 확증하는 것이며 전 세계 다른 나라를 대상으로 한 여타 연구와도 일치하는 결과이다. 동시에, 경제 평가에 관련된 변수도 정(+)의 관계로 나타났고 통계적으로도 유의미했다. 이는 시민들이 더 많은 경제적 이득을 받을 때 제도에 대

표 2. 경험적 분석 결과

	[1] 모든 국가	[2] 모든 국가	[3] 한국	[4] 대만	[5] 태국	[6] 인도네시아	[7] 몽골	[8] 필리핀
부패에 대한 경험	-.054*** [.015]	-.053*** [.014]	-.075** [.032]	-.085*** [.026]	-.163*** [.037]	-.008 [.034]	-.043 [.030]	-.043 [.067]
현재 경제 상황에 대한 평가		.113*** [0.007]	.074*** [.020]	.087*** [.012]	.175*** [.025]	.077*** [.019]	.111*** [.019]	.078*** [.020]
경제 상황에 대한 회고적 평가		. 038*** [.006]	.002 [.017]	.034*** [.010]	.042** [.021]	.054*** [.016]	.055*** [.014]	.071*** [.020]
경제 상황에 대한 예상		.076*** [.006]	.090*** [.017]	.062*** [.012]	.152***[.023]	.085*** [.018]	.057*** [.015]	.064*** [.018]
민주주의에 대한 만족도		.157*** [.009]	.154*** [.025]	.135*** [.020]	.169*** [.029]	.223*** [.024]	.135*** [.018]	.113*** [.023]
시민이 인식하는 사회 공정성		.077*** [.006]	.067*** [.019]	.141*** [.019]	-.032 [.029]	.064*** [.019]	.016*** [.011]	.065*** [.019]
시민이 인식하는 정치 영향력		.002 [.007]	-.014 [.017]	-.010 [.018]	-.019 [.019]	-.027 [.022]	.037*** [.012]	-.017 [.019]
시민이 인식하는 자유 수준		.038*** [.008]	.103*** [.020]	-.018 [.020]	-.002 [.028]	-.038 [.026]	.034*** [.012]	.052** [.019]
교육 수준		-.023*** [.001]	-.019 [.003]	-.012*** [.003]	-.021*** [.004]	-.021*** [.003]	-.016 [.003]	-.009* [.005]
상수값	2.437*** [.007]	1.289*** [.046]	1.205*** [.111]	1.428*** [.097]	1.470*** [.173]	1.564*** [.135]	1.225*** [.097]	1.387*** [.136]
사례수	7409	6216	1062	1329	807	1082	1114	822
Adjusted R2	0.001	0.28	0.22	0.26	0.30	0.25	0.23	0.17

참고: 괄호 안의 숫자는 로버스트 표준 오차(robust standard errors)임
* p<.1; ** p<.05; *** p<.01. 모든 테스트에 대해 양방 검정이 이뤄짐

한 더 높은 신뢰를 보인다는 것을 제시한다. 경제투표(economic voting)와 관련된 기존 문헌들이 제시하는 논리의 연장선상에서 보자면, 이러한 결과는 정부의 성과가 시민들의 제도적 신뢰에 강한 영향을 준다는 것을 의미한다. 이와 더불어, 경제적 성과뿐만 아니라 정치적 성과(political performance)도 시민의 제도적 신뢰에 영향을 미친다는 점을 알 수 있다. 표에서 알 수 있듯이, 민주적 관행에 대해 만족하는 시민들, 정부에 의해 동등하게 대우받고 있다고 생각하는 시민들, 마지막으로 높은 수준의 정치적 자유를 누리고 있다고 생각하는 시민들은 높은 수준의 제도적 신뢰를 보여 준다. 마지막으로, 기존 문헌들과 마찬가지로 교육수준이 높을수록 정치제도에 대해 더 비판적인 모습을 모인다.

그러나 통합 데이터셋(pooled dataset)은 개별 국가들의 데이터셋을 합친

것이기 때문에 국가별 분석도 이뤄져야 할 것이다. 따라서 경험적 분석 결과가 개별 아시아 민주주의 국가에도 한결같이 적용될 수 있는 결과인지를 살펴보기 위해 모델 2에 포함되었던 국가들을 개별적으로 분석하여 국가별 결과를 〈표 2〉에 모델 3부터 모델 8로 제시하였다. 여기에 굉장히 흥미로운 점이 발견되는데, 모델 3에서 모델 8에서 볼 수 있듯이 한국, 대만, 태국에서 부패는 시민의 제도적 신뢰를 손상시키지만, 몽골, 인도네시아, 필리핀에서는 이러한 경향이 발견되지 않는다. 다시 말하자면, 동아시아 민주주의 국가들에서 부패가 제도적 신뢰를 떨어뜨린다는 일관된 연구 결과를 발견했던 창과 추의 이전 연구와는 달리, 본 연구는 부패가 몇몇 특정 국가 또는 특정 환경에서는 제도적 신뢰를 떨어뜨리지만 그렇지 않은 국가들 또한 있다는 점을 발견하였다. 이 새로운 발견은 매우 흥미로운 퍼즐이다. 그렇다면 어떤 요인이 부패의 제도적 신뢰에 대한 영향력을 변화시켰을까?

V. 토론 및 결론: 부패-보편주의 vs. 상대주의

이 퍼즐에 대해 우리는 어떻게 설명할 수 있을 것인가? 이 질문을 해결하기 위한 첫 번째 이론적 단계는 부패가 다양한 결과를 나타내는 각각의 상황들을 밝혀내는 것이다. 다양한 맥락들을 고려해 볼 경우, 부패가 상황마다 각기 다른 영향을 미친다는 점은 새로운 것이 아니다. 예를 들어, 초기 수정주의자의 관점으로 거슬러 올라가서 부패가 정치 발전에 미치는 이득과 비용에 대한 나이(Nye 1967)의 주장에 주목할 필요가 있다. 나이는 부패가 주는 이득이 비용을 초월하는 세 가지 조건을 가정하고 분석틀을 발전시켰다. 세 가지 조건은 부패의 묵인 정도, 정치 엘리트들의 정치 안정의 수준, 부패에 대한 사회적·제도적 저항의 존재 여부이다.

부패가 발전에 이득을 가져다준다는 주장에 대해 많은 반론이 제기될 수 있지만 부패가 서로 다른 맥락 속에서 다르게 작용할 수 있다는 수정주의자들의 생각은 학계 내에서 여전히 큰 영향력을 지닌다. 중요한 연구 중

하나로 평가되는 쉴리퍼와 비쉬(Shleifer and Vishey 1993)의 연구는 매우 흥미로운 발견을 보여 준다. 구소련 국가와 같은 몇몇 국가들에서 시민들은 통상적으로 정부의 서비스를 얻기 위해 뇌물을 주어야 하였다. 당시에는 뇌물의 액수와 뇌물을 요구하는 사람이 매우 분명했다. 동시에, 시민은 원래 뇌물에 더해서 추가적인 비용을 지불하도록 강요받지 않았고 그들이 지불한 뇌물에 대해 받을 수 있는 이득 또한 매우 분명하였다. 공산주의 붕괴 이후 러시아의 뇌물과 관련된 관행을 구소련 시절의 그것과 비교해 보면 큰 차이를 발견할 수 있다. 러시아의 시민들은 특정한 정부 서비스를 받기 위해 많은 관료들에게 뇌물을 지불해야만 했고 공무원 1인에게만 뇌물을 주는 것으로는 다른 관료들, 또는 심지어 최초로 뇌물을 받았던 공무원이 추가적 뇌물을 요구하는 것을 방지할 수 없었다. 마지막으로 미국과 같은 몇몇 국가들에서 시민은 뇌물 없이도 정부 서비스에 접근할 수 있다. 쉴리퍼와 비쉬는 산업조직론적 관점(industrial organization perspective)에서 미국과 같은 국가들에서 부패 수준이 가장 낮게 나타나는 이유로 정부에서 일하는 공무원들 간의 경쟁이 뇌물을 요구할 수 없는 상황으로 이끌기 때문이라고 주장하였다. 마지막 사례가 부패의 수준이 가장 낮고, 단일화된 독점 체제가 모든 공공재(public good)를 제공하는 첫 번째 사례가 그 다음이고, 두 번째 사례가 가장 높은 부패 수준을 보인다. 왜냐하면 분산된 행정 체계(decentralized administrative system)들이 각각 그들 자신의 이득을 독립적으로 극대화하기 때문이다.

정부 재화(government goods)의 제공에 있어 부패의 시장 구조에 대한 쉴리퍼와 비쉬의 분석은 부패의 수준에만 초점을 맞췄던 전통적 관점에서 벗어나 부패 연구에 대한 새로운 틀을 제시하였다. 새로운 접근법에 따라, 연구자들은 정치 행위자가 부패의 수준뿐만 아니라 부패의 "예측 가능성(predictability)"에도 관심을 가진다는 개념을 받아들이기 시작하였다. 예를 들어 1997년 세계은행의 세계개발보고서(World Development Report)에 따르면 몇몇 국가에서 부패는 높은 수준의 불확실성과 위험성을 포함한다. 하지만 다른 국가들에서 부패에 기반한 상호교환은 제도화 수준이 높고, 일종의 패스트 머니(fast money)와 같은 역할을 하기도 한다. 한 기업가의 말을 인용하여 1997년 세계개발보고서는 다음과 같이 주장한다. "두 가지 종류의 부패가 있다. 첫 번째는 당신이 일반적인 가격을 지불하고 당신이 원하는 것을 얻는 것이다. 두 번째는 뇌물을 지불하기로 동의하고 집에 갔는데 당신이 원하는 것을 얻을 수 있을지 또는 누군가가 당신을 음해하고 있지는 않은지 두려워서 매일밤 잠을 못 이루게끔 만드는 종류의 뇌물이다(World Bank 1997, 34)." 달리 말하자면, "부패 계약(corruption contract)"이 부패의 불법적 속성으로 인해 강요될 수 없는 것이지만, 그럼에도 불구하고 부패 교환(corruption exchange)은 특정 환경하에서 더 "예측 가능(predictable)"하다는 것이다.

동아시아 국가들에서 부패와 성장이 공존하고 있다는 흥미로운 사실에 대해 캄포스, 리엔, 프래단(Campos, Lien, and Pradhan 1999)은 부패의 예측 가능성에 대한 아이디어를 또 다른 수준에서 논의하였다. 그들은 서로 다른 부패교환체제(corruption exchange regime)는 외국인 투자에 각기 다른 영향을 준다는 사실을 경험적으로 제시하였다. 그들에 따르면 부패는 주로 투자자의 경영 계획에 불확실성을 더해 주기 때문에 나쁜 영향을 끼친다고 보았다. 하지만 만일 부패가 예측가능하다면 투자 결정에 부패가 주는 영향은 세금과 다를 것이 없다. 왜냐하면 투자자는 쉽게 그들의 경영 계획에 부패에 따르는 비용을 추가할 것이기 때문이다. 세계은행의 데이터를 활용한 69개국의 횡단면(cross-section) 연구에서 캄포스, 리엔, 프래단은 부패의 예측 불가능성이 부패 수준 그 자체보다 투자 결정에 큰 영향을 미치며 영향력 또한 크다는 점을 지적하였다. 중요한 것은, 광범위하지만 예측 가능성이 높은 부패는 예측 가능성이 낮은 부패에 비해 투자 손실의 위협에 직면할 가능성이 적다는 점이다. 요약하자면, 캄포스, 리엔, 프래단은 부패의 예측 가능성의 역할에 초점을 맞추었고 부패가 조직화되고 예측 가능하다는 사실이 높은 부패 수준과 높은 경제성장 간의 큰 상관관계를 이해하는 주요한 열쇠가 된다고 주장하였다.

이후 여러 추가적인 연구가 아시아적 맥락에서 캄포스, 리엔, 프래단의 발견을 강화시켰다. 리와 오(Lee and Oh 2007)는 동아시아의 역설(paradox)을 재검토하면서 왜 동아시아 국가들은 높은 수준의 부패가 존재함에도 불구하고 높은 수준의 경제성장을 이룰 수 있었는가에 대해 질문한다. 그들은 부패를 만연성(pervasiveness)과 자의성(arbitrariness)의 범위에 따라 구분하였다. 이러한 구분 기준에 따라 국가들을 네 가지 종류로 나누었는데, 인도네시아와 중국 같이 높은 수준의 만연성을 지녔지만 낮은 자의성을 가진 국가, 싱가포르와 홍콩과 같이 낮은 만연성과 자의성을 보이는 국가, 높은 수준의 만연성과 자의성을 보이는 인도와 같은 국가, 말레이시아와 같이 낮은 수준의 만연성과 높은 수준의 자의성을 보이는 국가로 구분하였다. 수하르토(Suharto)하의 인도네시아와 10% 씨(Mr. Ten Percent)로 불리던 마르코스(Marcos) 재임 시기의 필리핀의 중앙집중적 부패를 주된 사례로 하여 첫 번째 사례에 대해 기업들이 뇌물에 대한 대가로 원하는 서비스를 받을 수 있을 것이라는 강한 예상을 가지고 투자를 계획할 수 있을 것이라고 주장하였다.

비슷한 맥락에서, 강(Kang 2002)은 쉴리퍼와 비쉬의 모델을 한국에서 부패와 높은 수준의 투자의 공존을 설명하는 데 적용하였다. 매킨타이어(MacIntyre 2003) 또한 유사한 논리를 사용하여 수하르토 정부 하의 인도네시아에서 권위주의적 통치, 만연된 부패, 그리고 높은 경제성장과의 관계를 설명하였다. 최근의 방법론적으로 정교화된 연구에서 말레스키와 삼판사락(Malesky and Samphantharak 2008)은 캄보디아의 주(province) 내에서 기업 활동에 대해 자연 실험(natural experiment)을 사용한 연구에서 기업의 투자 결정에 있어 부패의 예측가능성이 뇌물의 수준보다 더 중요한 지표가 된다는 강한 증거를 발견하였다.

아시아의 부패에 관한 기존 연구들의 이론적 이해를 확장시키면 부패가 왜 특정 아시아 국가들에서는 제도적 신뢰를 손상시키지만, 다른 국가들에서는 그렇지 않은가라는 퍼즐을 푸는 데 부패의 예측 가능성이 열쇠가 될 수 있다. 이러한 가능성을 경험적으로 고려하여, 저자는 캄포스, 리엔, 프래단의 연구 설계를 따랐고, 세계은행에서 수행한 세계 경영환경 설문조사를 활용하여 분석을 진행하였다. 캄포스, 리엔, 프래단(Campos, Lien and Pradhan 1999, 1062)은 예측 가능성을 "기업이 그들이 원하는 '결과(product)'를 얻을 수 있을 것이라는 믿음의 정도"라고 개념화하였다. 그들은 예측 가능성의 지표를 구성하기 위해 지표를 조작화하였는데 "나의 영업 부문(line of business)의 기업들이 사전에 얼마만큼의 '추가적 비용(additional payment)'을 지불해야 하는지 알고 있다"와 "기업은 요구받은 '추가적 비용'을 지불하고 비용을 받은 상대방과 서로 합의된 서비스를 받을 수 있다"와 같은 질문들의 평균값을 사용하였다. 이 질문에 대해 응답자들은 1-6의 범위 내에서 응답하도록 되어 있고 1은 "언제나 그렇다(Always true)"이고 6은 "절대로 그렇지 않다(Never true)"를 의미한다. 저자는 두 질문을 사용하여 (그러나 지표를 조작하지 않고) 부패의 예측 가능성이 높은 국가에서 부패가 시민의 제도적 신뢰에 미치는 악영향 정도가 낮다는 증거를 발견하였다. 특히, 세계사업환경조사가 다루는 국가들 중에 부패의 예측가능성 지표가 인도네시아(3.59)의 경우 태국(3.35)에 비해 확연히 높게 나타났다. 이 결과를 〈표 2〉의 결과와 나란히 병치시키면 태국에서 부패가 제도적 신뢰를 낮추지만 인도네시아에서는 그렇지 않은 것은 인도네시아의 부패가 예측가능성이 높기 때문이라는 사실에서 기인한다는 지적에 타당성이 있음을 알 수 있다. 달리 말하자면, 부패 네트워크가 잘 구성되어 있고 개인과 기업이 그들이 구매한 정부 서비스를 제공받을 수 있을 것이라는 확신이 있을 때, 시민들은 뇌물을 일상의 정치(daily politics)에서 사용되는 거래비용 정도로 생각할 수 있다는 것이다. 아이러니하게도 시민이 뇌물 거래에 대한 약속의 답례가 제공될 때 부패구조 내에서 시민들의 신뢰가 증가한다.

물론, 이러한 발견은 결정적이라고 하기는 어렵다. 따라서 이상적 조건하에서 부패의 제도적 신뢰에 대한 부정적 효과가 실제로 부패의 예측가능성에 의해 감소되는지 여부를 체계적으로 진단하기 위한 경험적 분석 모델을 만들 필요가 있다. 그러나 불행하게도 세계사업환경조사는 한국, 대만, 몽골을 데이터셋에 포함시키고 있지 않다. 태국, 인도네시아, 필리핀의 3개국의 사례로는 자유도(degrees of freedom)가 충분하지 않기 때문에 본 연구에서는 앞서 설명한 가정을 적용하여 아시아 민주주의의 맥락에서 보다 체계적인 분석을 하는 것이 불가능하다. 부분적 해결책으로 본 연구는 아시아의 범위를 넘어선 국가들을 다루는 여타 데이터 자료를 사용하여 논지를 강화하고자 한다.

특히, 필자가 본 연구에서 제시하고 있는 이론의 경험적 타당성을 엄밀히 검증하기 위해 아시아 민주주의 국가와 비슷한 상황에 있는 라틴아메리카와 아프리카의 신생 민주주의를 사례로 활용하고자 한다. 아프리카 민주주의의 맥락에서 아프로바로미터(Afrobarometer) 데이터의 최근 자료를 활용하여 부패의 예측가능성이 부패에 대한 경험의 제도적 신뢰에 주는 영향력을 정말로 제약하는지를 검증하였다. 앞서 제시한 결과와의 비교 가능성을 극대화하기 위해 대통령, 의회, 선거 관리 위원회, 군대, 경찰, 법원에 대한 응답자의 평가를 평균하여 아프리카 시민들의 제도적 신뢰를 측정하였다.[3] 동시에 응답자가 정부 서비스를 받기 위해 정부 공무원에게 뇌물을 주거나, 선물을 주거나, 기타 다른 호의를 베푼 경험이 있는지 여부를 묻는 설문조사 문항을 활용하여 아프리카 시민들의 부패에 대한 경험 여부를 측정하였다.[4] 이러한 측정값을 바탕으로 시민들의 부패 경험과 앞서 언급한 세

3 아프로 바로미터의 질문 내용은 다음과 같다: "당신은 다음에 대해 얼마나 신뢰합니까, 혹은 그들에 대해 충분한 이야기를 듣지 못하였습니까: 대통령(Q55A), 의회(Q55B), 선거관리위원회(Q55C), 의원(Q55D), 여당(Q55E), 야당(Q55F), 군대(Q55G), 경찰(Q55H), 법원(Q55I), 관영 방송(Q55J), 민영 방송(Q55K), 관영 신문(Q55L), 민영 신문(Q55M)." 0-3을 기준으로 응답의 범위가 설정되어 있으며 0은 "전혀", 3은 "많이"를 의미한다.

4 여기에 사용된 아프로 바로미터의 질문 내용은 다음과 같다: "작년에 당신은 얼마나 자주 뇌물, 선물 또는 호의를 다음의 것들을 얻기 위해 주었습니까: 서류나 허가를 얻기 위해(Q57A), 자녀를 학교에 보내기 위해(Q57B), 가정에 수도, 전기, 전화를 연결시키기 위해(Q57C), 의약품이나 치료를 받기 위해(Q57D), 경찰과 연관된 문제를 피하기 위해

계사업환경조사 데이터에서 획득한 부패의 예측가능성 수준 간의 상호작용 변수(interaction term)를 만들었고 종속 변수로서 제도적 신뢰 간의 회귀분석을 실시하였다. 분석 결과, 상호작용 변수는 유의미한 상관관계를 보였다. 이러한 결과는 부패교환구조(corruption exchange structure)와 관련하여 예측가능성이 높을 때, 부패에 대한 경험이 제도적 신뢰에 미치는 악영향이 약화되는 것으로 나타났다. 이와 더불어 동일한 경험적 분석을 라틴아메리카 국가들을 대상으로 실시하였다. 라티노바로미터(Latino Barometer) 설문조사에 기반한 결과는 아프리카를 대상으로 한 연구 결과와 동일하였다. 부패에 대한 경험이 부패교환구조가 더 예측 가능할 때 덜 해로운 영향을 미친다는 것이다.[5] 그러나 이러한 분석의 목적이 아프리카와 라틴아메리카의 민주주의에서 제도적 신뢰의 다양성을 충분히 설명하는 것이 아니라는 것을 주지해야 한다.[6] 그보다는 부패에 대한 경험이 부패교환구조가 체계화되어 있고, 일상화되어 있는 국가에서 제도적 신뢰에 미치는 악영향 정도가 낮다는 발견에 대해 세계의 다른 대륙으로부터 부수적이지만 어느 정도의 신빙성을 지니는 증거를 찾고자 하는 것이다.

결론적으로 이 논문은 아시안 바로미터의 최근 데이터를 활용하여 아시아 민주주의에서 어떻게 부패가 제도적 신뢰를 침식시키는가에 대한 비교 분석을 제시하고자 하였다. 인식 기반 부패 지표가 지니는 타당성 문제에 대한 최근의 논쟁을 고려하여, 창과 추의 지난 연구를 응답자의 직접적인 경험에 기반한 부패 지표를 활용하여 재분석하였다. 이러한 지표를 활용

(Q57E)?" 응답은 0-3의 범위로 설정되어 있으며 0은 "전혀", 3은 "자주"를 나타낸다.

5 2005년 라티노 바로미터를 활용하였으며 시민의 제도적 신뢰 수준을 측정하기 위해 군대(P42STB), 사법부(P42STD), 지방정부(P42STE), 경찰(P42STF), 의회(P45STA), 정부(P45STC, government), 행정(public administration, P45STF)에 대한 시민의 신뢰에 대한 질문을 사용하였다. 시민의 부패에 대한 경험을 측정하기 위해 "지난 12개월 사이에 당신 또는 당신 가족 중 누군가가 부패와 관련된 행동을 한적이 있습니까?"라는 질문에 대한 응답을 이항 변수로 재구성 하였다. 아프로 바로미터와 라티노 바로미터를 활용한 결과는 분량상의 문제로 본고에서는 생략하였다. 만약 요청한다면 결과를 보내도록 하겠다.

6 이러한 연구를 위해서는 개인수준과 국가수준에서 제도적 신뢰를 결정하는 여러 요인들을 포함시킨 다층모형(multilevel model)을 사용해야만 한다.

함으로써 본고는 부패와 제도적 신뢰 간의 관계에 대해 확실한 증거를 제시하고자 하였다. 이 두 요인 간의 관계는 아시아의 신생 민주주의 국가에서 민주주의 공고화를 위한 필수 과제라는 점에서 중요성을 지닌다. 가장 주목해야 할 것은, 모든 아시아 국가에서 부패가 제도적 신뢰에 동일한 형태의 영향을 미친다는 창과 추의 2006년 연구와는 달리 이 연구의 주장은 부패 네트워크가 잘 구조화되어 있고 예측가능한 국가에서 부패가 제도적 신뢰에 미치는 영향력이 감소한다는 것이다. 그러나 현재 상황에서 데이터의 한계로 이 연구는 제안적 증거를 제시하는 수준의 성격을 지닐 수밖에 없다.

결론에 앞서 부패의 예측가능성이 지니는 역할을 해석하는 데 있어 주의를 기울일 필요가 있다. 얼핏 보면, 지난 연구들이 부패 수준이 높고 예측가능성 또한 높은 정부를 깨끗하고 부패가 없는(corruption-free) 환경 다음의 차선책(second-best)으로 여기고 예측가능성이라는 개념에 대해 호의적인 관점을 제시하는 것처럼 보일 수 있다. 그러나 램스도프(Lambsdorff 2002)가 지적한 것처럼, 부패의 예측가능성이 높다는 것은 또 다른 부패를 낳을 수 있다. 실제로, 부패가 예측 가능하고 제도화되었을 때, 시민은 현재 잘 작동되고 있는 평형을 상쇄하는 것을 꺼리기 때문에 반부패 개혁(anticorruption reform)을 지지할 유인 동기를 가지지 못한다. 동시에, 부패가 높은 수준의 불확실성을 가지고 있을 때 기업과 시민은 뇌물을 가지고 정치인에게 접근하기 전에 두 번 생각해야 하기 때문에 불확실성은 부패를 막을 수도 있다. 따라서 램스도프의 말을 빌리자면 부패의 예측가능성과 부패의 규모(the magnitude of corruption)는 부패의 악순환을 만든다. 왜냐하면 예측 가능한 부패 환경이 더 많고 더 높은 수준의 부패 네트워크를 더욱 제도화하기 때문이다. 시민들이 다양한 형태의 부패 상황 속에서 어떤 방식으로 반응하는지와 시민들이 민주적 신뢰를 어떻게 형성하는지 적절히 모델링 하는 것은 여전히 주어진 과제다. 추후 연구는 이와 같은 복잡한 인과 과정을 명확히 이해할 수 있도록 하는 데에 초점을 맞추어야 할 것이다. ■**에릭 창(Eric C. C. Chang)**

참고문헌

Anderson, Christopher J. and Tverdova Yuliya V. 2003. "Corruption, Political Allegiances, and Attitudes toward Government in Contemporary Democracies." *American Journal of Political Science*. 47(1): 91-109.

Bianco, William. 1994. *Trust: Representatives and Constituents*. Ann Arbor, MI: University of Michigan Press.

Braithwaite, Valerie and Levi Margaret. 1998. *Trust and Governance*. New York: Russell Sage.

Campos, Edardo, Donald Lien, and Sanjay Pradhan. 1999. "The Impact of Corruption on Investment: Predictability Matters." *World Development*. 27(6): 1059-1067.

Chang, Eric and Chu Yun-han. 2006. "Corruption and Trust: Exceptionalism in Asian Democracies?" *Journal of Politics*. 68(2) 259-271.

Chang, Eric and Kerr Nickolas. 2009, "Sources and Implications of Heterogeneity in Attitudes of Political Corruption." *American Political Science Association*. Toronto. September 3-9.

Dahl, Robert. 1971. *Polyarchy: Participation and Opposition*. New Haven, CT: Yale University Press.

della Porta, Donatella. 2000. "Social Capital, Beliefs in Government, and Political Corruption." in *Disaffected Democracies: What's Troubling the Trilateral Countries?* Susan Pharr and Robert Putnam, eds. Princeton, NJ: Princeton University Press.

Easton, David. 1998. "A Re-assessment of the Concept of Political Support." *British Journal of Political Science*. 5(4): 435-457.

Gupta, Sanjeev, Hamid R. Davoodi, and Rosa Alonso-Terme. 2002. "Does Corruption Affect Income Inequality and Poverty?" *Economics of Governance*. 3(1): 23-45.

Hetherington, Marc. 1998. "The Political Relevance of Political Trust." *American Political Science Review*. 92: 791-808.

Huntington, Samuel. 1968. *Political Order in Changing Societies*. New Haven, CT: Yale University Press.

Hutchcroft, Paul. 1997. "The Politics of Privilege: Assessing the Impact of Rents, Corruption, and Clientelism on Third World Development." *Political Studies*. 45: 639-658.

Kang, David. 2002. *Crony Capitalism: Corruption and Development in South Korea and the Philippines*. Cambridge, England: Cambridge University Press.

Kaufmann, Daniel and Wei Shang-Jin. 1999. "Does 'Grease Payment' Speed Up the Wheels of Commerce?" *NBER Working Paper*, No. 7093.

Kihl, Young Whan . 2005. "The Past as Prologue: President Kim Dae Jung's Legacy and President Roh Moo Hyun's Policy Issues and Future Challenges, in A Turning Point: Democratic Consolidation in the ROK and Strategic Readjustment in the US-ROK Alliance." Alexandre Y. Mansourov, eds. Honolulu: Asia-Pacific Center for Security Studies.

Lee, Seung-Hyun and Kyeungrae Oh. 2007. "Corruption in Asia: Pervasiveness and Arbitrariness." *Asian Pacific Journal of Management*. 24: 97-114.

Lambsdorff, Johann. 2002. "How Confidence Facilitates Illegal Transactions: An Empirical Approach." *American Journal of Economic and Sociology*. 61(4): 829-853.

Lui, Francis. 1985. "An Equilibrium Queuing Model of Bribery." *Journal of Political Economy*. 93(4): 760-781.

MacIntyre, Andrew. 2003. "Institutions and the Political Economy of Corruption in Developing Countries." Ph. D. Diss., Stanford University, Stanford, CA, 2003.

Malesky, Edumund and Krislert Samphantharak. 2008. "Predictable Corruption and Firm Investment: Evidence from a Natural Experiment and Survey of Cambodian Entrepreneurs." *Quarterly Journal of Political Science*. 3: 227-267.

Mauro, Paolo. 1995. "Corruption and Growth." *Quarterly Journal of Economics*. 110: 681-712.

Mishler, William and Rose Richard. 1997. "Trust, Distrust, and Skepticism: Popular Evaluations of Civil and Political Institutions in Post-Communist Societies." *Journal of Politics*. 59: 418-451.

Norris, Pippa . 1999. *Critical Citizens: Global Support for Democratic Governance*. Oxford: Oxford University Press.

Nye, Joseph. 1967. "Corruption and Political Development: A Cost-Benefit Analysis." *American Political Science Review*. 61(2): 417-427

Olken, Benjamin. 2009. "Corruption Perceptions vs. Corruption Reality." *Journal of Public Economics*. 93(7-8): 950-964.

Seligson, Mitchell. 2002. "The Impact of Corruption on Regime Legitimacy: A

Comparative Study of Four Latin American Countries." *Journal of Politics*. 64(2): 408-433.

Shleifer, Andrei and Robert Vishny. 1993. "Corruption." *Quarterly Journal of Economics*. 108(3): 599-617.

Tanzi, Vito. 1998. "Corruption around the World: Causes, Consequences, Scope, and Cures." *IMF Working Paper*. 45(4): 559-594.

Treisman, Daniel. 2007. "What Have We Learned about the Causes of Corruption from Ten Years of Crossnational Empirical Research?" *Annual Review of Political Science*. 10: 211-244.

Vause, John. 2008. "In Chinese Town, Quake Shakes Faith in School Construction." http://articles.cnn.com/ (검색일: 2012.08.17).

World Bank. 1997. *World Development Report*. Washington, DC : World Bank.

You, Jong-Sung, and Khagram Sanjeev. 2005. "A Comparative Study of Inequality and Corruption." *American Sociological Review*. 70(1): 136-157.

11장

한국의 불평등과 정치신뢰

I. 서론

이 연구는 인지된 불평등(perceived inequality)이 한국 시민들의 정치적 신뢰[1]에 미치는 영향을 살펴보고 있다. 정치적 신뢰의 결정요인에 대한 선행연구가 증가하고 있음에도 불구하고, 사회의 소득분배에 대한 대중의 인식이 어떻게 정치제도에 대한 신뢰에 영향을 끼치는지 살펴보는 연구는 드물다. 시민의 정치적 신뢰의 수준은 정치참여와 정치체제의 정당성 및 그 외의 요소들에 중요한 영향을 끼치는 것으로 알려져 왔다(Levi and Stoker 2000; Newton and Norris 2000; Park and Shin 2005; Solt 2008; Chu et al 2009). 시민들은 높은 수준의 정치 신뢰를 가지고 있을 때 민주주의 거버넌스에 중요한 것으로 간주되는 가치를 지지하고, 정치적 효능을 느끼며, 그들의 정치참여가 차이를 만들어 낸다고 믿을 가능성이 높다(Uslaner 2008; Jamal and

---

1 우리는 본 연구에서 "정치 신뢰"와 "정치제도에 대한 신뢰"를 상호호환적(interchangeably)으로 사용하였다. 개념적으로 "사회적 신뢰(socal trust)"는 대인관계에 관련된 보편적 신뢰(generalized interpersonal trust)를 지칭하는 반면 "정치적 신뢰(political trust)"는 정치 리더뿐만 아니라 정치제도들에 관련된 신뢰를 지칭한다. 그러나 위 두 가지 개념은 핵심적인 개념적 속성을 공유하고 있다: 'A는 X를 함에 있어 B를 신뢰한다'(Elster,1989; Hardin,1993). 이러한 측면에서 정치적 신뢰의 부족함이 필연적으로 정치적 냉소(cynicism) 및 정치적 무관심(political disinterest)과 동일시되지 않는다.

Nooruddin 2010).

시민들의 불평등 인식은 그들의 정치제도에 대한 신뢰수준에 어떤 영향을 끼치는가? 본 연구를 통해 우리는 시민들의 불평등 인식은 정치제도에 대한 신뢰를 잠식하는 효과(trust-eroding effect)가 있음을 논의하고 있다. 시장에서 발생하는 불평등한 분배적 결과를 바로잡고자 하는 정부의 노력은 세후 소득(post-tax and post-transfer income)의 불평등에 의해서 대표되며 이 점은 중요하다. 왜냐하면 시민들은 정부와 정치 엘리트들이 그들 자신의 "공정한 분배"에 대한 요구에 반응한다고 인지할 때, 더 큰 정치적 효능을 가지기 때문이다. 즉, 증가된 정치적 효능감은 정치제도에 대한 높은 수준의 신뢰를 이끌기 때문인 것이다. 또한 자원 분배의 공정성과 기회의 평등은 시민들 사이의 신뢰를 만들어 낸다(Rothstein 2005; Rothstein and Uslaner 2005). 시민들의 관점에서 중요한 것은 정부가 시장이 창출해내는 불평등한 결과에 대하여 어떻게 반응하고 그것을 바로잡고자 하는가이다. 흥미롭게도, 평등한 국가들이 불평등한 국가들보다 높은 수준에서 정치제도에 대한 신뢰를 보여 주었으며 보다 높은 보편적(generalized) 신뢰를 보여 주었다(Rothstein and Uslaner 2005, 47-49).

우리는 인지된 불평등과 정치적 신뢰의 관계에 대한 연구에 있어 한국 사례가 결정적 사례로서의 대표성을 지니고 있음을 상정하고 있다. 첫째, 한국과 같은 동아시아 국가들은 상대적으로 평등한 분배 결과와 함께 급속한 경제발전을 성취해 왔다(Haggard and Kaufman 2008). 그러므로 만일 우리가 한국에서의 인지된 불평등이 신뢰를 잠식하는 효과를 규명할 수 있다면 그것은 인지된 불평등의 신뢰 잠식 효과가 다른 신생 민주주의 국가들에게도 일반화될 수 있다는 점을 의미한다. 둘째, 성장 위주의 경제정책에 관련된 많은 연구와 한국의 정책에 바탕하지 않는 정당경쟁에 관련된 연구는 소득불평등의 정치적 영향에 관련된 합리적인 의심을 던지는 경쟁적인 논의들을 제공한다(Deyo 1992). 따라서 한국에서의 인지된 불평등과 정치신뢰 간의 관계를 살펴보는 것은 흥미롭고 중요하다.

이 연구는 2009년 한국종합사회조사 자료를 사용하여 인지된 불평등이 정치제도의 신뢰에 미치는 영향을 살펴볼 것이다. 우리는 인지된 소득불평등이 정치제도의 신뢰에 부정적 효과를 갖는다는 점을 발견하였다. 또한 인지된 교육기회의 불평등과 취업기회의 불평등 또한 정치제도에 대한 신뢰에 부정적 효과를 갖는다는 점을 발견할 수 있었다. 따라서 우리의 발견은 결과적 평등과 기회의 평등 모두 중요하다는 점을 제시하고 있다.

본 연구는 아래와 같이 전개될 것이다. 다음 장에서는 인지된 불평등과 정치적 신뢰의 관계에 대한 몇 가지 이론적 분석틀을 제시할 것이다. 그 다음 장에서는 한국적 맥락(Korean context)을 기술할 것이다. 그 후 변수측정과 계량분석의 세부적인 사항을 기술하고, 경험적 분석 결과에 관한 논의를 제시할 것이다. 마지막 장에서는 몇 가지 함의를 논의하면서 본고의 결론을 제시할 것이다.

II. 불평등 인식과 정치제도에 대한 신뢰

불평등의 정치적 결과를 탐구하기 위한 최근 학계의 노력에도 불구하고, 동아시아지역 그리고 특히 한국에서의 불평등과 시민의 정치행태(political behavior)를 엮는 메커니즘은 아직 체계적인 관심을 받지 못했다. 그럼에도 불구하고 이들 연구들에서 두 가지의 주목할 점을 찾을 수 있다. 첫째, 소득불평등과 불평등에 관한 인식이 반드시 비례하는 것은 아니라는 점이다. 예를 들어, 시민들의 인식은 소득, 정책 선호 혹은 이념적 우선순위 등에 의해 영향을 받을 수 있다(Anderson and Beramendi 2008). 또한 사회적 불평등의 정치적 중요성(political salience)은 객관적 소득 분배와 다른 인지된 불평등을 만들어 낼 가능성이 있다. 따라서 사회의 객관적 소득의 분배로부터 시민들의 생각과 인지에 내재하는 사회적 불평등을 이끄는 연결고리를 설명할 필요성이 제기된다. 둘째, 시민의 정치적 효능과 참여는 정치제도에 대한 높은 수준의 신뢰를 가지고 있을 때 증가된다(Solt 2008). 그러므로 시민들의 인지된 불평등이 어떻게 그들의 정치적 신뢰에 영향을 끼치는지 이해하는 것은 중요하다.

인지된 불평등과 정치적 신뢰의 관계에 대한 몇 가지 메커니즘들이 선행연구들에 의해 제시되었다. 비록 구체적 메커니즘에 있어서는 연구들 간 차이를 보이지만 많은 연구에 의해 자원 분배와 기회의 평등이 정치제도에 대한 신뢰를 만들어 내는 역할이 강조되었다. 자원분배의 평등과 기회의 평등이 대중의 사회적 연대감을 불러온다는 것이다(Rothstein and Uslaner 2005). 이것은 결과적으로 타인과 정부제도(government institution)에 대한 높은 수준의 신뢰를 이끈다. 평등한 사회는 그룹 내 신뢰는 높으나 보편적 신뢰(generalized trust)의 수준은 낮은 불평등한 사회와는 대조적으로 보다 넓은 측면에서 연대의 감각을 배양하며, 이것은 높은 수준의 신뢰를 만들어 낸다. 엘스터(Elster 1989)가 제시하듯, 신뢰는 연대감, 협동, 사회의 응집력을 보장하여, "사회의 시멘트(cement of society)"와 같은 기능을 한다. 또한 국가는 대인관계에서의 신뢰뿐 아니라 정치제도의 신뢰에 영향을 끼칠 수 있다. 신뢰를 증가시킬 수 있는 국가의 특성은 정치 리더의 개인적 신뢰, 정부 인사에 의한 신뢰 가능한 헌신, 능력과 정직에 대한 보상과 정부 행위자에 의한 기회주의적 행동에 대한 제재 등이 있다(Levi and Stokes 2000).

이러한 관점에서 시민들은 오로지 그들의 정부가 공정한 절차를 통해 시민들의 이해관계에 맞게 행동할 것이라는 믿음이 있을 때 정부를 믿을 가능성이 크며, 시민들의 국가에 대한 신뢰와 시민들의 다른 시민에 대한 신뢰가 상호호혜적(reciprocal)일 것이다(Hardin 1993). 따라서 낮은 수준의 결과적 평등 및 기회의 평등을 나타내는 사회는 시민들 간 높은 수준의 정치적 신뢰를 가질 가능성이 낮다. 로스슈타인과 유슬래너(Rothstein and Uslaner 2005)가 기술하듯, 불평등한 사회는, "타인, 정부제도, 정책에 대한 낮은 신뢰와 함께 지속되는 불평등 주기의 덫에 갇힌 스스로를 발견하게 될 것이며, 부자와 빈자 사이의 차이를 줄이고 기회의 평등이라는 상식을 창출해 내고자 하지 않는다"(Rothstein and Uslaner 2005, 71).

로스슈타인과 유슬래너(Rothstein and Uslaner 2005)가 인지된 불평등과 신뢰 사이의 인과 고리(causal link)로서 사회적 연대의 감각에 중점을 두었다면 다른 몇몇의 연구들은 불평등에 대한 인식과 신뢰를 이어 주는 메커니즘으로 정치적 효능감에 중점을 두었다. 유럽 소국들에서의 정치적 신뢰에 관한 카첸스타인(Katzenstein 2000)의 연구에서 그는 사회적 보호와 보편적 복지정책(예를 들어 공공 서비스 및 의료) 및 코포라티즘적(corporatist) 방식에 의해 행해지는 포용의 정치(politics of inclusion)를 제공하는 정부의 노력이 높은 수준의 정치신뢰와 연관되어 있음을 논하고 있다. 이것은 다르게 해석하면 북유럽의 복지국가와 조합주의가 정부의 제도에 대한 시민의 신뢰를 이끌었다는 것을 의미한다(cf. Kumlin and Rothstein 2005). 이러한 논의는 시민들의 이해관계 및 공정한 소득분배 요구에 잘 반응하는 정부의 사회정책이 시민 간의 정치신뢰를 만들어 낸다는 함의를 가지고 있다. 시민들은 정부가 사회복지의 공적 제공에 대한 요구와 이해관계에 잘 반응한다고 볼 때, 높은 수준의 정치 효능감을 가질 가능성이 크다. 따라서 높은 수준의 정치 효능감은 높은 수준의 참여뿐만 아니라 높은 수준의 정치 신뢰를 이끄는 것이다(Solt 2009).

나아가 최근의 연구들은 소득불평등이 정치적 불평등을 이끈다는 점을 발견해 왔다(Gilens 2005; Bartels 2008). 바텔스(Bartels 2008)는 미국의 정치적 대표(political representatives)들이 그들 지역구의 고소득 집단의 이해관계에 더욱 반응적이었다는 점을 보여 주었다. 유사한 연구로 질렌스(Gilens 2005)는 부자의 목소리는 반영되는 반면 빈자의 목소리는 반영되지 않는 현상, 즉 민주적 반응성은 소득 규모에 따라 다르게 나타난다는 점을 보여 주었다. 이러한 논의들은 증가하는 불평등이 민주적 정치를 달(Dahl 1921)이 제시한 민주주의의 핵심(정부가 평등하게 대우받는 모든 시민들의 요구와 선호에 대해 지속적으로 반응한다)으로부터 멀어지게 한다는 점을 암시하고 있다. 시민들의 관점에서 정부와 정치제도가 시민들을 차별적으로 대할 때 시민들이 정치제도에 대한 높은 수준의 신뢰를 갖는 것은 거의 불가능하다.

간단히 말해 정치적 신뢰는 사회적, 경제적으로 계층화된 사회에서는 축적되기 힘든 것이다.

본 연구는 인지된 불평등이 한국의 정치신뢰에 끼치는 영향을 살펴보고 있다. 인지된 불평등과 한국의 정치신뢰 간의 특성을 연구하는 것은 이론적으로 매우 중요하다. 나아가 한국의 다양한 맥락적 요소들이 인지된 불평등의 부정적 효과를 완화시키기 때문에 인지된 불평등이 신뢰에 미치는 영향을 검증하는 것은 도전적이다. 따라서 우리는 다음 장에서 이러한 이론적 해석들을 정교화할 것이다.

III. 한국에서의 불평등 증가

저개발 국가의 정치경제에 관련된 기존 연구들은 한국과 같은 동아시아 국가들이 급속한 경제성장과 함께 상대적으로 평등한 소득분배를 이뤄 왔다는 점을 주목하고 있다(e.g. Haggard and Kaufman, 2008). 그러나 한국은 1990년대 이후 높은 수준의 불평등 증가 추세를 보여 주고 있다. 예를 들어, 한국 정규직 노동자 상위 20%와 하위 20% 사이의 세전 임금(pre-tax and pre-transfer wage)의 비율(i.e, 80/20 비율)은 1989년 4.61에서 2010년 5.06으로 증가하였다. 이것은 2010년 상위 20%가 하위 20%에 비해 대략 5배 많은 수익을 얻었다는 것을 의미한다(Chi and Kwon 2012).

불평등에 관한 대부분의 연구는 전일제 임금 소득자의 임금 및 급여 배분과 가계 지니계수(Gini coefficient)에 의해 측정되는 두 가지 종류의 소득 불평등 측정 척도를 사용한다. 전자는 시장의 임금이 어떻게 전일제 노동자에게 배분되는가를 대표하며, 지니계수는 가계들 간의 임금(임금 및 급여뿐 아니라 이자, 배당 그리고 다른 종류의 소득을 포함한)의 배분을 측정하는 것으로 0은 완벽한 평등을, 1은 완벽한 불평등을 의미한다.

〈그림 1〉은 세전 및 이전소득 전 80 : 20 비율과 세후 및 이전소득 후 80 : 20 비율에 의해 측정된 불평등(왼쪽 패널)과 세후 소득 및 이전소득 후

그림 1. 한국의 불평등 추이

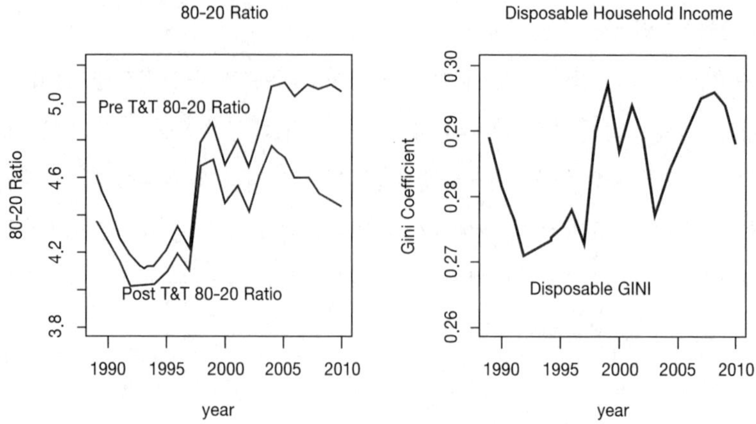

자료: 통계청(http://kostat.go.kr, 2013년 1월 25일 검색)

지니계수에 의해 측정된(오른쪽 패널) 불평등 추세를 보여 준다. 〈그림 1〉의 왼쪽 패널은 비록 1989년과 2010년에 걸쳐 불평등이 몇 차례 변동은 있으나 지속적으로 증가하였음을 보여 주고 있다. 또한 〈그림 1〉은 한국에서 세전 및 이전소득 전 80 : 20 비율이 1993년 4.12로 가장 낮음을 보여 주며, 이후 점차 증가되어 특히 1997년 아시아 금융위기의 효과와 함께 2010년 5.06으로 증가하였음을 보여 주고 있다. 또한 1989년과 2010년 사이 80 : 20 비율은 10% 증가하였다. 세후 및 이전소득 후 80-20 비율은 세금과 정부 이전을 고려한 가처분 임금 배분 및 급여 배분을 보여 주며, 이 추세 또한 같은 추세를 보여 주고 있다. 처음 자료가 가능했던 1989년부터 2010년까지의 시기인 민주주의 전환 이후 기간 동안 세전 그리고 이전소득 전 80 : 20 비율은 10% 증가해 온 반면 가처분 80 : 20 비율은 4% 증가하였다. 〈그림 1〉의 오른쪽 패널은 가처분(세후 및 이전 소득 후) 지니계수에 의해 측정된 소득불평등의 추세를 보여 주고 있다. 지니계수에 의해 측정된 소득불평등 또한 몇 차례 변동이 있었지만 시간이 지남에 따라 증가하는 추세를 보여 주며, 임금불평등의 패턴과 아주 유사한 패턴을 보여 주었다.

〈그림 2〉는 추정된 세전 및 이전소득 전 가계 소득 분배에 의해 측정된

그림 2. 한국의 불평등 추이(1963-2001)

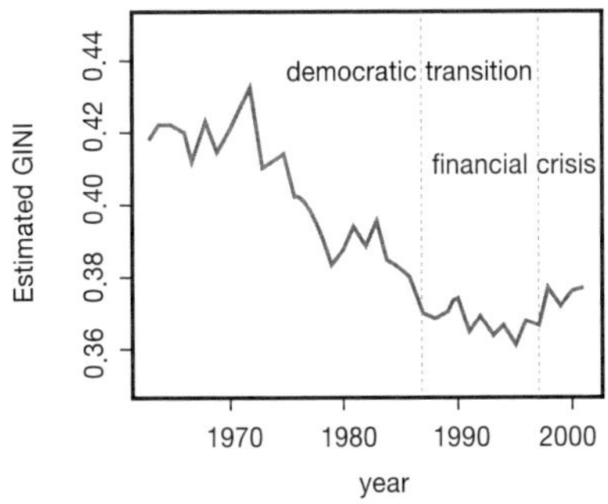

자료: The University of Texas 불평등 프로젝트(http://utip.gov.utexas.edu). 자료는 추정된 가구소득불평등 지수(세전소득).

1963년부터 2001년까지 한국의 장기간 시계열 소득불평등의 추세를 보여준다. 위 측정이 추정에 의해 기반한 것이므로 아래 추세의 해석에는 주의가 따름에도 불구하고 위 기간 동안의 한국의 소득불평등의 추세 및 변화를 확인할 수 있다. 구체적으로 살펴보면, 비록 1970년대 두 번의 석유파동(oil shocks) 기간에 걸쳐 불평등이 일시적으로 높아지는 모습을 보여 주나 1970년대와 1980년대에 걸쳐 소득불평등이 감소하였음을 확인할 수 있으며, 1997년 금융위기 이후 다시 증가하는 경향이 있음을 확인할 수 있다. 또한 권위주의 시대와 민주주의 시대를 구분하여 보면, 권위주의 시대에 비해 민주주의 전환 이후의 시기에 평균적으로 더 낮은 수준의 임금불평등을 보여 주고 있음을 확인할 수 있다. 그러나 정치제도가 소득에 미치는 영향에 관련된 다른 혼재요인(confounding factors)의 작용의 가능성을 고려하면 보다 체계적인 분석방법을 통해 규명되어야 할 것이다.

본 연구의 목적을 위해 중요한 것은 불평등이 어떻게 정치신뢰와 관련되어 있는가이다. 동아시아의 정치경제에 관한 많은 선행연구들은 인지된 불평등과 정치신뢰의 관계가 덜 알려졌거나 혹은 심지어 없다는 점을 암시하고 있다. 이것은 다른 한편으로 동아시아 국가들이 경제의 안내자이자 계획자로 이해되어져 왔다는 점을 의미한다(Johnson 1982). "발전국가"로 지칭되는 국가들은 경제성장에 집중한 반면 분배적 결과의 공정성에 대한 이슈에 훨씬 더 적은 집중을 하였다는 것이다. 결과적으로, 불평등의 이슈는 발전과 경제성장의 이슈보다 덜 중요한 이슈였다는 것이다. 그러나 이와 반대로 이들 국가들의 불평등의 수준은 다른 저개발 국가들에 비해 상대적으로 낮은 수준을 보여 왔다. 한국 식민지배 종식 후 이뤄진 토지개혁의 영향에 힘입어 상대적으로 부의 평등한 분배와 함께 산업화를 시작할 수 있었다. 따라서 비록 1997년 금융위기 이후 불평등이 급격히 증가하기는 하지만 불평등의 문제가 다른 민주주의 국가들에서처럼 정치적으로 중요한 이슈가 아니었을 것이다.

게다가 신생 민주주의 국가에서의 정당정치는 선진 민주주의 국가의 정당정치와 차이를 보여 준다. 신생 민주주의에서의 정당들은 정당 정책프로그램보다는 후원자-고객(patron-client) 관계를 통해 득표경쟁을 하는 경향이 있다(Hagopian 2009). 예를 들어, 권위주의 체제의 재분배정책들은 다른 계층(즉, 부자에서 빈자) 간의 재분배에 초점을 두지 않고, 도시지역에서 농촌지역으로의 재분배라는 특징을 노정해 왔다. 이러한 재분배는 일본 및 권위주의 체제하의 한국 등 많은 사례들이 보여 주듯 농촌지역의 정치적 지지를 배양하기 위한 목적(Curtis 1971)으로 선심성 분배 프로젝트(pork barrel project)의 형태 혹은 공공보조금(subsidiary)의 형태를 취했다. 민주주의 전환 시기 후 한국 선거 제도(2002년 이후 혼합 다수제)는 정당 및 후보자들로 하여금 인물 투표에 많이 의존하게 하는 유인(incentive)을 제공하고 있다. 정당과 후보자는 그들의 핵심 유권자에 선심성 배분 프로젝트를 제공함으로써 인물 투표를 촉진한다는 것이다. 이것은 사회경제적 핵심유권자의 이익과 선호에 바탕한 정책프로그램에 초점을 두지 않는 정당들을 만들어 내고 정당정치의 저발전을 이끈다.

정당들이 정책프로그램을 통해 경쟁하지 않고 정당정치가 좌-우 정책 차원에서 순환하지 않을 때 불평등의 이슈가 주요 정치적 어젠다의 한 부분이 될 가능성은 낮아진다. 비록 2002년 이후 한국의 정당정치가 비교적 점차 정책프로그램 중심으로 변모하고 있으나, 아직까지 정당과 정당정치는 주로 좌-우 정책입장을 중심으로 이루어지고 있지 않다(Chi and Kwon 2011).

한국 시민들의 불평등 인식과 정치신뢰의 관계는 세계의 다른 나라들과 다른가? 앞서 논의된 몇 요인들은 인지된 불평등이 한국의 정치 신뢰에 영향을 미치는지 혹은 어떻게 미치는지에 대한 질문을 유도한다. 이론적 연구와 경험적 연구들 모두 인지된 불평등이 신뢰를 잠식하는 효과가 있음을 제시하고 있으나, 경제발전의 과정과 정당정치 등과 같은 맥락적 요인들이 한국에서 인지된 불평등의 신뢰잠식효과에 대해 의문을 제기하는 대립가설들을 만들어 낸다.

IV. 경험적 분석

시민들의 인지된 불평등이 정치제도에 관한 신뢰에 영향을 미치는지 혹은 어떻게 영향을 끼치는지 검증하기 위해, 본 연구는 다단 추출(multi-stage) 및 지역추출법(area probability sampling method)에 의해 선택된 응답자의 면대면(face-to-face) 인터뷰를 기반으로 의해 수행된 2009년 한국종합사회조사 자료를 사용하였다.

1. 정치제도의 신뢰 측정

정치제도에 대한 신뢰를 측정하기 위해 우리는 아래와 같은 질문을 사용하였다: "다음은 우리나라의 주요 정치제도들입니다. 귀하는 이 제도들을 이끌어가는 사람들을 어느 정도 신뢰하는지 말씀해 주십시오." 점수는 1-3점으로 측정되었으며, 1점은 "매우 신뢰", 2점은 "다소 신뢰", 3점은 "거의 신뢰하지 않음"을 나타낸다. 그러나 우리는 보다 직관적인 해석을 위해 3점을 매우 신뢰, 1점을 거의 신뢰하지 않음으로 변환하였다. 창과 추(Chang and Chu 2006)의 연구에 따라 본 연구는 여러 중요성과 연관성을 지

표1. 정치제도에 대한 신뢰

	모든 응답자	집권당 지지자	야당 지지자
중앙정부	1.59	1.78	1.53
지방정부	1.63	1.74	1.60
국회	1.24	1.33	1.22
대법원	1.94	2.04	1.91
청와대	1.62	1.91	1.53

자료: 2009 한국종합사회조사
주: 정치제도 신뢰는 1~3으로 측정되었고, 높은 수치일수록 더 신뢰함을 나타냄.

니는 제도적 항목에 집중하였다. 이에 우리는 정치제도의 신뢰도를 측정하기 위해 중앙정부, 지방정부, 국회, 대법원, 청와대의 신뢰도를 측정하는 항목을 사용하였다. 또한 5개의 정치제도에 걸쳐 평균을 산출함으로써 정치제도에 관한 합성(composite) 변수를 구성하였다. 또한 분석결과의 공고성(robustness)을 검증하기 위해 주성분 분석을 통해 정치제도의 신뢰에 관한 환산변수를 얻었다.

〈표 1〉은 정치제도에 대한 신뢰 항목들의 평균값을 보여 준다. 3점이 '매우 신뢰'를 지칭한다는 점을 상기하면 총 1-3점의 범위 내에서 5개 정치제도 중 국회가 가장 낮은 수준의 신뢰(1.24)를 받은 반면 대법원이 가장 높은 수준의 신뢰(1.94)를 받았음을 보여 준다. 5개 제도 전반에 걸쳐 집권당 지지자와 야당 지지자를 나누어 살펴보면 야당 지지자에 비해 집권당 지지자가 정치제도에 대한 더 높은 신뢰를 나타낸다는 점을 확인할 수 있었다. 이는 5개 제도 전반에 걸쳐 동일했다. 집권당 지지자와 야당 지지자의 신뢰수준에 있어 가장 큰 차이를 보여 준 제도는 청와대(1.91 대 1.53)였다. 명백히, 〈표 1〉은 정치제도의 신뢰도의 수준에 있어 "승리자"(선거에서 집권당을 지지한 자)와 "패배자"(선거에서 야당을 지지한 자)의 체계적인 차이가 있음을 제시하고 있다. t-test 검증의 결과는 두 그룹 간의 차이가 99% 신뢰구간에서 통계적으로 유의미함을 보여 주고 있다($t=-7.1$, $p=0.000$).

2. 인지된 불평등의 측정

설문조사의 일반적 방법은 응답자에게 불평등에 관한 인식을 물어보는 것이다. 이것은 시민들의 마음속에 자리 잡고 있는 불평등의 정도를 얻는 가장 직접적인 방법이다. 그러나 시민들의 불평등 인식은 응답자의 경제적 환경, 소득 수준 및 이데올로기 등 다른 혼재요소(confounding factor)에 의해 영향을 받기 쉽다는 합리적 의심이 발생할 수 있다. 이에 인지된 불평등 측정의 문제점을 수정하기 위해 표준화된 조작화(standardized operationalization)에 따라 측정된 인지된 불평등 변수를 채택할 것이다. 따라서 우리는 이러한 혼재요소들에 각별한 주의를 기울일 것이며 소득 및 이념 성향을 계량 분석 모델에 포함시킴으로써 이들의 효과를 통제할 것이다.

인지된 불평등의 측정을 살펴보기 위하여, 우리는 "귀하는 소득 및 재산에 관하여 한국이 얼마나 평등 혹은 불평등하다고 생각하십니까?"의 질문을 사용하였으며, 1점은 "매우 평등"; 2점은 "대체로 평등"; 3점은 "평등하지도 불평등하지도 않음"; 4점은 "대체로 불평등"; 5점은 "매우 불평등"을 나타내는 문항을 사용하였다. 또한 인지된 기회의 불평등을 측정하기 위하여 우리는 불평등에 관해 대한민국 시민들의 마음에 중요성(importance)과 관련성(relevance)을 가지는 두 가지 관련 항목인 교육 기회의 불평등과 취업 기회의 불평등 문항을 사용하였다. 이를 위한 질문은 "귀하는 교육의 기회와 취업 기회에 관하여 한국이 얼마나 평등 혹은 불평등하다고 생각하십니까?"를 사용하였으며, 1점은 "매우 평등; 2점은 "대체로 평등"; 3점은 "평등하지도 불평등하지도 않음"; 4점은 "대체로 불평등"; 5점은 "매우 불평등"을 의미하였다.

〈표 2〉는 인지된 소득불평등과 인지된 기회의 불평등의 평균값을 보여주고 있다. 한국 시민들은 인지된 소득불평등 및 취업 기회의 불평등에 비해 교육 기회의 불평등을 상대적으로 낮게 인식하였다. 야당 지지자들은 집권당 지지자들에 비해 소득불평등과 기회의 불평등, 두 불평등 모두를 집권당 지지자보다 높은 수준으로 인지하였다. 응답자를 이념 성향으로 나

표2. 불평등에 대한 인식

	소득불평등	교육기회불평등	취업기회불평등
전체 응답자	3.44	2.74	3.29
정지적입장			
집권당 지지자	3.55	2.60	3.14
야당 지지자	3.47	2.78	3.34
이념적 지향			
보수	3.34	2.58	3.16
중도	3.48	2.79	3.31
진보	3.50	2.87	3.41

자료: 2009 한국종합사회조사

주: 불평등에 대한 인식은 1~5의 척도로 측정되었고, 수치가 높을수록 불평등에 대한 인식이 높다는 것을 나타냄.

누어 살펴보면 〈표 2〉는 중도 및 진보에 비해 보수가 소득불평등과 기회의 불평등을 현격히 낮게 인지하고 있음을 보여 주었다. 각 집단들에 관하여 행해진 두 가지 인지된 불평등(소득불평등 및 기회의 불평등)에 관련된 일련의 t-검증의 결과들은 95% 신뢰도에서 통계적으로 유의미한 차이가 있음을 보여 주었다. 인지된 소득불평등과 교육, 취업 기회의 불평등에 대한 상관계수는 0.31과 0.32를 보여 주었다. 또한 집권당 지지자와 인지된 불평등의 상관계수는 -0.06으로 꽤 낮은 관계를 보여 준 반면 정부 평가와 인지된 불평등 간의 상관계수는 -0.18로 두 요인들의 관계가 집권당 지지자와 인지된 불평등보다 조금 더 높은 관계가 있음을 보여 주었다. 또한 일반적으로 상정되는 것과 달리, 시민의 인지된 불평등과 부패의 상관계수는 0.06으로 상관관계가 낮았다. 또한 소득과 인지된 소득불평등과의 경우도 위와 비슷한 결과를 보여 주었으며 구체적으로 -0.03의 상관계수를 보여 주며 일반적으로 상정되는 것보다 상관관계가 낮았다.

3. 통제변수

우리는 기존 연구들에 의해 정치제도에 대한 신뢰에 영향을 끼치는 요인으로 제시된 다른 요인들을 통제변수로 포함시켰다(Mishler and Rose 2001;

Chang and Chu 2006). 경제투표의 이론들은 경제적 조건이 시민들의 정치행동에 영향을 끼친다는 점을 제시하고 있다. 시민들은 그들의 경제적 영역에서 그들의 정부가 잘한다고 믿을수록 정치제도에 더 높은 신뢰를 표현할 것이다. 이에 우리는 "지난 4년간 당신 가계의 재정적 상황을 어떻게 평가하는가?"에 관하여 1점에서 5점의 범위에서 1점을 "매우 좋아짐"; 5점을 "매우 나빠짐"을 지칭하는 설문을 사용하였다. 또한 각 제도들의 정치적 성과에 따라 시민들이 어떻게 그들의 신뢰하게 되는지 살펴보기 위해 시민들의 정부에 관한 평가를 포함시켰다. 이를 위한 질문은 "전반적으로 현재 정부의 국정운영이 얼마나 좋다고 생각하는가?"를 사용하였으며 1-5점 범위 내에서 1점을 "매우 좋음", 5점을 "매우 나쁨"을 지칭하는 질문을 사용하였다.

기존 연구들은 인지된 부패(perceived corruption)는 정치제도에 관한 낮은 신뢰와 연관되어 있음을 제시하고 있다. 정치 부패는 시민들로 하여금 정부가 모든 시민에 반응적이지 않다는 인식을 이끌며 이것이 불공정하다는 인식을 이끈다는 것이다(Anderson and Tverdova 2003; Chang and Chu 2006, 262-263). 또한 부패는 경제발전을 저해하고 거시경제성과를 지연시킨다는 연구가 있다. 즉, 이러한 모든 이유들 때문에 부패가 낮은 수준의 정치제도 신뢰를 이끈다는 것이다. 이에 시민들의 부패에 관한 인식을 살펴보기 위하여 "귀하는 다음의 의견에 어느 정도 동의 혹은 반대하십니까? 오늘날 한국 사회에서 정상에 오르려면 부패할 수밖에 없다"의 질문과 1-5점의 범위에서 1점 "매우 반대", 5점 "매우 동의"을 지칭하는 설문을 사용하였다.

기존 연구들은 사회경제적 상태에 관련된 변수들이 시민들의 제도 및 정부에 대한 신뢰를 구조화하는 영향이 있음을 강조하였다. 그러므로 우리는 이념 성향(더미 변수로서 진보적, 보수적, 중도적 범주를 지칭하는 변수), 나이, 교육수준, 가계 소득(1-21 범위), 성별을 고려하였다.

V. 경험적 분석 결과

인지된 불평등이 정치제도의 신뢰에 미치는 효과를 살펴보기 위하여 우리는 최소자승모형(OLS)과 로버스트 표준오차(robust standard errors)를 추정한다.

〈표 3〉은 분석 결과를 보여 준다. 모델(1)은 기저 모형(baseline model)이다. 모델(2)는 인지된 소득불평등을 포함하며 모델(3)은 인지된 소득불평등 뿐 아니라 교육 기회 및 취업 기회의 불평등 인식을 포함한다. 우리의 가설과 일치하게, 인지된 불평등이 정치신뢰에 통계적으로 유의미한 부(-)의 관계를 가지고 있음을 확인할 수 있었다. 한국 사회에서 소득과 재산이 불평등하다고 인지하는 시민들은 소득불평등의 수준이 높지 않다고 평가하는 사람에 비해 정치제도를 덜 신뢰한 것이다(모델(2)). 이러한 발견은 인지된 소득불평등이 신뢰를 잠식하는 효과가 있음을 의미한다. 인지된 불평등은 정치적 신뢰를 약화시킨다. 또한 구체적 수치를 살펴보면, 모든 조건이 동일하다고 가정할 때, 한국 사회에서 소득이 매우 불평등하다고 인지하는 사람은 소득이 평등하다고 인지하는 사람에 비해 1-3 범위 내에서 0.3의 정도로 정치제도에 대해 낮은 신뢰를 가짐을 확인할 수 있었다.

또한 본 연구의 분석결과는 기회의 불평등에 대한 인식 또한 중요하다는 점을 제시하고 있다(모델(3)). 교육 기회의 불평등과 취업 기회의 불평등 인식의 추정된 계수는 95% 신뢰도 수준에서 통계적 유의미성을 보여 주었다. 이것은 사회에서 교육의 기회와 취업 기회가 불평등하다고 인지하는 사람은 두 기회가 상대적으로 평등하다고 인지하는 사람보다 낮은 수준의 정치 신뢰를 보여 준다는 점을 의미한다. 이러한 결과는 명백히 결과의 불평등(소득불평등)과 기회의 불평등 모두 시민의 정치제도에 대한 신뢰의 수준을 설명하는 변수로서 매우 중요하다는 점을 보여 준다.

정부 수행능력 평가와 집권당 지지는 정치제도에 관한 신뢰의 증가와 95% 수준에서 통계적으로 유의미한 관계를 보여 주었다. 국정 운영에 있어

표 3. 정치제도 신뢰의 결정요인

변수	[1]	[2]	[3]
소득불평등 인식		-0.060**	-0.040**
		(0.014)	(0.014)
교육불평등 인식			-0.030**
			(0.012)
취업불평등 인식			-0.031*
			(0.013)
집권당 지지	0.070*	0.072*	0.072**
	(0.030)	(0.030)	(0.030)
정부 수행 능력 평가	0.141**	0.133**	0.126**
	(0.013)	(0.014)	(0.014)
가구재정상태 평가	0.021	0.014	0.011
	(0.013)	(0.013)	(0.013)
보수	0.014	0.008	0.002
	(0.028)	(0.028)	(0.028)
진보	0.007	0.010	0.015
	(0.027)	(0.027)	(0.027)
부패 인식	-0.023*	-0.022*	-0.021*
	(0.009)	(0.009)	(0.009)
여성	0.013	0.012	0.020
	(0.023)	(0.023)	(0.023)
연령	-0.0002	-0.0003	-0.0006
	(0.001)	(0.001)	(0.001)
교육	0.005	0.004	0.002
	(0.011)	(0.010)	(0.010)
소득	0.007*	0.006*	0.005*
	(0.003)	(0.003)	(0.002)
상수	1.202**	1.458**	1.613**
	(0.092)	(0.109)	(0.112)
N	1284	1276	1276
Adjusted R^2	0.15	0.16	0.18
Root MSE	0.398	0.395	0.392

주: OLS 추정계수와 로버스트 표준오차. * $p<0.05$, ** $p<0.01$ (two-tailed).

정부 수행을 높게 평가한 시민들은 정부의 국정운영을 좋지 않게 평가한 사람에 비해 정치제도를 더 신뢰하는 경향을 보여 주었다. 이것은 정부의 좋은 국정 운영이 시민들의 정치신뢰를 높여 주는 데 도움을 준다는 점을 명백히 보여 준다. 이러한 발견은 정치적, 정책적 관점에서 아시아 민주주의 정부는 정부의 좋은 수행을 통해 시민들의 지지를 얻는다는 추 외(Chu et al 2009)의 연구와 동일 선상에 있다(Chu et al 2009, 145). 집권당에 대한 지지 또한 높은 수준의 정치신뢰와 연관되어 있었다. 이러한 결과들은 정부의 좋은 수행은 정치제도에 대한 높은 수준의 신뢰를 유지하는 데 중요성을 지닌다는 함의를 주고 있다. 또한 위 분석의 결과는 인지된 부패는 정치제도에 대한 낮은 신뢰와 연관되어 있음을 제시하고 있다. 이러한 발견은 정치 부패의 유해한 효과에 관한 많은 연구들과 일치한다(e.g. Chang and Chu 2006). 소득에 대한 추정 계수는 95% 수준에서 통계적 유의미성을 지니는 것을 보여 주었다. 가계의 소득이 증가함에 따라 정치신뢰가 증가하는 경향성을 띠었다. 소득과 다른 변수(교육 변수 예외)들의 낮은 상관관계를 고려하면 소득이 정치신뢰에 미치는 효과는 주목할 만하다. 다른 인구통계학적 변수들은 통계적으로 유의미하지 않는 것으로 드러났다.

우리의 분석결과가 로버스트(robust)한지 살펴보기 위해 몇 가지 민감도(sensitivity) 검증을 수행하였다. 첫째, 우리는 정치신뢰에 관해 다양하게 측정된 변수를 통해 여러 계량모델의 추정치를 얻었다. 우리는 단순히 5개 정치제도에 대한 평균 신뢰 점수를 사용하는 대신 주성분 분석을 통해 환산변수를 구성하였다. 또한 재추정을 통해서 질적으로 동일한 결과를 얻을 수 있었다. 둘째, 우리는 다중공산성(multicollinearity) 검증, 모델구성의 오류(misspecification) 검증, 누락변수오류(omitted variable bias) 등 추가적인 민감도 검증을 하였다. 공변량(covariates)의 분산팽창계수(variance inflation factor)는 1.04(남성)에서 1.54(교육)의 범위를 보여 줌으로써 심각한 다중공산성의 문제가 없음을 보여 주었다. 모델구성오류(misspecification) 검증의 결과는 우리의 분석이 귀무가설(어떤 모델구성 오류가 없다)을 기각하지 못함으로써 모델구성오류가 없음을 제시해 주었다. 또한 누락변수오류 검증을 위한 램지(Ramsey) 검증의 결과는 귀무가설(어떤 누락 변수가 없다)을 기각하지 못함으로써 누락변수오류가 없음을 보여 주었다(F-통계값=0.19, p-value=0.9).

〈표 3〉이 보여 주듯 우리는 본 검증을 통해 인지된 불평등의 신뢰잠식 효과를 발견할 수 있었다. 지속적으로 높은 불평등을 유지해 오던 국가에서보다 불평등이 급격하게 증가하고 있는 국가에서의 불평등이 정치적으

로 더욱 중요할 것이라는 주장은 타당한 것으로 보여진다. 예를 들어, 기존 연구들은 정치적으로 현저성(saliency)이 낮은, 높은 수준의 실업률보다 정치적 중요성을 띠는 낮은 수준의 실업률이 더욱 중요성을 가진다는 점을 발견해 왔다(Przeworski 1993). 이에 우리는 이러한 경향으로부터 별도의 증거, 검증 없이도 한국에서의 소득불평등의 정치적 중요성이 확연한 것임을 추론해 낼 수 있을 것이다.

한국 시민들의 정치 신뢰의 수준은 다른 어떤 변수들보다 정부 수행에 의해 결정되었다. 정부수행에 기반한 평가가 정치 담론과 시민들에게 중요한 위치를 점하는 한 인지된 불평등이 시민들의 정치행동과 정치제도에 대한 신뢰에 미치는 영향력은 실질적으로 정부 수행만큼 중요한 영향력을 행사하지는 않을 것이다. 동일한 1-5점 범위 측정을 통해서 추정된 정부수행평가 계수(0.13~0.14)는 인지된 불평등의 계수(-0.06~-0.03)의 값보다 훨씬 더 높은 값을 보여 주었다.

우리는 변수의 실질적인 효과를 검증하기 위해 다른 모든 변수들의 값을 평균에 고정한 후 각 변수 값을 최소에서 최대치까지 바꿔 가면서 변화시켜 추정효과를 살펴보는 시뮬레이션(simulation)을 수행하였다. 〈그림 3〉은 시뮬레이션 효과와 95% 신뢰 구간을 보여 준다. 〈그림 3〉이 보여 주듯이 정부수행평가가 정치신뢰에 미치는 효과는 인지된 소득불평등이 정치신뢰에 미치는 효과보다 3배 더 높다는 점을 보여 주었다. 이것은 정부수행(국정운영)의 평가가 "매우 나쁨"에서 "매우 좋음"으로 변화하는 것은 1-3 범위로 측정된 정치신뢰의 값을 순서대로 0.51씩 증가시킨 반면 인지된 소득불평등이 "매우 평등"에서 "매우 나쁨"으로 변화하는 것은 1-3 범위로 측정된 정치제도에 대한 신뢰의 값을 순서대로 0.16씩 감소시킴을 의미한다. 유사하게도 인지된 교육 기회의 불평등 및 취업 기회의 불평등의 예측 값은 0.12만큼의 정치신뢰를 감소시킴을 보여 주었다. 또한 인지된 부패의 효과는 -0.09였으며 소득의 효과는 0.11이었다.

그림 3. 독립변수의 시뮬레이션 효과

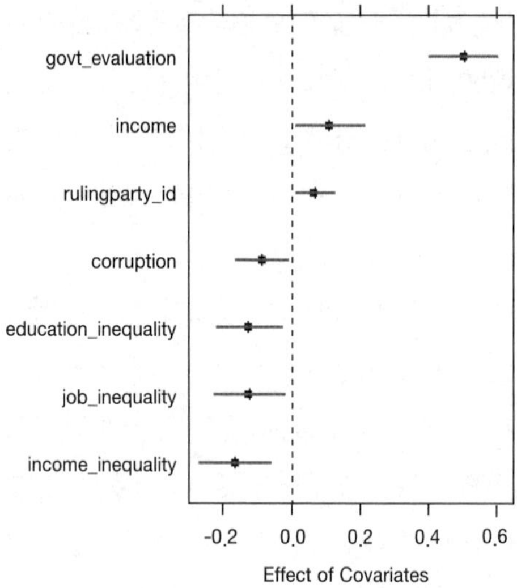

주: 검은색 점은 다른 모든 변수의 값을 평균값에 두고 해당 변수의 값을 최소값에서 최대값으로 변화시켰을 때 그 해당변수의 효과를 나타낸다. 실선은 95% 신뢰구간을 가리킨다. 통계적으로 유의미한 변수들의 효과만을 시뮬레이션하였다.

VI. 결론

본 연구는 한국에서의 시민들의 인지된 불평등과 정치신뢰의 관계를 분석하였다. 분석의 결과는 인지된 불평등이 낮은 수준의 정치제도에 대한 신뢰를 이끈다는 점을 제시하고 있다. 이러한 결과는 선진 민주주의의 불평등과 신뢰(보편적 신뢰와 제도적 신뢰)에 관한 연구들의 결과와 일치한다(Katzenstein 2000; Rothstein and Uslaner 2005). 이에 한국에서 증가하고 있는 불평등이 불평등의 정치적 중요성을 증가시켰으며 이것이 결국 정치제도에 대한 낮은 수준의 신뢰와 연관되어 있다고 말할 수 있을 것이다. 이러한 점에서 불평등이 증가하는 속도(pace)가 중요하다고 말할 수 있을 것이다.

한국 사례분석의 결과는 비교적 관점(comparative perspectives)에서 논의될 수 있다. 국제적 비교의 관점에서 동아시아의 국가들의 분배적 결과는 선진 산업국을 제외한 다른 민주주의 국가들에 비해 훨씬 더 평등하다. 그러나 동아시아 국가들은 1990년대 이후 급속한 불평등의 증가를 경험해 왔다. 대만 자료는 80 : 20 비율이 1989년 5.1에서 2010년 7.72로 증가되는 등 20년간 거의 50%의 증가를 보여 주었다(Chi and Kwon 2012). 일본의"격차 사회(gap society)" 또한 소득과 기회의 배분에 있어 유사한 결과를 보여 주고 있다. 증가하는 불평등은 아마도 이 지역의 시민들의 정치제도에 대한 신뢰에 부정적인 효과를 만들어 내고 있을 것이다.

그러나 동아시아의 몇 맥락적 요인들은 불평등의 증가가 신뢰를 잠식하는 효과를 상쇄할지도 모른다. 동아시아 국가의 경제정책 및 관념들은 "성장 우선(growth first)" 원칙을 지향해 왔고, 따라서 불평등의 정치적 중요성이 극단적으로 낮았을지도 모른다. 특정 선심성 배분 정책 및 공공재 제공과 함께 이뤄지는 분배의 정치는 동아시아 국가에서의 낮은 수준의 프로그램적 정당경쟁과 연관되어 있다.

동아시아 지역 내의 공통점이 있는 반면, 이들 국가 간 차이 또한 존재한다. 지역 내 다른 나라들과 달리 성장지향적(growth-oriented) 정책 사고가 대중 및 정책 네트워크 내에서 보다 폭넓게 공유된 나라가 있을 것이다. 이와 유사하게 동아시아 지역 내에서도 국가마다 불평등의 정치적 중요성 및 정당경쟁의 특성이 다를 수 있다. 이러한 요소들이 실제 불평등, 인지된 불평등, 정치신뢰 사이의 관계의 차이를 설명할 수 있을 것이다.

본 연구에서 규명하고 있는 인지된 불평등의 신뢰 잠식 효과는 비교정치 연구와 공공정책 연구에 중요한 함의를 지닌다. 첫째, 증가하는 불평등을 완화시키는 정부 정책은 시민들의 정치제도에 대한 신뢰를 증가시키는데 도움이 될 것이다. 시민들은 정치제도를 신뢰함과 동시에 정부로 하여금 이러한 정책을 추구 및 수행할 수 있도록 해준다. 이것은 "지속적인 사이클(continuous cycle)"을 구성한다(Rothstein and Uslaner 2005). 둘째, 여러 민주주의 국가 사회에 걸쳐 정치참여와 정치신뢰가 감소하는 문제는 불평등의 증가를 완화하고자 하는 정부의 노력에 의해 어느 정도 완화될 수 있다.

기존 연구들을 통해 소득불평등이 각기 다른 사회계층별로 다른 정치참여의 수준과 관련되어 있다는 점이 발견되어 왔다(Leighly and Nagler 1992; Solt 2008). 또한 우리는 부자들이 가난한 자들에 비해 의회에서 더욱 잘 대표된다는 점을 알고 있다(Gilens 2005). 소득불평등과 정치불평등이 밀접하게 얽혀있을 때, 정부가 이른바 "민주주의의 위기(crisis of democracy)"를 바로잡기 위한 한 가지 방법은 다양한 사회정책을 통해 불평등을 완화시키는 것이다. 달(Dahl 1971)이 그의 고전적 연구에서 언급하듯이, 민주주의는 "정치적으로 평등하게 간주되는 시민들의 선호에 대한 정부의 지속적인 반응성(continuous responsiveness)"을 수반하고 있다(Dahl 1971,7). 시민들에 대한 민주적이고 평등한 반응은 시민들의 정치제도 신뢰 증진에 지대한 중요성을 지니는 것이다. **■지은주 · 이양호 · 권혁용**

참고문헌

Anderson, Christopher J and Pablo Beramendi. 2008. "Income, Inequality, and Electoral Participation."Pablo Beramendi and Christopher J. Anderson, eds. *Democracy, Inequality, and Representation*. New York: Russell Sage Foundation.

Anderson, Christopher J. and Yuliya V. Tverdova. 2003. "Corruption, Political Allegiances, and Attitudes toward Government in Contemporary Democracies." *American Journal of Political Science* 47, No. 1.

Bartels, Larry Martin. 2008. *Unequal Democracy: The Political Economy of the New Gilded Age*. New York: Russell Sage Foundation.-

Chang, Eric C. C. and Yun-han Chu. 2006. "Corruption and Trust: Exceptionalism in Asian Democracies?" *The Journal of Politics* 68, No. 2.

Chi, Eunju and Hyeok Yong Kwon. 2011. "Inequality and Political Trust in East Asian New Democracies." *American Political Science Association*. Seattle. USA.

Chi, Eunju and Hyeok Yong Kwon. 2012. "Unequal New Democracies in Inequality and Political Trust in Korea 219 East Asia: Rising Inequality and Government Responses in South Korea and Taiwan." *Asian Survey* 52, No. 5.

Chu, Yun-han, Larry Diamond, Andrew J. Nathan, and Doh Chull Shin. 2009. "Asia's Challenged Democracies." *The Washington Quarterly* 32, No. 1.

Curtis, Gerald. 1971. *Election Campaigning: Japanese Style*. New York: Columbia University Press.

Dahl, Robert Alan. 1971. *Polyarchy*. New Haven: Yale University Press.

Deyo, Frederic. 1992. "The Political Economy of Social Policy Formation: East Asia's Newly Industrialising Countries." in Richard P. Applebaum and Jeffrey Hendersen, eds. *States and Development in the Asia Pacific Rim*. London: Sage.

Elster, Jon. 1989. *The Cement of Society: A Study of Social Order*. Cambridge: Cambridge University Press.

Gilens, Martin. 2005. "Inequality and Democratic Responsiveness." *Public Opinion Quarterly* 69, No. 5.

Haggard, Stephan and Robert R. Kaufman. 2008. *Development, Democracy, and Welfare States: Latin America, East Asia, and Eastern Europe*. Princeton: Princeton University Press.

Hagopian, Frances. 2009. "Parties and Voters in Emerging Democracies." in Carles Boix and Susan C. Stokes, eds. *The Oxford Handbook of Comparative Politics*. Oxford: Oxford University Press.

Hardin, Russell. 1993. "The Street-Level Epistemology of Trust." *Politics and Society* 21, No. 4.

Jamal, Amaney and Irfan Nooruddin. 2010. "The Democratic Utility of Trust: A Cross-National Analysis." *The Journal of Politics* 72, No. 1.

Johnson, Chalmers A. 1982. *MITI and the Japanese Miracle*. Stanford: Stanford University Press.

Katzenstein, Peter J. 2000. "Confidence, Trust, International Relations, and Lessons from Smaller Democracies." in Susan J. Pharr and 220 Eunju Chi, Yangho Rhee, and Hyeok Yong Kwon Robert D. Putnam, eds. *Disaffected Democracies: What's Troubling the Trilateral Countries?*. Princeton: Princeton University Press.

Kenworthy, Lane and Jonas Pontusson. 2005. "Rising Inequality and the Politics of Redistribution in Affluent Countries." *Perspectives on Politics* 3, No. 3.

Kumlin, Staffan and Bo Rothstein. 2005. "Making and Breaking Social Capital: The Impact of Welfare State Institutions." *Comparative Political Studies* 38, No. 4.

Leighly, Jan E. and Jonathan Nagler. 1992. "Unions, Voter Turnout and Class Bias in the Electorate, 1964-2004." *The Journal of Politics* 69, No. 2.

Levi, Margaret and Laura Stoker. 2000. "Political Trust and Trustworthiness." *Annual Review of Political Science* 3, No. 1.

Mishler, William and Richard Rose. 2001. "What are the Origins of Political Trust? Testing Institutional and Cultural Theories in Post-Communist Societies." *Comparative Political Studies* 34, No. 1.

Newton, Kenneth and Pippa Norris. 2000. "Confidence in Public Institutions: Faith, Culture, or Performance?" in Susan J. Pharr and Robert D. Putnam, eds. *Disaffected Democracies: What's Troubling the Trilateral Countries?*. Princeton: Princeton University Press.

Park, Chong-Min and Doh Chull Shin. 2005."Social Capital and Democratic Citizenship: The Case of South Korea." *Japanese Journal of Political Science* 6, No. 1.

Park, Chong-Min and Doh Chull Shin. 2006. "Do Asian Values Deter Popular Support for Democracy in South Korea?" *Asian Survey* 46, No. 3.

Przeworski, Adam. 1993. "Economic Reforms, Public Opinion, and Political Institution," in J. M. Maravall, L. C. Pereira, and A. Przeworski, eds. *Economic Reforms in New Democracies: A Social Democratic Approach*. Cambridge: Cambridge University Press.

Rothstein, Bo. 2005. *Social Traps and the Problem of Trust*. New York: Cambridge University Press.

Rothstein, Bo and Eric M. Uslaner. 2005. "All for All: Equality, Corruption, and Social Trust." *World Politics* 58, No. 1.

Solt, Frederick. 2008. "Economic Inequality and Democratic Political Engagement." *American Journal of Political Science* 52, No. 1.

Uslaner, Eric M. 2008. *Corruption, Inequality, and the Rule of Law*. New York: Cambridge University Press.

12장

불평등과 행복

한국의 사례

I. 서론

이 논문은 한국에서 소득불평등과 기회불평등에 대한 인식이 개인의 행복에 미치는 영향을 분석한다. 소득불평등과 기회불평등, 그리고 행복은 서로 연계되어 있다. 소득이 다른 사람보다 낮으면 상대적 박탈감을 갖게 될 것이고 이것이 행복하지 못하다고 느끼는 요인이 될 것이다. 이에 반해 다른 사람보다 소득이 높으면 자신이 행복하다고 느낄 것이라는 추정을 할 수 있다. 아울러 소득불평등이 본인의 노력과는 관계없이 구조적이고 상황적인 요인에 의해 악화되었다고 느끼게 되면, 즉 기회불평등이 높아지면 불만이 많아지고 행복 수준은 낮아질 것으로 생각할 수 있다. 이 논문은 소득불평등과 기회불평등, 그리고 행복이 어떻게 연결되는지에 관한 이론적 논의를 제시하고 불평등의 효과를 경험적으로 분석한다.

소득과 행복의 관계에 관한 이스털린의 역설(Easterlin's paradox)은 소득이 일정한 수준에 도달하면 소득의 증가가 반드시 행복의 증가로 이어지는 것은 아니라는 점을 제시한다. 리처드 이스털린(Richard Easterlin)은 아시아, 아프리카, 남미를 포함한 19개 국가를 대상으로 개인들의 주관적 행복에 대한 응답을 분석하여 소득의 증가가 반드시 행복의 증가로 이어지지 않는다고 결론지은 바 있다(Easterlin 1974, 118). 이스털린의 역설은 오랫동안 학문적 논쟁의 중심이 되어 왔다. 이스털린의 역설을 비판하는 대표적 학자인 해거티와 벤호벤(Hagerty and Veenhoven 2003)은 소득이 행복에 긍정적 효과가 있고 시간에 따른 장기 효과(longitudinal effect)가 부자와 빈민 간, 부국과 빈국 간의 단기적 차이보다 훨씬 크다는 주장을 하였다(Hagerty and Veenhoven 2003). 소득이 증가하면 행복이 일시적으로는 변할지라도 장기적으로 보면 변하지 않는다는 이스털린의 주장을 비판한 것이다. 그러자 다시 이스털린 외(Easterlin et al. 2010)는 이스털린 역설이 옳다고 재반격을 했다. 소득과 행복의 역설의 구조에 따라 한 국가의 소득이 증가해도 행복은 증가하지 않는다며 반박하였다. 이스털린 등이 예로 든 것은 한국, 중국, 칠레였다. 1인당 실질소득이 각각 한국 13년, 중국 10년, 칠레 18년 만에 두 배가 되어 많은 사람들이 행복할 것이라고 생각하지만 실제로는 한국에서는 통계적으로 유의미하지 않은 증가를 보였지만 중국과 칠레는 삶의 만족도(life satisfaction)가 오히려 약간 감소했다는 것이다(Easterlin et al. 2010, 22467).

소득의 증감에 따라 행복이 변하는지는 아직도 풀리지 않은 퍼즐과 같다. 사회과학에서 최근 들어 행복의 개념에 초점을 두는 이유는 선택과 행위를 통해 효용을 추론하는 것을 넘어서서 사람들이 인식하는 삶의 질(quality of life)에 대해 관심을 갖기 때문이다(Frey and Stutzer 2002, 404-405). 이를 반영하듯 경제학과 심리학 등에서 사람들이 갖는 주관적인 행복을 어떻게 과학적으로 측정할 것인가의 문제, 그리고 어떠한 요인들이 행복에 영향을 미치는지에 대한 이론적, 경험적 연구들이 축적되어 왔다(Frey 2008; Frey and Stutzer 2001; Kahneman et al. 1999). 기존 연구들은 개인의 삶의 만족도가 소득이나 고용상태, 사회적 관계 등 개인수준의 특성뿐만 아니라 그들이 살고 있는 사회의 경제상황이나 정치상황 등의 환경적 요인에 의해서도 영향을 받는다는 점을 밝혀 왔다. 실업률이나 물가상승 등 거시경제지표의 변화에 따라 삶의 만족도 또한 변화하거나(Di Tella et al. 2003), 국가권력의 분권화 정도, 민주주의의 성숙도, 그리고 정부의 투명성 및 효율성 등 등의 정치제도적 요인들이 개인의 삶의 만족도와 밀접하게 연관되어 있다(Dorn et al. 2007; Helliwell and Huang 2008; Travits 2008). 이러한 정치적, 경제적 환경 요인 중의 하나로 최근 들어 증가하는 불평등의 효과에 주목하는 연구들이 축적되어 왔다.

이 논문은 한국에서 소득불평등과 기회불평등에 대한 인식이 전반적인 삶에 대한 만족도(life satisfaction), 즉 행복에 미치는 영향을 분석한다. 그동안 우리 사회에서 증가하는 소득불평등에 관한 학문적 관심이 확대되어 온 것은 사실이지만, 소득불평등이 갖는 정치적, 사회적 함의에 관한 연구는 상대적으로 제한적이었다. 소득불평등을 정치경제적 시각에서 분석한 연구들이 일부 존재하는 반면에(권혁용 2007; 김순영 2006), 불평등이 개인의 정치적 태도 및 정치행태에 미치는 효과에 대한 연구는 장승진(2011)의 연구를 제외하고는 없다.

이 논문은 불평등과 행복의 관계에서 행복을 결정하는 요인들이 무엇인지를 설명하고 소득불평등과 기회불평등 그리고 행복이 상호 간에 어떤 관계에 있는지를 분석한다. 다음 두 절에서는 행복과 삶의 만족도, 그리고 주관적 안녕감 등의 개념화를 소개하고 불평등과 행복에 대한 비교연구 문헌들을 검토한 후, 소득불평등과 기회불평등이 어떻게 행복과 연결되는지에 관해 이론적 논의를 제시한다. 4절에서는 2009년 〈한국종합사회조사〉에 대한 통계적 분석을 위한 변수의 조작화 및 자료에 대해 소개하고, 5절에서 통계분석의 결과를 보고한다. 이러한 분석의 결과는 삶의 질을 높이고 행복 지수를 높이기 위해서는 소득불평등을 해소하는 것에 정책적 우선권을 두어야 하는지 아니면 기회불평등을 완화하기 위한 법적, 제도적 정비를 강구해야 하는지의 문제와도 결부될 수 있다. 이러한 함의에 대한 논의가 6절 결론에 제시된다.

II. 행복의 개념화와 행복을 결정하는 요인

행복을 결정하는 요인은 여러 가지가 있을 수 있다. 그러나 서로 다른 문화에서 개인의 행복에 영향을 미치는 요인들은 아주 비슷한 것으로 나타났다(Easterlin 1974, 94). 건강이 행복할 가능성을 15.3% 설명한다는 논의도 있고 교육 등이 행복을 결정하는 요인이 될 수 있다(Borooah 2006, 486). 유럽에서 빈곤층을 계산할 때 중위소득의 60% 이하를 빈곤 인구로 산정하지만 여기에 상대적 박탈(relative deprivation)까지 합쳐서 빈곤 인구를 산정하기도 한다. 이럴 경우 상대적 박탈감이 심한 빈곤 인구에 속한 사람들은 아무래도 행복을 느끼기가 쉽지 않을 것이다. 물론 빈곤한 환경에서도 주변 사람들과의 비교를 통해 자신의 행복을 자리매김하기 때문에 빈곤에 처한 국가의 사람들이 부자 국가의 사람들보다 덜 행복하다고는 말할 수 없다. 결국 삶의 질의 문제가 행복의 가장 중요한 요인이라고 할 수 있다. 행복은 우리가 스스로의 삶을 어떻게 느끼고 평가하는가의 문제와 맞닿아 있다. 행복은 "전반적인 삶에 대한 주관적 평가(subjective appreciation of one's life-as-a-whole)"라고 할 수 있다(Kalmijn and Arends 2010, 148). 행복하다는 것은 현재의 삶을 전반적으로 긍정적으로 평가하는 것을 의미한다. 쾌락적 안녕(hedonic well-being), 즉 하루하루 느끼는 감정적 경험마저도 삶에 대한 평가와 관계가 있는 것으로 조사되었다(Graham 2011, 226).

개인의 주관적 행복감은 서베이를 통해 삶의 만족도, 즉 응답자가 자신의 전반적인 생활에 대해 어느 정도 만족 또는 불만족 하는지("how satisfied do you feel with your life in general?")에 대해 질문함으로써 경험적으로 측정이 가능하다(장승진 2011, 46). 보통 갤럽조사(Gallup poll) 식으로 "일반적으로 당신은 얼마나 행복하다고 말하겠습니까 — 아주 행복, 보통, 아주 불행(In general, how happy would you say that you are — very happy, fairly happy, or not very happy?)"이라는 문항을 사용한다. 아니면 캔트릴(Hadley Cantril) 식으로 가장 불행(0)에서 가장 행복(10)까지로 답하도록 한다. 갤럽이나 캔트릴의 방법이 다르지만 본질적으로 같으며 모두 주관적 평가(subjective evaluation)를 대답하도록 하고 있다(Easterlin 1974, 91-92). 심리학 연구들이 밝혔듯이, 이러한 삶의 만족도 문항을 통해 사람들이 느끼는 행복감을 포착할 수 있는 것으로 알려졌다(Frey and Stutzer 2001; Veenhoven 1996). 심리학 연구에 따르면 삶의 만족도에 대한 주관적 판단과 응답이 행복한 사람에게서 공통적으로 나타나는 현상들과 상식적으로 일치하는 방향으로 나타난다는 점에서 타당성(validity)과 신뢰성(reliability)을 갖는다(Frey and Stutzer 2002; Kahneman and Krueger 2006). 삶의 만족도 문항이 갖는 측정의 타당성과 신뢰성은 여러 국가와 문화에 걸쳐 확인되었다. 이를 바탕으로 행복감에 영향을 미치는 요인들에 대한 국가 간 및 시계열 비교연구도 축적되어 왔다(Frey and Stutzer 2002 참조).

이스털린의 역설이 여전히 논쟁의 중심에 있지만 많은 연구들은 소득수준과 행복수준이 같은 방향으로 증가하거나 감소하는 것으로 분석하고 있다. 최근의 연구들은 소득수준이 늘어날수록 삶의 만족도가 높아진다는 것을 경험적으로 밝혔다. 한 사회 내에서 고소득자일수록 저소득자에 비해 더 행복하며, 또한 경제적으로 발전한 국가의 국민들이 그렇지 않은 국가의 국민들보다 평균적으로 더 행복하다는 것이다(Di Tella et al. 2003). 그런데 소득이 높을수록 소득의 추가적 증가가 삶의 만족도에 끼치는 영향력이 감소하는 것으로 나타난다. 소득의 한계효용 체감법칙이 의미하는 것은 절대적 소득뿐 아니라 상대적 소득(relative income)이나 타인과의 비교나 스스로의 기대수준이 중요하게 작용한다는 점이다(Clark et al. 2008). 이러한 점에서 객관적인 소득수준뿐만 아니라 주관적인 인식도 삶의 만족도에 영향을 미친다고 할 수 있다.

여기에서 국가 간 행복의 편차에 대한 비교의 시각을 갖기 위해 잉글하트 외(Inglehart et al. 2008)가 제시한 주관적 안녕, 행복, 삶의 만족도를 살펴볼 필요가 있다. 잉글하트 외는 주관적 안녕을 삶의 만족도에서 행복에 2.5를 곱한 것을 뺀 것(Subjective Well-Being = Life Satisfaction–(2.5 x Happiness))으로 표시하고 있다. 삶의 만족도는 1~10 스케일(수치가 높을수록 만족)로 표시되고 행복은 1~4 스케일(수치가 낮을수록 행복)로 표시되기 때문에 2.5를 곱한 것이다. 만약 100%의 사람들이 아주 행복하고 만족하다면 해당 국가는 최대 7.5를 기록하게 된다. 만약 만족하거나 행복한 사람들보다 더 많은 사람들이 불만족하거나 불행하다면 해당 국가는 음수를 기록하게 된다(Inglehart et al. 2008, 267). 삶의 만족도의 경우 콜롬비아, 덴마크, 멕시코, 몰타, 아일랜드 등이 높은 것으로 나타났다(〈부록 1〉 참조). 이에 반해 리투아니아, 불가리아, 라트비아 등이 삶의 만족도가 낮은 것으로 보인다. 이러한 삶의 만족도는 대체로 주관적 안녕과 비슷한 경향을 보인다. 멕시코, 콜롬비아, 덴마크가 높게 나타나고 몰도바, 불가리아, 라트비아, 루마니아가 낮게 나타난다. 한국의 경우에는 주관적 안녕 지수 1.34, 행복 2.01, 삶의 만족도 6.35로 비교적 다른 국가들에 비해 낮은 편이다.

삶의 만족도는 일반적으로 사회경제적 요인이나 인구학적 요인 등에 의해 결정된다. 고용상태, 건강, 교육수준, 연령 및 성별 등 다양한 개인적 특성이 삶의 만족도와 상관관계를 갖는 것으로 나타난다(Johnson and Krueger 2006). 이러한 인구학적 개인적 특성은 한편으로는 소득을 비롯한 경제적 생활수준에 영향을 끼침으로써, 다른 한편으로는 사회적 지위 및 정체성, 그리고 자아존중감(self-esteem) 등과 연관됨으로써 삶의 만족도에 영향을 끼칠 수 있다. 기혼자일수록 또는 안정적인 관계를 유지하고 있는 사람일수록 더 높은 삶의 만족도를 느끼는 것으로 나타났다(Blanchflower and Oswald 2004). 또한 사회단체에 적극적으로 참여할수록, 대인신뢰도가 높을수록, 그리고 종교활동에 적극적으로 참여할수록 더 높은 삶의 만족도를 보인다(Helliwell 2003).

기존 연구들은 개인의 삶의 만족도가 그들이 살고 있는 사회의 경제상황이나 정치상황 등의 환경적 요인에 의해서도 영향을 받는다는 점을 밝혀왔다. 실업률이나 물가상승 등 거시경제지표의 변화에 따라 삶의 만족도 또한 변화한다(Di Tella et al. 2003). 국가권력의 분권화 정도, 민주주의의 성숙도, 그리고 정부의 투명성 및 효율성 등등의 정치제도적 요인들이 개인의 삶의 만족도와 밀접하게 연관되어 있다(Dorn et al. 2007; Helliwell and Huang 2008; Travits 2008). 이러한 정치적, 경제적 환경 요인 중의 하나로 최근 들어 증가하는 불평등의 효과에 주목하는 연구들이 축적되어 왔다. 그러나 정치경제적인 요인들이 다른 잠재적 요인들보다 주목을 받지 못한 이유는 사람들이 주로 자기 자신의 국가 내에서 행복에서의 개인적 차이를 주로 접하고 느끼기 때문이다. 행복은 고용, 소득, 개성, 교육, 성, 사회관계, 나이 등에 관계가 있지 정부나 정치제도 등과는 관계가 없다고 생각하기 마련이다. 그러나 사람들이 국가마다 평균적인 행복의 수준이 다르고 행복이 불평등하다고 느끼게 되면 정부에 대한 관점도 달라질 것이다. 평균 행복이 토고 3.24, 덴마크 8.00이고 표준편차로 계산한 불평등이 라오스 0.85에서 3.02까지 있다는 것은 대체로 경제발전, 정치자유와 같은 제도적 요인 때문이다(Ott 2011, 3-4). 잉글하트 외의 경우에도 역사적, 문화적, 제도적 요인들이 주관적 안녕에 중요한 역할을 한다고 주장한다. 그럼에도 불구하고 이러한 요인들이 관심을 받지 못한 이유는 국가의 문화와 제도가 특정 국가의 특정 시점에 일정하기 때문이라고 지적한다. 그러면서 잉글하트 외는 경제제도와 정치제도 그리고 신념체계는 그 국가 국민의 주관적 안녕을 결정하고 사회변동이 일어나면 주관적 안녕이 증가하거나 감소한다고 언급한다(Inglehart et al. 2008, 280).

III. 소득불평등과 기회의 불평등, 그리고 행복

불평등과 행복

경제적 불평등과 삶의 만족도 사이의 관계에 대한 경험적 증거는 논란의 여지가 있다. 경제적 불평등이 증가할수록 삶의 만족도가 감소하는 경향을 보인다는 연구가 있는 반면에(Graham and Felton 2006), 경제적 불평등과 삶의 만족도 사이에는 아무런 상관관계가 없다는 연구도 존재한다(Haller and

Haller 2006). 많은 연구들에서 제시된 경험적 증거를 보면 삶의 만족도에 미치는 불평등의 긍정적 또는 부정적 효과 모두가 가능하다고 지적되고 있다(Verme 2011, 111). 복지정책의 유무도 삶의 만족도와 관계가 있다는 주장과 그렇지 않다는 주장이 대립된다. 사람들을 시장기제의 변덕스러운 횡포와 시장기제의 위험으로부터 보호하기 위한 복지프로그램이 발전되어 있는 국가의 시민일수록 더 높은 수준의 삶의 만족도를 보인다는 연구가 다수 존재하는 반면에(Di Tella et al. 2003; Pacek and Radcliff 2008), 복지지출과 삶의 만족도 사이에는 유의미한 관계가 발견되지 않는다는 연구들도 존재한다(Veenhoven 2000).

소득불평등은 삶의 만족도에 어떻게 영향을 미치는가? 베르미(Verme 2011, 112-113)는 허쉬만-로칠드 메커니즘(Hirschman-Rothschild mechanism)과 룬시만-이자키 메커니즘(Runciman-Yitzhaki mechanism)을 설명하고 있다. 허쉬만-로칠드 메커니즘은 소득불평등이 미래에 신분상승을 할 수 있다는 유동성(mobility)을 높여 현재의 만족감을 증대시킨다는 논리이다. 이러한 논리에 따르면, 소득불평등에 대한 인식은 개인의 삶의 만족도를 증가시킬 것이라 기대할 수 있다. 즉, 소득불평등에 대한 인식이 행복에 긍정적 효과를 갖는다고 예측할 수 있는 것이다. 이에 반해 룬시만-이자키 메커니즘은 불평등의 증가가 상대적 박탈감(relative deprivation)을 높여 삶의 만족도를 낮춘다는 것이다. 이 논리가 맞다면 소득불평등에 대한 인식은 개인의 삶의 만족도에 부정적 효과를 가져야 할 것이다. 이러한 상반되는 이론적 예측에 대한 본격적인 경험적 검증을 수행하기 이전에 불평등과 행복의 상관관계에 대한 국가수준의 집합자료를 사용한 비교분석을 살펴본다.

〈그림 1〉은 129개 국가의 행복(average happiness)과 지니계수와의 관계를 산점도로 표시한 것이다. 행복에 영향을 미치는 많은 다른 요인들이 작동한다는 점을 고려하면 제한적인 추론만 가능하지만, 소득불평등의 증감과 행복의 증감이 서로 부(-)의 관계를 나타내는 것을 관찰할 수 있다.

〈표 1〉은 소득불평등과 행복불평등 지표를 소득수준에 따른 국가집

그림 1. 소득불평등과 행복

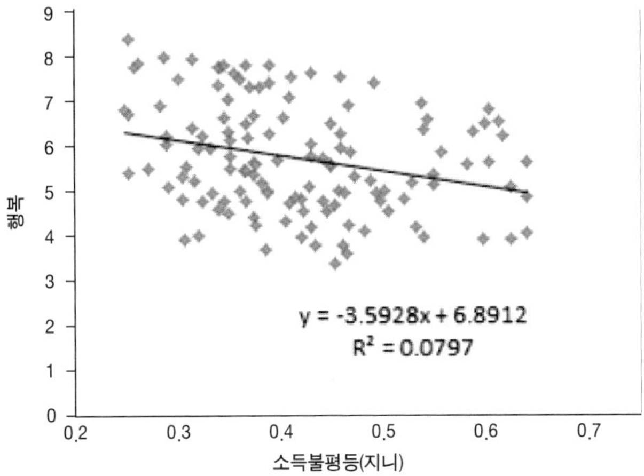

출처: Ott(2011); Hughes et al.(2009).

단별로 제시하고 있다. 갤럽세계조사(Gallup World Poll)를 바탕으로 소득지니계수와 행복지니(Gini happiness)를 산출한 간델만과 포르제칸스키(Gandelman and Porzecanski 2013, 261)의 연구에 의하면 행복지니계수는 소득지니계수보다 낮은 것으로 조사되었고 소득불평등 수준의 대략 1/2이었다. 행복이 소득지니계수보다 낮은 이유는 행복이 가지는 한계효용 때문이다. 세계 117개국의 평균 행복지니계수는 0.199인데, 이 중 저소득 국가는 0.221, 고소득 국가는 0.153이었다. 저소득 국가가 고소득 국가보다 소득뿐만 아니라 행복마저도 더 불평등한 것으로 나타났다.

소득불평등을 야기하는 여러 요인들 중 하나가 기회불평등이다. 전통적

표 1. 소득불평등과 행복불평등

	행복지니계수	소득지니계수	국가 숫자
저소득 국가	0.221	0.504	29
중하소득 국가	0.22	0.445	23
중상소득 국가	0.216	0.412	29
고소득 국가	0.153	0.34	36
세계	0.199	0.419	117

출처: Gandelman and Porzecanski(2013).

표 2. 기회불평등과 소득불평등

	기회불평등	소득불평등(지니계수)
이탈리아	7.64	32.98
미국	6.93	30.43
벨기에	4.58	18.85
프랑스	4.22	25.09
영국	3.45	30.58
네덜란드	2.97	25.1
노르웨이	2.18	21.5
스웨덴	1.09	18.26
독일	0.88	25.83

출처: Lefranc et al.(2008).

으로 기회의 평등은 지위, 교육, 직업에 접근하는 데 장애가 없는 것을 의미했다. 이러한 차원에서 고용은 능력 위주로 이루어져야 하고 계층, 성별, 인종에 의해 방해받지 않아야 하는 것이다(Marrero and Rodríguez 2012, 597). 흔히 평등과 관련하여 결과의 평등(egalitarianism of outcome)과 기회의 평등(egalitarianism of opportunity)을 나누어 구분하기도 한다. 결과의 평등이 빈부 간 재분배를 통해 모든 개인이 민주적으로 평등한 차원에서 존경과 지위를 추구하도록 하는 아이디어인 데 비해, 기회의 평등은 개인적 선택에 상관없이 유리하거나 불리한 상황에 따라 나타나는 결과의 불평등을 보상하기 위해 만들어진 개념이다(Abatemaro 2010, 475-476). 즉 기회의 평등은 개인이 책임질 수 없는 상황에서 발생하는 불평등을 보상하는 것이다(Lefranc et al. 2008, 514). 따라서 개인이 사회경제적 배경 등 개인의 선택할 수 없는 상황에서 불이익을 받는 경우 이를 보상해 주는 것이다. 자연히 상황과 노력(efforts)을 구분하게 되고, 노력하지 않았기 때문에 나타난 결과에 대해서는 보상을 하지 않는다.

〈표 2〉가 보여 주듯이, 유럽 9개국의 가계조사를 사용하여 기회불평등을 분석한 르프랑크 외(Lefranc et al. 2008, 539)의 연구에 의하면 스웨덴, 노르웨이, 독일이 기회의 불평등이 가장 낮은 데 반해 이탈리아, 미국 등은 기회의 불평등이 아주 높다. 벨기에, 프랑스, 영국, 네덜란드는 중간 정도이다(Lefranc et al. 2008, 539).

EU-SILC 데이터베이스를 이용하여 기회불평등을 분석한 마레로와 로드리게즈(Marrero and Rodríguez 2012, 598)의 연구에 의하면 북유럽 국가, 서유럽 국가, 부유한 동유럽 국가들이 기회의 불평등이 낮은 편이고 지중해 국가들과 가난한 동유럽 국가들이 기회의 불평등이 높다. 문제는 불평등 중에서 기회의 불평등이 얼마의 비중을 차지하느냐의 문제가 있다. 전체 불평등에서 기회불평등이 차지하는 비율이 높게 나타난 국가는 포르투갈(22.2%), 아일랜드(15.0%), 리투아니아(14.4%), 에스토니아(13.3%)였다.

2. 정치적 정향과 불평등 효과

우리는 이 연구에서 불평등의 부정적 효과가 일반적으로 모든 계층에게 나타나는 현상인지 아니면 특정 집단, 계층에게 집중되어 나타나는 것인지에 관심을 갖게 된다. 행복의 정치경제에 관한 기존 연구들은 정치적 성향 및 이념적 지향에 따라 불평등이 행복에 미치는 영향이 상이하게 나타난다는 점을 제시했다. 알레시나 등(Alesina et al. 2004)은 특히 정치적으로 좌파라고 응답한 유럽의 개인들은 불평등이 심하다고 인식할수록 덜 행복해지는데 유럽의 우파는 불평등과 행복의 연계를 전혀 보이지 않는다는 점을 발견하였다. 더욱 흥미로운 것은, 미국의 진보층에서 불평등과 행복의 연계가 전혀 발견되지 않는다는 점이다. 사회적 유동성(mobility)에 대한 믿음, 그리고 시장이 창출하는 소득불평등이 상당 부분 개인의 책임이라는 뿌리 깊은 규범과 철학의 영향 때문에 불평등에 대한 인식이 행복과 연결되어 나타나지 않는다는 것이다. 반대로 유럽의 좌파에게는 불평등의 정도가 높아지는 것은 시장과 사회의 공정성(fairness)에 위배되는 현상이 심각해지는 것으로 인시되어 공정하지 못한 사회에 대한 불만족이 삶의 만족도를 낮추는 효과를 갖는다. 알레시나 등은 이러한 미국과 유럽의 차이를 사회적 유동성에 대한 인식의 차이로 설명한다. 미국인들은 스스로의 노력과 재능을 통한 계층상승의 가능성에 대한 뿌리 깊은 믿음과 철학을 가지고 있기 때문에 현재 소득수준이 낮거나 불평등한 분배구조에 대한 인식이 삶의 만족도에 그다지 큰 영향을 끼치지 않는다. 반면에 사회적 유동성이 낮다는 생각을 갖는 유럽인들은 정치적 정향에 따라 불평등이 삶의 만족도에 미치는 효과가 다르게 나타난다는 것이다(Alesina et al. 2004, 2034-2035).

슐렌커(Schlenker 2012)는 보수주의자들이 자유주의자들보다 행복하다고 분석한다. 그 이유는 이데올로기적 차이가 행복의 갭을 설명해 준다는 지적이다. 자유주의자들은 평등(equality)을 추구하는 데 반해 보수주의자들은 공정성(equity)을 추구하기 때문이라는 것이다. 보수주의자들은 공정성에 관심을 가지고 불평등이나 체계적인 부정의(injustice)에는 관심을 가지지 않기 때문이다. 아울러 보수주의자들은 높은 자긍심과 낙관주의를 가지고 있다고 지적한다(Schlenker 2012, 142-143). 이와 비슷한 논리는 네이피어와 요스트(Napier and Jost 2008, 570-571)가 주장하는 것으로 보수주의자들은 불평등의 합리화를 보수주의의 핵심 이데올로기라고 보는 관점인데, 이러한 시각에 따르면 보수주의자들이 자유주의자들보다 평균적으로 행복한 이유는 보수주의가 불평등에 대한 감정적 완충역할을 제공해 준다는 것이다.

이러한 기존 연구들의 예측에 따르면, 좌파 또는 진보층일수록 불평등에 대한 인식이 삶의 만족도에 미치는 부정적 효과가 뚜렷하게 나타날 것이다. 반대로 우파 혹은 보수주의자일수록 불평등의 부정적 효과는 발견되지 않을 가능성이 높다.

IV. 경험적 분석

소득불평등과 기회불평등에 대한 인식이 개인의 삶의 만족도에 미치는 영향을 살펴보기 위하여 이 논문은 성균관대학교 서베이리서치센터의 2009년 한국종합사회조사(Korean General Social Survey) 자료를 분석한다(김상욱 2009). 한국종합사회조사는 다단계지역확률표집(multi-stage area probability sampling) 방식을 통해 무작위로 추출된 전국 만 18세 이상 응답대상자들에 대해 대인면접방식으로 수행된다. 특히 2009년 한국종합사회조사는 ISSP(International Social Survey Programme)의 사회불평등(social inequality)에 대한 지정주제 설문들을 포함하고 있다. 따라서 이 논문의 초점인 불평등과 행복에 대한 경험적 분석을 수행하기에 적합한 문항들을 포함하고 있다.

이 논문의 종속변수는 삶의 만족도이다. 이를 위해 다음의 문항을 사용한다. "모든 상황을 고려해 볼 때, 요즈음 귀하의 생활 전반에 대해 어느 정도 만족 또는 불만족하십니까?" 이에 대한 응답은 "매우 불만족"부터 "매우 만족"에 이르는 5점 척도로 이루어져 있으며, 해석의 편의를 위해 1은 매우 불만족, 5는 매우 만족을 가리키는 것으로 재코딩하였다. 삶의 만족도 문항은 행복에 관한 많은 경험적 연구들이 널리 사용하는 문항이다.

이 논문의 핵심적인 설명변수인 불평등에 대한 인식은 다음의 두 가지로 측정된다. 첫째, 소득불평등에 대한 인식이다. 이를 위해 다음의 문항을 사용한다. "한국 사회에서 다음의 사항들이 어느 정도 평등 또는 불평등하다고 생각하시는지 말씀해 주십시오 - 소득과 재산." 이에 대한 응답은 "매우 평등"부터 "매우 불평등"에 이르기까지 5점 척도로 구성되어 있다. 1은 매우 평등, 그리고 5는 매우 불평등을 가리킨다. 소득불평등은 결과의 불평등에 관한 것이다. 동시에 기회의 불평등에 대해 시민들이 어떠한 인식을 갖고 있는지, 그리고 기회의 불평등에 대한 인식이 갖는 정치적 함의가 무엇인지를 살펴보는 것이 중요하다. 따라서, 둘째, 기회불평등에 대한 인식을 독립변수로 포함한다. 이에 대한 측정은 다음과 같이 진행한다. 우선 "한국 사회에서 다음의 사항들이 어느 정도 평등 또는 불평등하다고 생각하시는지 말씀해 주십시오" 문항 중에서 교육기회, 취업기회, 승진기회, 법의 집행, 그리고 여성의 대우 등 다섯 가지 항목에 대한 응답들을 모아 주성분분석(principal component analysis)을 진행하여 자료축소(data reduction)를 하고 이 변수가 기회불평등(inequality in opportunity)이라는 개념을 포착하는 것으로 가정한다. 이 논문은 노동시장의 작동과 정부의 정책 결과가 창출해 내는 결과의 불평등과 교육, 취업, 승진 등 생애주기에서 중요한 기회들의 불평등에 대한 인식이 한국인들의 삶의 만족도에 미치는 영향을 경험적으로 분석한다. 이를 위해 소득불평등에 대한 인식과 기회불평등에 대한 인식 모두를 경험적 분석모델에 포함시킨다.

이 논문은 소득불평등 및 기회불평등에 대한 개인의 인식이 삶의 만족도에 미치는 영향을 분석한다. 삶의 만족도 수준에 따라 한국 사회의 소득불평등 및 기회불평등에 대한 인식이 달라질 수도 있기 때문에 경험적 분석에서 삶의 만족도에 영향을 미칠 수 있는 다양한 요인들을 모형에 포함시키는 것이 중요하다. 또한 어떤 잠재적 요인이 개인의 불평등에 대한 인식과 삶의 만족도 모두에 영향을 미칠 수도 있다는 점을 고려해야 한다. 기실 실험의 디자인과 방법이 아니고서는 이러한 두 가지 점에 대한 명시적인 통제를 통해 인과효과를 추정하는 것이 쉽지 않다. 이러한 한계를 인정하고, 그럼에도 불구하고 이 경험적 분석에서 삶의 만족도에 미칠 수 있는 잠재적 혼동요인(confounding factor)을 모형에 포함시킨다.

삶의 만족도에 영향을 미치는 것으로 제시된 다양한 통제변수들을 모델에 포함한다. 경제상황이 삶의 만족도에 미치는 영향을 고려하기 위하여 가구소득을 포함시킨다. 가구소득은 가처분소득을 나타내며 최하층부터 50만 원 단위로 총 21개의 범주로 구분되어 있다. 기존 연구에서는 소득증가의 탄력성이 수확체감의 법칙을 따르기는 하지만 고소득층이 저소득층에 비해 삶의 만족도가 높다는 점을 밝혀 왔다. 가구소득이 객관적 지표라면, 가정경제상황에 대한 주관적 만족도에 대한 고려도 필요하다. 이를 위해 "귀댁의 경제 상태에 대해서 어느 정도 만족 또는 불만족 하십니까"라는 문항에 대한 응답(5점 척도, 5는 매우 만족)을 분석모형에 포함시킨다. 또한 정치상황에 대한 만족도의 영향을 고려하기 위해 "귀하는 한국의 정치상황에 대해 어느 정도 만족 또는 불만족 하십니까?"라는 문항을 사용한다. 이에 대한 응답은 5점 척도이며 5는 "매우 만족"을 가리킨다.

개인의 이념적 지향과 정치적 성향이 삶의 만족도에 미치는 영향을 고

표 3. 삶의 만족도 분포

삶의 만족도	빈도수	비율
매우 불만족	64	4.3
다소 불만족	200	13.3
만족도 불만족도 아님	636	42.4
다소 만족	476	31.8
매우 만족	123	8.2
계	1,499	100

주: 자료는 한국종합사회조사 2009.

려하기 위해 이념적 지향을 나타내는 보수와 진보, 두 더미변수를 포함시킨다. 이념적 중도가 준거범주이다. 고용 여부가 삶의 만족도에 미치는 영향을 고려하기 위해 노동시장에 참여하여 고용되어 있는지를 나타내는 더미변수를 포함시킨다. 또한 종교활동에 참여하는 빈도(8점 척도)를 포함시키며 건강상태(5점 척도)를 통제변수로 포함시킨다. 이외에도 인구학적 변수들로 성별(여성=1), 나이, 교육수준, 그리고 기혼 더미변수를 분석모형에 포함시킨다.

한국인들의 삶의 만족도는 어떤 분포를 보이는가? 〈표 3〉은 삶의 만족도 문항에 대한 응답분포를 나타낸 것이다. "매우 만족"과 "다소 만족"을 포함하여 대체로 현재 전반적인 삶에 대해 만족을 갖는 응답자가 40%를 차지하였다. 반면에 대체로 전반적인 삶에 대해 불만족을 나타내는 응답자는 전체 응답자의 17.6%를 차지하였다. 만족도 불만도 아니라는 응답을 포함하여 전반적으로 삶에 대해 만족하지 않는 응답자가 만족하는 응답자보다 높은 비율로 나타나는 것을 볼 수 있다.

〈표 4〉는 불평등에 대한 인식의 분포를 보여 준다. 한국 사회에서 소득과 재산이 대체로 평등하다("매우 평등"과 "약간 평등"을 포함한)는 응답이 15.4%로 나타난 반면에, "약간 불평등"과 "매우 불평등" 응답을 합하면 49.3%로 나타났다. 거의 절반에 해당하는 응답자들이 한국 사회에서 소득과 재산이 불평등하다는 인식을 갖는 것으로 나타난 것이다. 다음으로 기회의 불평등을 나타내는 문항 중에 한국 사회에서 중요한 항목이라 생각되

표 4. 불평등 인식 분포

	소득과 재산	교육기회	취업기회
매우 평등	21 (1.4)	165 (11.0)	52 (3.4)
약간 평등	207 (14.0)	563 (37.7)	308 (20.6)
그저 그렇다	524 (35.3)	347 (23.3)	441 (29.6)
약간 불평등	552 (37.3)	325 (21.8)	532 (35.7)
매우 불평등	178 (12.0)	92 (6.2)	159 (10.7)
계	1,482 (100)	1,492 (100)	1,492 (100)

주: 자료는 한국종합사회조사 2009. 괄호 안의 숫자는 비율을 나타냄.

는 교육기회와 취업기회의 불평등에 대한 인식 분포를 살펴보자. 교육기회가 대체로 평등하다("매우 평등"과 "약간 평등"을 포함한)는 응답이 48.7%인 반면에, 대체로 불평등하다는 응답은 28%에 머물렀다. 교육기회에 대하여 대체로 평등하다는 인식이 불평등하다는 인식보다 더 많은 것으로 나타났다. 취업기회의 불평등에 대한 인식분포는 이와 다르게 나타났다. 한국 사회의 취업기회가 대체로 평등하다는 응답이 24%로 나타난 데 비해, 대체로 불평등하다는 응답은 46.4%로 조사되었다. 거의 두 배에 달하는 응답자들이 한국 사회의 취업기회가 불평등하다고 인식하고 있는 것이다.

불평등에 대한 인식과 삶의 만족도는 어떠한 관계를 보이는가? 불평등에 대한 인식이 삶의 만족도 또는 행복에 미치는 영향을 통계적으로 분석한 결과를 다음 절에서 제시한다.

V. 분석 결과

종속변수인 삶의 만족도가 5점 척도로 측정된 범주형 변수이기 때문에 순차프로빗(ordered probit) 회귀분석을 통해 계수를 추정하고 로버스트 표준오차를 추정한다.

〈표 5〉는 불평등에 대한 인식이 삶의 만족도에 미치는 영향을 분석한 결과를 보여 준다. 소득불평등에 대한 인식은 삶의 만족도에 아무런 영향력도 갖지 않는 반면에, 기회불평등에 대한 인식은 삶의 만족도에 통계적으

표 5. 소득불평등과 기회불평등 인식이 행복에 미치는 영향 분석

	추정계수 (표준오차)
소득불평등 인식	0.01 (0.04)
기회불평등 인식	-0.06* (0.02)
소득	0.02* (0.01)
가정경제 만족	0.38* (0.04)
정치상황 만족	0.04 (0.04)
보수	0.07 (0.07)
진보	0.08 (0.07)
고용여부	0.08 (0.07)
종교활동 빈도수	0.01 (0.01)
건강상태	0.14* (0.06)
여성	0.14* (0.06)
나이	0.003 (0.003)
교육수준	0.04 (0.03)
기혼	0.12 (0.07)
절단값1	0.50
절단값2	1.48
절단값3	2.83
절단값4	4.16
로그유사우도	-1625.5
N	1350

주: 자료는 한국종합사회조사 2009. 종속변수는 삶의 만족도. *는 95% 신뢰수준에서 통계적으로 유의미한 계수.

로 유의미한 부정적 영향력을 미치는 것으로 분석되었다. 행복에 영향을 미치는 것은 소득배분의 불평등 정도보다는 교육기회, 취업기회, 법집행, 여성에 대한 대우, 승진기회 등의 절차적, 제도적 측면에서 인식되는 기회의 불평등 정도인 것으로 나타났다.

분석결과는 가구소득이 높을수록 그리고 가정경제에 대한 주관적 만족도가 높을수록 삶의 만족도 또한 높아진다는 점을 제시한다. 객관적 지표인 가처분 가구소득과 주관적 가정경제 만족도 모두 삶의 만족도에 영향을 미치는 유의미한 요인이라는 것이다. 다시 말해 객관적 주관적 경제지표가 개인의 행복과 밀접한 연관성을 갖는다는 점을 나타낸다고 할 수 있다. 건강상태가 좋을수록 삶의 만족도가 높아진다는 발견은 그리 놀랍지 않다. 여성은 남성에 비해 상대적으로 더 삶의 만족도가 높은 것으로 분석되었다. 나이나 교육수준, 그리고 기혼여부 등 다른 인구학적 요인들은 삶

표 6. 소득불평등과 기회불평등, 그리고 삶의 만족도

	[1] 보수 추정계수(표준오차)	[2] 중도 추정계수(표준오차)	[3] 진보 추정계수(표준오차)
소득불평등 인식	-0.11 (0.06)	0.15 (0.08)	-0.003 (0.06)
기회불평등 인식	-0.01 (0.04)	-0.13* (0.04)	-0.04 (0.04)
소득	0.03* (0.01)	0.03* (0.01)	0.01 (0.01)
가정경제 만족	0.43* (0.06)	0.45* (0.07)	0.35* (0.06)
정치상황 만족	0.09 (0.06)	-0.01 (0.07)	0.04 (0.06)
고용여부	0.04 (0.11)	0.03 (0.12)	0.19 (0.11)
종교활동 빈도수	-0.02 (0.02)	0.02 (0.02)	0.03 (0.02)
건강상태	0.05 (0.06)	0.22* (0.06)	0.16* (0.05)
여성	0.22* (0.11)	0.11 (0.12)	0.15 (0.11)
나이	0.00 (0.00)	0.00 (0.00)	0.00 (0.00)
교육수준	0.03 (0.05)	0.08 (0.05)	0.05 (0.05)
기혼	-0.13 (0.13)	0.52* (0.12)	0.03 (0.13)
절단값1	-0.61	1.41	0.67
절단값2	0.41	2.51	1.60
절단값3	1.88	4.11	2.78
절단값4	3.10	5.61	4.19
로그유사우도	-511.1	-450.7	-586.4
N	432	413	471

주: 자료는 한국종합사회조사 2009. 종속변수는 삶의 만족도. *는 95% 신뢰수준에서 통계적으로 유의미한 계수.

의 만족도에 아무런 통계적으로 유의미한 영향도 미치지 않는 것으로 나타났다. 고용여부와 종교활동 빈도 등 경제적, 사회적 참여 또한 삶의 만족도와 상관관계를 갖지 않는 것으로 분석되었다. 또한 정치적 보수나 진보 모두 정치적 중도에 비해 뚜렷하게 구분되는 차이를 갖지 않는 것으로 나타났으며 이는 보수나 진보가 중도에 비해 삶의 만족도와 관련하여 통계적으로 유의미한 차별성을 갖는 것은 아니라는 점을 제시한다.

앞서 언급하였듯이, 행복의 정치경제에 관한 기존 연구들은 정치적 성향 및 이념적 지향에 따라 불평등이 행복에 미치는 영향이 상이하게 나타난다는 점을 제시했다(Alesina et al. 2004). 한국의 보수와 진보는 불평등과 행복을 연결짓는가? 한국의 보수와 진보는 유럽 시민들의 패턴을 보일까, 아니면 미국 시민들의 유형으로 나타날까? 이러한 질문에 대한 답을 살펴보기 위한 분석결과가 〈표 6〉에 제시되어 있다.

〈표 6〉은 이념적 지향에 상관없이 소득불평등에 대한 인식이 삶의 만족도에 아무런 영향을 갖지 않는다는 점을 보여 준다. 앞의 〈표 5〉에 제시된 것처럼, 소득불평등에 대한 인식은 삶의 만족도에 아무런 영향을 미치지 않는데, 이는 보수건, 진보건, 중도건 동일하게 나타나는 현상이다. 흥미롭게도 기회불평등에 대한 인식은 이념적 중도층의 삶의 만족도에 부정적 영향을 미치는 것으로 분석되었다. 중도층은 한국 사회에서 기회불평등이 높다고 생각할수록 삶의 만족도가 낮아지는 것으로 나타났다. 그런데 중도층에서 발견되는 기회불평등 인식효과는 보수나 진보에게서는 발견되지 않는다. 진보나 보수에게 불평등에 대한 인식은, 그것이 소득불평등이건 기회불평등이건, 삶의 만족도와 아무런 관계를 갖지 않는 것으로 보인다. 소득은 보수와 중도층에게 삶의 만족도를 높이는 하나의 요인인 것으로 나타났다. 하지만 진보층에게 소득과 삶의 만족도의 상관관계는 발견되지 않았다. 가구소득이라는 객관적 지표와 달리 가정경제 상황에 대한 주관적 평가가 삶의 만족도에 미치는 긍정적인 영향은 모든 이념층에 고르게 존재하는 것으로 분석되었다. 중도와 진보층은 건강상태가 좋다고 생각할수록 삶의 만족도가 높은 것으로 나타났으나 보수층은 아무런 상관관계를 보이지 않았다. 보수층 여성일수록 남성에 비해 삶의 만족도가 높은 것으로 나타났는데, 이러한 성별 차이는 다른 이념층에서는 발견할 수 없다. 기혼자가 미(비)혼자들에 비해 삶의 만족도가 더 높다는 발견은 오직 중도층에게서만 찾아볼 수 있다.

VI. 결론

소득과 행복에 관한 이스털린의 역설은 오랫동안 학문적 논쟁의 중심에 있었다. 소득의 증가가 행복의 증가를 가져오는가를 둘러싸고 이스털린은 소득이 일정한 수준에 도달하면 소득증가가 행복증가로 이어지지 않는다는 논리를 제시하였다. 이러한 논리에 대해 잉글하트 등 다른 학자들은 이스털린의 역설이 타당하지 않다고 비판한 바 있다. 행복을 결정하는 요인은 서로 문화가 다른 국가 간에도 비슷하다고 하는 것이 학자들의 일반적인 견해이다. 삶의 만족도는 인구사회학적 요인에 의해 영향을 받으며 기회불평등에 대한 인식이 중요한 역할을 한다. 아울러 이념적 정향에 따라 삶의 만족도가 다르게 나타나 우파나 보수주의자들이 삶의 만족도가 높고 좌파나 진보층은 낮다고 알려져 있다.

이 논문에서는 2009년 한국종합사회조사 자료를 통해 소득불평등, 기회불평등, 그리고 행복이 어떤 관계를 갖는지를 분석하였다. 가구소득이 높을수록 그리고 가정경제에 대한 주관적 만족도가 높을수록 삶의 만족도가 높아졌다. 그러나 소득불평등에 대한 인식은 삶의 만족도에 아무런 영향을 미치지 않은 반면에, 기회불평등에 대한 인식이 삶의 만족도에 부정적 영향을 미쳤다. 여기서 기회불평등은 대체로 교육기회, 취업기회, 승진기회, 법의 집행, 그리고 여성의 대우 등 다섯 가지 항목에 대한 응답들로부터 산출되었다. 건강과 젠더가 삶의 만족도에 영향을 미치고 교육수준, 기혼 여부 등은 삶의 만족도에 영향을 미치지 않았다. 고용 여부, 종교활동 등도 삶의 만족도와 상관관계가 없었다. 정치적 진보나 보수도 삶의 만족도와 관련하여 통계적으로 유의미한 차이를 보이지 않았다. 중도층에서 발견되는 기회불평등의 인식이 삶의 만족도에 영향을 미치는 데 반해 보수나 진보에서는 아무런 관계가 없었다. 이것은 보수주의자들과 자유주의자들이 서로 다른 정향을 보인다는 논의들과는 상반된 결과이다.

한국에서 소득불평등보다는 기회불평등이 유의미하게 개인의 행복에 부정적인 효과를 갖는다는 발견은 몇 가지 함의를 제시한다. 우선, 한국의 시민들이 소득분배의 불평등으로 나타나는 결과의 불평등을 개인의 행복과 연관시키지 않는다는 점이다. 이는 우리나라 시민들이 상당 부분 소득분배가 개인의 노력이나 능력을 반영하고 개인의 책임으로 귀속될 수 있다는 생각을 갖고 있다고 해석할 수 있다. 비교하자면 유럽인들보다는 미국인들의 믿음에 더 가까워 보인다. 둘째, 기회불평등에 대한 인식은 명확하게 삶의 만족도에 부정적 효과를 갖는 것으로 나타났다. 교육, 직업, 승진 등의 기회에 대한 접근이 공정하게 배분되어 있지 않다고 생각할 때 삶의 만족도가 낮아지는 것이다. 시민의 행복, 그리고 전반적 삶의 만족도를 증대시키는 하나의 해결책은 법적, 제도적으로 기회의 공평성과 균등성을 보장하는 것임을 제시하는 발견이다. 정부 및 제도에 대한 신뢰가 시민을 행복하게 만든다. 기회불평등은 정부에 대한 신뢰를 떨어뜨리고 시민의 삶의 만족도를 떨어뜨린다. 신뢰받지 못하는 정부와 행복하지 않은 시민, 정치경제적 악순환(vicious cycle) 고리의 한 결절점이다. **■이양호·지은주·권혁용**

참고문헌

권혁용. 2007. 〈한국의 소득불평등의 정치경제: 탐색적 분석〉. 《아세아연구》 50권 1호: 209-232.

김상욱. 2009. 〈한국종합사회조사〉 데이터. 서울: 성균관대학교 서베이리서치센터.

김순영. 2006. 〈불평등과 한국의 민주주의〉. 《아세아연구》 49권 4호: 37-67.

장승진. 2011. 〈행복의 정치경제학: 소득불평등에 대한 인식이 한국인들의 삶의 만족도에 끼치는 영향〉. 《한국정당학회보》 10권 2호: 43-65.

Abatemarco, Antonio. 2010. "Measuring inequality of opportunity through between-group inequality components." *Journal of Economic Inequality* 8(4): 475–490.

Alvarez-Diaz, Angel, Lucas Gonzalez, and Benjamin Radcliff. 2010. "The Politics of Happiness: On the Political Determinants of Quality of Life in the American States." *Journal of Politics* 72(3): 894-905.

Alesina, Alberto, and Dani Rodrik. 1994. "Distributive Politics and Economic Growth." *Quarterly Journal of Economics* 109(2): 465-490.

Alesina, Alberto, Rafael Di Tella, and Robert MacCulloch. 2004. "Inequality and Happiness: Are Europeans and Americans Different?" *Journal of Public Economics* 88(9/10): 2009-2042.

Bartels, Larry. 2008. *Unequal Democracy: The Political Economy of the New Guilded Age*. Princeton: Princeton University Press.

Bjornskov, Christian. 2003. "The Happy Few: Cross-Country Evidence on Social Capital and Life Satisfaction." *Kyklos* 56(1): 3-16.

Blanchflower, David G., and Andrew J. Oswald. 2004. "Money, Sex, and Happiness: An Empirical Study." *Scandinavian Journal of Economics* 106(3): 393-415.

Borooah, Vani K. 2006. "How much Happiness is There in the World? A Cross-country Study." *Applied Economics Letters* 13(8): 483–488.

Clark, Andrew E., Paul Frijters, and Michael A. Shields. 2008. "Relative Income, Happiness, and Utility: An Explanation for the Easterlin Paradox and Other Puzzles." *Journal of Economic Literature* 46(1): 95-144.

Di Tella, Rafael, Robert J. MacCulloch, and Andrew J. Oswald. 2003. "The Macroeconomics of Happiness." *Review of Economics and Statistics* 85(4): 809-827.

Dorn, David, Justina A. V. Fischer, Gebhard Kirchgassner, and Alfonso Sousa-Poza. 2007. "Is It Culture or Democracy? The Impact of Democracy and Culture on Happiness." *Social Indicator Research* 82(3): 505-526.

Easterlin, Richard. 1974. "Does Economic Growth Improve the Human Lot? Some Empirical Evidence." In *Nations and Households in Economic Growth: Essays in Honor of Moses Abramovitz*, pp. 89-125.

Easterlin, Richard, Laura A. McVey, Malgorzata Switek, Onnicha Sawangfa and Jacqueline S. Zweig. 2010. "The Happiness-Income Paradox Revisited." *PNAS* 107(52): 22463-22468.

Ferreira, Francisco H. G. and Jérémie Gignoux. 2011. "The Measurement of Inequality of Opportunity: Theory and an Application to Latin America." *Review of Income and Wealth* 57(4): 622-657.

Ferrer-i-Carbonell, Ada. 2005. "Income and Well-Being: An Empirical Analysis of the Comparison Income Effect." *Journal of Public Economics* 89(5/6): 997-1019.

Frey, Bruno S. 2008. *Happiness: A Revolution in Economics*. Cambridge: The MIT Press.

Frey, Bruno S., and Alois Stutzer. 2001. *Happiness and Economics: How the Economy and Institutions Affect Human Well-Being*. Princeton: Princeton University Press.

Frey, Bruno S., and Alois Stutzer. 2002. "What Can Economists Learn From Happiness Research?" *Journal of Economic Literature* 40(2): 402-435.

Gandelman, Néstor and Rafael Porzecanski. 2013. "Happiness Inequality: How Much is Reasonable?" *Social Indicators Research* 110(1): 257–269.

Graham, Carol, and Andrew Felton. 2006. "Inequality and Happiness: Insights from Latin America." *Journal of Economic Inequality* 4(1): 107-122.

Hagerty, Michael and Ruut Veenhoven. "Wealth and Happiness Revisited Growing Wealth of Nations Does Go with Greater Happiness." *Social Indicators Research* 64(1): 1-27.

Haller, Max, and Markus Hadler. 2006. "How Social Relations and Structures Can Produce Happiness and Unhappiness: An International Comparative Analysis." *Social Indicator Research* 75(2): 169-216.

Helliwell, John F. 2003. "How's Life? Combining Individual and National Variables to Explain Subjective Well-Being." *Economic Modelling* 20(2): 331-360.

Helliwell, John F. 2008. "How's Your Government? International Evidence Linking Good Government and Well-Being." *British Journal of Political Science* 38(4): 595-619.

Hughes, Barry B. et al. 2009. *Reducing Global Poverty Patterns of Potential Human Progress.* Vo.1. Frederic S. Pardee Center for International Futures. Boulder: Oxford University Press.

Inglehart, Ronald, Roberto Foa, Christopher Peterson and Christian Welzel. 2008. "Rising Happiness A Global Perspective (1981–2007)" *Perspectives on Psychological Science* 3(4): 264-285.

Johnson, Wendy, and Robert F. Krueger. 2006. "How Money Buys Happiness: Genetic and Environmental Processes Linking Finances and Life Satisfaction." *Journal of Personality and Social Psychology* 90(4): 680-691.

Kahneman, Daniel, and Alan B. Krueger. 2006. "Developments in the Measurement of Subjective Well-Being." *Journal of Economic Perspectives* 20(1): 3-24.

Kahneman, Daniel, Ed Diener, and Norbert Schwarz. 1999. *Well-Being: The Foundations of Hedonic Psychology.* New York: Russell Sage Foundation.

Kalmijn, W.M. and L.R. Arends. 2010. "Measures of Inequality: Application to Happiness in Nations." *Social Indicators Research* 99(1): 147–162.

Lefranc, Arnaud, Colas Pistolesi and Alain Trannoy. 2008. "Inequality of Opportunites vs. Inequality of Outcomes: Are Western Societies All Alike?" *Review of Income and Wealth* 54(4): 513-546.

Luttmer, Erzo. 2005. "Neighbors as Negatives: Relative Earnings and Well-Being." *Quarterly Journal of Economics* 120(3): 963-1002.

MaCarty, Nolan, Keith T. Poole, and Howard Rosenthal. 2006. *Polarized America: The Dance of Ideology and Unequal Riches*. Cambridge: The MIT Press.

Marrero, Gustavo A. and Juan Gabriel Rodríguez. 2012. "Inequality of Opportunity in Europe." *Review of Income and Wealth* 58(4): 597-621.

Napierm Jaime L. and John T. Jost. 2008. "Why Are Conservatives Happier Than Liberals?" *Psychological Science* 19(6): 565-572.

O'Connell, Michael. 2004. "Fairly Satisfied: Economic Equality, Wealth and Satisfaction." *Journal of Economic Psychology* 25(3): 297-305.

Ott, J. C. 2011. "Government and Happiness in 130 Nations: Good Governance Fosters Higher Level and More Equality of Happiness." *Social Indicators Research* 102(1): 3–22.

Pacek, Alexander, and Benjamin Radcliff. 2008. "Assessing the Welfare State: The Politics of Happiness." *Perspectives on Politics* 6(2): 267-277.

Schlenker, Barry R., John R. Chambers, Bonnie M. Le. 2012. "Conservatives Are Happier Than Liberals, but Why? Political Ideology, Personality, and Life Satisfaction." *Journal of Research in Personality* 46(2): 127–146.

Taylor-Gooby, Peter. 2011. "Opportunity and Solidarity." *Journal of Social Policy* 40(3): 453-470.

Veenhoven, Ruut. 1996. "Developments in Satisfaction Research." *Social Indicators Research* 37(1): 1-46.

Veenhoven, Ruut. 2000. "Well-being in the Welfare State: Level Not Higher, Distribution Not More Equitable." *Journal of Comparative Policy Analysis* 2(1): 91-125.

Verme, Paolo. 2011. "Life Satisfaction and Income Inequality." *Review of Income and Wealth* 57(1): 111-137.

부록. 51개 국가에 대한 주관적 안녕, 행복, 삶의 만족도 비교

	주관적 안녕지표 (SWB index)	행복 (Happiness)	삶의 만족도 (Life satisfaction)
나이지리아(2000)	3.32	1.42	6.87
남아공(2007)	2.4	1.85	7.03
네덜란드(2006)	3.65	1.64	7.76
노르웨이(2007)	3.78	1.67	7.96
뉴질랜드(2004)	3.8	1.64	7.89
대만(2006)	1.68	1.96	6.58
덴마크(1999)	4.24	1.61	8.24
동독(2006)	1.81	2.04	6.88
라트비아(1999)	-0.7	2.39	5.27
러시아(2006)	0.53	2.24	6.09
루마니아(2005)	-0.33	2.44	5.75
리투아니아(1999)	-0.23	2.21	5.09
멕시코(2005)	4.48	1.51	8.23
몰도바(2006)	-0.85	2.52	5.45
몰타(1999)	3.61	1.84	8.21
미국(2006)	3.52	1.62	7.57
벨기에(1999)	3.4	1.67	7.56
북아일랜드(1999)	4.13	1.58	8.07
불가리아(2006)	-0.77	2.4	5.22
브라질(2006)	3.25	1.76	7.65
서독(2006)	2.68	1.91	7.39
세르비아(2006)	0.26	2.31	6.01
스웨덴(2006)	3.72	1.61	7.74
스위스(2007)	3.91	1.64	8.01
스페인(2007)	2.45	1.95	7.32
슬로바키아(1999)	0.39	2.26	6.03
슬로베니아(2005)	2.18	2.03	7.24
아르헨티나(2006)	3.3	1.8	7.79
아이슬란드(1999)	4.15	1.56	8.05
아일랜드(1999)	4.12	1.62	8.17
에스토니아(1999)	0.18	2.3	5.9
영국(2006)	3.68	1.57	7.6
오스트레일리아(2005)	2.95	1.73	7.28
오스트리아(1999)	3.68	1.75	8.02
우루과이(2006)	2.83	1.85	7.46
우크라이나(2006)	0.3	2.17	5.67
이탈리아(2005)	2.07	1.93	6.89
인도(2006)	0.85	1.98	5.79
일본(2005)	2.46	1.82	6.99
중국(2007)	1.61	2.06	6.76
체코(1999)	1.95	2.04	7.06
칠레(2005)	2.37	1.92	7.16
캐나다(2006)	3.74	1.59	7.72
콜롬비아(2005)	4.19	1.65	8.31
터키(2007)	2.94	1.81	7.46
포르투갈(1999)	2.01	2	6.98
폴란드(2005)	2.38	1.88	7.02
프랑스(2006)	2.54	1.75	6.91
핀란드(2005)	3.35	1.79	7.84
한국(2005)	1.34	2.01	6.35
헝가리(1999)	0.23	2.19	5.69

출처: Inglehart et al.(2008).

불평등과 민주주의

초판발행 1쇄 2014년 6월 25일

지은이 이신화·권혁용·문우진
이양호·지은주·에릭 창

펴낸곳 고려대학교출판부
www.kupress.com
kupress@korea.ac.kr
136-701 서울특별시 성북구 안암로 145
02-3290-4230, 4232
Fax 923-6311
찍은곳 경주문화인쇄

ISBN 978-89-7641-856-2 93340

값 18,000원

* 잘못 만들어진 책은 바꿔드립니다.